JN298146

市町村中心の
子ども家庭福祉

その可能性と課題

佐藤まゆみ

生活書院

発刊によせて──原風景に導かれた研究の書

淑徳大学大学院総合福祉研究科教授　　柏女 霊峰

　2010年3月15日、淑徳大学大学院総合福祉研究科学位記授与式において佐藤まゆみ氏に博士(社会福祉学)の学位記が授与され、佐藤まゆみ博士は誕生した。2001年10月の2002年度3年次専門演習(ゼミ)選考面接で出会って以来、8年半が経っていた。その間、佐藤氏と私は、『子ども家庭福祉サービス供給体制のあり方研究』という全く同じテーマを追い求め、ともに刺激しあってきた。

　その佐藤氏が苦労の果てにたどりついたのが、本書のもとになった学位記請求論文『市町村を中心とする子ども家庭福祉行政実施体制再構築のあり方に関する研究─子どもの立場を中心に据えた再構築のための理念、制度、方法─』であった。本書は、その成果を中心としつつ、その後の知見なども加えつつ加筆・修正を行った労作である。出版を心より祝したい。

＊

　本書に掲載された研究論文は、理論仮説として設定した「市町村中心の子ども家庭福祉行政実施体制への再構築」の検証と、それを中心とした子ども家庭福祉行政実施体制のあり方に関する総合的考察を行うために、以下の5つの研究・考察を進めた仮説検証型の実証研究を中心とする総合的研究である。

　研究内容は、1. 子ども家庭福祉に必要とされる理念や視点の理論的検討、2. 子ども家庭福祉行政実施体制に関するこれまでの地方間分権の経緯と先行研究を踏まえた考察、3. インタビュー調査を通じて市町村中心の体制づくりを導き出すための課題と作業仮説の設定、4. 市町村中心の子ども家庭福祉行政実施体制再構築の可能性を質問紙調査やインタビュー調査により検討し、それを可能にする変数の有無や実際の問題点や課題について分析、5. それらの実証的分析結果と理念的・制度的側面から示した体制再構築の可能性等を突き合わせ、子ども家庭福祉行政実施体制再構築の今後の展望を提示すること、の5点である。

　研究手法としては、文献研究、インタビュー調査、質問紙調査を用いており、考

察は、子ども家庭福祉の理念、制度、方法の全般に及ぶ。しかし、市町村中心の子ども家庭福祉行政実施体制再構築とその課題の実証的検討、具体的には、全国の要保護児童対策地域協議会設置自治体に対する質問紙調査に基づく作業仮説の検証を通じた仮説検証型の実証研究が本研究の中心をなしている。

　子ども家庭福祉の理念や援助のための視点に関する考察も的確である。パターナリズムや社会連帯、社会的親、ネットワークなどの概念について多くの書籍に学び、それらを引用しつつ、自身の考えに結び付けている。それらは、ともすると、行政力学や財源論に偏りがちな子ども家庭福祉行政実施体制の分権論議に、子ども家庭福祉学の理論的支柱を据える結果となっている。

　また、市町村が抱える体制上の課題の詳細についてインタビュー調査において確認し、かつ、その内容を構造化し、その構造化された課題を質問紙調査の質問項目として数量的に把握するという研究手法にも学ぶべき点が多い。この分野においてはこれまで実態調査が中心であり、仮説検証型の研究は少ない。しかも、全国の要保護児童対策地域協議会設置自治体の全数を対象とする質問紙調査は貴重であり、単なる実態調査にはない説得力がある。

　きめ細かな論理展開は大きく評価されるべきであり、考察において理論研究と制度研究とを緻密な分析により有機的に結び付けようとする誠実な研究姿勢も、佐藤氏の真骨頂を感じさせる。先行研究が少なく、かつ、ともすると行政学や財政学からの視点で論じられやすいテーマについて社会福祉学の視点から照射した研究は貴重であり、大きく評価されるべきである。

＊

　本書の「はじめに」は、佐藤氏の個人的エピソードから始まっている。それは、佐藤氏の小学校時代の原風景であり、そのことが佐藤氏自身の個人史とも重なって子ども家庭福祉の研究に導かれていくのである。そうしたミッションは、たとえ佐藤氏が「細かなことは書こうとは思わないが、」と胸に秘めていても、佐藤氏を子ども家庭福祉研究に導き、さらに昇華させていくのである。子ども期を経験しない大人はいない。人は、だれもが子ども時代のあるひとコマを原風景に持つ。そして、その風景が、その後の人生を大きく規定することとなるのである。

　佐藤氏は、「はじめに」において、「子どもという立場は、自分の事情によらない様々な理不尽を経験する可能性があり、それを自力で避けることができない。（中

略)紡ぎ直すことのできない綻びを前に、なす術なく立ち尽くす子どもの思いを考えたとき、一緒に立ち向かってくれる強力な味方が必要である。その役割を担うのが、生物学的親、心理的親あるいは社会的親なのである。」と述べ、子どもの身近にこうした親の存在を用意することのできる体制の整備を追及している。そして、その思いは、「おわりに」の末尾の言葉、すなわち、「これまで子ども家庭福祉の分野で繰り返してきたつぎはぎだらけの制度改革ではなく、子どもの思いを汲み、生きる基盤を作ることができるよう、身近な市町村を実施体制の基本とする仕組みづくりこそが、今後の子ども家庭福祉に求められる重要な検討課題であるといえる。身近な市町村での体制構築には、子どもの生きる基盤を作るという、単なる数字上の効率性や合理性ではすまされない意義がある。」に結実していく。

　佐藤氏は、「子ども中心の、子どもの立場に配慮した」子ども家庭福祉サービス供給体制のあり方検討をライフワークとして、強いミッションに導かれつつ研究者としての道を歩み続けるに違いない。

　佐藤氏と私は、10人近い研究仲間の協力を得て、2012年度から新たに「子ども家庭福祉行政実施体制の再構築に関する研究」を開始した。子ども家庭福祉・保育のシステム再構築が進められるなか、都道府県による措置制度(社会的養護)、市町村による事業主給付・個人給付制度(保育・子育て支援)、その2つの中間システム(障害児童福祉)など異なる原理とそれに基づく実施体制が併存する子ども家庭福祉行政実施体制が、子どもや家族に対する統一的なサービス提供を困難にする現実が続いている。子どもや家族は、抱える問題ごとに、生活課題が変わるごとに、別の舞台に移らざるを得ない状況となっているのである。これらを改善し、子どもと家族に地域のなかでサービスが届けられる体制を確保し、佐藤氏が言うように、「子どもの思いを汲み、生きる基盤を(包括的に)作ることができる」体制づくりが必要とされているのである。

　本書は、こうした意図、願いのもとに実施された研究をまとめたものであり、子ども家庭福祉の実践、行政、教育・研究等に携わるすべての方々に、ぜひ一読いただきたい好書である。とともに、本書はいまだ佐藤氏の研究の一里塚であり、今後、本研究をもとにして、たとえば分権化を促進する客観的指標の開発など次のステップに向かう研究が進められていくことを切に願う。佐藤まゆみ博士のますますの活躍を祈っている。

はじめに

　様々な困難の中にある子どもの思いに心を寄せると、当たり前の生活を送ることの難しさと尊さを痛感する。一方で、何気ない当たり前の生活を当然視している自分に時折直面し、その度に当たり前を大切に生きることの難しさを再確認することを繰り返している。全ての子どもがみな同じように、生まれ育った土地で、親元で幸せに生活できるとは限らない。仮に、地域で生活することが可能であっても、何らかの困難によって親と別れたり、親への葛藤を抱えて暮らさなければならない場合もある。子どもにとって一番受け止めたくないこのような厳しい現実があるということが、研究者として駆け出した今の筆者を作り出したといえる。

　子ども家庭福祉は、子どもが育つ家庭への支援をしつつ、全ての子どもが当たり前の生活を営むことをサポートし、様々な事情により手厚いサポートが必要な子どもの利益を守るための福祉分野である。いうまでもなく、全ての子どもが、可能な限り自分を生んだ親と共に、地域の中で多くの人と関わりながら成長できたらいいと筆者は考えている。しかし、冒頭に述べた通り、全ての子どもがみな同じようにはいかない。親がいなかったり、親はいても虐待や離婚等で離れて暮らさなければならなかったり、親の都合で住み慣れた場所を離れなければならなかったり、事情は様々である。

　子どもの立場や権利からいえば、生まれてきた子どもの誰もが幸せになれる環境が当然用意されている必要があるだろう。しかし、それを親だけの力で作れるかと考えてみれば、決してそんな生易しい社会状況ではないことも事実である。

　現在、人が生きる環境に目を向けたとき、経済の発展と不況、人々の働き方の変化と多様化、個人の生き方や価値観の変化と多様化、家族の形態の変化や機能の外部化・限定化など、子どもを取り巻く環境は自助と共助が息づいていた時代とは異なる様相を呈している。

　そのような環境の変化は、人の生活や人間関係においてウチとソトとを区別し、個別化され合理的で快適な生活をもたらした。同時に、ウチの人とのつながりの

範囲は小さく限定的になり、ソトとの人とのつながりはより形式的になり、希薄化した。結果として、人と人の「つながり」の希薄化は、人生の中で経験する人間関係やライフイベントとそれに付随する危機を乗り越える個人や家庭の力を弱め、誰かが他の誰かの役割を補ったり、誰かと誰かの間に入ってトラブルを仲裁したり、緩衝材の役割を担うということが難しくなった。

　家族に目を向けると、現在の家族の絆は、夫婦の結びつきを中心としたもの(夫婦制家族)である。子はかすがいといわれた時代とは異なり、夫婦関係が家族の絆の根底にあるため、家族の危機対応力の低下と同時に、夫婦関係がうまくいかないことが家族の破綻に直接的につながる傾向も見過ごせない。例えば、離婚数が増加するということは、多くの子どもたちが生物学的親すなわち、ルーツとの離別を経験することにつながっている。

　このように、子どもや家族にふりかかる様々な危機やリスクは、そのまま子どもや家族を直撃し、誰しもが大きな困難に陥る可能性を高めることにつながった。

　近年は、上述のような背景がいくつも重なって生じると考えられる子ども虐待や無縁死など、社会問題として注目されているものにとどまらず、たとえ福祉サービスの利用に結びつかずニーズが顕在化しなくとも、それぞれ大なり小なりの困難や葛藤を抱えながら、寸でのところで踏ん張って生きている人も少なくないのではないだろうか。

　このような状況は、特別な事情にある人に対して手厚く支援するための従来の選別的な福祉サービスではなく、全ての人に対して広く支援するための普遍的な福祉サービスへのニーズの高まりへと結びついた。さらに、先述のとおり環境の変化と個人や家族のもつ危機への対応力が弱まったこととあいまって、問題はより深刻に、そして複雑・多様化する傾向を見せており、普遍化と同時に福祉サービスの専門化をも迫られている現状がある。

　さて、筆者が何のきっかけもなく自然発生的に子ども家庭福祉の研究に携わる

ようになったわけではない。この際、児童福祉に出会った筆者の個人的な体験や思いを振り返っておきたい。

　筆者がまだ小学校低学年の頃、家族と一緒にいられない子ども数人(きょうだい)の存在が身近にあった。家族と生活できる自分は、何とラッキーな子どもなのだろうと子ども心に思っていた。その後、その子どもたちは親の元を離れて施設に入所しては戻り、また親元を離れてを何度も繰り返し、やがてある子は親から逃げるように結婚し、子どもを産んで…。そして、手に入れた生活がうまくいかず、親のそばに戻っていく。別の子は、働ける年齢になったとたん親から遠く離れて音信不通になり、どのような生活をしているのか、誰もわからなくなる。

　傍からその光景を目の当たりにしていた筆者は、後に本人たちの心の内はわからないが、ルーツである生物学的親から物理的に逃れることができても、精神的に逃れることはできないのだということ、親に対する壮絶な葛藤を抱えながら生きているということを感じてきた。また、彼らに起こった結末が(長い人生のプロセスのひとつにすぎないかもしれないが)、本人たちにとって本当にそれでよかったのだろうかということも感じてきた。一生その事実に向き合わねばならない状況が、本人にとっていいわけがないだろう。しかし、誰を責めても何も解決しない、周りの誰にもどうしようもない出来事だった。もちろんその当時の筆者にも。今頃彼らははどうしているのだろうか。このエピソードは、筆者が児童福祉に出会う前に起きていた事実である(特定ができないようエピソードの一部を変えている)。

　思い起こせば、高校2年生の夏休み前、文系・理系の各専門分野の研究をしている大学の先生方が、出前授業をするために筆者の高校に来校される機会があった。その時筆者は、大学に行けるなら看護学か音楽学を勉強したいと思っていたが、出前授業の選択肢にそれらがなかったため、筆者は何の気なしに福祉分野を選んだ。

　福祉は福祉だと思っていた筆者は、まさか社会福祉に分野があることなど知ら

なかったため、児童福祉との出会いは本当に偶然だった。社会福祉の専門教育を担う大学から来られた社会的養護を専門に研究している先生の話を聞いて、筆者は「児童福祉」という言葉を知ることになった。この時、偶然「児童福祉」という分野に出会ったことで、先のエピソードの困難は、児童福祉で対応されていたのだということを知った。

　それがきっかけで、看護学でも音楽学でもなく、社会福祉学を学ぶことに決めた。とはいえ、当時月に5000円の小遣いで過ごしていた筆者は、大学に進学するためには想像以上にまとまったお金が必要だということを知り、進学を迷った時期もあった。しかも、目的が目的なだけに、児童福祉が学べる大学にいかなければいけないと思っていたため、当時色々と資料で調べ、話を見聞きして、進学の条件に合う大学を探した。

　そして、筆者は淡々と児童福祉を学ぶ大学を決め、恩師である柏女霊峰先生がいらっしゃる大学で無事学べることになった。3年生から専門ゼミが始まると聞いていたのでその時を楽しみにしていたが、大変希望者が多いゼミだということを後になってから知った。ゼミに入れなかったらここに来た意味がなくなってしまう！と必死だったことを忘れられない。そういう思いで入った柏女先生のゼミで真っ先にレポートしたのは、児童養護施設に入所している子どもの心理的ケアの問題であった。ゼミの友人や先生の話を聞くにつれ、児童福祉を取り巻く様々な問題が少しずつわかるようになっていった。

　筆者はもともと、大学を卒業したら児童相談所に就職したいと考えていたので、友人らと一緒に公務員試験対策講座も受けた。しかし、「児童福祉を勉強したいと思った割には、まだ勉強が足りないのではないか。」そう思い始めたら、大学院に進学するという選択肢を考えることになった。筆者の親が、勉強したい時が勉強をする時だから、と言って全面的に応援してくれたこともあり、大学院に進学することに決めた。友人の大半が現場に出ていく一方、筆者はひとりで博士前期課

程に進んだ。その２年間でできた仲間たちをまた見送り、筆者は後期課程へと進み、先生方をはじめ多くの人の支えのお陰で博士の学位を授与された。最後の学位授与式は、恩師、先輩、同期、家族に見守られながら迎えることができたのだが、大学に入学してから10年後に、ようやく少しは恩返しができたように思えた。そして今に至っている。

　筆者が児童福祉の扉をたたいたきっかけは、高校生になる前に出会ったエピソードがあったからだけではない。筆者ひとりをとってみても、子ども時代に自分自身に起きた様々な出来事や家族のことで、しんどい思いをせずに生きてきたのかといえばそうではない。細かなことを書こうとは思わないが、それでも筆者は親のそばで、決して多くはないが見守ってくれる大人がいて、帰る家があり、少なくとも家族と一緒に地域にいられた。

　子どもという立場は、自分の事情によらない様々な理不尽を経験する可能性があり、それを自力で避けることができない。もし、小さな綻びが広がろうとしているなら、紡ぎ直せるうちに。しかし、周りに相談できる人がいる人の方が、今は少ないのかもしれない。困難に対応する方法がわからずひとりで抱え込んでいる人がいるのなら、人と人、人と人が生きる環境とを紡ぐ役目をもつ専門家が接着剤になって、共に考え行動したらいい。一方、紡ぎ直すことのできない綻びを前に、なす術なく立ち尽くす子どもの思いを考えたとき、一緒に立ち向かってくれる強力な味方が必要である。その役割を担うのが、生物学的親、心理的親あるいは社会的親なのである。その人たちは、単なる物理的な身近さだけでなく、精神的な身近さを持っていることが何より重要で、困難に立ち向かうパワーをくれる存在である。そういう意味では、関わりを持つ全ての大人の中から、心理的親と呼べる人を見つけることができる必要があり、多くの人はそれが生物学的親である。すべての人は、子ども時代にそういった存在を獲得できているのだろうか。筆者には、少なくともそういった存在がいたのである。

また、子ども期はいずれ終わるが、子どもという立場は、一生揺らぐことなく親との間で続いていく関係性である。時間軸で考えれば、子ども家庭福祉で支援すべき問題は、一生涯にわたってその子どもに何らかの影響を与え続ける問題である可能性が高い。

　先述の通り、子どもは、目の前で起こっている事態や自分に与えられた環境を自分の力ではどうにもできないという意味で弱者であり、その現実を受け入れざるを得ないという意味で根源的なしんどさを抱えている。一方、子どもが生まれてくるという事実を知っている親や社会は、子どもに対して圧倒的な強者であり、それゆえ責任は重い。そのため、子ども家庭福祉には、他の福祉分野よりも増して社会連帯の理念がしっくりくる分野であると思っている。そして、子どもが、「自分は何者か」ということを確認し意味づけるという意味で、子どもにとっての生物学的親は代替のきかない絶対的存在である。それでも、その役割を果たさない・果たせない親もいるという残酷な事実がある。

　したがって、生まれてきた子どもの誰もが幸せになることを考えるためには、子どもを育てる責任及び義務と権利を持った親の役割を中心に据えつつも、種々の変化により弱まった人の力や家族の機能、人とのつながりの中で生きることを広く支えるために、社会が親と共同の責任を持って支援の仕組みを用意しておく必要がある。そして、親自身の事情やそれ以外の事情により、子どもが親と一緒に生きられない場合や親との関係が葛藤に満ちている場合に、できる限り子どもに不利益の生じない支援枠組みを用意する必要がある。つまり、子どもを親、地域、国や地方自治体などにより、何重にも支えるソーシャル・サポート・ネットワークと資源をしっかり整えておくということである。

　それこそが、児童の育成責任(児童福祉法第2条)の意味であり、児童の権利に関する条約第3条の「児童の最善の利益」にできる限り寄り添い実現するという、子ども家庭福祉の存在意義ではないだろうか。子どもが親のもとで生まれ育ち、地

域の中で生きるということをもう一度考え直し、人と人とのつながりを紡ぎ直す仕組みが必要である。筆者は多くの大人に守られていることを実感しながら生きてきたからこそ、子ども家庭福祉を市町村という生活をする地域の中で作り上げていく必要性を論じないではいられない。

　子どもは、子ども家庭福祉の支えを受けるにせよ受けないにせよ、様々な理不尽に直面し、倒れもがき、やがてまた立ち上がる。この「立ち上がることができる力」をつけるためには、子どもが多くの人間関係と体験を通じて、信頼できる大人や仲間に見守られながら、その人々とともに生きる経験が必要である。今では筆者自身が大人になり、本当に自分のことを気にかけて大事にしてくれる人たちに支えられながら生きている。独りで生きているのではないという実感は、身近なところで関わっている人間を通して伝えられる。

　「筆者を今に至らせているものは何か」という問いが、実は自分の研究テーマであったということを、筆者自身が言葉にして思い知ったのはまだごく最近のことである。だから大学を卒業するとき、もう少し勉強しなければいけないと思ったのだろうと今更ながら納得している。そして、筆者の体験や思いが、本書において子どもにとっての親の存在の必要性やリジリエンスを述べることにつながり、身近な場所で社会的親と関わりながら生きる基盤を作れるよう、市町村における体制の必要性を論じることに通じている。さらに、福祉サービスがいくら量的・質的に充実しても、子どもに届かなければ意味がない。本当に支援を必要としている子どもにサービスが届く体制、それは支援を必要としている子どもに気づける（発見できる）ことが非常に重要であり、そういう意味でも市町村における子ども家庭福祉の体制を用意すべきだというこの研究に結び付いている。

　社会福祉全体に関わる動向として、地方分権の潮流の中で市町村合併が進展し、「地域」と呼ばれる範囲が地理的にも広がった。地域住民が見えづらくなったという声も耳にしたが、住民サービスを担う基礎的自治体としての市町村の役割が重

視されるようになっている。社会状況やつながりの変化とも相まって、子どもと親、その家族が生きる場である市町村が果たす役割は、ますます大きいものとなるだろう。

　現在、子ども家庭福祉は、子ども家庭相談、子育て支援、母子保健、保育、健全育成、社会的養護、障害児、非行、ひとり親家庭等、それぞれの福祉サービスから全体が成り立っているが、それらの福祉サービスは、子どもが生まれ、育つ場所で全て完結するわけではなく、サービスごとに都道府県と市町村に実施体制が分かれている。

　児童福祉法制定以降、児童相談所があらゆる子ども家庭福祉の相談を受け付け、サービスの決定権限や介入の役割を負い、合議制により援助の方向性を決定してきた。市町村の役割は、母子保健の健康診査や一部の相談、子育て支援、保育サービス等限られたものであった。保護者と対立のない、比較的穏やかな対応が可能なものである。サービスごとに体制が異なっていることは、子どもの立場から考えれば、支援の連続性が確保しづらく、自然な流れで援助がしにくいということになる。このような現在の実施体制については、改めて子どもの立場から検討し直す必要がある。

　平成17年度に市町村が子ども家庭相談の第一義的窓口となってから、市町村の「役割」については未だ混沌としており暗中模索という状態であることも否めないが、この状況だからこそ得体の知れないものの輪郭や実態に迫り、本当に必要な理念、制度、方法を目指した研究をしなければならない。

　筆者が子ども家庭福祉における市町村中心の実施体制再構築というテーマにこだわっているのには、以上のような理由がある。法律や制度が変わるから、他の福祉分野がそうだから、地方分権が議論されているから、ということは本質的な理由ではない。最も重要なことは、子どもが人間として生きていく過程で、子ども自身を支えてくれる実親、心理的親や社会的親となる可能性がある多くの大人、

仲間が身近なところに必要であり、本当に支援を必要とする子どもと家庭に支援が届けられる体制が必要だということに他ならない。

これから筆者に何ができるだろうか。研究と教育を中心とした生活をしている筆者には、対人援助職として専門的な知識・技術と経験をもち、一人ひとりの子どもに日々接し続けている現場の方々のように、子どもを直接支援することはできない。筆者にできることは、子どもの声や援助者の声をよく聞き、子ども家庭福祉が、子どもが生きる基盤を獲得でき、支援が必要な子どもや家庭に支援が届けられる体制について研究し、考察することである。

ひとりの研究者としての役割を自覚し、子どもと現場の援助者から実態を知り、学び続けることによって、現実に求められる研究が可能になるのではないかと考えている。これまでも、筆者に多くの援助者・研究者の方々が力を貸してくださった。その声の中には、子どもや家庭の声を代弁するものも多くあった。筆者に貸していただいた力をできる限り返していきたいという思いから、本書を公刊することに強い意欲を持つことになった。

本書は、淑徳大学大学院総合福祉研究科に提出した博士学位請求論文「市町村を中心とする子ども家庭福祉行政実施体制再構築に関する研究-子どもの立場を中心に据えた理念・制度・方法-」に大幅な加筆・修正を加えたものである。本書の出版をご相談した折、生活書院の高橋淳社長には、筆者の研究の意義とひろく公刊することの意義に対し、深いご理解を寄せていただいた。大変貴重な機会を与えていただいたことに、心より御礼申し上げたい。

研究がターゲットとするレベルとして、ミクロ、メゾ、マクロが挙げられる。本研究では実施体制というマクロを中心に論じる。しかし、社会福祉は理念、制度、方法によって成り立っていると考えると、制度の研究といえど、できる限り理念、援助方法とを結び付けるために必要な論理を組み立てることが要求される。

本研究が「再構築」というからには、子どもの立場を中心に考えた制度が構築

できるよう、その視点も明確にする必要がある。この研究だけでは不十分だと思う。しかし、筆者は、生活に身近なところで、子どもが支えを持って生きられるような子ども家庭福祉の仕組みを考え続けていきたい。

2012年8月
佐藤 まゆみ

目　次

発刊によせて──原風景に導かれた研究の書　　柏女 霊峰　　3
はじめに　　6

第1章
市町村中心の子ども家庭福祉行政実施体制再構築の
必要性とその理念
19

第1節　研究の背景と目的　　　　　　　　　　　　　　　　　　21
第2節　子ども家庭福祉における円環的前進をめざすために　　　26
第3節　子どもをどのように捉えるか〜子どもの特性の検討から〜　31
第4節　子どもの特性に見る子ども家庭福祉の理念　　　　　　　42
第5節　子どもを支える体制再構築の必要性
　　　　〜親の必要性と社会的養育の観点から〜　　　　　　　　47

第2章
子ども家庭福祉の再構築の必要性とその視点
61

第1節　子ども家庭福祉行政実施体制の再構築に関する先行研究の知見　63
第2節　子ども家庭福祉における固有の視点の必要性　　　　　　82
第3節　市町村中心の子ども家庭福祉行政実施体制に再構築する必要性　91

第3章
子ども家庭福祉行政実施体制を取り巻く地方間分権の潮流
99

第1節　地方分権の動向とその目的および課題　　　　　　　　　101
第2節　他の福祉分野における市町村中心の体制再構築の検討　　106
第3節　子ども家庭福祉行政実施体制を取り巻く地方間分権の潮流　115

第4章
協議会型援助による市町村役割強化の可能性と本研究における仮説
133

第1節	要保護児童対策地域協議会の位置づけとネットワーク	135
第2節	市町村における協議会型援助の課題と可能性 〜2005年度実施の調査レビューから〜	150
第3節	協議会型援助に関する先行研究の成果と残された課題	158
第4節	子ども家庭福祉行政実施体制再構築に関する仮説	161

第5章
子ども家庭福祉の体制再構築に向かう市町村が克服すべき課題
169

第1節	市町村が抱えている子ども家庭福祉の体制再構築の課題とその検討経緯	171
第2節	市町村における課題構造化のためのインタビュー調査の目的と方法	174
第3節	KJ法による構造化の結果　〜市町村が克服すべき課題とは何か〜	176

第6章
市町村中心の子ども家庭福祉の体制再構築とその課題の実証的検討とその方法
199

第1節	質問紙調査の目的、対象、方法	201
第2節	倫理的配慮と分析方法、作業仮説	203
第3節	分析結果　〜単純集計、クロス集計、ロジスティック回帰分析の結果から〜	205
第4節	考察　〜質問紙調査結果からの検討〜	238

第 7 章
市町村中心の子ども家庭福祉の体制再構築における
克服すべき課題とその背景
245

第 1 節	インタビュー調査の目的	247
第 2 節	インタビュー調査の対象、調査方法と倫理的配慮	249
第 3 節	インタビュー調査結果と考察	253
第 4 節	子ども家庭福祉の実践を支える理念の必要性	267

第 8 章
市町村を中心とする
子ども家庭福祉行政実施体制再構築に向けた総括的考察
271

第 1 節　本研究の理論仮説の検証と明らかになったこと　　273
第 2 節　市町村を中心とする
　　　　　子ども家庭福祉行政実施体制再構築に向けた総括的考察　295
第 3 節　本研究の限界と残された課題　　312

巻末資料
　資料 1: 第 5 章インタビュー調査項目　316
　資料 2: 第 6 章質問紙調査票　317
　資料 3: 第 7 章インタビュー調査項目の例 1、2　327
　資料 4: 第 7 章インタビュー調査結果一覧表　329

おわりに　346
文献リスト　350

第 1 章

市町村中心の子ども家庭福祉行政実施体制再構築の必要性とその理念

第1章では、本研究の目的を述べ、子ども家庭福祉における理念について、子どもの特性や子どもを取り巻く様々な事実など、できる限り根本的な事実から紐解いていく。理念は制度と方法を橋渡しするものであり、支援を必要とする子どもの元へ適切に支援を届けるために、様々な立場の援助者によって共有される必要のあるものといえる。

　言い換えれば、立場を超えた連携、思いを同じくする「協働」、「協同」を可能にする接着剤の役割を果たすものが理念である。なお、子ども家庭福祉の理念の整理と明確化は、市町村中心の子ども家庭福祉行政実施体制に再構築する必要性を提示することにもなる。したがって本章では、子ども家庭福祉をとりまく根源的な理念を整理し、その明確化から市町村を中心とする再構築の必要性に言及することとしたい。

第1節

研究の背景と目的

1. 本研究の背景

　現在、わが国は家族の形態、規模や機能が変化[1]し、男女問わず平均初婚年齢の上昇[2]が見られ、晩婚化や非婚、未婚など結婚に対する価値観が多様化[3]し、出生率が低下[4]し、全人口に占める15歳未満人口は平成20年度に過去最低の1714万人となった。核家族化、少子化、個人化等が進展する中で、とりわけ子どもを取り巻く環境は非常に厳しい状況になっている。地縁や血縁によるつながりが希薄になってきたことにより子育ての伝承が困難になり、幼い子どもと関わる機会が少ないまま親になる人が少なくない中、育児情報の氾濫や子育ての仲間や応援団がいないことも手伝ってか、厚生労働省による「全国家庭児童調査」では、「しつけや子育てに自信がない」とする親の割合が増加しているという[5]。

　戦後より、子ども家庭福祉の分野は都道府県、つまり児童相談所、児童福祉施設を中心とした実施体制が堅持されてきた(柏女ら2006)。そのため子ども家庭福祉に関する市町村の果たす役割や責任は不明瞭であり、市町村におけるノウハウや専門性の不足が指摘されている。都道府県と市町村とに分断されている子ども家庭福祉行政は、子どもや家庭の抱える問題によっても実施体制が異なり、連続性のある一貫した対応に齟齬をきたしている。

　近年では、地方分権改革の動向や児童福祉法等の改正、さらに三位一体改革等によって市町村の役割強化が促進され、要保護児童対策地域協議会(以下協議会とする)という法的位置づけをもつネットワークの設置が推進されるなど、市町村における体制の基盤作りが進められている(佐藤2005)。

　子ども家庭福祉を市町村中心の体制とすることについて、行政の担当者からは、その必要性や意義を認めつつも、不安の声や方向性の明確化の必要性がある

といった声が聞こえてきている。つまり、方向性は市町村を中心としようとしているものの、現実には市町村はその体制が整っていないということである(佐藤2006、2007)。

一方、他分野に目を向ければ、社会福祉法成立(2000年)以降、高齢者福祉分野では介護保険制度、障害者福祉分野では障害者自立支援制度が導入され、結果的に支援を必要とする人々のノーマライゼーションを実現する、いわば地域における自立した生活の実現をめざす市町村中心の体制整備が進められてきた。現状として、費用負担の問題やサービスメニュー等の問題を抱えていることも否めないが、それへの対応として障害者福祉分野については社会保障審議会障害者部会において制度改正も検討され、報告書も取りまとめられてきた(社会保障審議会障害者部会2008)。なお、検討には一部障害児福祉も含まれている[6]。

子ども家庭福祉に関するノウハウや経験、さらに専門性も不足している市町村が、いかにして第一次的な役割を担うことができるのか。都道府県中心から市町村中心の実施体制へ転換する可能性はあるのか。筆者はこれまでに、そのひとつの方策である協議会型援助[7](法的位置づけをもつ制度的ネットワークを利用した援助)の可能性を検討した。そのひとつの結果として、協議会型援助により課題に対応できるようになることを通して、市町村中心の子ども家庭福祉行政実施体制へと転換する可能性があることを明らかにしてきた(佐藤2006、2007)。

しかし、市町村における子ども家庭福祉行政実施体制の再構築の必要性を裏付ける理念や論理、体制整備にあたって市町村が対応すべき課題の詳細とその構造、また課題の優先性、市町村を中心とした実施体制再構築に影響を与える変数の検討等を総合的に実施した研究は、まだ十分でないのが現状である。ただし、確実に市町村に対する子ども家庭福祉に対する役割強化は進展しており、分権の潮流からいってもその進展は歩みが遅くとも止まる見込みは低い。したがって、市町村における体制整備に必要な理念、制度、方法について総合的に研究し、考察を加えることは非常に重要であるといえる。

2. 本研究の目的と用語の定義

(1)研究の目的

本研究の基本的な姿勢として、市町村を中心とする子ども家庭福祉行政実施体

制へと再構築するためにはどのような理念、制度、方法が必要とされるのかについて総合的に言及することにより、社会福祉学としての研究の意義や、自分自身の論点や立場を浮かびあがらせることとしている[8]。

　先述の背景をふまえて、本研究では以下の4点を明らかにする。

　まず、子ども家庭福祉における固有の理念とは何かを検討することを通して、なぜ市町村において子ども家庭福祉行政実施体制を整備する必要性があるのかについて論証することである。本研究は政策研究ではあるものの、制度と支援の橋渡し、ならびに支援と子ども（その家族を含めて）をつなぐ方策として、子ども家庭福祉における特有の理念の検討をする。そのことは、なぜ子どもや家族にとって身近な市町村で実施体制を築くことが必要であるかを述べることにもつながる。そして、十分に理念の検討をすれば、おのずと子どもに関わる支援の方法についても言及することとなる。このことは、なぜ子どもにはそのような援助方法が必要なのか、という理由を述べることにつながる。

　次に、地方分権化の流れの中で、なぜ子ども家庭福祉は分権化が進んでこなかったのかという背景を提示することである。さらに、そのような制度的側面からも市町村中心の体制再構築の必要性を述べたい。

　3点目に、「市町村の担当者らが様々な課題に対応できるようになることによって、子ども家庭福祉行政を市町村で受け止められる」という、これまでの筆者の研究の知見をふまえ、市町村を中心に子どもと家庭に対する援助を展開する仕組みを整えるためには、市町村は何を課題としており、その課題はどのような構造をしているのかを示し、市町村はどの課題に優先的に対応すべきかを示すことである。

　4点目に、市町村を中心とする子ども家庭福祉行政実施体制に再構築できるのか、その必要はあるのかを質問紙調査やインタビュー調査によって検討し、それを可能にする変数の有無や実際の問題点や課題について分析することである。そして、その実証的分析結果と理念的・制度的側面から示した体制再構築の必要性等をあわせて、子ども家庭福祉行政実施体制再構築の今後の展望について提示していくこととしたい。

　以上の子ども家庭福祉における理念、制度、方法に関する総合的なアプローチにより、市町村を中心とする実施体制再構築を検討することを本研究の目的とする。

また、研究を進めるにあたっては、いくつかの研究方法を組み合わせている。まず、柏女の円環的前進[9]の理論に基づき、本研究に必要な理念、制度、方法に関する整理をしている。本研究は仮説検証型の研究であるため、実証すべき仮説の設定を行った。さらに、市町村における子ども家庭福祉行政実施体制再構築の際の課題を構造化し、質問紙調査票を作成するためのインタビュー調査、要保護児童対策地域協議会設置済みの全市町村を対象とした質問紙調査、質問紙調査の分析結果を補完するためのインタビュー調査をすることにより、仮説の検証と考察の結果を述べている。

(2) 用語の定義

本研究では、通常よく用いられる用語のみならず、他の先行研究にはあまり見られない言葉もあることから、いくつかの用語について操作的定義をすることにより用いている。以下に、本研究で用いる用語について明らかにしておくこととする。

①児童と子ども

基本的に、「児童」は児童福祉法が対象としている18歳未満の者を指して用いることとし、とりわけ法制度や引用文献において使用されているものはそのまま用いている。

ただし、本論文中においては、どちらかといえば保護の対象という意味あいの強い「児童」という言葉よりも、権利主体としての意味あいをもつとされる「子ども」という言葉に統一して用いることとする。

②市区町村と市町村

本研究では、要保護児童対策地域協議会を設置している政令指定都市を除く市区町村を調査対象にしている。区は東京都の23区であるため、質問紙調査やインタビュー調査に使用した調査票や質問項目等には基本的に市区町村という表記をしているが、論文全体において記述する際には、市町村と表記することとする。先行研究等において個別に市区町村や区市町村としている場合にはそのまま用いている。

③地方間分権と体制再構築

「地方間分権」は、「子ども家庭福祉を都道府県中心から市町村中心へと再構

築し、市町村が子育て支援や要保護児童の福祉に対して連続性と責任をもって、主体的に役割を果たすこと」と定義した[10]。しかしながら、本研究に至るまでにも筆者が研究してきたなかで、市町村がその全てを担うことは難しく、市町村が主体的に役割を果たす必要性はあるものの、子ども家庭福祉を取り巻く状況から段階的に移譲が進展していくことやその必要性を述べてきた。したがって、地方間分権という用語はそのような背景があることを前提として定義し、用いることとした。なお、本研究で「体制再構築」という用語を用いる場合は、子ども家庭福祉行政実施体制の再構築を略しており、上述の意味を含んだ用語として使用する。

④子ども家庭福祉行政

「子ども家庭福祉行政」とは、例えば措置事務の移譲や個別の児童福祉施設のあり方、行政サービスの具体的な方法、サービス等に係る財源のあり方、サービス供給主体の多元化のあり方、サービスの実施主体のあり方等を含む用語である。それらひとつひとつが個別テーマとなりうるが、本研究においては、サービスの実施体制のあり方に焦点を当てたものとして、本用語を使用する。

なお、子ども家庭福祉行政における具体的なサービスの内容として、児童相談、子育て支援、要保護児童福祉、障害児福祉、ひとり親家庭福祉、保育等があるが、本研究ではそれらひとつひとつをテーマとするというよりは、そうしたサービスの基本的な実施主体として市町村を想定し、市町村中心の体制再構築に焦点を当てている。したがって、この言葉がもつサービスの内容は、上述の内容をすべて含んだ包括的なもの、総合的なものを意味している。ただし、それら全てのサービスを同じ程度ずつ市町村が担うかどうかについては、サービスの内容や特性に応じて都道府県との分担や協働を前提とする場合もあるため、濃淡のあるものと考えている。

これらを総合すると、本研究における子ども家庭福祉行政は、「サービスの内容によって担い方に濃淡はありつつも、市町村をサービスの基本的な実施主体と想定したうえで、地方間分権の視点から、包括的、総合的なサービスの実施体制のあり方に焦点を当てたもの」と定義する。

⑤協議会型援助

現在、子ども家庭福祉の体制整備にあたっている市町村においては、まだ児童虐待防止市町村ネットワークと要保護児童対策地域協議会が混在しているが、

子ども・子育て応援プランや児童福祉法改正による努力義務規定などの影響もあり協議会への移行が著しいことから、本研究では協議会を設置済みの市町村を対象にしているのと同時に、従来の法的位置づけのない児童虐待防止市町村ネットワークによる援助を想定した「ネットワーク型」とはせず、子ども家庭福祉の分野で法的位置づけのある要保護児童対策地域協議会による援助を指し、「協議会型」に統一している。
　本研究では、「協議会型援助」について、「児童福祉法による規定を根拠に設置された要保護児童対策地域協議会を活用して、子どもとその家族のニーズに最もかなうよう、支援の方向性を決定、修正、実行すること」と定義した。

　本研究は、以上の目的にそって操作的定義をした用語を用いながら進めることとした。

第2節　子ども家庭福祉における円環的前進をめざすために

---

1. 社会福祉学における制度・政策と方法・技術をつなぐ

(1) 社会福祉学における課題

　秋山(2004:4-5)は、社会科学面を強調した社会福祉の「制度・政策論」と、人間行動科学の方を強調した「方法・技術論」において社会福祉とは何をすることなのかをめぐって論争されてきたことを指摘した上で、その論争を社会福祉学における二大主張といってよいであろうとし、それらは世界で起きた「改良モデル」と「治療モデル」論争の日本版であると述べている。
　さらに、批判もあったものの、これまでにもこの2つのモデルを「統合」しようとする立場として、孝橋正一の「折衷論」、吉田久一の「中間理論」があったこ

とを指摘し、「…『生活モデル』、『人：環境の相互作用』という考え方によりその『統合』への理論的な道筋が見えてきたところであり、この二つの学問体系をさらに結びつける『触媒』なり『接着剤』なりの概念を発見して、確固とした『ただ一つの社会福祉理論体系』(a science of human behavior：嶋田啓一郎)が確立されることが望まれる」としている。

このことは、社会福祉の各分野においてその触媒なり接着剤としての概念を十分に検討する余地があるということであり、社会福祉の一分野である子ども家庭福祉についても同じように考えられる。このようなことからも、子ども家庭福祉の研究を進めるにあたって、「制度・政策論」と「方法・技術論」を結ぶその原理や原則について、子ども家庭福祉特有の理念や視点から考察しておくことが求められるといえる。

(2) 社会福祉学の構成要素と子ども家庭福祉

次に、社会福祉学の構成要素についてみておきたい。古川(2008:45)は、「『社会福祉とよばれるもの(事象)』を構成する要素として『目的』『対象』『主体』『方法』を設定するというアプローチのしかたは、社会福祉研究の中ではもっともオーソドックスなものに属する。」と述べている[11]。これらの要素に分割しても、さらに多種多様な要素の立て方が可能であることも指摘している。

なお、古川(2004:58)は、「社会福祉学は、本来的には批判的なものでなければならない。」とする理由について、「社会福祉は、その長い歴史を通じて、個人の幸福、安寧、平等、社会的公正など、一定の価値の実現を求めて展開されてきた方策施設であり、また活動である。」とし、「社会福祉それ自体が価値的な存在である」ことや、そういった「価値志向的な性格を前提にしつつ、しかも研究方法論的には自制的、禁欲的でなければならない。」ことを指摘している。

子ども家庭福祉の研究者である柏女(2008:4-5)もまた、「社会福祉学は社会科学であり、一種の設計科学である。それは、一定の価値(人類のウエルビーイング)を実現するための枠組みである社会福祉という事象について考究する学問領域である。」と述べ、さらに、「社会福祉は、社会のありようを基礎とし、社会福祉の理念、目的とその方策を法令等に基づいて制度化しその運用ルールを示したもの(制度)、及びそのルールに基づいた具体的・専門的実践行為(方法)の体系であると考えられる。つまり、社会福祉の営みは、理念、制度、方法をその構成要素として

成立するものとして理解することができる。」とし、「したがって、社会福祉のありようは、社会のありように連動する。また、社会福祉の理念が変われば制度が変わり、また、制度の変容は方法にも影響をもたらす。」と述べている。次に、社会福祉基礎構造改革を例に挙げ、「…これは、社会福祉法改正を中心とするいわば"法改正"であり、"制度"の改正である。しかし、それは、社会事象や人びとの価値観の変容など、『社会』の変容に対応するものであり、『パターナリズムからパートナーシップへ』とのスローガンに象徴されるように、『理念』の変更を内包している。さらに、それにともない、『方法』も新たな展開を求められることとなる。」としている。このことは、「すなわち、専門家が各種情報を所有して利用者を支援する時代から、利用者に情報を提示し、利用者や地域社会をエンパワーし、利用者本人の自己決定を支援する方法が重視されるようになってくることとなる。そして、そうした『方法』による検証は、次なる『制度』改正へと結びつく。『社会』の変容を踏まえた『理念』『制度』『方法』の円環的前進が求められているのである。」と述べている。このように、柏女の視点は、「現状を踏まえた理念、制度、方法の円環的前進」である。

　さらに、同じく子ども家庭福祉の研究者である網野(2002:26)は、福祉を「人間における尊厳性の原則、無差別平等の原則、自己実現の原則を理念とする健幸の実現のための実践及び法制度」とし、その上で「児童福祉とは、生存し、発達し、自立しようとする子ども・児童とその環境の接点にあって、人間における尊厳性の原則、無差別平等の原則、自己実現の原則を理念として、子ども・児童の健幸の実現のために、国、地方公共団体、法人、私人等が行う子ども・児童及び関係者を対象とする実践及び法制度である。」(網野2002:28)と定義している。さらに網野(2002:28)は、このような児童福祉の定義において、「子どもはまず〈子ども〉である前にまず人間であるという視点」と「しかし、〈大人〉ではない〈子ども〉のマイナーとしての特性を十分に考慮する視点」を踏まえなければならないと述べている。

　筆者は、これらを踏まえ、柏女の「社会福祉の円環的前進」の理論にもとづき、この研究全体と論理的な枠組みを構成している。

(3) 社会福祉学において着目すべき価値

　一定の価値を実現する学問である社会福祉学、子ども家庭福祉にとって価値と

は何であろうか。

　「価値」について平塚(2004:76)は、「価値を科学する(可視化する)ということは、価値を素材として追求することである。言い換えれば、価値を問うこと、価値を明示すること、価値を創造すること、価値を洗練させることの一体的作業過程を経ることである。」と述べている。つまり、子ども家庭福祉においては子ども観や子どもの権利、子どもという存在そのものをどのように捉えるか、という価値を洗練し、明示することが必要であることがわかる。

　さらに、「社会的価値は、社会全体において人間福祉に関する価値意識にもとづき社会福祉をはじめとするヒューマン・サービス制度全体の基本的なあり方を方向づけ、決定する価値である。」とし、この価値は「特に人間福祉制度の維持・存続、改変などにおいて根拠ないし理由を与える機能をする。」(平塚2004:92)ことを指摘している。

　社会問題から生まれてくる専門職業の価値や社会的価値は、「…政策的な価値に影響を与え政府や行政としての社会的対策が生まれることが多い。」とする。ただし、様々な諸価値が絡み合う位置に置かれる社会的価値は、しばしば矛盾が見られる結論が引き出されたり、様々な利害関係を生み出したりすることが少なくないことも指摘している。

　そしてそのことは、「…明示された価値で人々の生活支援にとって重要な価値は、社会的に合意されることが必要である」(平塚2004:104)こと、「福祉価値は多様な価値の束により構成され」(平塚2004:86)るということを考えると、時代や社会の状況により変化する価値とともに、その多様な価値の束において最も根源的な価値(時代や社会のあり方によっても変わらない定位的な価値)を明示することの必要性がある、ということに他ならないであろう。

(4)援助者を支える価値

　また、平塚(2004:91-92)は、「…ソーシャルワーカーは、所属機関などの手段的価値と専門職業の価値との間にあってしばしば葛藤を経験する。専門職業としての価値よりも法制度に基づく機関の価値を優先しなければならないことによって、クライエントの援助に関して限界が生じる場合がおきることが事実ある。」とし、「…ソーシャルワーカーは、緻密な調査と検証を通じて、社会的価値に基づく機関の価値の正当性や妥当性に関して、社会に問わなければならないであろう。」と述

べている。このことは、ソーシャルワーカーの援助の質をより高める、あるいは、一定の倫理をもつソーシャルワーカーの援助活動を側面から支えるような理念や価値を法制度にもたせる必要があることを意味している。その点も含めて、子ども家庭福祉、社会福祉における事実や価値の検討による理念は、制度と方法をつなぐ役割をもつ可能性がある。

社会福祉において、地域社会におけるつながりの希薄化、結婚や出産への意識の変化、家族形態や機能の縮小化、個人の多様な生き方等、今、社会で起こっている事象について、それを再生したり、弱体化を防ぐように意図的に類似の仕組みを制度化しサービスとして提供することのみではなく、例えば、柏女の円環的構造から考えると、現状を踏まえたうえで、理念と制度と援助方法をバランスよくミックスさせ、最良の方向性を生み出さなければならないことがわかる。ただしそこには、これまで検討してきた価値、例えば網野や柏女が提示するようなその分野特有の対象観や援助観につながる価値や視点が必要であるといえる。

2. 本章において検討すべきこと

先述のように、社会福祉学における現状の課題として制度と援助をつなぐ理念の明確化が求められている。その理念は、社会福祉学の構成要素のひとつであり、一定の価値を実現する学問であるために禁欲的な姿勢が求められる。

それらの価値には社会的合意が必要であり、できるかぎり時代によっても変わらない根源的な価値を提示する必要性がある。子ども家庭福祉においては、根源的な価値として子どもの特性や権利について検討し、それをとりまく子ども観等を洗練し明示する必要性があり、それは福祉制度の維持、存続、改変等に根拠や理由を与える機能をするといえる。このことから、分野特有の対象観や援助観につながる価値や視点が必要と考えられた。

本研究においては社会福祉学の構成要素に着目し、柏女による理念、制度、方法の円環的前進に基づいて研究を進めていく。本章では、とりわけ理念的検討をすることとした。

─── 第3節 ───

子どもをどのように捉えるか
～子どもの特性の検討から～

　大人と子どもは違うといわれる。ではどのように違うのか。本節では、子どもの特性から子どもをどのような存在として捉えたらよいかについて、述べていくこととする。このことは、社会や大人が子どもに対して必要な配慮をするときの、基本的な背景となるといってもよい。

1. 子どもの特性

(1)「子ども期」にある者

　網野(2002)は、子どもについて「その基本にあるものは、子どもが大人の保護、庇護を前提として生を受け、大人に依存して成長するという宿命である。子ども期そのものが、弱者としての宿命を負っている。」として、具体的に2つの特徴を述べている。ひとつは、「子どもは非主張者としての特徴をもつ。」ということであり、2点めは、「子どもは、非生産者としての特徴をもつ。」ということである。

　網野は、前者は「年少の時期にあるほど、自らの意思を有していても、それを主張する能力に乏しく、たとえ主張することができる年齢や発達段階になっても、その影響力は非常に限られている。」とし、後者は「子どもは将来の生産力としてその社会を担うことを期待される存在ではあるが、まだ自立からは遠く、保護を必要とする時期、つまり生産よりも消費が主となる時期であり、他者に依存せざるを得ない。」という特性を指摘している。

　角田ら(2005:131)は、「子どもは主体者として生きる存在であると同時に常に他者によって規定されていく subject（主体・従属者）である。」と述べている。また、子どもは社会的には「不連続な存在」であるが、将来大人に移行するだけでなく本来的に同じ人間であるという「連続性」を持っているとし、子どもは単に

現存する大人になるのではなく、新たな大人になるというように、差異のある反復であると指摘する。

(2)子どもの特性と力
①生物学的特性
　子どもを生物学的に捉える時、生物学者である A. ポルトマン(1961)は、人間の子どもについて相対的に未熟であることから「生理的早産」であるとしている。高橋(1995:60-61)は、人間の赤ん坊は、生まれた時の運動能力が著しく劣っており、無能力な印象を与えるが、人と結びつくのに便利な性質が生まれる前から埋め込まれているとの趣旨を述べている。高橋(1995)と柏女(2009)の記述を参考にすると、次のような例を挙げることができる。①人間にとりわけ関心を示しじっと見たり、動くと目で追ったりすること、②かん高く、大人に聞こえやすい泣き声、③親に喜びを感じさせる生理的微笑、④抱くとしがみついたり抱かれやすい姿勢をとることなどである。

　高橋(1995:61)は、「このような赤ちゃんのもって生まれた性質は、世話をする人にはかわいいという感情を強くもたせ、はりあいにもなるはずです。こうして赤ちゃんと世話をするおとなとのやりとりはスムーズになされ、このやりとりを通して、ほとんど自然に、赤ちゃんの愛着要求が引き出されると考えてよいと思います。」と述べている。

　生理的早産である子どもは、A.H. マズロー(1987)の欲求階層説にある最も低次元の生理的ニーズすら、自ら満たすことはできない。それゆえ保護が必要な存在であるといえるし、したがって、柏女による先の指摘は重要な意味をもつ。ただし、予め生得的にセットされた特性は保護を引き出すもの、つまり子どもは保護される存在という見方とともに、他方で視点を少し変えれば、言語を介さず、セットされた動物的な力によるものであっても、自ら訴えかける力を持ってそれを発揮するということを考えれば、極めて能動的であるということもいえよう。生物学的特性において、子どもはそうした二面性をもっていることがわかる。

②子どもの発達的特性
　子どもを発達的な視点から捉える時には、人間として発達していく過程がエリクソンによって示されている(E.H. エリクソン、仁科弥生訳1977、1980)。発達

の過程を列挙することはしないが、児童の権利に関する条約において、子どもの年齢に応じて子どもの意見を尊重する旨の規定(第12条)がなされており、柏女(2007:64)は「…(略)、本条約が発達的視点を有していることを示していると考えられる。それは、児童の『自己決定力』の育成と尊重という視点であろう。」と述べ、発達的見通しをもって子どもの決定への参加を促していくことも条約の権利概念の中に含まれていると考えられると指摘している。子どもの自己決定については、後で検討することとする。

③子どもの身体的・心理的・社会的特性

　柏女は子どもの身体的・心理的・社会的特性を整理している(柏女2007:8)。「すなわち、低年齢の児童は、①心身の発達が未分化であること、②日々発達する存在であること、③言語による表現が不十分であること、④保護者の監護が必要であること、⑤社会的発言権が乏しいこと」を挙げ、「一方、思春期・青年期の児童については、①身体の発育と変化への対応、②自我同一性の確立、③親からの心理的離乳をめぐる種々の課題に遭遇し大きく揺れ動く存在であること」を挙げている。そして、「これらの特性は、児童に対する福祉に対し、いくつかの固有の配慮を要請することとなる。」と、子どもに対する配慮の必要性について指摘している。

④子どもに寄り添うための援助と子どもの力

　子どもは、単に未熟で上記のような特性があるだけでない。人間として育つ力をもっている。もちろん、大人と比べれば身体的にも、心理的にも、社会的にもその脆弱性は明らかであるため、子どもの力に寄り添い子どもの発達する力や考える力、生きる力等について十分なエンパワメントをすることが必要となる。それには、先述のように非主張者である子どもは言葉による表現が未熟であるという点や、後に述べるように「子どもの幸せは常に大人の掌の中にある」という点、子どもの能動的権利としての意見表明権の保障という点からも、子どもの特性と権利を十分に考慮したアドボカシーが欠かせない。これは、専門職のみならず、子どもに関わる大人の基本的態度といってもよい。ただし、要保護性の高い子どもに対しては、親との関係やニーズに配慮した方法による援助とすることが求められる。

　なお、子どもの脆弱性に着目した配慮は多く見受けられるが、一方で、子どもは人間としての生きる強さも持っている。それは生物的にセットされた能動的

な働きかけのみに限らない。何らかの理由により危機に直面したとしても、回復する力もまた併せ持っているのである。

　このことは子どものリジリエンス(resilience)として、M.フレイザーによる研究を用いて門永(2008)は、リジリエンスの特質を明らかにし、子ども家庭福祉実践におけるリジリエンスの可能性等について研究を深めている。門永(2008)によれば、リジリエンスとは、「欧米の子ども家庭福祉・近接領域における、エンパワメントやストレングスの流れをくむ実践の概念」であり、「心理・精神保健の領域；『回復力』『立ち直る力』」などと紹介されている。リジリエンスの定義について門永は、「個人や環境の非常に大きな逆境にもかかわらず良好に適応すること(Fraser,2004)」と述べている。とりわけ要保護性の高い子どもは、親と分離されている、されていないとに関わらず、生活の中で多くの傷つきを体験している。しかし、このようなリスクにさらされた要保護性の高い子どもたちは、むしろそれゆえにこそリジリエンスを持っているといわれているのである。したがって、先に述べたエンパワメントやアドボカシーはもちろんのこと、そのような力にも着目する必要があると言える。

　なお、リジリエンスの研究において提示している重要な結果として、門永はいくつかのカテゴリー化された「防御推進要因」があり、それは子どもにネガティブな影響を与えるリスク要因の影響を弱める働きをするものである(門永2008)と説明している。その要因の中のひとつに「養育にかかわる大人がいること」が挙げられている。子どもの身近なところで子どもの育ちに関わる大人がいることは、子どもの力になると考えられる。このことは、後述する社会的親の必要性に非常に有益な示唆をもたらしている。

2. 大人と子ども、子どもと社会との関係 ～かいまみえる子ども観～

(1) 大人と子どもの関係

　大人と子どもの関係が歴史的に見てどのように対置されてきたのかについては、角田ら(2005:126)が、「『成熟』対『未熟』、『無垢』対『理性』、あるいは『有能』対『無能』、『自律』対『依存』、『人格』対『非人格』という上下関係であり続けた。」と整理している。さらに角田らは、「人は出生とともに権利主体となり得、権利能力を持つが(民法3条)…以下略」と、各法律における未成年者等の保護につ

いて言及したうえで、「しかし、子どもを未熟、無能力としてとらえ、親や社会、国家によって保護するという立場は、弱者としての子どもという点から必要なことではあるが、反面、意識的、無意識的に常に子どもを客体化・対象化し、大人の管理の下に置くことになる。」と指摘している。

大人と子どもの分かれ目について、柏女(2007:8)は「『成人』と『児童』を分節する視点としては、『自立』を挙げることができる。」とし、身体的自立と心理的自立を含む個人的自立と、個人としての社会的自立と社会的認知としての社会的自立を挙げている。なお、子どもの未自立という特徴は、「社会、とりわけ児童の福祉等に関わる成人に対していくつかの配慮を要請する。」と指摘している。

(2)子どもと社会との関係

大人と子どもとの関係とも関係するところがあるといえるが、「子どものため」という答えの出ない堂々巡りを繰り返す、トートロジーがある。ここでは、子どもは社会との関係に大きく影響を受けるということから、「つくられた無垢な子ども」に関する検討をしておきたい。

有害環境の規制やそれに係る運動等の歴史的潮流を詳細に分析した中河・永井(1993)らは、その規制の正当性のために「子ども」というレトリックがしばしば持ち出されてきたことを指摘している。そして、「『無垢な子ども』のイメージはつねに『有害な領域』の設定と表裏一体の関係にあるし、『保護』は『責任能力の欠如』と対をなす。」と述べている(中河、永井1993:10-11)。

この有害環境の規制等において見られる児童観について、柏女(2006:7)は、「ここにみられる児童観は、『児童は心身ともに未成熟であるため環境の影響を受け易く、したがって、児童の健全育成に有害と考えられる環境から児童を保護しなければならない』というパターナリズムにもとづく児童観であり、それ自体一定の正当性をもっていることは事実である。」と述べ、社会が別の目的で規制を持ち出しても「子どものため」というレトリック[12]が用いられる可能性について留意する必要性を指摘する。さらに、成人がこのレトリックを正当性の根拠とするため、子どもは無垢であることや環境に汚染されやすい未熟な存在でなければいけないという、ある特定の像をつくり上げることがある可能性についても留意する必要性を指摘している。

このことを永井(1993:42)は、「ともかく、〈子ども＝無垢〉という考え方は〈子

ども=有害〉論の可能性を隠蔽してしまった。」と、子ども像が影の部分を持たせないようにつくり上げられたものであることを暗に示している。これにより、子どもというレトリックが、言説に正当性をもたらすような力をもつことになったのではないかと考えられる。

つまり、こうした指摘からも、「無垢な子ども」像は社会や大人によって作り上げられたものであることをみてとることができる。社会や大人が何らかの規制の正当化のために「子ども」を引きあいに出し、「子どものために」というレトリックによって、隠された主張や目的とすりかえられる可能性を孕んでいるという特徴をもっている[13]。いわば、何かを達成するための手段としての、カードとしての「子ども」であり、社会や大人によって「無垢な子ども像」が作られてしまうという危うさを指摘できる。

3. 子どもの権利の特性

子どもの権利は二面性をもっている。その二面性を後述する受動的権利、能動的権利として定義づけたのは網野である。児童の権利に関する条約において、それら子どもの受動的権利と能動的権利と捉えられるものが位置づけられているのは、周知のとおりである。

角田ら(2005)や網野(2002)が述べるように、子どもの権利は深刻な闘争を通じて獲得したものではなく、保護者を通して与えられてきたものである。なお、中村(1992:112)は、「子どもの人権は、子ども自体、それをみずからが叫ぶこともまた要求することも、さらに訴追することもできないという特異性を持っている。それは、能力的にできないばかりでなく、原則として社会的にもできない」のであるという。

(1)受動的権利

受動的権利は、子どもが人間として生きるために、親や社会によって必要なものを当たり前に与えられる根源的な権利である。児童の権利に関する条約では、世界中の子どもたちにこの権利を保障する旨規定している。また、能動的権利の基盤となるのが受動的権利である。網野(2002:80)は、受動的権利について「義務を負うべき者から保護や援助を受けることによって効力を持つ権利」であるとする。

(2) 能動的権利

　もうひとつは、子どもの権利条約第13条の意見表明権や第14条の思想・良心の自由に関する権利をはじめとする能動的権利である。能動的権利は親や社会によって受動的権利が十分に保障された上で実現するものと捉えられている。網野(2002:80)は、能動的権利について「人間として主張し行使する自由を得ることによって効力を持つ権利」であるとする。

①子どもの能動的権利に対する誤解

　　しかし一方で、網野(2002:96)は、子どもの権利のみが重視されることでマイナーの権利に対するアレルギーを引き起こし、子どもの権利保障に対する誤解と反感をもたらしていることを指摘している。さらに子どもの権利と義務について、「権利を尊重される経験が、やがて自らの義務意識を形成させていく。」と述べている(網野2002:97)。能動的権利の保障は、必ずしも子どもの意見を全て受け入れるということではないことも指摘されるが、大人による権利保障に対する誤解や反感があることから、子どもの特性を十分に踏まえる必要があるといえる。

②子どもの権利に対する義務

　　先に子どもの権利に対する誤解について述べたが、シモーヌ・ヴェーユ(1998:21)は、権利と義務の関係について次のように述べている。

　　「一つの権利はそれ自体として有効なのではなく、その権利と対応する義務によってのみ有効となる。一つの権利が現実に行使されるにいたるのは、その権利を所有する人間によってではなく、その人間にたいしてなんらかの義務を負っていることを認めた他の人間たちによってである。」

　　つまり、この考え方については、子どもと親、大人、社会との関係に非常によくあてはまるのである。子どもの権利について規定しても、親や大人、社会がどのように理解し、認め、尊重できるかによって、子どもの権利が現実に実効性を帯びるか否かが決定づけられるということである。その意味で、子どもの特性について理解し、子どもをどのように捉えるかという子ども観、子どもを育てることに関する養育観を再確認する必要があるということができ、それを踏まえた子どもの権利に対する親、大人や社会による配慮と尊重が求められ

るといえる。

③能動的権利と子どもの自己決定

　子どもの能動的権利について最も重視されるのは、意見表明権である。子どもの意見を聞く場、言える場として、子どもが主体的に参加する子ども会議といった取組をする自治体もでてきた。「自己決定」の力をどのように育むかという視点が求められている。

　例えば、子どもが何かを選択する時、周囲の大人の個人の経験や価値観にとどまらず、社会の経験や価値観から意見を提示されることが必要[14]であり、そこで子どもはその意見を参考にしつつも自分の意見を表出し、思いを調整して行動を決定する。つまり、保護者や援助者が子どもに向き合い、何が自分（子ども）にとって利益（より良い選択）になるのか、子ども自身はどう考えるのか、自分の思いを繰り返し表出し、調整する体験をしていく。

　子どものエンパワメントということから自己決定について考えると、潜在的な力を引き出すというよりは、むしろ子どもがする経験の中で、自分がもっている力（ストレングスや達成できる力）を信頼することができるように援助することと考えられる。それは最終的な決定をどうするかに関わることだけでなく、決定までのプロセスにおける体験と、決定した後に達成する（失敗も含めて）体験の積み重ねと、それを積極的に肯定していく周囲の大人の存在が必要と考えられる。

　谷口（2007）は、第55回日本社会福祉学会大会シンポジウムにおいて、障害者福祉の立場から、自己決定は「育てるもの」であると述べた。まさに、子どもの能動的権利の保障の根幹にある「自己決定」能力を育てていくプロセスにおいてこそ、子どもの能動的権利が尊重される必要があるのではないかと考えられる。

　意見を表出する機会の保障ということが言われるが、「育てるもの」という観点から考えれば、意見を表出する体験の積み重ねがそれ以前に要ると考えられる。意見を表出する前に子どもの中に様々な経験から作られた選択肢があって初めて、「言ってみよう」、「言うのをやめよう」ということがある。したがって、自己決定のもとは人との関わりの積み重ねの中で育まれていくと考えられる。

4. 子どもが直面する事実 〜子どもの根源的な受動性〜

　網野(2002:28)は、「子どもが〈大人〉〈親〉のもとで生まれ、そして育てられるという受動的な存在としての宿命を十分に考慮し、かつ〈人間〉として育ち、自立するという能動的な存在としての限りない可能性に十分意を注ぐ必要がある。」と指摘し、「児童福祉においてはまず、子どもが〈生存し、発達し、自立しようとする〉存在であるということ、そして個々の子どもの遺伝的特性とともに〈環境〉が、他のいかなる時期の人々よりも重要な影響を及ぼすということ」が重要であることを指摘している。

　芹沢(1997:21)は、「生まれてくる子どもは、自分が生まれるべきか否かを考えたり、選んだりすることができない。もうひとつ、生まれてくる子どもは、自分の身体及び性を選ぶことができない。もちろん、生後に親によってつけられる名前さえも選べない。生まれてくる子どもはこうした幾重にもわたって受身であることは確かである。この根源的な受動性をイノセンスと呼ぶことにする」と述べている。

　例えば、「こうなったのは、自分のせいではないのだ」、「自分にはどうすることもできなかったのだ」という子どもたちの感情は、先述の子どもの特徴に加え、このような宿命的なあるいは根源的な受動性によるところが多分に含まれていることと考えられる。

　さらに、受動的な存在としての宿命のみならず、個々の遺伝的特性とともに、環境が他の時期の人々よりも重要な影響を及ぼすということが網野によって指摘されている。そして、網野(2002)は、「子どもの幸せは常に大人の掌の中にある」と表現している。子どもの受動性と周囲の人々やそれを取り巻く社会環境等による様々な配慮の必要性を象徴していると考えられる。

　だからこそ、まず人生のスタート地点において、先に述べた人間として生きていくための基盤作りを進めておくことが求められよう。しかも、生まれてくる子どもに基盤作りを求めることができない以上、安心して生まれて、健やかに育むための体制整備は大人と社会の問題であり、課題である。それを実現していくことが、親や保護者、国や地方自治体による子どもの育成責任というものではなかろうか。

　このような制度的な体制を整えることと、もうひとつは子どもと親や保護者と

のつながりや豊かな関わりが、その子どもにとっていかに重大な意味をもつのかが問われていると考えられる。ただし、親のみがそのような役割を担うことは大変難しく（子どもの中には親のいない子もいるし、親の中には種々の障害のある者もいる）、また子どもの育ちを考えた時に、親以外の大勢の人々との関わりが重要であると考えられる。以下の図は、これまでの検討経緯をまとめたものである。次節では、子ども家庭福祉に固有の理念を検討したい。

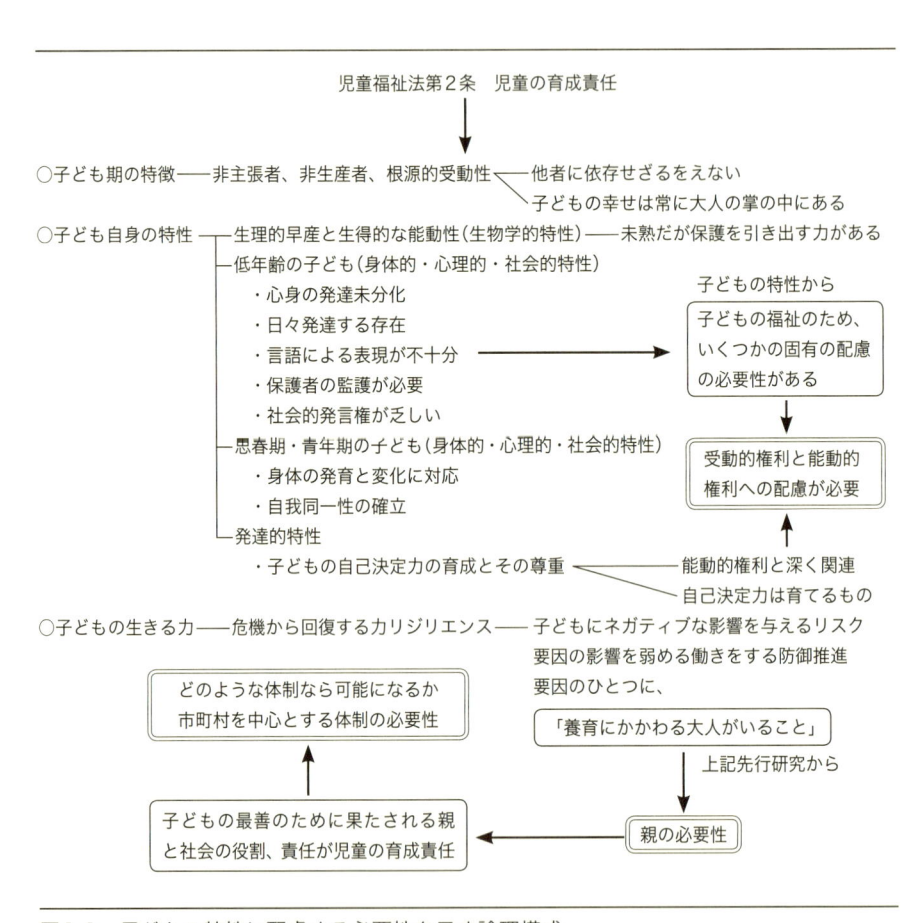

```
                児童福祉法第2条　児童の育成責任
                          ↓
○子ども期の特徴──非主張者、非生産者、根源的受動性──他者に依存せざるをえない
                                          子どもの幸せは常に大人の掌の中にある
○子ども自身の特性──生理的早産と生得的な能動性（生物学的特性）──未熟だが保護を引き出す力がある
               ├低年齢の子ども（身体的・心理的・社会的特性）
               │ ・心身の発達未分化                子どもの特性から
               │ ・日々発達する存在              ┌──────────────┐
               │ ・言語による表現が不十分 ────→ │子どもの福祉のため、│
               │ ・保護者の監護が必要            │いくつかの固有の配慮│
               │ ・社会的発言権が乏しい          │の必要性がある    │
               ├思春期・青年期の子ども（身体的・心理的・社会的特性）└──────────────┘
               │ ・身体の発育と変化に対応              ↓
               │ ・自我同一性の確立              ┌──────────────┐
               └発達的特性                       │受動的権利と能動的│
                 ・子どもの自己決定力の育成とその尊重 ← 能動的権利と深く関連
                                                  自己決定力は育てるもの
○子どもの生きる力──危機から回復する力リジリエンス──子どもにネガティブな影響を与えるリスク
                                            要因の影響を弱める働きをする防御推進
                                            要因のひとつに、
  ┌──────────────┐              ┌──────────────┐
  │どのような体制なら可能になるか│              │「養育にかかわる大人がいること」│
  │市町村を中心とする体制の必要性│              └──────────────┘
  └──────────────┘                        ↓ 上記先行研究から
            ↑                              ┌──────┐
  ┌──────────────┐              │親の必要性│
  │子どもの最善のために果たされる親│ ←──  └──────┘
  │と社会の役割、責任が児童の育成責任│
  └──────────────┘
```

図1-1　子どもの特性に配慮する必要性を示す論理構成

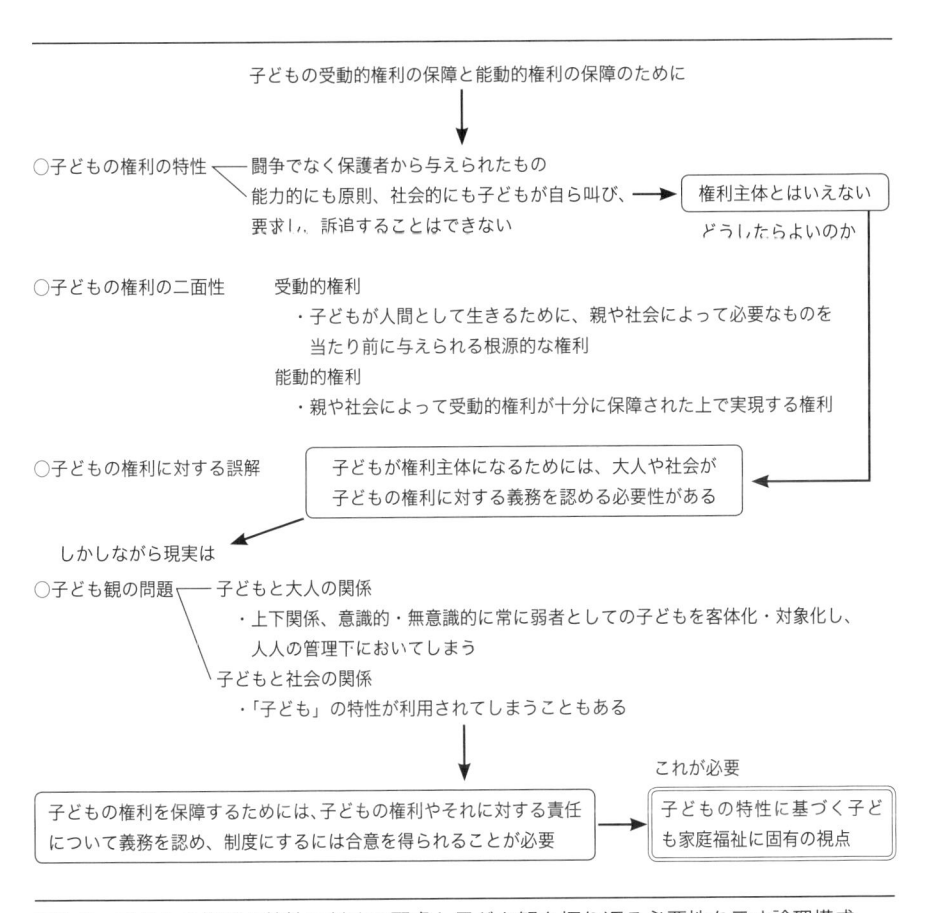

```
                    子どもの受動的権利の保障と能動的権利の保障のために
                                    ↓
○子どもの権利の特性─── 闘争でなく保護者から与えられたもの
                  ＼ 能力的にも原則、社会的にも子どもが自ら叫び、 → ┌─────────────┐
                    要求し、訴追することはできない                │ 権利主体とはいえない │
                                                          └─────────────┘
                                                           どうしたらよいのか
○子どもの権利の二面性    受動的権利
                       ・子どもが人間として生きるために、親や社会によって必要なものを
                        当たり前に与えられる根源的な権利
                      能動的権利
                       ・親や社会によって受動的権利が十分に保障された上で実現する権利

○子どもの権利に対する誤解  ┌───────────────────────────────┐
                       │ 子どもが権利主体になるためには、大人や社会が  │←─┐
                       │ 子どもの権利に対する義務を認める必要性がある  │  │
                       └───────────────────────────────┘  │
      しかしながら現実は ←┘                                        │
○子ども観の問題 ─── 子どもと大人の関係
              ＼   ・上下関係、意識的・無意識的に常に弱者としての子どもを客体化・対象化し、
                   大人の管理下においてしまう
                ＼子どもと社会の関係
                   ・「子ども」の特性が利用されてしまうこともある
                                    ↓
                                                           これが必要
┌──────────────────────────────────┐      ┌─────────────┐
│ 子どもの権利を保障するためには、子どもの権利やそれに対する責任  │ →   │ 子どもの特性に基づく子 │
│ について義務を認め、制度にするには合意を得られることが必要    │      │ も家庭福祉に固有の視点 │
└──────────────────────────────────┘      └─────────────┘
```

図1-2　子どもの権利の特性に対する配慮と子ども観を振り返る必要性を示す論理構成

―― 第4節 ――

子どもの特性に見る
子ども家庭福祉の理念

　前節で検討してきた子どもの特性と権利という視点から、子ども家庭福祉における子どもの特性により用いられている以下の3点の理念の必要性を提示することとした。すなわち、パターナリズム、パレンス・パトリエ、社会連帯であり、子ども家庭福祉の研究分野において提示されている周知の理念である。多くの先行研究、行政報告書等においても、これらの用語は使用されている。

　しかし、筆者はこれらの理念が子どもの特性や権利の側面から検討され、子ども家庭福祉に特有の理念として説明されているというよりは、すでに自明の理念として用いられてきたきらいがあるのではないかと考えてきた。

　したがって、所与のものとされてきた傾向のあるこれらの理念について、子どもの立場から再検討し、それを子ども家庭福祉の体制再構築の理論的支柱として用いることができるよう、本節で検討することとした。これまで自明のものとして用いられてきた理念を子どもの視点から再検討する。このような目的から、3つの理念それぞれをとりあげる理由を示すための先行研究、解説・検討といった手順とはなっていないことをお断りしておく。

1. パレンス・パトリエ

　高橋ら(1992:116)は、児童、親(家族)、国の三者関係について、英米法のパレンス・パトリエ(parens　patriae)の概念を「…クラウン(Crown: 国王)が国の親として、直接児童を保護する権利と義務を持っているとする考え方である。」と述べている。

　英米法におけるパレンス・パトリエという法的概念には3つの特徴がある。

　第一は、「国は国民の中でももっとも弱くて自立の出来ていない構成員の人権を

社会から保護するという責務を持っている。つまり、国は国民の構成員の一人である児童について、その児童が社会の中で、家族の中で、その児童にとっての最善の利益を保障するために必要があれば家族に介入する権利を持っているのである。」

第二は、「国は、自分で自分を保護することの出来ない国民の構成員(つまり児童)を保護するために、その児童の家族に介入することができる。いわば国は、国民に対する一つの法律的・モラル的な責務として、家族の中に介入しなければならない。」

第三は、「法システムが機能的、効果的に作用するために正確でしかも明確な規則とその手続きやプロセスのメカニズムも検討し、国、親、児童の三者が詳しく理解できるように説明しなければならない。また、同時にこの三者の個人的な人権と権利も尊重し保護しなければならない。」とするものである。

また、高橋らによれば、カナダのオンタリオ州では、裁判所やオフィシャル・ガーディアン制度が発達し、児童の人権の番人として機能しており、「親からの親権の剥奪をクラウン・ワード(Crown Ward: 国王が親権者となる、国が親権者となる)」、「親権の一時停止をソサエティ・ワード(Soci-ety Ward、Children's Aid Society、つまり児童保護援助協会が親権をあづかる)」と制度的に呼称しており、英米法のパレンス・パトリエ(国親)の枠組みが定着したものであるとしている。

高橋らが英米法と比較しているローマ法の枠組みでは、「国の支配権は家族のなかには及ば」ず、「家庭への介入はもっぱらモラル上で力を持つ教会の役割」であるという。なお、「ローマ法では、親は児童に対してかぎりない権力を持って」おり、「親の親権を児童の人権よりも優先的に認めたのである。」と述べている。

これらと日本の枠組みを比較し、日本では根底に明治民法下で確立した家制度とローマ法の親権があり、戦後の英米法の枠組みが入ったことによる複雑さを指摘している。ただしローマ法にはモラルの上で教会が家族に介入する社会的機能を果たしたが、日本ではそうでないため、「親権を絶対視した日本の枠組みは、3つの枠組みのなかでもっとも国(state)または公(public)、社会(society)からの児童に対する保護や家族への介入が消極的な枠組みではないだろうか。」とも指摘している。

この考え方をみると、日本が子どもや家族に対する介入を消極的にしていることが、一般的な子育て支援と要保護児童福祉を二分していることの根底にあるよ

うに思われる。では求められる介入は、どのような考え方に基づいて行われることが必要であるのか。それを以下のパターナリズムにおいて述べることとする。

2. パターナリズム

花岡(1997)は、「パターナリズムとは、一般的には、干渉されるその人のためになるという理由でなされる干渉である。『他人のために』という親切、思いやり、善意、時には義務感が、パターナリズムの源である。それは社会生活を送る私たちに共同の絆である。」と述べている。そして、「他人を侵害するのではないし、他人に著しい不快感を与えるものでもない。公益にも関わらない。不道徳であるという理由でもない。干渉されるその人のためという理由で干渉する。」これが「パターナリズム」と呼ばれているとしている。

子ども家庭福祉では、積極的にパターナリズムという言葉を用いていないが、理念としてはこれに該当する要保護児童の家庭に介入し子どもを保護するといった実践が見られる。保護者とともに児童の育成責任を負う「公権」と適切な方法で子どもを育てている場合は干渉されずにその行為を行える親権という「私権」の対立についても、児童の権利に関する条約の第3条にある「児童の最善の利益」を保障するという根拠によって、公権の介入の正当性については一定の整理がなされている。また、介入に伴う分離の可能性はいつでもある一方で、むやみに家庭から分離することのないよう家庭不分離原則があるため配慮が必要になる。

ここで重要なことは、子どものためにパターナリスティックに介入する一連の過程が、子どもの立場、特性を考慮して行われなければならないということである。これは先に述べてきたどのような援助方法が基本に必要かということであり、この点に関しエンパワメントやアドボカシー等を挙げたが、子どもの発達段階に応じて子どもにわかる方法によって十分な説明をする必要がある。アカウンタビリティの徹底である。もう一方の保護者に対しては、子どもの立場や思いを十分に理解してもらう仕掛けも必要になるといえる。

3. 社会連帯

この言葉は、1998年の中央社会福祉審議会で示された社会福祉基礎構造改革と

その追加意見の中に使用されている。子ども家庭福祉においても、次世代育成支援施策の在り方に関する研究会(2005)による報告書「社会連帯による次世代育成支援に向けて」の中で基本理念として使用されている言葉である。

(1) 他の福祉分野での社会連帯

社会連帯について高齢者福祉分野を見ると、介護保険法第4条において国民の努力及び義務が明示されている。第1項には国民の努力として要介護状態になることの予防のために健康の保持増進に努めること、要介護状態になっても適切なサービスを利用することで能力の維持向上に努めるものとするということである。その第2項には「国民は、共同連帯の理念に基づき、介護保険事業に要する費用を公平に負担するものとする。」と記載されている。国民ひとりひとりが加齢するという事実と要介護状態になりうるという予見しうるリスクを社会全体で支えようという趣旨が読み取れる。

障害者福祉分野をみると、障害者基本法では、第6条に国民の責務が記載されている。その第1項には「国民は、社会連帯の理念に基づき、障害者の福祉の増進に協力するよう努めなければならない」こと、第2項には「社会連帯の理念に基づき、障害者の人権が尊重され、障害者が差別されることなく、社会、経済、文化その他あらゆる分野の活動に参加することができる社会の実現に寄与するよう努めなければならない」ことが明示されている。本法では基本的理念に子どもでいうところの受動的権利を保障することが明記されており(3条)、高齢者の分野の社会連帯とやや趣が異なり、障害のあるなしに関わらず当たり前に地域で暮らす、ノーマライゼーションを可能にするための共同を呼び掛けているという趣旨に読み取れる。

(2) 社会連帯が必要とされるとき

この社会連帯はどのような場面において用いられるのかについて、平塚(2004:95)によると「自己責任にゆだねることが適当でない問題に、社会連帯にもとづく支援をすることで、自立や自己実現、社会的公正をはかることを強調したものである。」という。これは、先に述べた根源的な受動性をもって生まれる子ども、置かれる環境や状況が、常に周囲の大人によって激変する可能性をもっている子どもの福祉を考えていく上で、きわめて重要な考え方ということができる。

(3) 社会連帯を可能にするために

　ただし、そのような価値は社会に合意されなくてはならない。介護の社会化により介護保険が導入されたが、子ども家庭福祉において「社会連帯」が社会に合意され、納得を得るためには、これまで述べてきた子どもに関する不変的な事実を受け止めてもらうことが必要であろう。なぜなら、平塚は嶋田の考え方をもとに「嶋田のいう『行動の触発基準』は、ある行為を導く役割としての価値の性質をさしている。つまり、ある価値を持つ人がある価値に照らしてある行為に踏み切ることを意味する。」とし、「価値は行為をガイドする」(平塚2004:72)と述べているからである。つまり、これまで述べてきた子どもを取り巻く理念、価値が社会的に合意されるということが、子ども家庭福祉の体制や支援に実効性をもたせる鍵になると考えられる。

　つまり、子ども家庭福祉における社会連帯は、「自己責任にゆだねることが適当でない問題」すなわち、「子どもの育ちを保障することについては生まれてくる子どもに責任はなく、受け入れる側の人々と社会が体制を整えておく必要がある」という視点によって支えられることになると考えられる。これは、「社会的わが子観」つまり、子どもは社会の子、日本の国の子という考え方にとっても必要となるものであろう。その意味で、特に時代や社会の変化によっても変わらず広く共有することができる子ども家庭福祉の理念が求められる。本章において子どもの特性をレビューしたのはそのためである。

　次節では、これまでの子どもの特性や理念をふまえ、子どもにとって親や保護者とのつながりとはどのようなものかを検討し、市町村における体制整備が必要とされる理由について検討することとした。

第5節

子どもを支える体制再構築の必要性
～親の必要性と社会的養育の観点から～

　第3節では子どもの特性や権利を、第4節では子ども家庭福祉に固有の理念について検討してきた。本節では、そのような子どもを養育するということや子どもにとっての親の必要性について検討し、そこから市町村を中心とする体制再構築の必要性について述べることとしたい。

1. 子どもの声を受け止める必要性

　前節でイノセンスについて述べたが、特に子どもにとって自分の存在を生み出した、自分に人生を贈与した[15]親に対する思いは、先に述べたとおり計り知れないほど深く、そして複雑さをもっている。したがって、子どもが十分に声にできない、声にならない思いを受け止めることができる力を持つ存在をいかに必要としているのかを考慮し、制度を媒介としてそのような存在にめぐりあえるよう、体制づくりを図る必要があると考える。いわば、子どものおかれている立場を十分に考慮した体制・づくりである。

　そしてそれは、今まで筆者(2006)の修士論文「子ども家庭福祉行政実施体制のあり方に関する研究～協議会型援助による市町村役割強化の可能性～」等において述べてきた子どもにサービスを「届ける」ということや、子どもの立場に立った「効率性」や「実効性」という言葉に持たせてきた意味でもある。受動性を負って生まれくる子どもの特性を理解し、迎えるための体制が必要とされる。

2. 子どもを育てる責任の根拠

　親や保護者による児童の育成責任については、児童福祉法や児童の権利に関す

る条約、親権の規定等において述べられている。

　児童福祉法第2条の児童の育成責任は、「国及び地方公共団体は、児童の保護者とともに、児童を心身ともに健やかに育成する責任を負う」と規定されており、親や保護者と同等に、国及び地方公共団体が児童に責任を持つことが明示されている。これを子どもの権利という観点からいえば、子どもにとって最も基本的な受動的権利の保障について、親を中心に社会との共同で行うということになる。

　ただし、ここでは、子育ての社会化というような流れの中でそのどちらがより責任を負うのかという責任論の検討はせず、子どもの立場から、子どもにとってかけがえのない存在である「親」について検討しておきたい。

3. 子どもにとっての親

　ここでとりあげる親とは、全部で3種類ある。「実親」、「心理的親」、「社会的親」である。実親についてはとりわけ第2節での検討を中心に、心理的親と社会的親については網野(2002)による丹念な検討を元に述べることとする。

(1) 実親

　実親という表現については一般的にも使用されるが、家庭的養護における議論の中では、実親という言葉を用いると本当の親とその親がいる、という印象を子どもに与えるということで使用しないといった配慮もなされていることは承知の上で、あえて使用する。

　「実親」を挙げたこと、また「実親」という言葉を使用した理由については、先ほど述べたイノセンス、人生を贈与した親という、子どもに対してこの世に存在する根拠を与えた存在であるという絶対的な事実に着目してのことである。

　人間として生を受けた自分の存在としての根拠を持つのは、まぎれもなく血のつながった親であり、生物学的な親である。この唯一無二の替えのきかない存在である事実は、実際に十分な愛情を注いで大切に養育されたかどうかということに関わりなく、自分は何者なのか、という子どもの存在の根っこを揺るがす大問題である。

　社会的養護において、例えば養子縁組をした子どもが、大人になってから養親の助けを借りて実親を探す、つまりルーツを探すという行為がみられるのは、対

面するかしないかは別にして、自分の存在を支える根っこの問題に関わるからである。子どもがもつこの気持ちについて、「…年齢は別にして、自分の生みの親について、『どんな人だろうか』という関心、『なぜ、自分を育てられなかったのだろうか』という疑問は、生みの親と離れて暮らす子どもが抱く気持ちでしょう。(中略)親と離れて暮らす子どもたちのアイデンティティを確立するためには、子どもが自分の過去を理解し、受け入れられるように援助することが必要です。」(社団法人家庭養護促進協会編2007:25)と記述されている。

つまり、子どもがひとりの人間としてのアイデンティティを確立するために、最も基本的な存在が実親と考えられる。子ども家庭福祉において、親と離れて暮らしている子どもにはもちろんあてはまる重要なことであり、家庭で親と暮らしていながらも「子はかすがい」になれなかった子どもや、居場所のない子どもに対しても重要なことである。

児童の権利に関する条約において、その第7条第1項では児童はできる限り父母を知り、その父母によって養育される権利を有するとされている。さらに第9条第1項には、いわゆる家庭不分離原則について規定されており、児童の最善の利益にかなわない場合等は除いて、児童が父母の意思に反してその父母から分離されないことを確保する旨が規定されている。第3項には児童の最善の利益に反する場合を除いて、父母の一方または両方と分離されている児童が、彼らとの人的関係や直接の接触を維持する権利を有するとされている。条約という国際的な観点からみても、それだけ子どもと親との関係は重要視されているということである。

人は、時薬[16]によって大なり小なり抱えた心の痛みが癒されることはあるが、時薬のみでは癒されない事柄があることにも目を向けておきたい。そのひとつが、自分が生まれてきた意味をもたらした実親との間に生じる思いや葛藤[17]なのではないだろうか。

このように、子どもの立場や権利から考えても実親との関係は十分に配慮すべき事項といえる。

次に、網野(2002:169)は、生みの親と育ての親がいる中で、その親について「心理的親」と「社会的親」という表現を用いて以下のように検討している。

(2) 心理的親

網野によれば、「心理的親とは、実の親、社会的親を問わず育ての親の中で、その子ども自身が自分を本質的に愛し、信頼してくれており、自分を本質的に受容し、肯定してくれていると心理的に受け止めている特別の人をいう。自然の摂理は、生物的親、実の親が最も心理的親になり得る条件を備えさせている。」ものである。さらに網野(2003:12)は、「児童の養育の基盤として何よりも欠かすことのできないものが、この心理的親の存在である。」と述べている。心理的親の重要さを指摘する一方で、ただし実の親も含め、育ての親のうち誰もが心理的親になるとは限らないことも指摘している。

(3) 社会的親

網野によれば、「社会的親とは、実の親以外の人で、恒常的、部分的、間歇的、一時的に子育てに関わる人をいう。」とされ、広義には実の親以外の家族・親族も含まれるとする。諸事情によりやむを得ず実の親に代わり、施設のケアワーカーや里親、養親等の社会的親が子どもの養育にあたる場合があり(社会的養護)、その時は社会的親が重要な養育の基盤となる。網野(2003:12-13)によれば「児童にとって必要不可欠なのは、自分を守り、自分に心を向けていると実感させてくれる、信頼することのできる心理的親の存在である。したがって、児童の安全基地として存在し、心理的コミュニケーションを充足させることが、育ての親としての社会的親に何よりも欠かせない要件である。」とする。

社会的親には、先に述べた実親以外の家族、親族、施設や里親、養親といったもののほか、子どもが成長する中で関わり合う近隣関係など、地域の大人も含まれると考えられ、子どもの育ちの中で重要な役割を果たすといえる。

(4) 親が必要である理由

ここまで、3種の親について述べてきた。なぜそれほどまでに子どもには親が必要か。

大きな理由のひとつは、子どもが親から何を得て育つのかということである。望月(1997:128)は、「母は是非善悪をこえて、子の存在そのものを暖かくつつみこむ。母の胸にしっかりと抱かれることによって、子どもは自分の存在価値を感得する。(中略)子どもは暖かい母の胸に抱かれ、その心臓の鼓動に接することによって、精神的安定を得る。ここに形成される母と子の精神的絆は、『原信頼』と呼ば

れ、パーソナリティ形成の基盤をなす。」と述べている。網野(2003:11)は、乳幼児期に特に欠かせない関わりについてマターニシティ[18]という言葉を用いて説明をしている。

　一方、父親については、「成長するに従って、母への依存状態から離れ、自立しなければならない。(中略)ここに登場するのが『きたえ、みちびく』役割を担い、正邪、善悪、優劣などの区別を教え込む父親である。父親は社会的価値の体現者として、人生の先輩として、権威的存在として、子どもに立ち向かう。その厳しい訓令に耐え、それを乗り越えることによって、子どもは社会の成員として自立していく。」と述べている(望月1997:128)。

　子どもは母親との関係から原信頼を獲得し、父親との関係から社会的価値や分別等を獲得することが明らかとなった。つまり、これらは人生の指針や存在の基盤となる人間関係といえる。そして、心理的親には、自然の摂理によって生物学的親が最もなりやすい条件を備えていることを述べてきた。しかし、現実には実親が心理的親になることができない場合もあり、実親以外の社会的親の中から心理的親を得ることもまたある。子どもにとっては、心理的親と社会的親の両方に出会う必要があるということを強調したい。

　とりわけ子どもにとって親が指針として、基盤としての存在であることを示すやりとりを発達の中から見てみたい。河合(1995:132)は、「…思春期の子どもに対しては、ここからは絶対だめだという『壁』が要ると言っている。壁にぶち当たって、子どもは大人になっていく。壁がぐらついていたりすると、子どもの不安は増大するばかりである。といっても、その壁は血も涙もある人間がなっているから意味がある。無機物の『壁』では教育にはならない。」と述べている。

　河合はとりわけ思春期について壁の役割と言っているが、この指摘は幼児が母親の態度を指針にして行動の可否を判断するという社会的参照(ソーシャル・リファレンス)の重要性の指摘であると理解できる。これは、子どもが新たなものと出会うために必要な判断を可能にするための指針として考えられている。つまり、経験がないものについて行動を選択したり、意見を述べるために必要な指針となるものであり、後押ししてくれるものである。先述のように、子どもは経験が少ない中で選択を迫られ、意見を求められるため、信頼できる人間が指針の役割を果たしてくれるということはとても心強い。その意味でも親の存在は非常に重要であると考えられる。

むろん、これまで述べてきたように、この指針となる存在には親と保護者のみならず、直接か間接的にか、社会的親としてソーシャル・サポート・ネットワークを構成する専門職、専門機関や地域に生活する近隣住民といったひとりひとりが含まれる。この関わりのシステムが、子どもが豊かに育っていく際の一連のエンパワメント・システムであると考えられる。その中で子どもが十分に育まれて、結果的に自己決定に関わる選択ができるようになると考える。これまでの検討を図解したものが以下の図1-3である。

子どもの成長、生きる力に大きな影響を与える親
↓

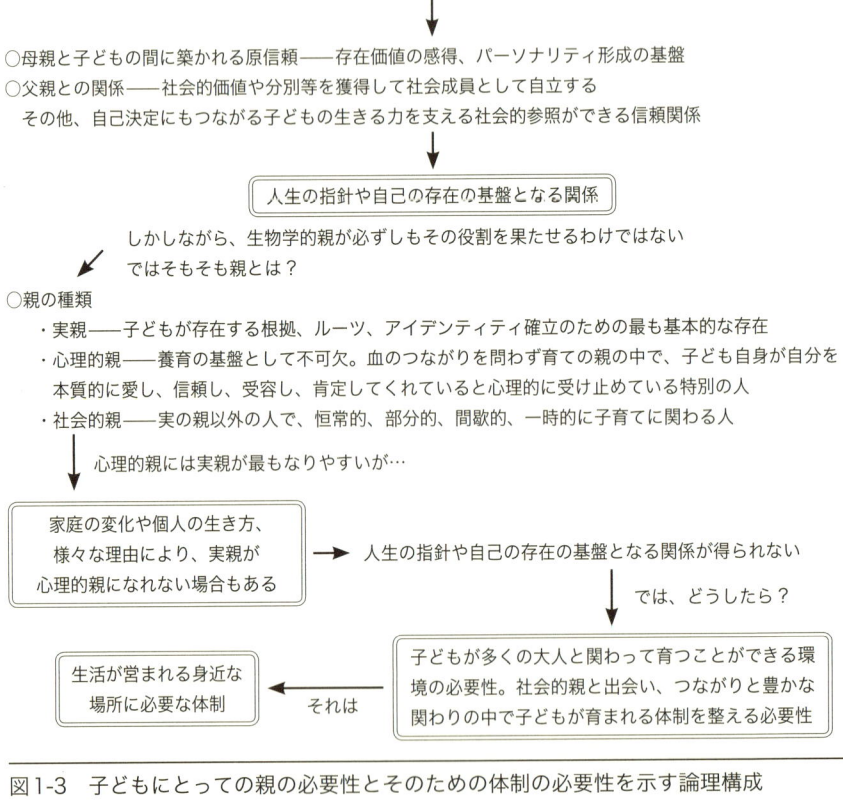

○母親と子どもの間に築かれる原信頼――存在価値の感得、パーソナリティ形成の基盤
○父親との関係――社会的価値や分別等を獲得して社会成員として自立する
　その他、自己決定にもつながる子どもの生きる力を支える社会的参照ができる信頼関係
↓
人生の指針や自己の存在の基盤となる関係

しかしながら、生物学的親が必ずしもその役割を果たせるわけではない
ではそもそも親とは？

○親の種類
　・実親――子どもが存在する根拠、ルーツ、アイデンティティ確立のための最も基本的な存在
　・心理的親――養育の基盤として不可欠。血のつながりを問わず育ての親の中で、子ども自身が自分を本質的に愛し、信頼し、受容し、肯定してくれていると心理的に受け止めている特別な人
　・社会的親――実の親以外の人で、恒常的、部分的、間歇的、一時的に子育てに関わる人

心理的親には実親が最もなりやすいが…

家庭の変化や個人の生き方、様々な理由により、実親が心理的親になれない場合もある　→　人生の指針や自己の存在の基盤となる関係が得られない
↓
では、どうしたら？

生活が営まれる身近な場所に必要な体制　←　それは　子どもが多くの大人と関わって育つことができる環境の必要性。社会的親と出会い、つながりと豊かな関わりの中で子どもが育まれる体制を整える必要性

図1-3　子どもにとっての親の必要性とそのための体制の必要性を示す論理構成

これらをふまえ、以下に子どもの特性を中心とした理念的検討から、市町村を中心とする体制再構築の必要性を述べたい。

4. 理念的側面からみる市町村を中心とする体制再構築の必要性

これまでの検討をふまえ、なぜ子ども家庭福祉行政が身近な場所、すなわち市町村において行われる必要があるのかについて考えてみたい。

(1) 社会的親を獲得する機会

上述の心理的親、社会的親という存在との関わりが子どもにとって、自分の存在価値を確認させてくれる存在として生きる力の支えになる体験となる可能性があり、実親が必ずしも心理的親になれるわけではないのだとすれば、広く様々な人々が子どもの育ちに関わって、社会的親の中から心理的親またはそれに近い存在を得ていくことの必要性を指摘しておきたい。その意味で、地域に様々な専門職がいて、サービスを媒介にして子どもと接点をもてるよう配慮すること、あるいは地域の人々の力をうまく動員して、社会的親となれる人を増やしていくことはとても意味があるものと考えられる。

もうひとつ、社会的親の必要性として、山根(1988:224)の指摘する「プライバシーの砦」、「人間性の砦」である家族がうまく機能すれば、社会に機能し、うまく機能しなければ社会に逆機能することになる。つまり、子どもの問題で考えれば、家族が機能できないとするなら、子どもがその声にならない苦しさ等の部分を表出した際に、例えば犯罪や非行といった形での逸脱になり、社会から排除されてしまうようなことが起こりうる。つまり、最も身近な存在である実親が心理的親になれなかった場合でも、他にその子どものやり場のない表現できない気持ちをわかろうとする人がいたとしたら、誰からも十分に理解されないまま問題行動のある子どもとして社会から排除され、居場所を追われることも防げるのかもしれない。その意味でも、子どもが多くの人々と関わりながら社会的親を獲得できる体制づくりの必要性がうかがえる。

(2) 社会的親と出会える方法 ～ネットワークの必要性～
①ネットワークが必要とされる背景

網野(2002)は、子育ての歴史について、まず子どもは実親のみでなく社会的親によっても育てられ影響を受けてきたこと、次に家庭という新しい概念について、生活の基本的単位にあった住居における営みは家族や身内・同居者、地域や近隣と一体となって営まれていたことを指摘している。この点は、共助による子育てとして指摘している。

　本章第1節において述べてきたとおり、子どもと家族を取り巻く変化に伴う地縁、血縁によるつながりの希薄化は、様々な相互扶助機能を弱体化させた。それにより、子育ての営みや子どもの育つ環境も大きく影響を受けた。

　子育ての営みについては、先のつながりの希薄化から育児に対する応援が得にくくなった。そのため育児は孤立しやすく、育児の伝承もされにくくなり、結果として家族に関わる人間は非常に少なくなった。共助による子育てが難しくなったということである。地縁、血縁によるつながりがあった時代は大きなネットワークの中で家族は生き、子育てをしていたと考えると、現在の家族は、小さなネットワークの中で子育てや生活を営んでいるのが現状であると理解できる。

　また、子どもの育つ環境については、柏女(2009:22-23)が子どもの変容をまとめている。特に、「…子どもの生活時間や遊びなど、子どもの生活の変化であろう。」とし、戸外遊びが少なくなり、交友関係も縮小化してきていること等の指摘に注目したい。家族そのものが小さなネットワークの中で生きているうえに、子ども時代から限られた人間との関わりの中で生きていることが理解できる。

　なお、家族社会学の立場からも、家族が備えている危機対処能力が、家族構成員の減少に伴って弱体化してきているといわれている。さらに、家事の外部化や育児の外部化等社会の変化に伴い、家族機能にも変化をもたらしていることが指摘されている(森岡1997)。そして、現在の家族は家父長制による統率力と支配力による強固なつながりではなく、夫婦制家族とよばれており、愛情により結ばれた夫婦のつながりを基本とするため、その関係の良し悪しによって家族のあり方に大きく影響をもたらすことも指摘されている。

　つまり、子どもや家族をとりまく「外」とのつながりが希薄化、縮小化しているのみならず、最も身近な「内」のつながりも非常にゆらぎやすい状況にあるといえる。

②つながりをつくるためのネットワーク

　人間の生活をとりまくつながりは、インフォーマル・ネットワークとフォーマル・ネットワークに大別され、それらはソーシャル・サポート・ネットワーク[19]と呼ばれている。

　先述の地縁・血縁によるつながりがインフォーマル・ネットワークであり、それは現在希薄化と縮小化をしている。つまり、現在のインフォーマル・ネットワークはとりわけ家族を基盤とすると考えられる。フォーマル・ネットワークは、公的機関や専門職による支援にもとづくつながりである。

　今、インフォーマル・ネットワークが希薄化・縮小化した影響を受け、子どもの可能性や子どもに関わってくれる人が少なくなるなどの現象が起こっていることから、そのネットワークの編目は大きく（落ちやすく）なっているため、インフォーマル・ネットワークを支える仕組みとしてのフォーマル・ネットワークが必要と考えられる。重層的なネットワークがあれば、子どもは、多くの人と関わりを持ちながら育つことができる。要保護性の高い子どもたちもまた、そのつながりのなかで、自分を気にかけ大切にしてくれる大人や、安全や安心を教えてくれる大人、遊びを一緒に楽しんでくれる大人と関わることができるだろう。

　ただし、フォーマル・ネットワークがインフォーマル・ネットワークを代替するのではなく、もともとインフォーマル・ネットワークがもっている力や機能を時に補完し、支え、子どもを中心として人と人との関係をつむぐ役割をもつという位置づけが必要といえる。多くの人と関わった豊かな体験は、子どもの中に原体験、原風景として残っていく。それをネットワークで実現しようと考えるのである。

　そのようにインフォーマル・ネットワークをフォーマル・ネットワークで支えるようとすることは、結果的につながりのなかで子どもと家族を支えるということにつながる。これまで述べてきたように、子どもの安全基地はごくごく身近な人間のそばにある。子どもが住み慣れた地域の中に、すなわち市町村に豊かな関わりができる人間関係をつくる仕掛け、それがネットワークである。

(3) なぜ社会的親が必要なのか ～身近な場所で体制を再構築する必要性～

　これらの考え方は、筆者が考えていきたいと思っている、「子どもにサービス

を届ける体制づくり」に通じている。サービスを届ける体制というのは、実際にサービスを子どもやその親を含む家族に提供することでもあるが、むしろ大切なのは、そのサービスやサービスに関わる専門職を媒介にして、子どもの声にならないあるいはできない思いや、育とうとする力に目を向けて子どもに関わる人や資源を増やし、その中でひとりでもあるいは1か所でも子どものその思いを酌める心の帰っていく場所を作っていくことである。

つまり、社会的参照ができる、誰かが支えていてくれるという子どもの心の安全基地である。それは子どもにとっては原風景や原体験として残っていくことにもつながり、子どものアイデンティティの形成や自己の存在価値、根っこづくりに関わっていくことであると考える。多くの人間と関わり、信頼できる人間と出会うことによって、母と子の間に形成される原信頼にとどまらず、人間そのものへの信頼感を育むことにつながるといえる。それは、子どもが生活する場である市町村においてこそ必要ではないだろうか。

特に、これまで述べてきたように、子どもは大人との関係において子どもであるということが言われる。一生涯に亘って親との関係は続き、そこに親子関係における子どもの立場と思いが生き続けることになる。

マズローの欲求階層説では、人間のニーズは、生理的ニーズ、安全のニーズ、所属愛情のニーズ、自尊のニーズ、自己実現のニーズへと下位のニーズが十分に満たされることによって高次化していくとされている。子どもが身体的、心理的、社会的に自立していくためには、自分を大切にし、自信をもって自己実現へと向かっていくことが必要である。それだけに、基本的なニーズが十分に満たされ、周りに支えてくれる信頼できる大人がいることは重要な課題である。それを、子どもを生み育てる親とともに社会的親が担っていくことのできる仕組みが子ども家庭福祉で実現できたらよい、と考えている。

これはとてもきめが細かい体制が求められることでもある。そのためには、現在のような児童相談所、児童福祉施設中心の広域的な子ども家庭福祉では、十分に期待できるとはいえない。筆者は、子どもの特性や立場から、すべての子どもが多くの人々と関わって豊かな関係の中で育つことができるよう、身近な市町村における体制再構築を実現する必要性があると考える。

■註
1) この点については、保育士養成や社会福祉士養成の児童福祉論のテキストで子どもを取り巻く変化等として指摘されているほか、家族社会学において綿密な検討が行われている。筆者が参考にしているのは、森岡清美・望月嵩(1997)『新しい家族社会学四訂版』培風館である。
2) 国立社会保障・人口問題研究所ホームページ「Ⅵ.結婚・離婚・配偶関係別人口　全婚姻および初婚の平均初婚年齢:1899～2007年」『人口統計資料集(2009)』http://www.ipss.go.jp/syoushika/tohkei/Popular/Popular2009.asp?chap=0によれば、平均初婚年齢は年々上昇する傾向がみられており、2007年度の統計では男性30.1歳、女性28.3歳となっている。
3) 落合(2004)は、各国の年齢別女子労働率の図(p.15)や出生コーホート別年齢別女子労働率の図(p.17)を示し、M字曲線の底が最も低いのは団塊の世代であり、戦後女性が主婦化した事実をまず押さえることの必要性を指摘した。
　70年代以降女性の生き方が変わったといわれたものの、風俗的で皮相的な流行現象のようにとらえられてきたきらいがある。しかし、それは単なる風俗や気分の問題ではなく、確かな実質を伴った時代の転換であったことがはっきりとわかると述べている。なお、結婚の仕方が変わったこと、価値観の多様化について考える上で、「『現代の若い女性はお母さんと同じように生きられない。』と。これは、価値観の問題ではありません。お母さんのような生きかたがいいと思っても、あるいはそれが楽だろう、無難だろうと思っても、それを真似できるだけの社会的条件が今は存在しないということです。今や、強く意志的に時代に逆らわなければ、お母さんと同じには生きられないのです。」と社会のありように大きな影響を受けていることを指摘しており、単なる個人の変化ではないことに着目しておく必要がある。
4) わが国の平成19年度の合計特殊出生率は1.34となり、平成18年度の1.32を上回っている。しかし、子どもの出生数自体は減少傾向にあるのが現状である(平成19年度の出生数は108万9818人)。背景には結婚の仕方や価値観の変容とともに、カップルになった夫婦の出生力の低下が指摘されているが、子育てや子育てをしようとするカップルを取り巻く環境や就労、支援体制などをはじめとする条件、すなわち社会的な要因もまた複合的に絡んでいると考える必要があるといえる。
　なお、平成18年12月推計の「日本の将推計人口」では、中位仮定における平成42年の0歳～14歳までの年少人口は1115万人で全体に占める割合は9.7%とされ、合計特殊出生率は1.26となっている。国立社会保障・人口問題研究所ホームページ http://www.ipss.go.jp/
5) 柏女は、厚生労働省の全国家庭児童調査の結果を引用しまとめているが、それによると「しつけや子育てに自信がない」と回答する親の割合は、平成元年度12.4%、平成11年度17.6%、さらに選択肢の改訂に伴い厳密な比較はできないとしつつ平成16年度の子育てに自信が持てない割合を21.4%になっていると紹介している。年々増加の傾向にあるということである。出典は、柏女霊峰(2009)『子ども家庭福祉論』誠信書房, 23-24.
6) 障害者福祉のあり方については、社会保障審議会における障害者自立支援法の附則にあった3年後の見直しに関する審議を経て、平成21年の第171回国会に障害者自立支援法の一部を改正する法律案が提出された。
　社会保障審議会障害者部会(2008)「～障害者自立支援法施行後3年の見直しについて～」平成20年12月16日　http://www.mhlw.go.jp/shingi/2008/12/dl/s1216-5a.pdf
　厚生労働省ホームページ「障害者自立支援法の一部を改正する法律案の概要」「厚生労働省が今国会に提出した法律案について(第171回国会(常会)提出法律案)」
　http://www.mhlw.go.jp/topics/bukyoku/soumu/houritu/dl/171u.pdf
7) 協議会型援助の詳細については、第1節2(2)の用語の定義を参照。
8) 理念、制度、方法に着目している理由は、註9参照。
9) 柏女は、網野による社会福祉の構成要素に関する記述を引用しつつ、「つまり、社会福祉の営みは、理念、制度、方法をその構成要素として成立するものとして理解することができる。」としている。社会福祉の一分野で

ある子ども家庭福祉についても同様に考えられ、筆者もこの指摘によって、研究を進めることとした。柏女霊峰(2009)『子ども家庭福祉論』誠信書房、3-5.
10)「地方間分権」については、筆者の修士論文(2006)や投稿論文(2005)(2007)において言及してきたほか、柏女霊峰(2006)「子ども家庭福祉サービス供給体制の過去・現在・未来」『子ども家庭福祉学』第6号 日本子ども家庭福祉学会がある。
11)なお、社会福祉学研究に重要な示唆を与えている古川は、「『社会福祉とよばれるもの(事象)』を構成する要素として、『価値』『対象』『施策』『利用支援』『社会行動』という五通りの要素を設定することにする。」としている。
12)レトリックとは、「他者を説得し、納得させるための言語的な資源といった意味合いのものだ」としている。中河伸俊、永井良和編(1993)『子どもというレトリック』青弓社、10-11.
13)なお、これに類する検討は、赤川(1993:171)がフェミニズム運動をとりあげて行っている。
14)例えば、礼節をわきまえた振る舞いが必要なフォーマルな場(冠婚葬祭など)において、ふさわしくない身なりをしていると、それを見た周囲の人に悪い印象をもたれたり、常識をわきまえていないと見られる可能性があることなど。
15)小木曽は、「一見、周囲からは恵まれた環境にあると思われる子どもたちでさえも、自ら選んだ人生でなく、親に〈贈与された人生〉に対する『反抗として』、親に向かってしまう事件が起きている。」と述べており、子どもの人生は自分で選んだものでなく親から贈与されたものという見解が示されている。小木曽宏(2006)「子どもたちは当事者として、何を学ぶのか」日本福祉教育・ボランティア学習学会『福祉教育・ボランティア学習と当事者性 日本福祉教育・ボランティア学習学会年報』第11号 134-149.
16)「そして、人生のもうひとつの真理というのは、時が解決してくれるということである。決して忘れることはない。忘れることはないけれど、しかし、痛みが時と共に和らいでいく(これを時薬という)。」秋山智久(2004)『人間福祉の哲学』ミネルヴァ書房、34.
17)『子どもが語る施設の暮らし』編集委員会編(1999)『子どもが語る施設の暮らし』明石書店・・・この中で、施設に暮らす、かつて暮らしていた子どもたちの親や社会への怒りや疑問、それでも完全に切り離すことができない葛藤を読み取ることができる。例え施設で暮らさなくとも、現代社会で変化する家族関係の中で近似した思いを抱く子どもがいる可能性は否定できない。
18)網野によれば、マターニシティ(maternicity)とは「母と子の間にみられるコミュニケーションを通じた心理的な世話」としている。なお、網野は、マザーリングといわれる物理的、身体的な世話だけではなく、心理的なコミュニケーションという心の栄養剤が伴うことによって、乳幼児は人間としての豊かな発達の道を歩んでいくことができると述べている。網野武博(2003)「養護とは何か」網野武博、栃尾勲編『新版・養護原理』チャイルド本社、11.
19)ソーシャルサポートネットワークは、「1970年代以降、欧米の精神衛生、保健、社会福祉等の領域で注目されてきた概念であり、個人をとりまく家族・親族、友人、近隣、ボランティア等によるインフォーマルな支援と、公的機関やさまざまな専門職によるフォーマルな支援にもとづく人間関係の総体を指す。」渡辺晴子「ソーシャルサポートネットワーク」山縣文治・柏女霊峰編(2009)『社会福祉用語辞典第7版』ミネルヴァ書房、244.

■文献
阿部志郎(2008)『福祉の役わり 福祉のこころ』聖学院大学出版会.
阿部志郎(2008)『福祉の哲学 改訂版』誠信書房.
阿部志郎、河幹夫(2008)『人と社会 福祉の心と哲学の丘』中央法規.
A.H. マズロー著、小口忠彦訳(1987)『人間性の心理学—モチベーションとパーソナリティ—改訂新版』産業能率大学出版部.
A. ポルトマン、髙木正孝訳(1961)『人間はどこまで動物か—新しい人間像のために—』岩波新書.

秋山智久(2004)『人間福祉の哲学』ミネルヴァ書房.
網野武博(2002)『児童福祉学』中央法規, 172-187.
網野武博(2003)「養護とは何か」網野武博, 栃尾勲編『新版・養護原理』チャイルド本社, 11-13.
E.H. エリクソン、仁科弥生訳(1977)『幼児期と社会1』みすず書房.
E.H. エリクソン、仁科弥生訳(1980)『幼児期と社会2』みすず書房.
花岡明正(1997)「パターナリズムとは何か」澤登俊雄編『現代社会とパターナリズム』ゆみる出版, 12-50, 224-227.
平塚良子「第2部 人間福祉における価値」秋山智久(2004)『人間福祉の哲学』ミネルヴァ書房, 61-106.
古川孝順(2004)『社会福祉学の方法 アイデンティティの探究』有斐閣, 57-58.
古川孝順(2008)『社会福祉研究の新地平』有斐閣, 45-47.
古川孝順, 田澤あけみ編(2008)『現代の児童福祉』有斐閣ブックス.
伊藤嘉余子、柏女霊峰編(2009)『児童福祉』樹村房.
岩上真珠(2007)『ライフコースとジェンダーで読む 家族[改訂版]』有斐閣コンパクト.
柏女霊峰(2006)「子ども家庭福祉サービス供給体制の過去・現在・未来」『子ども家庭福祉学』第6号 日本子ども家庭福祉学会.
柏女霊峰(2008)『子ども家庭福祉サービス供給体制』中央法規.
柏女霊峰(2009)『子ども家庭福祉論』誠信書房.
河合隼雄(1995)『臨床教育学入門』岩波書店.
門永朋子、岩間伸之、山縣文治(2008)「子ども家庭福祉実践における『リジリエンス』の可能性——マーク・フレイザー(Mark W. fraser)らによる概念整理を通して」日本子ども家庭福祉学会第9回全国大会当日配布資料.
角田巖・綾牧子(2005)「子どもの存在における二重性」『人間科学研究』第27号 文教大学人間科学部
厚生労働省ホームページ「社会連帯による次世代育成支援に向けて報告書」
　　　http://www-bm.mhlw.go.jp/topics/bukyoku/seisaku/syousika/030807-1a.html
外務省ホームページ「児童の権利に関する条約 全文」
　　　http://www.mofa.go.jp/mofaj/gaiko/jido/zenbun.html
森岡清美、望月嵩(1997)『新しい家族社会学 四訂版』培風館.
中河伸俊、永井良和編(1993)『子どもというレトリック』青弓社.
中村泰次(1992)「青少年条例の歴史——出版規制を中心に」『青少年条例』三省堂.
落合恵美子(2004)『21世紀家族へ 第3版』ゆうひかく選書, 15-21.
大阪ボランティア協会編(2008)『福祉小六法2009』中央法規.
社団法人家庭養護促進協会編(2007)『真実告知ハンドブック』エピック, 25.
たばこ総合研究センター編(2009)『談 特集パターナリズムと公共性』たばこ総合研究センター.
児童福祉法規研究委員会監修(2009)『児童福祉六法平成21年版』中央法規.
シモーヌ・ヴェーユ著, 橋本一明, 渡辺一民編, 山崎庸一郎訳(1967)『シモーヌ・ヴェーユ著作集5 根をもつこと』春秋社, 21.
鈴木祥蔵(1996)「子どもの自由と大人の自由——パターナリズムの克服」『子どもの虹情報研修センター紀要』13, 子どもの虹情報研修センター.
芹沢俊介(1997)『現代〈子ども〉暴力論[増補版]』春秋社.
全国社会福祉協議会ほか(2008)『この子を受け止めて、育むために 育てる・育ちあういとなみ 児童養護における養育のあり方に関する特別委員会報告書』全国社会福祉協議会, 全国児童養護施設協議会.
高橋惠子(1995)『自立への旅だちゼロ歳～二歳児を育てる[新版]』岩波書店, 60-61.
高橋重宏、イト・ペング(1992)「児童と家族に関するサービス・システムの国際比較―日本, オンタリオ州(カナダ)と英国を中心に―」『日本総合愛育研究所紀要』第28集 日本総合愛育研究所, 115-128.

高橋重宏(1994)『ウェルフェアからウェルビーイングへ』川島書店，33-37．
谷口明広(2007)「障害のある人たちの自己決定能力を高める要素——自己決定能力は育てられるもの」日本社会福祉学会大会企画シンポジウム．
瓜生武(2004)『家族関係学入門』日本評論社．

第 2 章

子ども家庭福祉の再構築の必要性とその視点

第2章では、子ども家庭福祉における体制再構築に言及している先行研究をレビューし、第1章での知見を踏まえ、本研究における基本的視点を検討し、提示することとする。なお、児童相談所について先行研究等で児相としている場合はそのまま用いるが、通常は児童相談所と表現する。

第1節 子ども家庭福祉行政実施体制の再構築に関する先行研究の知見

第1節では、子ども家庭福祉行政実施体制再構築を取り巻く現状、ならびに再構築に関わる知見を蓄積している先行研究をレビューする。

1. 子ども家庭福祉行政実施体制の再構築をとりまく現状

筆者の研究において焦点を当てる子ども家庭福祉行政は、とりわけ地方分権の影響をダイレクトに受けており、また分権の内容は確固としたものでなく、どちらかといえば議論はまだ進行中でかつ議論には賛否があるという極めて流動的な状況にあり、自治体間の差が決して小さくなく、むしろその格差が指摘されているのが現状である。

これまで、子ども家庭福祉行政の市町村への地方間分権については多くの議論がなされてきた[1]が、種々の理由から進展を見せることはなかった。しかし、近年になり、高齢者、障害者福祉が市町村中心の実施体制となったという動きのなかで、子ども家庭福祉行政も市町村を中心とする体制に移行しようとしている。

筆者は、社会福祉基礎構造改革以降、利用者主体で、かつ契約制度をとり始めた高齢者福祉、障害者福祉の動向を受ける形で、子ども家庭福祉においても市町村が地方間分権を受け止める力を蓄えるための「基盤整備期」といえるような時期を迎えることとなったと考えている。

平成16年の児童福祉法改正においては、児童相談の第一次的な窓口として市町村を位置づけ、要保護児童対策地域協議会(以下協議会)を法定化し、協議会に参画する機関の守秘義務規定を設け、民間の力を活用できるよう配慮し、効果的な運営がなされるための調整機関を1つ定めることができるよう規定された。

平成17年に成立した障害者自立支援法の障害児部分については、法施行後3年

以内に施設入所措置事務の検討が盛り込まれていたため、平成21年にはその改正法案が国会に提出されていたが、廃案となった[2]。つまり、子ども家庭福祉における市町村の役割を重視する動きは一層強化されつつある。その意味で、現在の子ども家庭福祉行政は、都道府県中心から市町村中心の体制へと転換する岐路に立たされているといってよい。

　しかし、これまで児童相談所を中心として展開されてきた子ども家庭福祉においては、市町村の課題や役割、責任があまり明確にされないまま今日に至っている。さらに、市町村に児童虐待防止市町村ネットワーク（以下ネットワーク）や協議会を整備し、情報共有や連携が円滑に実践されるよう取り組みがなされているが、子ども家庭福祉に関する経験やノウハウの蓄積が十分でない中で、試行錯誤しつつ取り組んでいるのが実情であり、先述の市町村の役割や責任が不明確な中で、都道府県・市町村間での責任の押し付け合いや支援の必要度に対する温度差や認識のずれが生じている。

　子ども家庭福祉におけるネットワークは、現在の協議会の前身ともいえる役割を果たしてきたが、これまで市町村における体制整備や分権、ネットワークや協議会について言及してきた研究は、主として柏女ら（2002）（2006）（2007）（2008）、全国児童相談所長会（1988）、（1994）（2001）、山縣ら（2005a）（2005b）（2005c）、加藤ら（2002）（2003）、安部（2005）、髙橋ら（2005）、厚生労働省（2001）～（2008）、佐藤（2005）（2006）（2007a）（2007b）等が挙げられる。ネットワークや協議会に焦点を当てた研究においては、それらの運営や活用に関するメリットや課題等が明らかにされ、その際に触れられた市町村を中心とする体制については、担当者から不安の声もあげられていた。

　子ども家庭福祉をとりまく地方間分権の全体的な動向、子ども家庭福祉における協議会の現状等の詳細については、第3章以降で詳述するためここでは割愛するが、本章では、子ども家庭福祉行政実施体制の再構築に関して言及している先行研究を都道府県と市町村の立場に分けてレビューする。

2. 先行研究レビュー（1）子ども家庭福祉行政実施体制再構築に関係する先行研究レビュー　～都道府県の子ども家庭福祉担当者の意識の変容から～

　この分野に関する研究は決して多くないのが現状である。分権については、部

分的にとりあげられることはあっても、それのみがテーマにされているものは少ない。ここでは、子ども家庭福祉行政に関する都道府県の子ども家庭福祉担当者の意向の変化について、全国児童相談所長会による調査研究を中心に検討する。

　なお、都道府県の担当者の意向といっても各調査の対象が全て同じではないため、調査の数字に多少のばらつきがみられる。したがって純粋な比較とはいえないが、移譲について選択される施設等の順位はいずれの調査においてもほぼ同じ傾向がみられるため、参考資料として有効であると考えることをここで断っておくこととしたい。また、児童家庭福祉や委譲等、調査当時使用された表現で記述している。

(1)先行研究レビュー
①昭和61年 全国児童相談所長会「今後の児童相談所のあり方に関する調査」

　　全国児童相談所長会(1988)は昭和61年12月1日、全国各都道府県、政令指定都市165か所の児童相談所長に対し、措置権の移譲の是非を含む「今後の児童相談所のあり方に関する調査」を実施した。

　　措置権限について市町村に「移管すべきでない」は全体の48.8%、「施設種別で移管しても良い」が47.0%、「全面移管すべき」が2.4%であった。さらに、「施設種別で移管しても良い」とする児童相談所長77人のうち、措置権を移管しても良い施設種別として肢体不自由児通園施設92.2%、精神薄弱児通園施設71.4%、難聴幼児通園施設67.5%が高い割合を示した。入所施設では、肢体不自由児施設44.2%と身体障害児に関する施設が上位を占めた。

　　「移管すべきでない」とする理由は、「相談・判定・指導と施設措置業務を切り離すと適切な処遇が図れなくなるから」97.5%、「市町村の裁量によって施設入所措置が不均衡になるおそれがあるから」60.0%である。これに対し「移管しても良い、移管すべきである」とした理由は、「身体障害児においては医学的判断が先行し、児相における入所措置が形式的になっているから」51.9%、「精神薄弱児等の通園施設への入所措置は保育所に準ずる扱いが望ましいから」35.8%、「障害児に対しては市町村おける一貫した施策が望ましいから」29.7%と続く。

②平成5年 全国児童相談所長会 第2回「今後の児童相談所のあり方に関する調査」

全国児童相談所長会(1994)は、平成5年10月1日に、全国各都道府県、政令指定都市の児童相談所長とその地域関係者について、措置権限の移譲の是非を含む「今後の児童相談所のあり方に関する調査」を実施した。措置権限について「施設の種別によっては移譲してもよい」が62.1％で最も多くなり、次いで「移譲すべきでない」が33.9％となっており、昭和61年の前回調査と比較すると、条件つきの移譲が移譲すべきでないを上回る結果であった。

　移譲すべき施設種別としては前回調査と変わらず、障害児関係通園施設と肢体不自由児施設が多く、肢体不自由児通園施設88.9％、精神薄弱児通園施設69.4％、難聴幼児通園施設65.7％、肢体不自由児施設56.5％と続いた。移譲すべき理由の項目も前回と同様で、「身体障害児においては医学的判断が先行し、児相における入所措置が形式的になっていること」46.1％、「住民にとって身近な市町村の方が便利」43.5％と高かった。

　一方、「移管すべきでない」とする理由は、「相談・判定・指導と施設措置業務を切り離すと適切な処遇が図れなくなるから」95.0％、「市町村の裁量によって施設入所措置が不均衡になるおそれがあるから」44.1％であった。

③平成12年 全国児童相談所長会「これからの児童相談所のあり方について」
　全国児童相談所長会(2001)は、措置から契約へ、分権の進め方、求められる専門性、子どもの権利擁護等の視点から、今後の児童相談所の方向性を見出すことを目的として、平成12年10月に調査を実施した。前2回の調査からみれば、これが第3弾といえる。

　この報告書(2001)によると、措置事務について「施設の種類によっては委譲してもよい」との回答が78.7％で最も多く、「移譲すべきでない」11.5％を大きく上回る結果であった。平成5年の前回調査62.1％と比較しても移譲を可とする回答が増加し、児童相談所が所管している地域の人口比率の高低に関わらずこの傾向が見られており、前回調査より分権化の意識の高まりが感じられる。

　「委譲すべき施設種類」については前回調査と大きな変化はなく、肢体不自由児通園施設97.8％、難聴幼児通園施設92.7％、知的障害児通園施設89.8％、肢体不自由児施設(79.6％)、肢体不自由児療護施設(72.3％)が多い。「委譲すべき理由」としては、「利用者にとって身近な市町村の方が便利」20.3％、「障害児に対しては市町村における一貫した施策が望ましい」34.5％、といった市町村において実施することに言及する理由が50％を超えている。そして、「児相は

専門的な相談・判定・指導に重点を置くべき」が18.2%であった。

さらに注目すべきは、施設の種類によっては権限を移してもよい、全施設において移すべきと回答した児童相談所の69.6%が「市(区)のみならず町村にまで移してもよい」と考えていることが示された。この調査以降、この件についてはしばらく調査されずに時を経る。

④平成20年 柏女霊峰ほか「子ども家庭福祉サービスの利用決定権限の移譲に関する調査」

この調査は、筆者も参画した日本子ども家庭総合研究所研究チーム(主任研究者：柏女霊峰)の3か年継続研究の一環として、平成20年8月に全国の中央児童相談所長に対し質問紙調査を実施したものである。先述した3度にわたる全国児童相談所長会の調査を先行研究、比較材料として比較可能な形で設計した。調査対象は、都道府県(以下県) 47、政令市・中核市(以下政・中) 19、計66か所であり、調査票の回収総数は57 (県43、政・中14)であった。

児童福祉施設、里親等の入所措置権限の区市または区市町村への移譲について、児童相談所長会による3度の調査では「移すべきではない」は回を追うごとに減少してきた(表2-1)が、本調査では「移すべきではない」が全体で35%と増加した。その理由として「相談・判定・指導と施設措置は一体的になされるべきで支援上切り離すことはできない」が県(75.0%)、政・中(75.0%)ともに非常に高く回答された。

表2-1 措置権を市町村に移譲することについて(児童相談所長会調査から)

「移管、移譲すべきでない」 S61調査48.8%→ H5調査33.9%→ H12調査11.5%
「施設種別で移管、移譲してもよい」 S61調査47.0%→ H5調査62.1%→ H12調査78.7% ※児童相談所が所管している地域の人口比率の高低に関わらずこの傾向が見られている。(平成12年調査)
「全面移管、全施設について移すべき」 S61調査2.4%→ H5調査2.3%→ H12調査6.3% ※施設種別で権限移譲してもよい、全施設移すべきと回答した児童相談所の69.6%が「市(区)のみならず町村にまで移してもよい」と考えていることが示された。

佐藤まゆみ(2006)にもとづき一部修正

なお、移してもよい施設種別では、全体に障害児童福祉施設で高く、とりわけ通園施設は移してもよいとする割合が高かった。一方、「乳児院」、「児童養護施設」等の障害児以外の養護系施設等の割合は低かった。移してもよい、移すべき理由として「利用者にとって身近な市町村の方が便利である」県（70.4%）、政・中（55.6%）、「障害児に対しては市町村における一貫した施策が望ましい」県（51.9%）、政・中（77.8%）であり、県は利便性に関わる理由、政・中は支援の一貫性に関わる理由の割合が高かった。また、「児相は専門的な相談・判定・指導に重点を置くことが必要である」県（40.7%）、政・中（22.2%）、「児相は虐待等に対する介入的アプローチに重点を置くことが必要である」県（37.0%）、政・中（22.2%）と、県では児童相談所の役割に関する理由の割合も高かった。

子ども家庭福祉行政のあり方として障害児童福祉行政、ひとり親家庭福祉行政、要養護・非行・情緒障害児童福祉行政、すべての子ども家庭福祉行政をそれぞれ実施することについて適否とそれを担う際の条件整備についても尋ねており（詳細は表2-2参照）、財政的支援や人材確保支援、専門職の養成、配置に関する県と政・中の意識の間には大きく差がみられた。

⑤平成15年 第10回社会保障審議会児童部会における、全国知事会「児童相談所等のあり方に関する都道府県アンケート」の結果報告

本報告（2003）は、平成15年7月23日開催の第10回社会保障審議会児童部会中に知事会の部長によってなされた。47都道府県中45都道府県が質問紙調査に回答した。

児童虐待等についての市町村の役割を強化すべきであるとする考え方について、「原則的に賛成だが、一定の配慮が必要である」64.4%、「直ちに実施すべきである」26.7%、「さらに慎重に検討することが必要である」6.7%であり、反対は0%であった。

「原則的に賛成だが、一定の配慮が必要である」について、児童虐待対応に市町村間のばらつきが大きい現状と防止ネットワークの設置が同時に行われる必要があること、専門性をもった職員の確保、児童相談所との連携に配慮を要すること、（虐待の）発生予防、早期発見、アフターケアについては住民に身近な市町村が行いやすい立場である役割を果たしていくべきであること、財政的支

援、連携システムの確立等配慮すべき課題があることが指摘された。

「直ちに実施すべきである」について、子どもと家庭に対する総合的な相談支援は区市町村が担うべきであること、初期対応、予防的対応については市町村レベルでの情報収集や相談的対応の方が家族に対して効果が大きい場合があること、トレーニングと支援体制の確保によって効果が十分発揮されるのではないかということが指摘されている。

「さらに慎重に検討することが必要である」について、市町村の現状の体制において児童虐待に対する取り組み強化を求めることには無理がある、市町村合併後の体制の中で検討すべきではないかということが指摘される。

役割分担全体に関しては、市町村ネットワークを十分機能させ、県との役割分担を明確にすることの重要性、相談は市町村において行われ、市町村で対応が困難、専門性や行政権限を必要とする相談については都道府県が対応するということ等が指摘されている。

⑥平成17年　子ども家庭福祉相談体制のあり方に関する研究（自治体調査）

山縣ら(2005a:42-45、96-98)は、2004年4月から2005年3月にかけて47の都道府県・13の指定都市に対する調査を実施した。市町村に対する分権化について、「賛成」51.7％、「どちらかといえば賛成」44.8％と非常に高かった。

分権化の適切性については、相談支援に関する情報の収集や提供・発信が9割弱、各種相談援助のうち非行相談を除いた軽度のものが7割弱から9割強と高い割合を占めている。

分権化の可能性については、「できる」と「条件によってはできる」を合わせると各種相談・援助を中心に「虐待の通告先」や「職権一時保護」等多くの項目で可能性があるとの回答を示している。一方、「立ち入り調査」や「一時保護」、「施設入所措置」、「里親委託」等については約半数が「できない」と回答している。また、各種相談・援助の障害・育成・虐待以外の養護相談（重度）のものも約25％が「できない」と回答している。

さらに、分権化において必要な「社会的対応」いわば条件として、第5位まで尋ねている。各順位で最も多かったものを挙げると、第1位では「市町村職員の研修や学習会の実施」、「余裕のある職員配置のための金銭的補助」20.7％、第2位では「市町村が対応に困った時の迅速なサポート」17.2％、第3位では「市町村職員の研修や学習会の実施」、「市町村が対応に困ったときの迅速なサ

表2-2 子ども家庭福祉行政のあり方に関する意向とその理由

		総数	施設利用及び事業の対象となるべき層が少ない	適切な支援がはかれなくなるおそれがある	市町村の裁量によって施設入所措置が不均衡になるおそれがある
障害児童福祉行政について市町村で実施	都道府県（％）	43 (100.0)	8 (18.6)	12 (27.9)	10 (23.3)
	肯定的（％）	32 (100.0)	0 (0.0)	2 (6.3)	2 (6.3)
	否定的（％）	11 (100.0)	8 (72.7)	10 (90.9)	8 (72.7)
	政令市、中核市（％）	14 (100.0)	1 (7.1)	3 (21.4)	3 (21.4)
	肯定的（％）	10 (100.0)	0 (0.0)	0 (0.0)	0 (0.0)
	否定的（％）	4 (100.0)	1 (25.0)	3 (75.0)	3 (75.0)
ひとり親家庭福祉行政について市町村で実施	都道府県（％）	42 (100.0)	1 (2.4)	3 (7.1)	1 (2.4)
	肯定的（％）	41 (100.0)	1 (2.3)	3 (7.3)	1 (2.3)
	否定的（％）	1 (100.0)	0 (0.0)	0 (0.0)	0 (0.0)
	政令市、中核市（％）	14 (100.0)	2 (14.3)	2 (14.3)	1 (7.1)
	肯定的（％）	11 (100.0)	1 (9.0)	0 (0.0)	0 (0.0)
	否定的（％）	3 (100.0)	1 (33.3)	2 (66.7)	1 (33.3)
要養護・非行・情緒障害児童福祉行政について市町村で実施	都道府県（％）	43 (100.0)	23 (53.5)	36 (83.7)	31 (72.1)
	肯定的（％）	6 (100.0)	1 (16.7)	0 (0.0)	0 (0.0)
	否定的（％）	37 (100.0)	22 (59.5)	36 (97.3)	31 (83.8)
	政令市、中核市（％）	14 (100.0)	2 (14.3)	9 (64.3)	9 (64.3)
	肯定的（％）	3 (100.0)	0 (0.0)	0 (0.0)	0 (0.0)
	否定的（％）	11 (100.0)	2 (18.2)	9 (81.8)	9 (81.8)
在宅福祉サービスについて市町村で実施	都道府県（％）	43 (100.0)	0 (0.0)	0 (0.0)	0 (0.0)
	肯定的（％）	43 (100.0)	0 (0.0)	0 (0.0)	0 (0.0)
	否定的（％）	0 (0.0)	0 (0.0)	0 (0.0)	0 (0.0)
	政令市、中核市（％）	14 (100.0)	0 (0.0)	0 (0.0)	0 (0.0)
	肯定的（％）	13 (100.0)	0 (0.0)	0 (0.0)	0 (0.0)
	否定的（％）	1 (100.0)	0 (0.0)	0 (0.0)	0 (0.0)
全ての子ども家庭福祉行政について市町村で実施	都道府県（％）	42 (100.0)	4 (9.5)	29 (69.0)	25 (59.5)
	肯定的（％）	12 (100.0)	1 (8.3)	2 (16.7)	0 (0.0)
	否定的（％）	30 (100.0)	3 (10.0)	27 (90.0)	25 (83.3)
	政令市、中核市（％）	14 (100.0)	1 (7.1)	8 (57.1)	8 (57.1)
	肯定的（％）	6 (100.0)	0 (0.0)	1 (16.7)	1 (16.7)
	否定的（％）	8 (100.0)	1 (12.5)	7 (87.5)	7 (87.5)

	行政運営・事業の実施にかかる経費増大のおそれがある	住民にとって身近な市町村の方が便利である	身近な市町村の専門性が高まる	市町村での一貫した施策展開が望ましい	身近な市町村が財政負担を含め、サービス決定に責任を持つことが望ましい	その他
	3 (7.0)	30 (69.8)	13 (30.2)	27 (62.8)	19 (44.2)	1 (2.3)
	0 (0.0)	30 (93.8)	13 (40.6)	27 (84.4)	19 (59.4)	0 (0.0)
	3 (27.2)	0 (0.0)	0 (0.0)	0 (0.0)	0 (0.0)	1 (9.0)
	3 (21.4)	10 (71.4)	5 (35.7)	11 (78.6)	4 (28.6)	0 (0.0)
	1 (10.0)	10 (100.0)	5 (50.0)	10 (100.0)	4 (40.0)	0 (0.0)
	2 (50.0)	0 (0.0)	0 (0.0)	1 (25.0)	0 (0.0)	0 (0.0)
	3 (7.1)	38 (90.5)	14 (33.3)	31 (73.8)	25 (59.5)	0 (0.0)
	3 (7.3)	38 (92.7)	14 (34.1)	31 (75.6)	25 (61.0)	0 (0.0)
	0 (0.0)	1 (100.0)	0 (0.0)	0 (0.0)	0 (0.0)	0 (0.0)
	3 (21.4)	11 (78.6)	6 (42.9)	9 (64.3)	5 (35.7)	0 (0.0)
	1 (9.0)	11 (100.0)	6 (54.5)	8 (72.7)	5 (45.5)	0 (0.0)
	2 (66.7)	0 (0.0)	0 (0.0)	1 (33.3)	0 (0.0)	0 (0.0)
	8 (18.6)	4 (9.3)	3 (7.0)	7 (16.3)	5 (11.6)	2 (4.7)
	0 (0.0)	4 (66.7)	2 (33.3)	6 (100.0)	5 (83.3)	0 (0.0)
	8 (21.6)	0 (0.0)	1 (2.7)	1 (2.7)	0 (0.0)	2 (5.4)
	7 (50.0)	3 (21.4)	3 (21.4)	4 (28.6)	0 (0.0)	3 (21.4)
	0 (0.0)	2 (66.7)	3 (100.0)	2 (66.7)	0 (0.0)	1 (33.3)
	7 (63.6)	1 (9.1)	0 (0.0)	2 (18.2)	0 (0.0)	2 (18.2)
	1 (2.3)	39 (90.7)	16 (37.2)	35 (81.4)	30 (69.8)	0 (0.0)
	1 (2.3)	39 (90.7)	16 (37.2)	35 (81.4)	30 (69.8)	0 (0.0)
	0 (0.0)	0 (0.0)	0 (0.0)	0 (0.0)	0 (0.0)	0 (0.0)
	1 (7.1)	13 (92.9)	9 (64.3)	12 (85.7)	6 (42.9)	0 (0.0)
	1 (7.7)	13 (100.0)	9 (69.2)	11 (84.6)	5 (38.5)	0 (0.0)
	0 (0.0)	0 (0.0)	0 (0.0)	1 (100.0)	1 (100.0)	0 (0.0)
	16 (38.1)	10 (23.8)	3 (7.1)	14 (33.3)	8 (19.0)	4 (9.5)
	0 (0.0)	10 (83.3)	3 (25.0)	12 (100.0)	8 (66.7)	0 (0.0)
	16 (53.3)	0 (0.0)	0 (0.0)	2 (6.7)	0 (0.0)	4 (13.3)
	7 (50.0)	4 (28.6)	2 (14.3)	6 (42.9)	1 (7.1)	2 (14.3)
	2 (33.3)	4 (66.7)	2 (33.3)	5 (83.3)	1 (25.0)	1 (25.0)
	5 (62.5)	0 (0.0)	0 (0.0)	1 (12.5)	0 (0.0)	1 (12.5)

出典：柏女霊峰，佐藤まゆみ，有村大士ほか(2009)「子ども家庭福祉行政機関の機構改革と運営に関する研究(3)――障害児童福祉分野のあり方と総合的考察」『日本子ども家庭総合研究所紀要』第45集　日本子ども家庭総合研究所

ポート」、「連絡システムの構築」13.8%、第4位では「対応マニュアルの作成」17.2%、第5位では「スーパービジョンの実施」13.8%であった。これらが、都道府県からみた分権化の条件の上位に位置づけられるといえる。しかしながら、どの数値も意外に低いため、それらが回答された背景をつかむ必要があると考えられる。

　自由記述では、「分権化へ賛成」の理由として、一貫性のある支援が可能になること、身近な地域で相談支援をする必要性と密着した対応が可能であること、児童相談所の業務が増大し対応しきれないこと、きめ細かな対応が可能となること等が挙げられた。

(2)上記の研究レビューに関するまとめ

①サービス利用決定権限の移譲について

　まず、児童相談所長会による3回の今後の児童相談所のあり方に関する調査で明らかになった意識、及び柏女ら(2009)による調査結果についてまとめると以下のようになる。

表2-3　都道府県担当者のサービス決定権限の移譲に関する意向

①「移管、移譲すべきでない」	S61調査 48.8%→ H5調査 33.9%→ H12調査 11.5%→ H20調査 37.2%
②「施設種別で移管、移譲してもよい」	S61調査 47.0%→ H5調査 62.1%→ H12調査 78.7%→ H20調査 58.1%
③「全面移管、全施設について移すべき」	S61調査 2.4%→ H5調査 2.3%→ H12調査 6.3%→ H20調査 4.7%

※②について H12調査では、児童相談所が所管している地域の人口比率の高低に関わらずこの傾向が見られている。
※ H12調査では施設種別で権限移譲してもよい、全施設移すべきと回答した児童相談所の69.6%が「市(区)のみならず町村にまで移してもよい」と考えていることが示された。

②サービス利用決定権限を移譲してもよい施設種別

表2-4　移譲してもよい施設種別

①「肢体不自由児通園施設」	S61調査 92.2%→ H5調査 88.9%→ H12調査 97.8%→ H20調査 100.0%
②「知的障害児通園施設」	S61調査 71.4%→ H5調査 69.4%→ H12調査 89.8%→ H20調査 96.0%
③「難聴幼児通園施設」	S61調査 67.5%→ H5調査 65.7%→ H12調査 92.7%→ H20調査 96.0%
④「肢体不自由児施設」	S61調査 59.7%→ H5調査 56.5%→ H12調査 79.6%→ H20調査 76.0%

※障害児関係通園施設の移譲について肯定的な意向をもっている割合が極めて高い。
※ H20調査の数値は、都道府県中央児童相談所長が回答した数値のみ。政令市・中核市は除外。

③サービス利用決定権限を移譲してもよい理由

移譲すべき施設種類は、障害児関係通園施設と肢体不自由児施設が多い。移譲すべき理由は、平成5年は「身体障害児においては医学的判断が先行し、児相における入所措置が形式的になっていること」、「住民にとって身近な市町村の方が便利」が合わせて40％を超え、平成12年は「利用者にとって身近な市町村の方が便利」20.3％、「障害児に対しては市町村における一貫した施策が望ましい」34.5％となり、市町村において行うことに言及する理由が50％を超えた。平成20年調査では、「利用者にとって身近な市町村の方が便利である」県(70.4％)、「障害児に対しては市町村における一貫した施策が望ましい」県(51.9％)が高かった。
　総じて利便性と一貫性の観点から、障害児童福祉関係施設とりわけ通園施設の肯定的な意向が高いといえる。

(3) 都道府県の子ども家庭福祉担当者の意識の変容からの考察

　これら都道府県子ども家庭福祉担当者から見た意識の変容について、レビューを踏まえて指摘できることは次の通りである。

①移譲に慎重な意向の高まり
　児童福祉施設入所措置事務について、移譲すべきでないとの回答が昭和62年48.5％から平成12年11.5％と大幅に減少し、移譲可能論の高まりがみられたが、平成17年度以降市町村の役割強化が推進されるようになって、平成20年調査では37.2％にまで増加した。背景には市町村の体制整備に関わる課題が明らかになりつつあることが考えられる。

②移譲してよい施設種別
　移譲しても良い施設種別は、障害児関係通園施設、肢体不自由児施設が多く挙げられており、年度を経るごとにその割合が増加し、利便性と一貫性の観点から極めて高い意向が示されており、市町村における一元的な実施への意向も見られる。

③入所措置事務の移譲とその条件整備の必要性
　児童福祉施設入所措置事務についての移譲は、市や区といったある程度の人口をもった自治体のみならず、町村部についても移譲の可能性があることが示された。しかし、移譲に慎重になったと捉えられる柏女らによる調査結果から、

その条件整備に関する指摘を十分に考慮するべきことが明らかとなった。
④市町村における子ども家庭福祉行政再構築における協議会型援助の必要性
　市町村における協議会型援助の必要性については、全国知事会の調査で示された市町村におけるサービス実施の利点や可能性、児童虐待防止ネットワークの設置や連携システムの確立、また役割分担全体に関して市町村ネットワークを十分機能させ、県との役割分担を明確にすることの重要性等の指摘から、市町村における協議会型援助を据えた再構築について言及していく必要性があることがわかる。

3. 先行研究レビュー(2) 子ども家庭福祉行政実施体制再構築に関係する先行研究レビュー　～市町村の子ども家庭福祉担当者の意識の変容から～

　ここでは、子ども家庭福祉行政に関する移譲に対して、これまで市町村がどのような意向をもってきたのかを各調査研究から読み取ることを目的とする。ただし、市町村の意向といっても、各調査の対象が常に同じではないため年度ごとに調査の数字に多少のばらつきはみられる。したがって、純粋な比較とはいえないが、選択される分野の順位はどの調査もほぼ同じ傾向がみられるため、参考資料として有効であることをここで断っておくこととしたい。また、区市町村や児童家庭福祉等、調査当時使用された表現で記述している。

(1) 先行研究レビュー
①「区市町村における児童家庭福祉行政と実施体制——児童育成計画及び児童家庭福祉行政事務移譲に関する意向調査を通して」
　この研究は、柏女ら(1998a)が、平成8年度に当時の児童育成計画の策定実態と児童福祉・ひとり親家庭福祉行政事務の区市町村移譲に関する区市町村の意向を調査するという目的で実施した質問紙調査である。180か所に配布し117か所から回答があった。(回収率65.0%)
　児童家庭福祉の各分野のサービスを区市町村が主体となって実施することについての意向を、「適当である」と「条件次第である」を「肯定」、「あまり適当ではない」と「不適当である」を「否定」としてまとめた。肯定の割合が高い分野は「ひとり親家庭福祉行政」50.0%、「在宅サービスのみ」47.3%、「障害

児福祉行政」41.1%。「肯定」の割合が低い分野は、「要養護・非行・情緒障害児童福祉行政」27.7%、「すべての児童福祉行政」22.3%であった。

②「家庭児童相談室の運営分析―家庭児童相談室の運営に関する実態調査結果報告―」

　この研究は、柏女ら（1998b）が、平成9年度に当時の家庭児童相談室の業務・運営実態と家庭児童相談室のあり方等について調査・分析し、児童家庭相談援助ニーズに即応する相談援助システムのあり方を検討する基礎資料に資するという目的で実施した質問紙調査である。この中で今後、児童家庭福祉各分野のサービスを区市町村が主体となって実施することに対する意向を尋ねている。全国1045か所に配布し811か所から回答があった。（回収率77.6%）

　児童家庭福祉の各分野のサービスを区市町村が主体となって実施することについての家庭児童相談室全体の意向を尋ね、「適当である」と「条件次第である」を「肯定」、「あまり適当ではない」と「不適当である」を「否定」としてまとめている。

　肯定の割合が比較的高いものは、保育・健全育成施策、障害児福祉行政、ひとり親家庭福祉行政、在宅サービス等であり、保育・健全育成施策とひとり親家庭福祉行政は7割近くが肯定していた。肯定の割合が低いものは要養護・非行・情緒障害児福祉行政、すべての児童福祉行政、その他であった。

　主たる実施主体となっていない分野の権限移譲について、市町村家庭児童相談室の意向を保育・健全育成施策とその他を除いてまとめている。肯定の割合が高い分野順に①「ひとり親家庭福祉行政」58.7%、②「障害児福祉行政」53.2%、③「在宅サービスのみ」53.1%、④「要養護・非行・情緒障害児童福祉行政」35.6%、⑤「すべての児童福祉行政」32.4%であった。

　なお、考察部分において前回の調査に比して調査設計上の相違や調査対象の相違等はあったものの、移譲可能性の順位がほぼ同じことを考慮すれば、ひとり親、障害児、在宅サービスの移譲はかなりの妥当性をもつと指摘している。

③子育て支援ネットワークに関する調査研究報告書

　この調査研究は、柏女ら（2002）によって、平成13年度に全国の政令指定都市を除く市と特別区679自治体を対象に質問紙調査を実施されたものである（回収率73.9%）。この調査の中で、今後の児童家庭福祉行政のあり方を尋ねている。「適当である」と「条件次第である」を合わせた肯定的意見として多かった

ものは、「ひとり親家庭福祉行政」(55.3%)、「現行の保育・健全育成施策のみ」(52.8%)であった。「障害児福祉行政」(47.1%)、「在宅サービスのみ」(44.7%)にとどまった。「要養護・非行・情緒障害児童福祉行政」(32.8%)、「すべての児童福祉行政」(27.0%)であり、否定的意見が多かった。これらの結果は、柏女がこれまで実施してきた調査研究の結果とほぼ同じである。

　子育て支援ネットワークを有していない市の方がネットワークを有している市に比較して権限移譲に否定的な傾向が見られることは、市の人口規模等の要因の影響は検討を要するが、ネットワークの存在と成熟が市における児童問題への対応力を強化する可能性を示唆するものとして注目に値するとしている。

④平成15年　第10回社会保障審議会児童部会における全国市長会社会文教部長「児童相談等に関する市町村の役割調査について」報告書

　全国市長会(2003)の意見として、「権限については、都市の規模・能力に応じて、積極的に移譲していく必要がある。児童相談所について言えば、中核市も設置主体とするべきである。」ということが挙げられている。この報告は、15市に対して聞き取りを実施したものである。大きく2点のポイントを挙げることができる。

　まず、児童相談に関する役割分担をどのように考えるかということについて、住民に身近な自治体で相談体制を整備することの重要性の認識はあっても、相談・通報から先の業務が市町村では困難、権限が付与されていないため十分な対応が困難、市町村間の相談業務の格差増大が懸念されていることである。そこで、連携体制の強化の必要性、相談窓口の多様化を図る必要性、市町村と都道府県が役割分担をしながら緊密・一体的に取り組む必要性、専門職の確保・配置、人材育成とそれに伴う国や県からの財政支援の必要性、利用者が相談場所を選択するシステムの必要性、児童相談所の強化と速やかな対応の必要性等が挙げられた。

　2点めに、児童虐待の予防から早期発見・対応、保護・支援の各段階で市町村における虐待防止ネットワークの整備による取組みが重要という指摘をどのように考えるかということについて、虐待の早期発見・対応をするもその後の見守り・ケアまでを扱うことが現状では困難、ネットワークのメンバーの多くが本来業務を抱えたままで、専従職員が少ないことが挙げられている。そこで、発生予防・早期発見までは市町村のネットワーク、虐待発生後は児童相談所主

体のネットワークによる対応といった二層のネットワークの構築と相互の連携が不可欠であること、スーパーバイザーに係る人材と予算の確保の必要性、児童相談所の強制力の維持と市の機能強化の必要性が挙げられている。

⑤平成16年「子ども家庭福祉相談体制のあり方に関する研究(自治体調査)——地域における子どもと家庭に関する相談支援体制のあり方に関する研究」

　山縣ら(2005a:24-27,59-73)は、市区町村に対する分権化に対する意識を含めた質問紙調査を実施している。「都道府県・政令指定都市から市町への委譲」について、「どちらかといえば反対」57.2％、「反対」13.2％と否定的な意向が7割と高く、「どちらかといえば賛成」19.4％、「賛成」4.8％と肯定的な意向は2割強にとどまった。

　市町村への「分権化の適切性」については、地域の相談支援に関する情報収集や発信に関する内容が53％を超えた。各種相談について、非行以外の軽度のものは「適切である」が40％前後となっており、軽度の保健相談・援助は57.5％と高い。しかし、軽度の非行相談については28.5％と低い。なお、市町村における対応の可能性について、相談別に尋ねたが、適切性が低い項目については「対応できない」が高くなっている。また、「条件によってはできる」という回答の割合が相談の軽度、重度ともに30〜45％と高くなっている。

　分権化において必要な「社会的対応」いわば条件として、第5位まで尋ねている。各順位で最も多かったものを挙げると、第1位では「各機関の相談支援活動を総合的に取りまとめてくれる機関の用意」28.5％、第2位では「各機関の相談支援活動を総合的に取りまとめてくれる人の用意」18.6％、第3位、第4位では「市町村が対応に困った時の迅速なサポート」20.8％、15.5％、第5位では「相談・支援体制強化のための金銭的補助(新しい事業やプログラム)」10.7％であった。第1位の2番目には「余裕のある職員配置のための金銭的補助」が22.3％となっていた。つまり、ここに挙げたものが分権化の条件の上位に位置づけられるといえる。

　自由記述では、「分権化に賛成の理由」として、子ども家庭福祉の分権化自体は迅速な対応が可能となることや、きめ細やかな対応が可能となること、利用者からの身近さや利便性に関すること、関係機関との情報収集や連携の取りやすさ等を中心に市町村で実施することのメリット等が挙げられた。しかし一方

で「分権化に反対の理由」として、小さな町村では十分な人員の確保や専門職、財源の確保ができないこと（人口規模によるとの指摘もある）が非常に多く見られた。市町村で児童相談対応するには専門性が高すぎること、経験の必要性、軽度と重度の判断が市町村に委ねられているため問題を見極められるのか不安ということ、町レベルではプライバシー保護が必要な窓口が近すぎること、受け入れ体制整備がないと実態が伴わないという趣旨の回答が散見され、担当者の不安や戸惑いの様子がみてとれた。

⑥平成17年「市区町村におけるネットワークの充実と子ども家庭福祉行政の地方間分権に対する意向に関する調査」

　筆者が修士論文（2006）を執筆中に実施した調査で、以上の先行研究を踏まえ、当時ネットワークか協議会をすでに設置済みであった5都府県の市区町村207に対して質問紙調査を実施した。調査票の回収数179、回収率86.5％。有効調査票数は175（97.8％）であった。

　柏女ら（2002）の調査に使用された項目を用いて、子ども家庭福祉の各サービスを市町村が主体となって実施することについて尋ねた。「適当である」と「条件次第である」を肯定的意見として2002年当時の意向と比べると（以下カッコ内は柏女らの調査結果）、「障害児福祉行政」67.4％（47.1％）、「ひとり親家庭福祉行政」69.2％（55.3％）、「要養護・非行・情緒障害児童福祉行政」52.3％（32.8％）、「在宅福祉サービス」69.8％（44.7％）、「すべての子ども家庭福祉行政」47.1％（27.0％）であり、全体的に肯定的な意向が高まったといえる。

　また、「現時点での分権化に対する意向」として、「現時点で、ネットワークを充実させることによって分権化を進めることができると思う」かどうかについて尋ねた。「そう思う」「ややそう思う」を肯定的、「ややそう思わない」「そう思わない」を否定的とまとめると、肯定的意向45.6％、否定的意向54.4％であった。現時点（2005年当時）での評価では、否定的な意向が肯定的な意向をやや上回っていた。しかし、展望として今後の分権化に対する意向についても尋ねたところ、「すべてについて地方間分権が進む可能性」に対する意向は肯定的33.7％、否定的66.3％、「一部について地方間分権が進む可能性」に対する意向は肯定的74.1％、否定的25.9％であり、当時部分的な移譲については肯定的な意向が高くみられた。

⑦平成18年「子ども家庭福祉サービス供給体制のあり方に関する総合的研

究」

　筆者も参画した柏女ら(2006)の研究では、同時進行的に検討を重ねた「児童家庭福祉制度再構築のための児童福祉法改正要綱試案(最終版)」(柏女ら:2006)を踏まえた調査を実施している。虐待防止や社会的養護、障害児童福祉、保育・健全育成などの分野ごとに都道府県・指定都市行政に詳しい有識者、市町村行政に詳しい有識者等に対してヒアリング調査をしたものであるが、市町村を中心に再構築することについては、要保護児童福祉や保育・健全育成との間には意見が分かれた。特に要保護児童福祉について尋ねたところでは、格差に対する懸念とともに分権化をネガティブなものとしてだけとらえるのではなく、それを可能にするための方策についても学ぶ必要性が指摘されている。また、人材、専門職の確保や財源等の問題点も併せて挙げられている。

⑧平成18年「児童家庭福祉制度再構築のための児童福祉法改正要綱試案(最終版)」

　本研究では、子ども家庭福祉の各領域のサービス供給体制の基盤となる子ども家庭福祉サービス供給体制の将来方向のひとつとして、できる限り市町村中心のシステムへ転換していく必要性について言及している。また、その際の方策として、いくつかの前提を置いて、より現実味のある試案の構築を目指した。これ以前にも、柏女ら(1997)により試案が作成されており、2006年の試案は時代に合わせた発展版ということになる。

(2) 上記の研究レビューに関するまとめ

①子ども家庭福祉の各分野のサービスを市町村主体で実施することについての意向

　市町村において、今後主体的に子ども家庭福祉行政を実施することについての意向は、各分野の移譲に対する意向の順位をほぼ維持しながら徐々に高まりつつあることがわかる。先のレビューのうち、①、②、③、⑥の調査数値について、全ての調査に設定されておらず比較のできない保育・健全育成を除いて表2-5とした。

表2-5　子ども家庭福祉のサービスを市町村で実施することについての意向

①「ひとり親家庭福祉行政」
　　H8調査50.0%(1位)→H9調査58.7%(1位)→H13調査55.3%(1位)→H17調査69.2%(2位)
②「在宅サービス(のみ)」
　　H8調査47.3%(2位)→H9調査53.1%(3位)→H13調査44.7%(4位)→H17調査69.8%(1位)
③「障害児福祉行政」
　　H8調査41.1%(3位)→H9調査53.2%(2位)→H13調査47.1%(3位)→H17調査67.4%(3位)
④「要養護・非行・情緒障害児童福祉行政」
　　H8調査27.7%(4位)→H9調査35.6%(4位)→H13調査32.8%(5位)→H17調査52.3%(4位)
⑤「すべての児童福祉行政(すべての子ども家庭福祉行政)」
　　H8調査22.3%(5位)→H9調査32.4%(5位)→H13調査27.0%(6位)→H17調査47.1%(5位)

※カッコ内は支持された順位

(3) 市町村の子ども家庭福祉担当者の意識の変容からの考察

　はじめに断ったように、市町村の意向といっても調査対象が一定であるわけではないため、結果として出た数字が高低しているが、筆者は具体的な数字のみではなく示される分野の順位がほぼ一定に支持されていることに注目して傾向を検討している。

①移譲に対する意向の高まり

　「ひとり親家庭福祉行政」、「障害児童福祉行政」については、市町村移譲に対する意向の高まりをみることができる。おおむねこれらの順位は変化がなく、ある程度安定的な意向であることが読み取れる。最も増加の著しかった「在宅福祉サービス」は、平成15年度にショートステイ事業が市町村へ移譲されたことや障害者支援費制度の実施によって、市町村における障害児福祉実施のためのノウハウを蓄積したことが背景にあるものと考えられる。現在は児童福祉法に基づく施設給付制度となり、今後も傾向を把握する必要がある。

②要保護児童等の福祉サービスの移譲

　移譲に対する肯定の割合が低いといわれてきた「要養護・非行・情緒障害児童福祉行政」、「すべての児童福祉行政」について、肯定される順位としては低いが、数字を見ると必ずしも低い割合を一定に保ち続けているわけではなく、徐々にではあるが肯定の割合が高まっていることが指摘できる。筆者の調査(2006)でいえば、柏女ら(2002)の調査と比較すると「要養護・非行・情緒障害児童福祉行政」は19.5%増、「すべての子ども家庭福祉行政」は20.1%増であり、制度

的なネットワークのある市町村では肯定的な意向をもつ傾向があることが指摘できた。

③子ども家庭福祉分野における市町村移譲の現状とその条件

　全国市長会の報告書では、移譲に関連する現状とその条件といえる指摘が明らかにされた。住民に身近な自治体で相談体制を整備することの重要性の認識がある一方で、市町村での十分な対応の困難さや相談業務の格差が懸念され、連携体制強化、市町村と都道府県が役割分担をして緊密・一体的に取り組む必要性、利用者が相談場所を選択するシステムの必要性、児童相談所の強化と速やかな対応の必要性等が挙げられた。さらに、市町村における虐待防止ネットワークの整備による取組みの重要性について、市町村のネットワークと児童相談所主体のネットワークによる二層のネットワークの構築と相互の連携が不可欠であること、スーパーバイザーに係る人材と予算の確保の必要性、児童相談所の強制力の維持と市の機能強化の必要性が挙げられた。これは、以下の④の調査にも深く関連する。

④子ども家庭福祉サービスの市町村移譲（分権）の意向

　市町村に対する子ども家庭福祉行政の分権の可否について筆者が調査しているが、現状での評価は肯定的45.6％、否定的54.4％、今後の展望としての評価は全ての移譲は肯定的33.7％、否定的66.3％、一部の移譲は肯定的74.1％、否定的25.9％であり、分権を可能にするなんらかの条件が背景にあることが推察された（筆者は同時に市町村の課題についても調査したが、詳細は第4章以降で述べることとする）。

　これらのことから、子ども家庭福祉の各分野における分権化の意向は、これまで肯定的な意向を示されてきた障害児福祉やひとり親福祉サービスばかりでなく、要保護児童等に関する分野まで徐々に高まりつつあることがわかる。また、障害者自立支援法の施行等に伴って障害児のサービスが成人と同じ方法に移行することにより、分権化は必然的に検討の舞台に上がると思われる。したがって、子ども家庭福祉における分権化についてはどのようなあり方が望まれるものか、十分に検討される必要があるといえる。本研究ではその点にも十分留意したい。

　全国市長会の検討から指摘された市町村における対応の困難さや市町村と都道府県の役割分担の必要性、連携の重視あるいは強化、市町村のネットワーク

の取り組みのための方策としてのスーパーバイザーに関する必要性等、いわゆる市町村の対応すべき課題が何か、ということは、現在協議会をもちつつ相談体制の構築を図っている市町村にとって大きな検討課題といえる。

　以上、先行研究レビューにより、都道府県と市町村とでは、市町村における体制整備のイメージが若干異なっているように思われた。特に、山縣らの調査研究において市町村移譲に関わる条件として挙げられている項目をみると、市町村は県が移譲について示している意向と同様にその重要性を認めつつも、市町村における課題、県との役割分担に関わるものが多く挙げられていた。また、柏女らの県と政・中に対する質問紙調査結果にあるように、その二者間でも市町村移譲に関する理由は異なっており、その点を丁寧に聞き取ることによって県と市町村の役割分担も明確になり、どのような条件整備が必要であるかも提示できるように考えられた。なお、先行研究の調査結果からは、とりわけ行政の体制充実に目が向いており、筆者が第1章において必要と考えてきた家庭の力や地域の力については触れられていなかった。筆者の調査研究においてはその点にも注目する必要があるといえる。
　次節では、このような子ども家庭福祉における体制再構築について、どのような視点をもって臨む必要性があるかについて、第1章の知見等も踏まえて検討することとしたい。

第2節
子ども家庭福祉における固有の視点の必要性

　この節では、社会福祉、子ども家庭福祉における視点を確認し、これまでの第1章と先行研究のレビューを踏まえ、子ども家庭福祉行政の再構築における視点として、基盤創造性や実効性等、子どもの立場から求められる子ども家庭福祉に

固有の視点を検討してみたい。

1. 社会福祉、児童福祉の視点

(1) 社会福祉、ソーシャルワークに求められる視点

　まず、今日、社会福祉にどのような視点を必要とされているのかについて検討したい。

　古川(2003:53)は、「社会福祉に関わる事業が社会福祉事業の範疇に属するものとして認められるためには、①福祉ニーズ対応性、②公益性、③規範性、④非営利性、⑤組織性、⑥継続性、⑦安定性、そして⑧透明性という八つの要件を充足することが必要であると考えられる」と述べている。ただし、昨今の民間非営利団体や企業等の参入が一般化し定着してきていることを受け、「実態として④の非営利性要件の厳格な適用は現実性を喪失しつつある。」とし、さらに、社会福祉事業を社会福祉事業たらしめる根拠として、④以外の7つの要件が極めて重要な意味を持つようになっていることを指摘している。

　また、古川(2003:57)は、21世紀の社会福祉における政府の役割について、6点を指摘している。基礎自治体である市町村政府を中心に、「①適切な利用および利用支援のシステム、サービスの質を維持するための評価システムや苦情解決システム、情報の提供・開示や説明責任の確立による経営の透明性の確保等を含む福祉サービスの供給と運営に係る枠組みの設定と堅持、②市民生活の最低限水準の保障、③予防的保健福祉サービスの展開、④民間非営利団体や営利団体に期待することの困難な緊急度や専門度の高いサービスの提供と運営、⑤過疎地その他の地域特性に対応する保健福祉サービス供給の調整と確保、⑥政府と民間を結合する協働組織の設置と運営などを含め、一定の範囲における多元化や競争原理の導入を前提としつつも、そこにおいて展開される社会福祉事業の実施運営の過程にたいして積極的に介入・調整を試み、地域社会における市民の自立的生活を支援するというイネイブラー(条件整備者)ならびにインタービーナー(調整介入者)としての責任を付託され続けるのである。」と述べており、社会福祉における視点と、市町村中心の実施体制を念頭においたうえでの政府の役割を指摘している。

　さらに、分権化の潮流を受けている児童福祉の分野においても市町村に対する役割強化の機運が高まっているが、古川は、市町村政府(行政)の第一義的な役割

として市民生活に対する最終的な調整介入者としての役割を挙げ、都道府県や国はその役割を後方より支援する条件整備者としての役割が求められていることも上記の視点とともに指摘している。

　秋山(2005:335)は、ソーシャルワークの視点と価値を5点示している。まず、「あらゆる人間を『すべての人は、かけがえのない存在』として尊重するという立場である」とする。次に「人間を『人格を持った』社会的存在として全人的に捉えるという視点」である。3点目は「社会福祉利用者(クライエント)の主体性を尊重し、最大限の自己決定を尊重する視点」である。4点目は「人：環境との相互作用の間に生じる社会的障害(生活障害)を中心的課題とし、その社会的不利の改善を図る点」である。5点目は「社会福祉利用者自身と、ソーシャルワーカーと、社会福祉の政策・制度・資源と、地域社会と住民の差別感を『変える』という4つの変革を通して、社会福祉利用者の問題解決を援助する点である」とし、これらの視点には種々の価値が含まれているという点も指摘している。

　網野(2002:23-24)は、制度と援助活動で構成される社会福祉は人々の生活に関わる極めてパースペクティブな視野と理念を必要とし、人間としてのニーズへの深い関心に対しては、時代や社会の人間観、各個人の価値指向が深く、強く影響するという。さらに、国や地方・地域レベルにおいては、価値指向に関する何らかの共通基盤(社会福祉を遂行する基本理念であり推進力)の必要性を指摘する。そして、「基本理念、制度、実践、この構成要素が機能して、総体としての福祉が実践される。」と述べている。

(2)子ども家庭福祉に求められる視点

　次に、子ども家庭福祉における視点である(引用部分については児童福祉という語を用いている)。高橋(1983:55)は、児童福祉の概念について、目的概念と実体概念を挙げている。まず、「第1は、『目的概念』としての規定である。『理念または思想としての児童福祉』といいかえることもできる。」とし、児童福祉政策や制度、運動や活動などの目指す目的等を意味していることを述べている。次に「第2は『実体概念』としての規定である。児童の社会的な生活障害や生活破壊から生起するニーズに対応し、児童の権利を保障するための現存する児童福祉政策、制度、運動や活動などの具体的な実態そのものを意味・内容とした用例である。」とする。

　その意味では、児童福祉の視点が提示されるということは、well-beingに向け

た制度、政策の方向性、理念としての方向性を併せ持つ重要なポイントであることが指摘できる。

さらに、網野(2002:1)は、子ども主体の児童福祉をすすめるにあたって、「子ども」は「大人」とは基本的に異なる存在であるという認識を踏まえた視点、「子ども」は「大人」と全く同様に「人間」であるという認識を踏まえた視点を欠かすことができないとしている。

柏女(2007:107-109)は、児童福祉実施体制の中でも、特に児童福祉施設入所措置の実施体制について、歴史的検討経緯の分析と新たな児童福祉問題への対応を考慮した場合の基本的視点として、①一体性、②専門性、③広域性、④公平性、⑤効率性、⑥一貫性、⑦介入性、⑧レヴュー機能、⑨地域性、⑩利便性という10の視点を挙げている。

(1)、(2)で述べたように、視点には2種類あると考えられる。人間としての子どもの理解に基づくいわば基礎的視点と子ども家庭福祉の実施体制や自治体の役割をとらえた応用的視点である。筆者はそれらに必要とされる理念を第1章において検討してきた。以上の視点と理念の検討を踏まえ、子ども家庭福祉行政実施体制の再構築というテーマにおける基礎的視点を以下に検討する。

2. 子ども家庭福祉における「基盤創造性」と「実効性」

筆者は、これまでも子ども家庭福祉の視点について、先行研究の知見や子ども家庭福祉の実情を踏まえつつ不十分ながらもいくつかの検討を重ねてきた(佐藤2006)。

(1)子どもの特性、立場等を考慮した視点の必要性

筆者は、子ども家庭福祉行政の地方間分権の歴史的経緯を検討してきたが、その中で分権を見送ってきた背景に持ち出されてきた主な視点は、「専門性」、「広域性」、「効率性」というものであった。これらは、要保護児童を対象として児童相談所と児童福祉施設を中心にサービスを展開してきた子ども家庭福祉において、特有の視点ともいえる。その中でも、効率性の視点は、政策評価[3]において、例えば財源がいかに効率よく使われたか等の議論で持ち出されることが多い。緊縮財政の中で少ない財源をいかに活かすかについては、自治体の大きな課題であり

この視点は当然といえる。

　これまで分権化の検討において持ち出されたこれらの視点のほとんどは、都道府県を中心とするサービス供給主体が要保護児童に対して、いかに効率的に専門性と広域性を活用して援助を展開するかということに他ならないともいえる。もちろん、そうすることによって児童相談所に高度な専門性と経験を集約してきたことは、今日振り返ってみても非常に重要なことであることは間違いない。

　しかし、ひとりの人間である子どもの困難に向き合おうとするとき、そのような財政的およびサービス供給の機能的効率性等の視点のまま子ども家庭福祉の分権化や再構築を検討することは、第1章において検討してきた子ども家庭福祉の理念に必ずしも即したものとはいえない。つまり、子ども家庭福祉において重要な役割を果たす供給主体に求められる視点の他に、子どもの視点から再構築の視点を提示することが重要であるといえよう。

　網野が指摘したように、子どもは大人とは基本的に異なる存在であり、かつまた同じ人間であること、子どもは日々発達する存在であること、そして理念で述べたように子どもは根源的受動性を持って生まれてくること、子どもの生物的、心理的、社会的特性に伴う配慮が求められること、子どもの幸せは常に大人の掌の中にあること等、多くの人や社会の関係の中で育まれる子どもの成長には、以下のような子どもの特性や立場等を考慮した視点が必要である。

(2)基盤創造性という視点の必要性とその定義

　子ども家庭福祉は、子どもの最善の利益を尊重するが、先の子どもの特性も踏まえつつ、子どもが成長する中で何を目標にするのかがひとつのポイントになるだろう。そこで、この点について筆者なりの視点を提示することとしたい。

　網野が挙げた子どもの特徴として、「子どもは非主張者としての特徴をもつ。」ということと、「子どもは、非生産者としての特徴をもつ。」ということを想起したい。網野によれば、前者は「年少の時期にあるほど、自らの意思を有していても、それを主張する能力に乏しく、たとえ主張することができる年齢や発達段階になっても、その影響力は非常に限られている。」とし、後者は「子どもは将来の生産力としてその社会を担うことを期待される存在ではあるが、まだ自立からは遠く、保護を必要とする時期、つまり生産よりも消費が主となる時期であり、他者に依存せざるを得ない。」という特性を述べていた。

子どもが豊かに成長できるとすれば、網野が述べた特性とは逆になるはずと考えられるのだ。つまり、子どもは豊かに育まれることにより非主張者から主張者となり、非生産者から生産者となり社会を構成し次世代を支える一員になっていく。それをひとつのゴールとすれば、子ども時代に信頼できる大人（親）のいる家庭を中心に多くの人間と出会い、生まれ育つはずの場所で、自分を知る人々のそばで、大切にされ支えられながら成長することは、子どもの身体的、心理的、社会的自立とともに、社会にとっても大きな意味をもつといえる。このような視点について、子どもにとっての効率性と考えた際に、豊かな成長のための基盤づくりの重要性を踏まえて筆者は子ども家庭福祉の「基盤創造性」として概念化し、以下のように定義しておきたい。

　すなわち、子ども家庭福祉の「基盤創造性」とは、「子どもの特性をふまえ、もともとの生活の場と人間関係を基本として、専門的、非専門的な関わりを含む豊かなつながりのなかで成長し、自立への基盤を養うことができること。」とする。もともとの生活の場とは、限りなく市町村の中のとある地域である。もともとの人間関係とは、最も身近にいた実親や親類、近隣等の社会的親との関係である。豊かなつながりとは、多くの人と関わりながら多くの体験を手に入れられる関係のことである。自立への基盤とは、上述のような関係を通して得られた原信頼や原家族、原体験、原風景等、その人を支える力の源であり、それを養うことが自立の基盤になると考えるものである。

　なお、この視点の「自立への基盤を養うことができること。」の意味は、とても重要である。子どもたちの健やかな成長には、自立への基盤を養うことができる状況を創り出す必要があり、それは大人や社会全体の責任である。それは、児童福祉法や次世代育成支援対策推進法にある理念にもとづき、子どもの育成責任は親および保護者と、国、地方自治体、社会全体の責任、協力のもと実現される必要があるということに由来する。筆者は、子ども家庭福祉にはこの視点が欠かせないと考える。

(3) 実効性という視点の必要性とその定義

　子ども家庭福祉サービスのみならず、社会福祉サービス推進とその評価において、実効性という言葉はよく使用される用語である。厚生労働省社会保障審議会児童部会の検討や報告書、資料、地方の社会福祉審議会児童分科会においても使

用され、次世代育成支援対策推進法に基づく次世代育成支援地域行動計画の策定等においても実効性という言葉は見られる。

　実効性というとき、提供されたサービスがどの程度の頻度で使われたか、またそのサービスにより子どもや家庭の福祉に効果があったかという視点で用いられているといえるが、効果があったかどうかを測定することは実際にはとても難しいことである。そこで目に行くのはどのくらいの利用者がいて、どのくらいの頻度で利用されて、という数値的な面である。

　例えば、児童相談については、件数を延べ件数でカウントしているところが多い。つまり、ひとりの人が100回電話相談や来所により相談していたら、100件と数えるということである。市町村で児童相談をするようになり、相談件数は毎年増加しており、2008年に全国の市町村が受け付けた相談件数はおよそ28万件となっている（厚生労働省2008）。しかし、市町村で多くの児童相談を受けるようになったことが、全体としてその市町村における子どもと家庭の問題を減らしたなどとは必ずしもいえない。むしろ、潜在していたニーズが詳らかにされるようになり、専門性等の課題を抱える市町村では十分な対応がとりにくく、援助者にとっても葛藤をもたらしている。したがって、相談業務をはじめて相談がたくさん寄せられるようになったことが市町村に相談体制を作った実効性とされることには多少の疑問が残る。筆者はむしろ、相談を受け付けた後の援助関係の先（援助の目標等）にこそ、実効性と呼べるものが含まれていると考えた。

　だからこそ、子ども家庭福祉の○○サービスの「実効性」というとき、○○の部分が変わっても最も基本的に望まれる実りとは何か。それを子どもの立場から「実効性」として定義しておく必要があるのである。以下に、第1章の理念やこれまで述べてきたことを踏まえて実効性を定義してみることとする。

　「実効性」とは、子どもの最善の利益のために子ども本人やその家族、関係機関などにどれだけはたらきかけることができるか、必要とされるサービスをどれだけ子どもや家庭に「届ける」ことができるか、という視点である。この視点の本質は、必要とされるサービスを「届けた」結果として、先述したとおり子どもたちが「自立の基盤」を得ることができたかどうか、が問われることにあるといえる。つまり、改めて実効性の視点の定義を述べるとすれば「子どもの最善の利益を考慮して必要なサービスを届けた結果、子どもが自立への基盤を得ることができること」である。極めて個別的であるが、しかしどの子どもとの援助関係にも

当てはまる概念と考えられる。

　子ども家庭福祉において何を本質的に大切にしようとするか、様々な改革や制度、サービスの創設に求める成果としては、大人のようにごく当たり前にその人がその人らしく生きることに求めるというよりは、むしろ、その子どもが当たり前にその子どもらしく生きられる環境をまずは整えることにある、と筆者は考えている。

3. 子ども家庭福祉における「協働性」と「協同性」

　本節では、これまでの第1章と先行研究、筆者の研究の検討から、協同という視点について検討しておきたい。これは、協議会型援助で多くの人が子どもに関わるつながりをもつことをきっかけに、皆で子どもを育てるということを考え、支援に先の実効性を持たせるためにも必要であると考えるものである。

(1) 協働性という視点の必要性とその定義

　これまで述べてきた通り、子ども家庭福祉における支援は、対応する問題の複雑化、困難化、多問題化等を背景に、複数の機関や専門家がともに必要とされる支援を検討して役割を決め、実行することが求められている。つまり、協議会型援助、多くの関係者がネットワークにより形成されたつながりを駆使した援助に欠かせないのが協働性である。ここでいう協働性は、「子どもが自立への基盤をつくることができるよう、インフォーマル、フォーマル問わずつながりに配慮しつつ、子どものニーズに応えるために求められる力を関係者、機関により動員し駆使すること」と定義できる。動員される力は、専門・行政機関や専門職によるものばかりでなく、力を借りることができる可能性があれば、子どもにとってごく身近な親族等もまた含まれるものといえる。なお、この協働性の根幹にあるのは、親とともに多くの人間が関わって子どもを育てるという養育のあり方である。

(2) 協同性という視点の必要性とその定義

　柏女ら(2008)は、「子ども家庭福祉行政機関の機構改革と運営に関する研究(2)―保育・子育て支援、児童健全育成分野を中心に―」という研究を実施した。その研究において実施したインタビュー調査結果の中で、子ども家庭福祉に求められ

る理念や実施体制のあり方、今後の方向性について大変貴重な示唆を得られ、この点に関する考察を深めて学会発表も行ってきた(佐藤、柏女、尾木ほか2008)。

　筆者はその報告書において、「子育て支援サーヴィスの利用が家庭の養育力を低下させるといった認識を持つという意見があること、複数の自治体から親教育の必要性が指摘されたこと、さらに健全育成という観点から規範意識や倫理観の低下に鑑み、大人や社会全体の意識の高揚を図る必要性が示唆されたことからも、理念の提示や方向性の確認は、多様な生き方、価値観、サーヴィスが存在する子育て支援等において大切にしようとする根本的な価値を振り返り、共通の目標に向かって必要な手立てを検討する手掛かりとなろう。つまり、同じ理念や方向性を共有することによって相互に協力関係が生まれ、施策間の連携を促すことにつながると考えられるため、子どもと親、援助者にとっても重要な作業となることが指摘できよう。」と述べてきた。

　これは、親が親の手によってのみ子どもを育てる、ということや親に代わって国や社会が子どもを育てる、という択一的な養育のあり方ではなく、そのどちらもが子どもを大切に育んでいくという思いを同じくして養育にあたる、という意味での協同性である。つまり、「子どもの特性や権利等に求められる配慮や子どもの育つ力をもとに、様々な人々との関わりの中で子どもが基盤をつくることができるよう、その育ちに関わるすべての者が思いを同じくして子どもを大切に育んでいくこと」を意味する視点である。

　親や社会が共に子どもを育むためには、これまで述べてきた子どもや養育に対する理念を共有することが必要となる。社会連帯による子育てに重要なことは、社会を構成しているすべての大人たちの手によって、子どもが生まれ育つ基盤をつくりあげることである。そのために、「協働性」と「協同性」の2つの視点を考慮する必要があると考える。

第3節

市町村中心の子ども家庭福祉行政実施体制に再構築する必要性

　以上の先行研究レビューと子ども家庭福祉に求められる視点の検討より、子ども家庭福祉行政実施体制を市町村において再構築する必要性について述べることとする。

1. 先行研究レビューから検討する子ども家庭福祉行政実施体制の再構築の必要性

(1) 子ども家庭福祉行政実施体制再構築の必要性とその課題

　先行研究レビューにより、子ども家庭福祉の市町村移譲については否定的な回答が肯定的な回答をやや上回っているものの、子どもや家庭に身近という「利便性」、一貫した連続性のある支援ができるという「一貫性」や「連続性」、それらに関連して生まれ育った地域でという「地域性」などの観点から、分権の必要性について肯定的に回答される状況にあることが明らかとなった。

　分権の必要性は、単に地域で担うことができるものは地域で、という地方分権の考え方にとどまらず、子どもや家庭の支援を身近なところで実現できたらよいのではないかという、子ども家庭福祉担当者の思いがその背景にあるものと捉えられる。

　一方で、将来に向けた方向性として分権ができるかどうかについては、市町村における体制整備に係る条件や課題が見られた。その背景には、市町村における十分な対応の困難さや相談業務の格差への懸念がある。そのために、専門機関や専門職等による連携体制の強化、市町村と都道府県の役割分担に基づく緊密・一体的な取り組み、利用者が相談場所を選択するシステム、児童相談所の強化と速やかな対応の必要性等が欠かせない。さらに、市町村における協議会型援助に向けた取組みの重要性については、スーパーバイザーに係る人材と予算の確保の必

要性、児童相談所の強制力の維持と市の機能強化の必要性等が指摘されている。

(2)子ども家庭福祉行政実施体制再構築を実現するために
①先行研究レビューの評価から見る体制再構築の現状

　なお、レビューに挙げた都道府県を対象とした調査と市町村を対象とした調査の結果では、都道府県と市町村の間には分権化に対する意識のずれがあることも明らかとなった。すなわち、都道府県の子ども家庭福祉担当者(児童相談所長や都道府県担当者)の方が、市町村の子ども家庭福祉担当者よりも分権化について肯定的である。山縣ら(2005a)の研究ではそれが非常に顕著にあらわれていた。都道府県はほぼ100%が肯定的、市町村は70%が否定的という結果であった。

　しかし、その後の柏女らの調査(2009)により、中央児童相談所長は市町村への権限移譲に対し、これまでの肯定的な傾向に反して否定的な意向の高まりが見られた。これは、児童福祉法の改正により市町村が児童相談の第一義的窓口となり、児童相談所は後方支援の役割をもつこととなる時期の評価と、その後3年を経過した時点での評価との違いと考えられる。つまり、市町村で相談体制の整備に取り組んだところ、市町村は多くの課題に直面し、また市町村の後方支援にあたることとなった児童相談所も同じように多くの課題に直面したということが、否定的な意向の高まりをもたらしたと考えることができるのではないだろうか。

　都道府県の担当者も市町村の担当者もともに、子ども家庭福祉の市町村移譲の必要性を感じているにも関わらず、多くの課題に直面しており、そのための条件整備が必要であるという現状といえる。

②レビューからみる体制再構築における留意点

　このような状況においては、筆者が市町村に対する移譲が必要だというまでもなく、実践の中からその必要性が感じられているといえる。そこで、以下のように6つの留意点を指摘できる。

　まず1点目は、子ども家庭福祉の市町村移譲が必要であるなら、その実現を後押しする条件を明らかにすべきである。つまり、市町村の担当者は、一体何を分権化の課題だと認識しているのか(この点が条件を明らかにすることにつながる)を明らかにする必要がある。

2点目に、市町村における体制整備の課題が複数ある場合には、子ども家庭福祉の体制整備を進める際に優先性が認められるものはあるのかどうかを明らかにすべきである。

　3点目に、子ども家庭福祉の市町村移譲はそもそもできるのか否かについても併せて明らかにすべきである。

　4点目に、山縣らの調査においても見られたように、人口規模に関する懸念がある。つまり、社会資源が少ない町村では体制の整備が難しいのではないかという懸念である。人口規模によって分権ができるか否かが決まってしまうものなのかどうかについても分析する必要がある。

　5点目に、現在の市町村は、要保護児童対策地域協議会を持っているところがほとんどである[4]。したがって、通常考えると経験年数が長い方が短い方に比べて対応力が高いと考えられる。その点も分析する必要がある。

　6点目に、レビューにも見られたように、子どもの問題によっては市町村が積極的に役割を担うとかえって支援を困難にする場合も考えられるため、子ども家庭福祉の再構築を考える際にはその配慮が欠かせないということである。また、この点は都道府県と市町村の役割分担の議論とも関連している。

　先行研究の知見から、以上の点が子ども家庭福祉の実施体制再構築の必要性を現実のものとするために必要な留意すべき点と考えた。

　このほか、子どもや家庭の立場に立って、一貫性や連続性を実現することのできる体制づくりのための視点も併せて必要である。

2. 子ども家庭福祉の視点から検討する子ども家庭福祉行政実施体制の再構築の必要性

　子ども家庭福祉行政実施体制の再構築の必要性を子どもの立場から見たとき、親や保護者をはじめとする多くの大人との関わりが必要であること、心理的親と社会的親との出会いと関わりの重要性を前章で述べてきた。その中で、生活は地域で、つまり市町村で営まれるものであることも述べた。子どもが多くの人と出会い、関わって育つためには身近な場所での体制づくり、すなわち市町村において支援する体制が必要であると考えられる。

　そのためには、子どもに関わる大人たちは、立場や役割を超えて、子ども家庭福祉に特有の理念に関して共通の認識をもち、子どもの健やかな成長のために手

を取り合う2つの「きょうどう」の視点が必要である。つまり、協同と協働である。広辞苑第5版(1998)によれば、協同とは、「ともに心と力をあわせ、助け合って仕事をすること。協心。」を意味しており、「協働(cooperation; collaboration)」とは、「協力して働くこと。」を意味している[5]。そして、両者は不可分であることをお断りしたい。「きょうどう」には、どちらの意味も必要なのである。ただし、今後きょうどうの視点を基本に持って各章を論じるが、その際には、協同、協働どちらの意味も持ち合わせる言葉として「協働」で統一することとする。

　そして、自立支援という言葉がさかんに用いられる昨今、それを実現する困難さも多く指摘されている。市町村での対応は、まさにその根幹を支える営みであると考える。そうであるならば、行政の論理ではなく、子どもの立場から考えた再構築が求められる。そこに必要なことは、先に述べた基盤創造性と実効性の視点である。これまでの検討から市町村中心の体制再構築の必要性をまとめたものが、図2-1である。

　市町村は、人間が生きる基盤を手に入れる場所である。子どもの特性をふまえ、もともとの生活の場と人間関係を基本として、専門的、非専門的な関わりを含む豊かなつながりのなかで成長し、自立への基盤を養うことができることが、何より求められる。自立への基盤は、心理的親や社会的親を含めた多様な関係を通して得られた自己信頼がその源泉となるといえよう。それを養うことが自立の基盤になると考えれば、市町村における体制整備は必須であるといえる。

　その際、行政としてのもうひとつの責任は、子どもの最善の利益を考慮して必要なサービスを届けた結果、その生活の場において子どもが自立の基盤を得ることができたかどうかを絶えずチェックし続けることである。

　以上のように、実効性と基盤創造性からいえる市町村中心の体制の必要性と、先行研究レビューにおける子ども家庭福祉行政実施体制再構築の必要性と、市町村における子ども家庭福祉行政実施体制再構築の課題を整合化させていくことが極めて重要であるといえる。

　次章では、地方分権そのものの動向や子ども家庭福祉や周辺の福祉分野の地方間分権の動向をレビューすることにより、なぜ子ども家庭福祉の分権化が進展してこなかったのかという理由について検証することとしたい。

子どもの特性、子どもの権利の特性、子どもにとっての親の必要性をふまえて
↓

○子どもの受動性、受動的権利保障の根底にある子ども家庭福祉の理念
　・パレンス・パトリエ──親による保護がされない場合、国が親に代わって子どもを育てるという理念
　・パターナリズム──子どもの最善の利益を理由に行われる干渉、介入の正当化根拠とされる理念
○子どもに対して国や社会が生きる基盤を用意するための理念
　・社会連帯──社会全体で支え合うことによって、その人の自立や自己実現等を図る理念

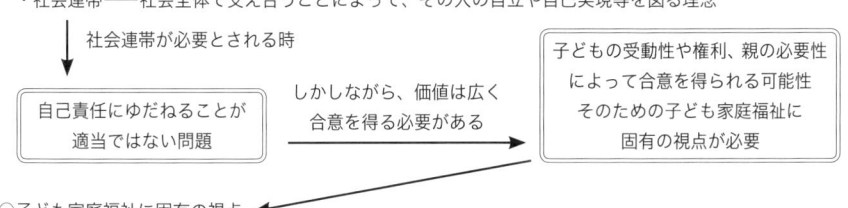

　　↓社会連帯が必要とされる時

┌─────────────────┐　　しかしながら、価値は広く　　┌─────────────────────┐
│自己責任にゆだねることが　│　　合意を得る必要がある　　　│子どもの受動性や権利、親の必要性 │
│適当ではない問題　　　　　│─────────────────→│によって合意を得られる可能性　　 │
└─────────────────┘　　　　　　　　　　　　　　　　│そのための子ども家庭福祉に　　　 │
　　　　　　　　　　　　　　　　　　　　　　　　　　　│固有の視点が必要　　　　　　　　 │
　　　　　　　　　　　　　　　　　　　　　　　　　　　└─────────────────────┘

○子ども家庭福祉に固有の視点　←─────────────────────────────
　・基盤創造性──「子どもの特性をふまえ、もともとの生活の場と人間関係を基本として、専門的、非専門的な関わりを含む豊かなつながりのなかで成長し、自立への基盤を養うことができること。」
　・実効性──「子どもの最善の利益を考慮して必要なサービスを届けた結果、子どもが自立への基盤を得ることができたかどうか」
　・協働性──「子どもが自立への基盤をつくることができるよう、インフォーマル、フォーマル問わずつながりに配慮しつつ、子どものニーズに応えるために求められる力を関係者、機関により動員し駆使すること」
　・協同性──「子どもの特性や権利等に求められる配慮や子どもの育つ力をもとに、様々な人々との関わりの中で子どもが基盤をつくることができるよう、その育ちに関わるすべての者が思いを同じくして子どもを大切に育んでいくこと」

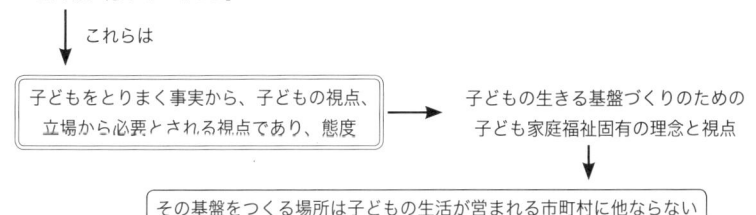

　　↓これらは

┌─────────────────────┐　　　　　　　┌─────────────────┐
│子どもをとりまく事実から、子どもの視点、│──────→│子どもの生きる基盤づくりのための　│
│立場から必要とされる視点であり、態度　　│　　　　　　│子ども家庭福祉固有の理念と視点　　│
└─────────────────────┘　　　　　　　└─────────────────┘
　　　　　　　　　　　　　　　　　　　　　　　　　　　　　　　　↓
　　　　　　　　　　　　　　　　　　　　┌─────────────────────────┐
　　　　　　　　　　　　　　　　　　　　│その基盤をつくる場所は子どもの生活が営まれる市町村に他ならない│
　　　　　　　　　　　　　　　　　　　　└─────────────────────────┘

図2-1 子どもの特性と立場をふまえた子ども家庭福祉固有の視点の必要性を示す論理構成

■註
1) 市町村は従来、保育を含む子育て支援や母子保健等の役割を担ってはいたが、要保護児童に対する市町村の役割に焦点を当てられるようになったのはごく近年の潮流である。佐藤まゆみ(2004)「児童福祉行政実施体制の在り方に関する研究―地方間分権に関わる潮流の概観、考察を通して―」『淑徳社会福祉研究』第12号 淑徳大学社会福祉学会
2) その後の法改正により、障害児の通所施設については、平成24年4月1日より市町村移譲された。
3) 政策評価における評価対象は、理論(セオリー)、実施過程(プロセス)、改善効果(インパクト)、効率性(コスト・パフォーマンス)があるとされる。そのうち効率性には、例えば、コスト・パフォーマンスに対して改善効果は最大限であったかなどの項目がある。龍慶昭、佐々木亮(2004)『増補改訂版 政策評価の理論と技法』多賀出版 9
4) 厚生労働省による調査によれば、要保護児童対策地域協議会または児童虐待防止市町村ネットワークを設置済みの市町村は、94.1%にのぼっている。
 厚生労働省ホームページ「市町村における児童家庭相談業務の状況及び要保護児童対策地域協議会(子どもを守る地域ネットワーク)の設置状況等について(概要)」
 http://www.mhlw.go.jp/houdou/2008/11/h1119-2.html
5) 「きょうどう」については、「共同」という言葉もよく使用される。「共同」の意味は、新村出編(1998)『広辞苑第5版』岩波書店によれば、「①二人以上の者が力を合わせること。▽『協同』と同義に用いることがある。②二人以上の者が同一の資格でかかわること。」とされている。筆者は、①の意味については協同を用いるし、②の意味については国や地方自治体と親や保護者というのは同一の資格とはいえないと考えるため、この共同は用いないこととした。

■文献
柏女霊峰、山本真実、尾木まりほか(1998a)「区市町村における児童家庭福祉行政と実施体制―児童育成計画及び児童家庭福祉行政事務移譲に関する意向調査を通して―」『平成9年度 日本子ども家庭総合研究所紀要』34, 日本子ども家庭総合研究所, 151-171.
柏女霊峰、山本真実、尾木まりほか(1998b)「家庭児童相談室の運営分析―家庭児童相談室の運営に関する実態調査結果報告―」『平成9年度 日本子ども家庭総合研究所紀要』34, 日本子ども家庭総合研究所, 35-59.
柏女霊峰、山本真実、尾木まり(2002)『平成13年度 子育て支援ネットワークに関する調査研究事業調査報告書』子ども未来財団.
全国児童相談所長会(2001)『これからの児童相談所のあり方について』調査結果報告書.
社会保障審議会児童部会(2003a)『児童相談所等のあり方に関する都道府県アンケートの結果について 全国知事会』2003.7.23開催社会保障審議会児童部会配布資料参考資料.
社会保障審議会児童部会(2003b)「児童相談等に関する市町村の役割強化について 全国市長会」2003.7.23開催第10回社会保障審議会児童部会配布資料, 参考資料.
柏女霊峰、佐藤まゆみ、澁谷昌史ほか(2006a)「子ども家庭福祉サービス供給体制のあり方に関する総合的研究 報告書」.
柏女霊峰、佐藤まゆみ、澁谷昌史ほか(2006b)「児童家庭福祉制度再構築のための児童福祉法改正要綱試案(最終版)」『日本子ども家庭総合研究所紀要』42, 日本子ども家庭総合研究所, 51-69.
加藤曜子、安部計彦、才村純ほか(2002)『市町村児童虐待防止ネットワーク調査研究報告書―子育て支援を目的とする地域ネットワーク実態調査―』平成13年度児童環境づくり等調査研究事業.
加藤曜子、安部計彦、才村純ほか(2003)『市町村における児童虐待防止ネットワークづくりの基本と方法』平成14年度児童環境づくり等総合調査研究事業報告書.
高橋重宏、才村純、澁谷昌史ほか(2005)『児童虐待防止に効果的な地域セーフティーネットのあり方に関する研究』平成16年度子ども家庭総合研究事業研究報告書.

山縣文治、岩間伸之、岡田忠克ほか(2005a)『子ども家庭福祉相談体制のあり方に関する研究(自治体調査) ─地域における子どもと家庭に関する相談支援体制のあり方に関する研究─』大阪市立大学社会福祉学研究室.

山縣文治、岩間伸之、岡田忠克ほか(2005b)『子ども家庭福祉相談体制のあり方に関する研究(ヒアリング調査) ─地域における子どもと家庭に関する相談支援体制のあり方に関する研究─』大阪市立大学社会福祉学研究室.

山縣文治、岩間伸之、岡田忠克ほか(2005c)『子ども家庭福祉相談体制のあり方に関する研究』平成16年度総括研究報告書 大阪市立大学社会福祉学研究室.

佐藤まゆみ(2006)「子ども家庭福祉行政実施体制のあり方に関する研究～協議会型援助による市町村役割強化の可能性～」淑徳大学大学院社会学研究科社会福祉学専攻博士前期課程修士論文.

尾木まり、網野武博、安齋智子ほか(2008)『一時預かり事業のあり方に関する調査研究』厚生労働科学研究費補助金政策科学総合研究事業(政策科学推進研究事業)報告書.

柏女霊峰(1997)『児童福祉改革と実施体制』ミネルヴァ書房 147-148, 150-151.

網野武博(2002)『児童福祉学＜子ども主体＞への学際的アプローチ』中央法規.

古川孝順(2003)「社会福祉事業範疇の再構成」古川孝順, 秋元美世, 副田あけみ編『現代社会福祉の争点 上 社会福祉の政策と運営』中央法規, 53.

秋山智久(2005)『社会福祉実践論〔方法原理・専門職・価値観〕改訂版』ミネルヴァ書房, 335.

髙橋重宏(1983)「児童福祉とは」髙橋重宏, 江幡玲子編『児童福祉を考える』川島書店, 55.

柏女霊峰(2007)『現代児童福祉論第8版』誠信書房, 107-109.

厚生労働省ホームページ(2008)「市町村の児童家庭相談業務の状況及び要保護児童対策地域協議会(子どもを守る地域ネットワーク)の設置状況等について(平成20年4月現在)」http://www-bm.mhlw.go.jp/houdou/2008/11/dl/h1119-2a.pdf

全国児童相談所長会(1988)『全児相(別冊)「今後の児童相談所のあり方に関する調査」結果報告書』全国児童相談所長会.

全国児童相談所長会(1994)「参考資料1『今後の児童相談所のあり方に関する調査―結果報告(概要)―』」『平成6年度 全国児童相談所長会資料(平成6年6月22日～23日)』全国児童相談所長会事務局.

全国児童相談所長会(2001)『これからの児童相談所のあり方について 調査結果』全国児童相談所長会.

柏女霊峰, 網野武博, 山本真実ほか(1997)『児童福祉法の改正をめぐって―次なる改正に向けての試案―』日本子ども家庭総合研究所.

佐藤まゆみ、柏女霊峰、尾木まりほか(2008)「子ども家庭福祉の理念, 実施体制, 方向性に関する考察―保育・子育て支援・健全育成に関するインタヴュー調査結果の検討から―」日本子ども家庭福祉学会第9回全国大会, 45.

柏女霊峰, 佐藤まゆみ, 有村大士ほか(2008)「子ども家庭福祉行政機関の機構改革と運営に関する研究(2) ─保育・子育て支援, 児童健全育成分野を中心に─」『日本子ども家庭総合研究所紀要』44, 日本子ども家庭総合研究所.

第 3 章

子ども家庭福祉行政実施体制を取り巻く地方間分権の潮流

本章では、地方分権そのものの考え方や動向と、高齢者福祉分野等周辺の福祉分野における地方間分権の潮流やその論理をまとめる。次に、子ども家庭福祉を取り巻く地方間分権の潮流、さらには分権が進展してこなかった背景にある検討経緯や理由等について明らかにし、現在分権を進展させることとなった背景について考察を深めることとした。

---第 1 節---

地方分権の動向と
その目的および課題

　ここでは、地方分権そのものの状況について整理をし、分権の議論の中での目的と問題点等についてレビューをすることとする。

1. 地方分権の検討

　西尾(2007)や地方六団体による地方分権の検討を参考に、分権の全体的な潮流についてまとめることとする。

(1) 戦後日本の地方分権の特徴
①広く市町村へ分権すること

　西尾(2007:16)は、戦後日本の地方制度の重要な特徴として、「市町村横並び平等主義」といえる指向性があるとしている。すなわち、「事務を自治体に移譲または委任する場合には、可能なかぎり、これを広域自治体である都道府県に対してではなく基礎自治体である市区町村に移譲または委任するという指向性であるとともに、市区町村に事務を移譲または委任する場合には、これをすべての市区町村に均等に行おうとする指向性のことを指す」とする。

②市町村合併の必要性

　平成の市町村合併と呼ばれる合併が終息を宣言された。この市町村合併により、総務省(2009)によれば、平成20年4月現在、全国の市町村数は1788にまで減少した(市783、町812、村193)。

　また、西尾(2007:17-18)は、「すべての市町村にもれなく新たな事務を義務付けることを可能にするために、市町村の行財政能力の向上が強く期待」されてきたことを述べ、「この期待に十分に応えられそうにない弱小町村に対しては隣

接市町村との合併を求めるという行政手法が、最近の『平成の市町村合併』に至るまで過去三度にわたって繰り返されてきた」としている。さらに、市町村横並び主義という指向性と市町村合併が密接に関連していることを指摘している。

(2) 地方分権の経緯

地方制度についての分権化の動向は、西尾(2007:19)の整理によると「1993年6月に国会の衆参両院において超党派の地方分権推進決議が可決され、同年10月に提出された第三次行革審の最終答申は、規制緩和と地方分権を二本の柱にして行政改革の更なる推進を図るべきだとする提言を行った。」ところから始まったと読み取れる。一連の地方分権の潮流については、西尾(2007)と地方六団体ホームページを参考に表3-1のようにまとめた。

(3) 地方分権の目的と課題
①地方分権の目的

地方分権推進法に基づく地方分権推進委員会が1996年に提出した「中間報告」によれば、地方分権の目的は、5つ挙げられる。すなわち、①中央集権型行政システムの制度疲労、②変動する国際社会への対応、③東京一極集中の是正、④個性豊かな地域社会の形成、⑤高齢社会・少子化社会への対応である。

この中間報告をもとにして発展した第一次分権改革[1]の成果としては、機関委任事務の全面廃止が挙げられる。ただし、行政面の改革にとどまっており、財政面の改革には十分な成果が挙げられなかったことが指摘されている(西尾2007:114)。

その後、地方分権改革委員会や地方分権改革推進法等に名称変更や検討委員のメンバーが代わっても、おおむねこれらの目的が分権改革の基本的な目的であり、検討が重ねられてきたといえる。

②地方分権改革の課題

現在、いわゆる第二次分権改革が進行中であるが、第一次分権改革の残された課題[2]として、2001年の「最終報告」にまとめられている。ここでは西尾が改めて解説のために表現しているものを挙げることとする。すなわち、①地方税財源の確保、②法令等による義務付け、枠付けを緩和すること、③事務権限

の移譲、④地方自治制度の再編成、⑤住民自治の拡充、⑥地方自治の本旨の具体化の6点である。それぞれの課題の主旨は以下のとおりである。

　①は最優先の喫緊の課題であるとされている。②は、法律、政令、省令、告示の規定が詳細を極めていることが自治体の権能の拡大を妨げているとされる（規律密度の緩和）。③は、第一次分権改革は「広い意味での関与の廃止・縮小」に重点を置いたが、国から都道府県へ、都道府県から市区町村へ移譲すべき事務権限はまだまだ少なからずあるのではないかとされる。④は、平成の市町村合併が進展した後の都道府県の再編成や道州制への移行といった地方自治制度の再編成をめぐる論議が再燃するのではないかと指摘する。第一次分権改革ではこの「受け皿」論議を棚上げにしてきたが、いつまでも避けて通れない課題であるとしている。⑤は、第一次分権改革では団体自治の拡充に重きを置いたが、今後は地方自治の仕組みが十分なものであるか再検討を迫られるのではないかと指摘する。⑥は、現行憲法に規定されている「地方自治の本旨」が抽象的にすぎるため、集権化を進める立法に対する有効な歯止めとして機能していないとする（西尾2007:114-115）。

③権限移譲の問題

　そして、地方分権推進委員会が改革案を立案する事項の範囲を絞りこむ際に最も悩ましい問題になるものとして、西尾(2007:212)は「(中略)地方分権改革推進法に謳われている『権限の移譲の推進』にどこまで踏み込むべきなのか」ということを指摘している。この場合の「権限」は「事務事業の執行権限」であり、とりわけ国から広域自治体への権限移譲の問題は道州制構想の核心にかかわる問題であり、困難さを伴う可能性を示唆する主旨を述べている。一方の都道府県から市区町村への権限移譲については、市町村合併に見合うほどに進展していないことを指摘し、「この機会に、都道府県から市区町村への権限移譲を取り上げる意義は十分にある。」としている（西尾2007:214）。

　さらに、権限移譲の問題は財源移譲を伴うため、都道府県と市区町村の間の税源配分や、どの国庫補助負担金廃止を求めるかを検討することになると、両者の利害が鋭く対立する可能性があることを指摘している（西尾2007:218）。

　このように、地方分権改革という大テーマにおいて事務権限の移譲は、受け皿論議と税源移譲の問題を含んだ困難なテーマであり、また進展してこなかったことが浮き彫りになった。しかしながら、この権限移譲の問題は検討される

表3-1　地方分権の潮流

1993.6	地方分権推進決議
1993.10	第三次行革審の最終答申(規制緩和、地方分権が柱)
1993.12	地方自治確立対策協議会立ち上げ(地方六団体)
	→その下に六団体代表と有識者による地方分権推進委員会設置
1994.5	細川内閣総辞職、羽田内閣へ
	第24次地方制度調査会設置
	内閣行政改革推進本部の下に地方分権部会設置(関係閣僚と有識者)
	→年内に閣議決定すべき地方分権推進大綱のあり方を諮問
1994.12	地方六団体意見書、第24次地方制度調査会の答申
	内閣行政本部地方分権部会本部専門員の意見提出(羽田内閣から村山内閣へ)
	地方分権推進大綱閣議決定
1995.5	地方分権推進法可決成立
1995.7	地方分権推進委員会発足
1996.3	中間報告提出(村山内閣から橋本内閣へ)
1996.12	第一次勧告
1997.7	第二次勧告
1997.9	第三次勧告
1997.10	第四次勧告
1998.5	第一次地方分権推進計画を閣議決定(第一次勧告～第四次勧告を受けたもの)
1998.7	第五次勧告(橋本内閣から小渕内閣へ)
1999.3	第二次地方分権構造計画閣議決定(第五次勧告を受けたもの)
1999.7	地方分権一括法
2000.4	地方分権一括法施行
2001.1	経済財政諮問会議設置
2001.4	小渕内閣から小泉内閣へ
2001.6	最終報告(これが三位一体改革の起爆剤)
	経済財政諮問会議の審議に基づき「今後の経済財政運営及び経済社会の構造改革に関する基本方針」(いわゆる骨太の方針2001)閣議決定
2002.5	片山プラン(2001.6の最終報告を受け、税源移譲の対象税目と目標金額を具体的に明示)
2002.6	骨太の方針2002(1年以内に改革案をまとめるとのこと)
2002.10	「事務事業の在り方に関する意見」(地方分権改革推進会議)
2003.5	水口私案(地方分権改革推進会議の運営とこの私案には内部、外部から厳しい抗議、批判噴出。委員間の対立により空中分解に近い状況になった)
2003.6	骨太の方針2003(三位一体改革の具体化。3年の間に4兆円の国庫補助負担金の廃止、縮減)
2003.11	マニュフェストありの総選挙、骨太の方針2003の()書き部分を公約とした
2004.4	経済財政諮問会議(麻生プラン「三位一体改革のプラン」)

2004.5	経済財政諮問会議(3兆円の税源移譲を骨太の方針2004に盛り込むことを指示)
2004.6	骨太の方針2004
2005.6	骨太の方針2005(平成18年に安部内閣が地方分権改革推進法を制定し、地方分権推進委員会が設置される原点になった)
2005.11	3兆円規模の税源移譲を実現
2006.1	新地方分権構想検討委員会設置(地方六団体)
	地方分権21世紀ビジョン懇談会(竹中総務大臣)
2006.2	第28次地方制度調査会「道州制答申」
2006.5	新地方分権構想検討委員会中間報告「分権型社会のビジョン」
	新しい日本をつくる国民会議(21世紀臨調)「日本の将来と国・地方のあり方に関する国会議員・知事・市長緊急アンケート」
2006.6	骨太の方針2006(経済財政諮問会議を中心にせず、内容も従来のものと全く変わっていた。地方分権改革については地方分権21世紀ビジョン懇談会の論議に係る新提案が盛り込まれた)
2006.9	小泉内閣から安倍内閣へ
2006.12	地方分権改革推進法成立
2007.3	地方分権改革推進委員会設置(内閣府)
2007.6	骨太の方針2007(新分権一括法案(仮称)を3年以内に国会に提出、国庫補助負担金、地方交付税、税源配分の一体的改革に向けた検討等)
2007.9	安倍内閣から福田内閣へ
2007.11	中間的なとりまとめ(地方分権改革推進委員会)
	(地方分権改革における基本姿勢の明確化、国民・住民本位の地方分権改革、法制的な仕組みの見直し、個別の行政分野・事務事業の抜本的見直し・検討等)
2008.5	第一次勧告～生活者の視点に立つ「地方政府」の確立～とりまとめ
	(国と地方の役割分担の基本的な考え方、重点行政分野の抜本的見直し、基礎自治体への権限移譲と自由度の拡大、基礎自治体への権限移譲を行うべき事務等)
2008.6	地方分権改革推進要綱(第一次)とりまとめ(地方分権改革推進本部)
2008.6	骨太の方針2008(経済財政改革の基本方針2008)
	(平成21年度中できるだけ速やかに新分権一括法案を国会提出、国の出先機関を大胆に合理化等)
2008.8	国の出先機関の見直しに関する中間報告とりまとめ
	(国の出先機関の見直しの必要性と今後の検討の進め方、事務・権限の仕分け等)
2008.9	福田内閣から麻生内閣へ
2008.12	第二次勧告～「地方政府」の確立に向けた地方の役割と自主性の拡大～とりまとめ(義務付け・枠づけの見直しと条例制定権の拡大、国の出先機関の見直しと地方の役割の拡大等)
2009.3	出先機関改革に係る工程表とりまとめ
2009.4	人材調整準備本部発足(本部長は内閣府特命担当大臣(地方分権改革))

西尾勝(2007)『地方分権改革』東京大学出版会、地方六団体地方分権改革推進本部ホームページ「第二期地方分権改革の動向」http://www.bunken.nga.gr.jp/trend/index.html を参考に筆者作成

べきテーマであることもまた指摘されており、子ども家庭福祉分野における都道府県から市町村に対する地方間分権というテーマは重要なテーマであることが確認できる。そこで、社会福祉分野、ひいては子ども家庭福祉分野においてどのような検討が進められてきたのかをレビューする必要があるといえる。

次節では、社会福祉分野のとりわけ高齢者福祉と障害者福祉分野の分権の状況について述べることとする。

第2節

他の福祉分野における市町村中心の体制再構築の検討

ここでは、社会福祉の分権化において重要な改正であった「老人福祉法等の一部を改正する法律」いわゆる社会福祉八法改正(以下八法改正とする)等をとりあげ、大きく高齢者福祉と障害者福祉にわけ、その後の動向も踏まえながら市町村中心の実施体制の構築の状況について検討することとしたい。

1. 社会福祉の分野における地方分権の検討 〜社会福祉八法改正以前〜

戦後日本の社会福祉の実施体制が構築され、やがて時代の変化に伴いその体制を変革していく必要性が指摘され八法改正へと至った経緯がある。その福祉改革の経緯については、古川(1992)や阿部(1993)らによって研究がまとめられている。古川(1992)のまとめを参考に整理すると、次のようになる。

まず戦後、生存権保障のための社会福祉の形成から社会福祉三法、社会福祉六法体制の充実により一通りの社会福祉の充実が図られた。しかし、高度経済成長が過ぎ、1973年(福祉元年)のオイルショックや低成長期を契機に福祉改革が始まり、1981年以降1980年代において本格的に改革が展開されることとなった。概略については以下の通りである。

社会福祉の基盤がつくられてから、地方自治体による国の施策への上乗せの児童手当制度や老人医療、乳幼児医療無料化などの社会福祉単独事業によって一層の福祉の充実が図られたが、それに伴い伝統的な国と地方自治体の関係に波紋をもたらすこととなり、その後児童手当法や老人医療費支給制度は国の制度に引き上げられた。

　1973年頃の福祉改革への議論の争点は、先述の地方自体の上乗せサービスやそれに伴う措置費の超過負担に向けられた。そして、社会情勢により国の歳入が減少し財政が逼迫してくると、それをバラマキ福祉として当時の大蔵省や自治省、財界が批判し、それまで計画的あるいは体系的に行われてこなかった福祉施策の見直しが迫られることとなった。

　さらに、地方自治体が国に先行して行ってきた高齢者・障害児者の在宅福祉サービスを安上がりな福祉施策として位置づけ、地方自治体にイニシアチブを持たせながら一定の要件を満たすものには3分の1を国が負担する予算措置的施策を導入することで、政府の枠組みの中に取り込んだ。そして古川（1992）は、「・・・戦後福祉改革以来の国と地方自治体との関係に実質的な変革が持ち込まれることとなった。」と述べている。

　また、1981年の第二次臨時行政調査会の答申を契機とする行財政主導の費用抑制的改革に伴い、主に受益者負担の強化・引き上げを意図する改革が行われ、古川の指摘する昭和60年前後を境とする制度変革期には、国庫補助金の削減とそれに伴う機関委任事務の団体事務化等の重要な改革が実施された。

　そして1989年の高齢者在宅保健福祉施策拡充のためのいわゆるゴールドプランを受け、「社会福祉の施設福祉型から地域福祉型への移行を法的に確認することになる」八法改正へとつながっていく。

2．社会福祉八法改正における地方分権

　八法改正は、福祉関係三審議会合同企画分科会の意見具申「今後の社会福祉のあり方について」と中央社会福祉審議会地域福祉専門分科会の中間報告「地域における民間福祉活動の推進について」に基づいて法案改正作業が進められたものである。

　八法改正では、老人福祉法、身体障害者福祉法、精神薄弱者福祉法、児童福祉

法、母子及び寡婦福祉法、社会福祉事業法、老人保健法、社会福祉・医療事業団法の一部改正が行われた(施行期日等に関する附則あり)。

(1) 社会福祉八法改正の趣旨

1989年の「今後の社会福祉のあり方について(福祉関係三審議会合同企画分科会)」の観点には、ノーマライゼーションの理念の浸透や福祉の一般化・普遍化、施策の総合化・体系化の促進、利用者の選択の幅の拡大等が挙げられる。この観点に沿って市町村の役割の重視、在宅福祉の充実、民間福祉サービスの健全育成、福祉の担い手の養成と確保、福祉情報提供体制の整備といった6点の基本的考え方が示されている。八法改正では、これらの考え方が特に老人福祉分野、身体障害者福祉分野において実現されているといえる。

八法改正は、「福祉の普遍化、一般化、市町村行政の積極推進、行政集約型福祉から公私協働による多元的福祉供給システムの構築、福祉・保健・医療の連携または総合化の促進、住民参加による各自治体の計画的行政の推進」などを意図しているとされる(志田2004:8)。

阿部(1993:188)は、八法改正の全体の趣旨と目的について3点指摘している。1点目は、「高齢者、身体障害者等の福祉の一層の増進を図るため、居宅における生活を支援する福祉施策(在宅福祉サービス)と施設における福祉施策(施設福祉サービス)とを、国民に最も身近な基礎自治体である市町村において、保健・医療サービスと連携しつつ総合的・一元的にきめ細かく提供できる新たな運営実施体制を整備する」こと。2点目は、「老人及び身体障害者の施設への入所決定等の事務を都道府県から町村へ移譲した。(中略)、福祉各法における居宅生活支援事業(ホームヘルプ、ショートステイ及びデイサービス等の在宅福祉サービス)の位置づけを明確化し、公的在宅福祉サービス三事業を第二種社会福祉事業として新たに位置づけた」こと(全17事業のうち、児童福祉に関しても在宅3本柱が入れられた)。「さらに、福祉事務所の再編、老人福祉計画及び老人保健計画の策定、社会福祉・医療事業団による社会福祉事業助成策の強化、共同募金の配分規則の緩和等」に関する改正が行われたこと。3点目は、上記2点を実施することにより、「『高齢者保健福祉推進十か年戦略(ゴールドプラン)』を促進するための基盤整備を図るとともに、21世紀の高齢社会に対応できる体制づくりを進める」こと、以上の3点である。

(2) 社会福祉八法改正における権限移譲の考え方

　これまで見てきたように八法改正は、ほぼ老人福祉法と身体障害者福祉法に限定されたような形で、それらの大幅な改正にあわせるように各法に在宅福祉サービスを位置づけていった。

　阿部(1993)によると、老人福祉と身体障害者福祉については、心身の状態、障害の内容や程度、処遇方針等について専門的判定や判断を必要とすることと市町村が費用負担や措置事務等を行い公的責任を果たすということを分けて考えるとともに、入所等の措置を決定しその費用を支弁するものと実際にサービスを提供したり、処遇に当たる者とを区別して考えるという立場を明確にしたことが挙げられる。

　さらに、市町村が施設入所措置権をもつからといってサービスの供給まですべて自ら直接責任を負うわけではなく、広域的な観点により配置される入所型福祉施設や通所型福祉施設は、広域行政を担当する都道府県が責任を持って整備拡充および適正配置を実現すべきことに言及している。そうでなければ、市町村の規模に非常にばらつきがあり、財政能力にもばらつきがある日本の当時の状況において、福祉サービスの市町村間の格差は構造的に固定化され、解決できない問題になってしまうと考えられたという。

　このような考え方を前提として、老人福祉行政と身体障害者福祉行政は町村に施設入所措置事務を移譲し、在宅福祉サービスや施設サービスを市町村において一元的に実施できる体制へと変わっていくことができたといえる。

　また、八法改正においては、このような大きな改革を支えるための後ろ支えがいくつも用意された。保健や医療との連携も含め計画的な実施をするために、老人福祉計画、老人保健計画の相互乗り入れともいえる計画策定を位置づけ、在宅福祉サービスが積極的に推進されるための研修、人材育成、支援体制として社会福祉・医療事業団に長寿社会福祉基金を創設した。共同募金についても、在宅福祉サービス事業等への重点配分を可能にした。さらに、市町村の施設入所措置の調整等のため、身体障害者福祉司を必置して身体障害者更正相談所機能を強化し、福祉事務所を設置しない町村に社会福祉主事の任意設置を規定し、都道府県福祉事務所には広域的な観点から市町村の在宅・施設福祉サービスの実施に関する連絡調整機能が付与された。八法改正における町村への施設入所措置事務の委譲は、このような論理構成のもと、かなり綿密なものとして行われたと理解できる。

そして阿部(1993)はさらに、「福祉改革は行財政改革ではないのであるから、ニーズや障害の発生や出現率が低く効率的ではないという理由で、広域行政の実施主体である都道府県が入所措置を保持すべきであるといった効率性を重視した考え方はとるべきではない。少なくともこのような考え方は、今回の福祉改革の基本的な考え方とは逆行するものである。」と述べており、住民に身近な市町村で在宅福祉・施設福祉サービスを一元的に行うことは、十分に考慮されるものであることを示唆していると考えられる。

(3) 社会福祉八法改正に係る権限移譲の課題

八法改正によって行われた権限移譲の課題について、阿部(1993)は「市町村において在宅福祉サービスと施設福祉サービスを総合的・一元的にきめ細かく提供できる運営実施体制を、社会福祉の全分野において確立する必要がある」ことを指摘している。

3. 高齢者福祉における分権化

(1) 社会福祉八法改正

この法改正に関して特集した月間福祉増刊号(全国社会福祉協議会1990)において、当時の厚生省の担当者のインタビューが掲載されている。法の表題が終わり頃になってから「老人福祉法等の…」となったことや法改正の中心がそれとなったことについて司会が尋ねており、それに対する回答は、「老人」については一般性が高いからなどというものや、特にこれからは市町村中心で「福祉」を体系化していこうとするものといった内容が多く見られた。

また、八法改正では身体障害者福祉法と老人福祉法の改正が大きくとりあげられていた。これについて、阿部(1993:243)は「後期高齢者の寝たきり老人や痴呆性老人はある意味で身体障害者、精神障害者ないし精神薄弱者に近い存在である。つまり、対応すべき障害や生活上のニーズの発生が後期高齢期に生じたということに過ぎない。」[3)]とし、老人福祉で考えられている理念や施策等の仕組みは老人福祉にのみ限定されるものではなく児童福祉や他の福祉にも適応可能なはずと述べている。

その根拠として、「老人福祉法と身体障害者福祉法の改正はまったく同じ考え方

に基づいて行われ、入所措置権が町村に委譲されるとともに在宅福祉サービスに関する事務が法律上町村の事務として明確に位置づけられ、在宅福祉サービスについては老人を対象とする福祉サービスと身体障害者を対象とするサービスの相互利用が可能となった。」ことを示している(阿部1993:243)。

しかし、そもそもこの法改正の背景には、急速に迫りくる未曾有の高齢社会への準備ということが色濃くあった。そして前後に今後の社会福祉のあり方意見具申やゴールドプラン、福祉ビジョンなどがあったため、これらの理念を取り入れる形で高齢者福祉施策の市町村一元化を具現化することになったと考えられる。

さらに1.57ショックという少子化への危機感によって、その後の高齢者施策のさらなる充実である介護保険導入のための制度設計への要請は一気に加速度を増したと考えられる。

特に、八法改正が全面施行されることとなった平成5年から介護保険が導入されるまでのおよそ7年間、市町村中心で措置事務を含め一元的に高齢者福祉を運営していたことが市町村の経験の積み重ねをもたらし、保険システム導入をより円滑にしたことは他の福祉領域にとっても非常に意義のある成功であった。その意味で高齢者福祉の分権は、八法改正が大きなステップとなったことが指摘できる。

(2) 社会福祉法制定と介護保険制度の導入

平成12年に社会保険方式により導入された介護保険制度は、急速に進む高齢化やその不安、介護に関わる家族の負担、利用できるサービスの不足、社会的入院や医療費の増大等を背景に介護の社会化を目指したものである。それまでの老人福祉、老人保健、老人医療といった縦割りの各制度の問題点に対応することを目指した。介護保険制度(保険者が市町村)は、サービス利用には要介護認定を必要とし、介護サービス計画を立てるというケアマネジメントの手法を導入し、その専門職である介護支援専門員も養成・配置され、サービスを調整している。

なお、介護保険制度は、同年に制定された社会福祉法の理念をいち早く具現化したものであるともいえる。その基本理念は、福祉サービス利用者の利益の保護及び地域福祉の推進である。そのため、サービスに関する情報提供や利用の援助、苦情解決や運営適正化委員会の設置、サービスの質の向上や透明性の確保等に関する仕組みを整備した。

このように、介護保険制度導入以降は市町村が保険者となり、要介護度の判定やサービスの利用決定も市町村が担っている。また、サービス事業者の指定は厚生労働省の基準に基づき都道府県知事が行うが、一部指定要件を満たさない事業者についても市町村が認めた場合には、基準該当サービス等として保険給付の対象とすることができる。離島などの地域では、指定サービスでなくとも地域のニーズや実情に応じて市町村が認めれば保険給付の対象になるという、市町村が独自に判断して資源を創出する裁量を兼ね備えている仕組みとなっている。

4.障害者福祉における分権化

(1)社会福祉八法改正

　先述の通り、身体障害者福祉法の改正は老人福祉法と全く同じ考え方に基づいて行われ、入所措置権が町村に移譲され、在宅福祉サービスに関する事務は法律上町村の事務として位置づけられ、在宅福祉サービスについては老人を対象とする福祉サービスと身体障害者を対象とするサービスの相互利用が可能とされた。
　一方、知的障害者の福祉分野は、八法改正で身体障害者福祉法並みの法構造になったとされるが、施設入所措置権の町村移譲は行われず、在宅福祉サービス事業を市町村に一元化することもされなかった(阿部1993)。しかし、心身障害児や精神薄弱者も老人や身体障害者と同じように地域社会の中で成長発達し成人として生活していくというのが正常な姿であり、実現のためには市町村を中心とした地域福祉を実現していく必要があることを指摘している(阿部1993)。このような精神薄弱者の法改正に関して、「将来の方向性としては施設入所措置権を町村に委譲すべきであるが、市町村福祉行政において老人福祉のように馴染みがなく理解がまだ十分でない現時点においては時期尚早であるとされた。」と述べている(阿部1993:244)。

(2)障害者自立支援法等

　障害者福祉分野では、身体障害者福祉が最も早く施設・在宅福祉サービスともに市町村に権限が移譲されたが、知的障害者の福祉サービスは権限移譲を見送られ、精神障害者、発達障害者の福祉はさらに厳しい状況におかれていた。障害によって受けられる福祉サービスや、その責任と権限の主体も異なっている状況で

あった。

　先述の社会福祉法が施行されて平成15年度に決定された障害者支援費制度は、ノーマライゼーションの実現に向け、障害者の自立と社会参加の促進、障害者の自己決定や選択を基本的な理念として、市町村に申請をして支援費支給の決定により、サービス事業者と契約をして利用が開始されるという仕組みになった。しかし、費用は応能負担であり、制度の対象となったのは、身体障害と知的障害、障害児であった。精神障害者は対象となっておらず、制度開始とともにサービスへのニーズも供給も増大、財政的な課題に直面し、見直しを迫られることとなった。この時、身体障害者と知的障害者については市町村にサービス利用決定の権限が一元化されたが、障害児については在宅福祉サービス(ホームヘルプサービス、デイサービス、ショートステイサービス)のみ市町村で行われることとなり、施設サービスについては従来通り措置制度によることとなった。

　平成17年には障害者自立支援法が制定され、翌年施行された。この法律により、三障害の施策を統合化し、介護保険制度のように支援の必要度を判定するため障害程度区分により支給決定のプロセスを明確化した。さらに、ケアマネジメントの手法を導入し、市町村を提供主体としたサービスの一元化、支給決定手続きとした。施設サービスと在宅サービスの見直しとともに新しいサービス体系とした。さらに、サービスにかかった費用についてはみんなで支え合う仕組みとして、原則1割負担を導入した。これにより、身体障害者、知的障害者、精神障害者については、施設・在宅サービスを身近な市町村において一元的に利用できる仕組みが整えられたといえる。ただし、ここでも障害児の施設利用サービス決定権限のあり方については、障害者自立支援法の附則により3年以内に見直すことが課題となっており、平成21年度通常国会に改正法案が提出されたものの廃案となった。

5. 高齢者福祉と障害者福祉の分権化の進展に関する考察

　これまで見てきたように、とりわけ社会福祉八法改正前後の議論は、少なくとも高齢者福祉と身体障害者福祉のサービスを市町村に一元化することは同じ論理で進められてきたことがわかった。

　高齢者福祉は、いち早く身近な市町村でサービスを充実させ7年という経験を積んだ上で、平成12年に理念的にも介護を社会化したことによりニーズは格段に

増えた。市町村でサービスの必要性を判断し、若干要件を満たさなくても市町村に必要と判断されれば自らサービス事業者を指定できる裁量を持ち、費用負担も社会保険の仕組みでいわゆる社会連帯の仕組みで行うこととなり、文字通りの市町村一元化といえる形態になっていると考えられる。ここでは、広く理解を求めなければならない社会連帯の仕組みを導入できた背景には、自己決定や選択の重要性やみんなで支えなければならないという理念以前に、高齢化社会で誰もが長く生きられる可能性が高くなったという事実と、多くのサービスメニューが地域にすでに用意できていたことがあったことが後押ししたということが考えられる。

　障害者福祉は、高齢者福祉のそれとはやや異なっており、高齢者福祉に非常に近いとされた身体障害者福祉サービスがまず市町村において一元化された。この時知的障害者福祉のサービスは、市町村への一元化を時期尚早として見送られたが、身体障害者福祉が先んじて市町村に一元化されたことにより、経験を積むことができたということが考えられる。

　その後、社会福祉法の地域福祉の推進等の理念的な後押しもあり、知的障害者福祉の施設・在宅サービスと障害児福祉の在宅サービスは支援費制度で市町村に一元化が図られた。しかし、精神障害者は対象とされておらず、障害の種別による不公平や制度的な不整合が生じた。さらに、支援費制度によって潜在化していた多くのニーズが掘り起こされたことやサービスに係る費用が増大したことにより、制度の見直しが必要となった。

　そして、障害者自立支援法によって本人の自己決定や選択、障害の有無に関わらない地域におけるあたりまえの暮らしといった理念のもとに、3障害のサービスを市町村に一元化した。これにより社会保険の仕組みではないが、社会連帯に基づく負担の仕組みとケアマネジメント等、高齢者福祉に近い仕組みとなり、市町村への分権化が図られることとなった。3障害のサービスを市町村に一元化したことについても、全て段階的に行われたという実態をみると、市町村の対応力やノウハウの向上があったことが考えられる。しかし、高齢者と少し異なるのは、誰もが障害者になる可能性が高いという認識は一般的に共有されたものではないということである。それが、社会保険の仕組みにできなかったひとつの要因と考えられるのではないだろうか。

　福祉八法改正における権限移譲の考え方や方法は、子ども家庭福祉の分権化、体制再構築の推進にとっても重要な考え方といえる。次に、第3節では、子ども家

庭福祉における分権化の潮流を概観し考察を深めることとする。

第3節
子ども家庭福祉行政実施体制を取り巻く地方間分権の潮流

　子ども家庭福祉においても、市町村において一元的にサービスの提供が行われる実施体制を築くためにも、市町村が力をつけることができるよう段階的な改革への道筋が必要となるのではないだろうか。そのためにも、八法改正において積み残された子ども家庭福祉に関する課題を知っておく必要があろう。本節では、子ども家庭福祉行政実施体制の分権の状況について、この分野における分権が本格化した背景や理由、具体的な潮流についてみていくこととしたい。

1. 子ども家庭福祉行政実施体制の分権化の検討経緯

　筆者は、これまで子ども家庭福祉行政実施体制の分権化の検討経緯を発表してきた（佐藤2005、2006）。筆者は、柏女（1997）による子ども家庭福祉における分権化の経緯を引用して潮流をまとめた。その一覧表は本章の最後にある表3-2の通りである。

　分権化の検討経緯といってもその全てを取り上げることは難しいため、他の福祉分野が大きな影響を受けた八法改正以降の潮流のうち、子ども家庭福祉において主要な検討が行われた事項のみを取り上げてまとめることとする。

(1) 社会福祉八法改正と子ども家庭福祉
①社会福祉八法改正で残された子ども家庭福祉の課題について
　　高齢者、障害者福祉は先述の通り分権化を果たしたが、子ども家庭福祉については、公的在宅福祉サービス3事業を法定化したが、施設入所措置事務につい

表3-2 子ども家庭福祉行政実施体制の歴史的検討経緯一覧

昭和22年	児童福祉法成立
昭和26年	児童相談所の内部組織の充実に関する検討
昭和31年	「地方自治法の一部を改正する法律」制定に伴う「大都市に関する特例」の導入
昭和45〜48年	中央児童福祉審議会における検討
昭和61〜62年	児童福祉施設入所措置事務等の団体事務化とそれに伴う全国児童相談所長会における検討
昭和63年	「今後の社会福祉の在り方について(意見具申)」
平成2年	「老人福祉法等の一部を改正する法律」成立
	いわゆる「福祉8法改正」と児童福祉実施体制検討
平成4〜6年	東京都における都区制度改革
平成5年	「子どもの未来21プラン研究会」報告書と児童福祉実施体制
	全国児童相談所長会における第2回「今後の児童相談所のあり方に関する調査」の実施
	子どもの未来21プラン研究会報告書
平成5〜6年	中核市制度と児童福祉実施体制検討
平成6年	「地域保健対策強化のための関係法律の整備に関する法律」
平成9年	「今後の障害保健福祉施策の在り方について(中間報告)」
平成9〜10年	地方分権推進委員会第1次〜第5次勧告
平成10年	「社会福祉基礎構造改革について(中間まとめ)」
	「社会福祉基礎構造改革を進めるに当たって(追加意見)」
平成11年	「今後の障害保健福祉施策の在り方について」及び「今後の知的障害者・障害児施策の在り方について」
	「地方分権を図るための関係法律の整備等に関する法律」
平成12年	「社会福祉増進のための社会福祉事業法等の一部を改正する等の法律」
	児童虐待の防止等に関する法律の制定と児童虐待防止市町村ネットワーク事業の創設
平成13年	児童福祉法改正
平成15年	障害者支援費制度の施行
	児童福祉法改正と少子化社会対策基本法の制定及び次世代育成支援対策推進法
	社会連帯による次世代育成支援に向けて——次世代育成支援施策の在り方に関する研究会報告書
	社会保障審議会児童部会「児童虐待への対応など要保護児童および要支援家庭に対する支援の あり方に関する当面の見直しの方向性について」報告書
平成16年	今後の障害保健福祉施策について(中間的な取りまとめ)と今後の障害保健福祉施策についての見直しの案について
	児童福祉法改正と児童虐待防止法の改正
	少子化社会対策大綱と子ども・子育て応援プラン
平成17年	障害者自立支援法制定と平成17年児童福祉法改正
平成19年	児童福祉法改正と児童虐待防止法の改正
平成20年	児童福祉法改正
平成21年	障害者自立支援法の一部を改正する法律案(廃案)

佐藤まゆみ(2006)「子ども家庭福祉行政実施体制のあり方に関する研究〜協議会型援助による市町村役割強化の可能性〜」淑徳大学大学院社会学研究科平成17年度修士論文の表を一部加筆・修正

ては従来どおり一部を除いて都道府県・指定都市(児童相談所)において行うこととされた(柏女1997)。さらに、阿部(1993)は、心身障害児については「まったく言及された形跡はなく、問題ともされなかったのである。」と述べている。

　また、当時の児童家庭局企画課長は同時に行われた児童福祉法の改正について、「…中身的にはたいへん、濃い改正が行われることになっています。」ということを述べた(全国社会福祉協議会1990)。児童福祉に関しては、ホームヘルパーの位置づけをしたことや母子及び寡婦福祉法にホームヘルパー、社会福祉事業法に父子家庭へのホームヘルパーの派遣を第二種社会福祉事業と定めたことを挙げているが、一方の高齢者福祉はこの改正により、在宅福祉サービスと施設福祉サービスを一元的に市町村で実施できるようになった。子ども家庭福祉と高齢・身体障害者福祉の改正内容の格差はあまりに大きい。

②社会福祉八法改正において分権化が進まなかった理由

　ここでは、古川(1991)による分権化の論理に基づいて述べる。古川(1991)は、「福祉サービスについては、制度の全国的な統一や最低水準の設定ということよりも、福祉ニーズの地域間格差や多様性、あるいは特殊性とそれに対応する福祉サービスの多様性を確保することに主要な関心が払われたようである。」と述べ、このことが福祉サービスの分権化を促進するべき主要な根拠であると主張されてきたことを指摘している。

　さらに古川(1991)は、子ども家庭福祉の分権化が進展しなかった理由と考えられるものを5点挙げている。まず、①児童は、高齢者や身体障害者に比較し、異議申し立てや苦情申し立ての能力に欠けること、②福祉ニーズの内容からしてその解決・緩和にはより高度の専門的資質をもつ職員および施設設備が必要なこと、③児童福祉施設には地域立地型の施設より広域立地型の施設が多く、市町村を中心とした運用にそぐわないこと、④児童福祉サービスの中心的相談・援助機関である児童相談所が都道府県(指定都市)によって設置され、かつ都道府県(指定都市)から入所措置権限の委任を受けていること、⑤福祉事務所に比較して児童相談所の設置数も限られ、1県1か所という地方自治体も見受けられること等が考えられるとしている。ただし古川(1991)は、これらの理由のうち、「①、②、③については必ずしも児童福祉サービスの領域において特に問題となる制約事項ではない。」と述べており、このことには十分留意する必要がある。

これは、第2節2（2）でレビューした阿部による老人福祉と身体障害者福祉における分権化にあたって工夫された事項（例えば措置決定権限と費用支弁者、実際にサービスを提供し支援にあたる者を区別して考えるなど）とあわせて考えると、子ども家庭福祉における分権化が進展しない理由には必ずしもならないといえよう。

(2)「子どもの未来21プラン研究会」報告書と子ども家庭福祉実施体制　平成5年

　平成5年7月に出された本報告書では、現在の児童福祉実施体制について、「保育対策を除く児童福祉行政の体系が、都道府県の児童相談所を中心としているのは、個々の発生件数が比較的少ない多種多様な問題への対応という観点から広域性を有すること、また、自己の権利を主張しにくい立場にある児童の『最善の利益』を確保するという観点から専門機関の強い関与が求められること等の理由が挙げられている」としている。

　さらに、分権化については「地域住民に対する直接的福祉サービスは、可能な限り、身近な行政主体である市町村で行うことが望まれている」とし、「特に、障害児対策の分野では、児童から成人に至る一貫した行政体系の整備という観点からも市町村の果たすべき役割への期待が大きい」と、心身障害児の措置について市町村移譲の必要性を指摘している。

　いくつかの条件をつけた婉曲的な表現ながら、行政関係報告書としては初めて子ども家庭福祉サービスの市町村移譲の可能性について言及したものといえる。

(3) 東京都における都区制度改革　平成4～6年

　平成4年10月に公表された「都区制度改革に関する中間のまとめ」において、「児童相談所に関する事務」が区移管事務事業の対象として取り上げられている。この改革は、児童福祉実施体制及び児童相談所のあり方という観点から見れば、児童相談所と措置権をセットで移譲するというものであり、昭和31年の大都市特例[4]による事務移譲と同様の考え方に立つことができる。

(4)「地域保健対策強化のための関係法律の整備に関する法律」　平成6年

　平成9年度から地域に密着した母子保健事務を市町村に移譲した。

(5) 地方分権推進委員会第1次～第5次勧告　平成9～10年

　各種規制緩和と地方分権を提言。子ども家庭福祉分野においては、各種規制緩和のほか、児童扶養手当の受給資格の認定事務を市町村にすべきことを勧告した。

(6)「今後の障害保健福祉施策の在り方について(中間報告)」(身体障害者福祉審議会・中央児童福祉審議会障害福祉部会・公衆衛生審議会精神保健福祉部会合同企画分科会) 平成9年

　厚生省障害者保健福祉施策推進本部中間報告や障害者プランを踏まえ、障害児、精神薄弱者のサービス決定権限の市町村移譲を提言。同時に、サービス利用のあり方(利用者本位のサービス提供体制)や判定機関の統合についても提言した。

(7)「社会福祉基礎構造改革について(中間まとめ)」(中央社会福祉審議会・社会福祉基礎構造改革分科会)　平成10年

　社会福祉サービス供給体制について、契約による利用制度が困難である分野を除き、措置制度から契約・利用制度への転換を提言した。

(8)「社会福祉基礎構造改革を進めるに当たって(追加意見)」(中央社会福祉審議会・社会福祉基礎構造改革分科会)　平成10年

　利用者の立場に立った福祉制度の構築、社会福祉事業の推進、人材の養成・確保、地域福祉の充実の四つの柱を立て、それぞれの改革に関する素案を提示した。

(9)「今後の障害保健福祉施策の在り方について」(身体障害者福祉審議会・中央児童福祉審議会障害福祉部会・公衆衛生審議会精神保健部会合同企画分科会)および「今後の知的障害者・障害児施策の在り方について」(中央児童福祉審議会)　平成11年

　障害者の福祉サービス利用は利用制度を原則とするが、障害児に関し、在宅福祉サービスについては市町村移譲したうえで利用制度化するものの、施設サービスについては専門性の確保その他の観点から市町村移譲をなお検討すべきことを提言した。

(10)「地方分権を図るための関係法律の整備等に関する法律」 平成11年

　第1節で地方分権について述べたが、井川(2000:3-7)は、機関委任事務の廃止による新たな事務区分、新たに関与のルールが規定されたこと、国と地方公共団体の役割分担を明確にしたことは、地方自治法改正のポイントであるとする。

　また、この改正の基本理念について、国と地方公共団体の役割分担の明確化、自治体の自主性、自立性を確保し、それを発揮できるようにしようというものであることを述べている。さらに、適切な役割分担の基本として「国が本来果たすべき役割を重点的に担い、住民に身近な行政はできる限り地方公共団体にゆだねること」とし、国と地方公共団体の役割分担に関する規定が新たに設けられたことを指摘している。

(11)「社会福祉増進のための社会福祉事業法等の一部を改正する等の法律」（厚生省）　平成12年

　知的障害者に関する事務は市町村移譲されるが、障害児関係事務に関し、在宅福祉サービスについては市町村移譲されるものの、施設入所サービスについては従来どおり都道府県の事務となった。

　また、平成11年の地方分権一括法の制定や平成12年社会福祉法制定の頃の行政改革について、宇山(2004:190)は、新しい時代の地方公共団体における社会福祉行政の重要なコンセプトとして、いくつかの点を紹介している。その中で、地方分権のメリットを活かした「福祉行政の地域総合化」を挙げている。さらに、地方公共団体が地域に根ざした社会福祉サービスを自主的に実施するためには第1に自主財源の確保が必要であるが、第2に行政執行団体としての効率的な規模の確保も不可欠であると述べている。

(12)児童虐待の防止等に関する法律の制定と児童虐待防止市町村ネットワーク事業の創設　平成12年

　この法律は、子ども虐待の定義の明文化、子ども虐待の早期発見・早期対応、児童相談所の取り組みの強化、関係機関の連携の強化等の特徴をもつ。あわせて、市町村レベルでの子ども虐待防止のため、児童虐待防止市町村ネットワーク事業が創設された。これ以降、市町村の役割強化のため徐々に設置等の充実が図られている。

(13) 児童福祉法改正　平成13年

　この改正では、児童委員の職務の追加、保育士資格の法定化によって、市町村のもつ人的資源を活性化し役割強化の基盤作りをするねらいがあると考えられた。
　特に保育士資格の法定化によって、保育士の名称を用いて児童の保育、保護者に対し保育に関する指導を行うことを業とする者となり、活躍する場も児童福祉施設に限られなくなった。秘密保持義務や信用失墜行為の禁止を規定することで、専門職としての位置づけが明確になった。

(14) 障害者支援費制度の施行　平成15年

　社会福祉基礎構造改革を受け、障害児の在宅福祉サービスである児童居宅支援(児童居宅介護、児童デイサービス、児童短期入所)の利用について、障害者と同様に支援費による方式へと切り替わり(平成12年改正児童福祉法による)、平成15年4月1日より導入された。
　また、障害児のショートステイに関わる事務が都道府県から市町村へと移譲されたことによって、障害児のいわゆる在宅3本柱については市町村が一元的に窓口となった。市町村においてさらに障害児福祉サービスを充実させるため、障害児相談支援事業が創設された。

(15) 児童福祉法の改正と少子化社会対策基本法の制定及び次世代育成支援対策推進法　平成15年

　「少子化社会対策基本法」が平成15年7月30日に制定され、地方公共団体は、少子化に対処するための施策に関し国と協力しつつ、地域の状況に応じた施策を策定し実施する責務を負うとされた。これを受け、政府は少子化対策の施策の指針となる少子化社会対策大綱を打ち出している。
　同年の児童福祉法改正で市町村における子育て支援事業の法定化を図った。市町村は地域の実情に応じた体制の整備に努めなければならないことを明確に規定した。
　また、情報提供や相談及び助言、調整等の事務に関わった者の秘密保持義務を明確にした。この子育て支援事業の法定化、ならびに市町村によるコーディネート責任の法定化によって、平成17年4月1日から市町村の役割がまたひとつ増え

た。

(16) 社会連帯による次世代育成支援に向けて──次世代育成支援施策の在り方に関する研究会報告書　平成15年

　本報告書は平成15年8月7日に出された。「社会連帯による子どもと子育て家庭の育成・自立支援」を基本理念とし、税中心で賄われている子ども家庭福祉の費用負担については「共助の視点」からの提案がなされている。

　地域の自主的な取組が主体的に行われ、それに対して国と都道府県が重層的支援をすることや、子育て力が弱く特別な配慮を要する家庭にも対応出来るよう市町村単位のコーディネート機能や保育所等におけるソーシャルワーク機能の発揮の必要性等に言及している。

　地域や市町村の主体的取り組みが求められており、かつ特定の子育て支援だけでなく、特別な配慮を要する家庭についても対応出来るよう今後の市町村単位で果たす役割に言及していると理解することが出来る。

(17) 社会保障審議会児童部会による「児童虐待への対応など要保護児童および要支援家庭に対する支援のあり方に関する当面の見直しの方向性について」報告書　平成15年

　本報告書のポイントは、まず、発生予防から虐待を受けた子どもの自立に至るまでの切れ目ない支援、児童虐待防止市町村ネットワークの形成など市町村における取り組みの強化が挙げられる。

　次に、子どもと家庭に関する相談はできる限り市町村を主体としつつ、都道府県（児童相談所、保健所等）との適切な役割分担を図ること、要保護性の高い事例などは児童相談所中心の対応とするなどの役割分担を行い、児童相談所の役割を重点化していくことの必要性が指摘されている。

(18) 今後の障害保健福祉施策について（中間的な取りまとめ）と今後の障害保健福祉施策についての見直しの案について　平成16年

　この案においては、ライフステージごとにサービスを連続させることの必要性、さらに障害児施設における加齢児が多く措置制度であること、市町村には施設入所措置権が移譲されていないこと等が指摘されている。

そして、障害保健福祉施策の主な実施主体である市町村を取り巻く状況を見ると、住民に身近な地方自治体が権限、責任、財源を持って体制を整備する地方分権の流れはあるが、国からの財政を含めた支援は十分とは言えないとし、市町村が地域特性にいかに対応して主体的に障害保健福祉行政を推進できる施策体系や制度を整備するか、ということの重要性を指摘している。

(19)児童福祉法と児童虐待の防止等に関する法律の改正　平成16年

　この改正の大きな特徴は、市町村が児童や妊産婦の福祉に関する実情の把握、情報提供、児童と家庭に関する相談に応じ、必要な調査や指導等を市町村の業務と明記していること、市町村の役割強化である。

　また、新たに市町村が子ども虐待の通告窓口として加えられ、児童の安全確認を行うよう努めることとされた。児童虐待防止市町村ネットワークが形成されつつある中で、第25条の2において「要保護児童対策地域協議会」を法定化し、対象となる子どもを要保護児童へと拡大している。

(20)少子化社会対策大綱と子ども・子育て応援プラン　平成16年

　新エンゼルプランに次ぐ計画である「子ども・子育て応援プラン」は、平成16年12月24日に出された。平成16年6月4日に閣議決定された「少子化社会対策大綱」の掲げる重点課題のひとつである「子育ての新たな支えあいと連帯」において、児童虐待防止ネットワークの設置を掲げており、5年間で全市町村に整備することが盛り込まれている。

　この協議会の全市町村整備は、今後市町村が子どもの問題について第一次的な責任を果たすための条件整備であると考えられる。

(21)障害者自立支援法と児童福祉法の改正　平成17年

　この法の対象には、障害児が含まれている。改革のポイントは、障害者福祉サービスの提供主体を市町村に一元化すること、地域の限られた社会資源を活用できるよう規制緩和することである。これまでの検討にあったライフステージごとにサービスを分断せず連続性をもたせること等から考えても、今後の障害児福祉サービスにおいてもその提供主体は一元的に市町村が担っていくことが視野に入れられていると考えられる。

障害者自立支援法の附則において、法施行後3年を目途に、法の施行状況や障害児の児童福祉施設入所に係る実施主体のあり方等を勘案し、この法律の規定について検討を加え、結果に基づいて必要な措置を講じるものとする、と障害児の児童福祉施設入所措置事務について言及している。

(22)児童福祉法改正　平成19年
市町村の要保護児童対策地域協議会の設置について、それまでの任意設置から努力義務規定を設けて一層の設置推進を図った。

(23)児童福祉法改正　平成20年
社会的養護の分野について、小規模住居型児童養育事業を第二種社会福祉事業とした。親と離れて生活することを余儀なくされる要保護児童が、日本では圧倒的に多い大舎制の児童養護施設等ではなく、地域の中で暮らすことができる機会を保障するものである。

さらに、子育て支援事業を新たに4事業法定化した。すなわち、乳児家庭全戸訪問事業、養育支援訪問事業、地域子育て支援拠点事業、一時預かり事業であり、在宅の子育て家庭に対する支援である。また、本改正では特定妊婦と要支援児童を位置づけており、市町村における子育て支援から要保護児童福祉の連続性や一貫性を図るためにも重要な改正となった。

(24)障害者自立支援法等の一部を改正する法律案　平成21年
これは、障害者自立支援法の附則にあった3年以内の見直しを受けたものである。しかしながら、首相の問責決議案が可決されたことにより、野党が衆参両議院での審議に応じず、7月28日の会期末を待たずに閉じられることとなり、本法案を含む17の政府提出法案が廃案となった。障害児については、とりわけ施設入所措置権限の移譲が重要な検討事項とされた改正内容であった。廃案になったとはいえ、その中では障害児関係通園施設の入所措置決定権限については市町村移譲が実現する内容であった（その後の法改正により、通園施設の権限移譲は実現した）。一方で、入所施設の権限移譲は実現しないという分断もみられる内容であった。

2. 近年の子ども家庭福祉における地方間分権の評価とその課題

　近年の子ども家庭福祉における地方間分権の特徴は大きく以下の3つに分けられる。これまで何度も言及されてきた障害児福祉、次に子育て支援、児童相談と子ども虐待等要保護児童福祉に関する地方間分権である。これらにつき、評価と課題について述べることとする。

(1) 障害児福祉の地方間分権

　障害児福祉の地方間分権については、平成15年度の障害者支援費制度の実施に伴って在宅のデイサービス、ショートステイ、ホームヘルプのみが支援費に移行したが、施設サービスの決定権限等については移譲されなかった。

　さらに、障害者自立支援法の施行に伴い市町村での障害児・者の一元的なサービス提供を実現する際、市町村が主体的な援助活動を行える方策が必要と考えられ、筆者は児童虐待防止市町村ネットワークによる援助が相応しいと考えられたが、平成17年度改正児童福祉法において、その活用は明示されなかった。

　また、障害者自立支援法附則により、法施行後3年以内の見直しとして、「障害児支援の見直しに関する検討会」により施設入所措置権限の移譲が検討された。それにより、先述のように今回は廃案となったが、障害者自立支援法等の一部を改正する法律案が国会に提出された。その法案では、先述のとおり障害児福祉施設のサービス利用決定権限は、障害児関係通園施設については市町村移譲が実現され、入所施設の決定権限は移譲されないという内容であった。障害児関係施設は、通園施設の移譲が平成24年に実施されたため、通所と入所という利用方法によってサービス利用決定権限の所在が異なることとなった。

　障害児の入所施設以外の児童福祉施設で措置権が市町村に移譲されていないのは、乳児院、児童養護施設、児童自立支援施設、情緒障害児短期治療施設の4つとなった。母子生活支援施設の利用については、平成13年から母子保護の実施として保育の実施方式とほぼ同様の仕組みで運用されている。子ども家庭福祉では、サービス利用方法やサービス決定権限の所在が異なるなど非常に複雑な仕組みになっている。その複雑さは、子どものニーズ、要保護性の高さが大きな影響を与えていると考えられるが、決定権限の所在が異なっていることは都道府県と市町村との間で子どもへの関わりの濃淡を生みだす懸念があり、それぞれの役割に関

する考え方にも大きな影響を与えると考えられる。サービスの決定権限の所在の不整合は、子ども家庭福祉における大きな課題となっている。

障害児以外の子どもの児童福祉施設入所措置事務について、柏女による基本的視点[5]である一貫性や連続性、効率性、利便性等の視点、さらに筆者の提示した基盤創造性や実効性の視点から検討を深める必要があるといえる。

(2) 市町村において子育て支援を担うための基盤整備

現在子育て支援については、都道府県、市町村の両者で行われているが、平成13年の児童福祉法改正における保育士資格の法定化や児童委員の職務の追加により、市町村の持つ人的資源の活性化を図り、平成15年の児童福祉法改正で子育て支援事業を法定化した。市町村が保護者からの相談を受け、助言や情報提供を行う事業が着実に推進されるよう努めなければならないとしたこと等、児童相談所が相談に応じる一方で、市町村においても相談を受けられるようにするという方向であるといえる。その当時は、市町村で子育て支援に関する相談や支援を一元的に担うための基盤整備の時期と捉えられた。

さらに平成20年の児童福祉法改正により、第2種社会福祉事業として乳児家庭全戸訪問事業、養育支援訪問事業、地域子育て支援拠点事業、一時預かり事業の4事業を新たな子育て支援事業として法定化した。在宅の子育て家庭に対する支援の充実が図られたと評価できる。なお、この改正において特定妊婦と要支援児童を位置づけたことは非常に意義深いものであった。子育て支援は、その目的のひとつに要保護に至らないための予防的な観点が多分に含まれているものである。つまり、この子育て支援事業によって特定妊婦[6]や要支援児童[7]と積極的に訪問というアウトリーチ型支援による関わりを持てるようにしたことは、市町村における子育て支援から要保護児童福祉の連続性や一貫性を図るためにも重要な改正となった。

(3) 児童相談と子ども虐待等要保護児童福祉の地方間分権

児童相談は、平成16年の児童福祉法改正により市町村が第一次的窓口となり、必要に応じて子どもの安全確認を直接することも求められている。児童相談所は、そのような活動をする市町村の後方支援を担うこととなった。これは、児童福祉法制定後60年近く経過して、大きな転換のひとつであった。身近な相談窓口で

あり、きめ細かな対応や迅速な対応が期待できる。ただし、相談対応の困難度を判断するための基準がないため、市町村で対応するか、都道府県で対応するかを明確に区別することは難しく、市町村担当者の困惑を招いているのが現状である。さらに、住民と密着しているがゆえに、相談内容によってはかえって対応が困難なものもあるため、都道府県との役割分担をどのようにするかを検討する必要がある。この点もまだ大きな課題として残されている。

現在の要保護児童福祉の地方間分権については、子ども虐待を中心に市町村の役割強化が徐々に進められる中で、都道府県と市町村の間での役割分担のための準備期間といえる。ただし、子ども虐待に関しては、特に介入性の視点から、検討がされなければならないと考えられる。また、児童相談とともに市町村に導入された要保護児童対策地域協議会の設置も努力義務化され、非常に多くの市町村においてすでに設置済みであり、今後の役割に対する期待は高い。さらに、先の子育て支援事業によって特定妊婦、要支援児童を把握した時は市町村長に通知することになっており、これらの者については要保護児童対策地域協議会において、協議会型援助が行われる対象になったことも今後の発展の期待とともに評価できるものである。

これまでどのような課題によって地方間分権が進められなかったのかを検討し、課題を克服できる可能性あるいは今後も課題となる事項を見出すことは大変重要と思われる。これらの点につき、以下に言及することとする。

3. 子ども家庭福祉行政実施体制の地方間分権が必要とされる理由

子ども家庭福祉の地方間分権が本格的に検討されるに至ったのにはいくつかの理由がある。柏女ら(2006:6)は、現行の子ども家庭福祉施策の状況について、「都道府県中心」、「職権保護中心」、「施設中心」、「事業主給付中心」、「税中心」、「保健福祉と教育の分断」、「限定的司法関与」の7点を挙げている。以下にそれらを参考にして3点検討したい。

(1) 子ども虐待の増加と都道府県中心の子ども家庭福祉行政実施体制の限界

子ども家庭福祉は戦後、先述のような高齢者福祉や障害者福祉とは異なり、抜本

的な改革がされることはなかった。子ども家庭福祉の制度は大幅な改革を加えるというより、基本的には従来あったものを工夫して、もしくはその時問題となった事柄について法の部分的改正等を中心として取り組まれてきたものであった。

昭和22年の児童福祉法制定以降、都道府県の児童相談所が子どもと家庭のあらゆる相談に対応する主な窓口であった。そこでは、多職種からなるチームアプローチと合議制による相談・判定・措置の機能に基づいて、施設入所措置や職権による一時保護、継続的な指導等により子どもの支援の方向性を決定してきた。つまり、児童相談所と児童福祉施設中心、すなわち都道府県中心の子ども家庭福祉行政実施体制であった。

しかし、そうしたこれまでの子ども家庭福祉行政のあり方が問われてきた背景には、これまで児童のあらゆる相談を受け付けてきた児童相談所の業務が、急増かつ複雑多様化する子ども虐待対応[8]に圧迫され、子ども虐待以外の養護、障害、保健、非行、育成等の問題に対して十分な時間と力を注ぐことが困難になってきたことが挙げられる。なぜなら、社会的養護等の要保護児童福祉は、①保護者との分離を伴う利用であり、②要保護性も高く、③動機付けのない保護者や家族再統合等極めて対応の困難な事例が多い、④保護者の同意が得られず子どもの利益のために対立を余儀なくされるといった特徴がある(佐藤、柏女、有村ほか2009)ためである。

つまり、児童相談所等都道府県中心の子ども家庭福祉行政実施体制は疲弊と限界を迎えたということがいえる。これが平成16年児童福祉法改正のひとつの理由になっている。

(2)子どもの福祉を市町村、地域中心に行う体制へ転換する必要性

一方、市町村においては、保育や障害児福祉の一部をのぞき、限定的な役割を担ってきたことからノウハウの蓄積は十分に行われてこなかった。都道府県のようなサービス利用決定権限(いわゆる措置権)や費用負担が不十分であったことから、果たすべき役割、責任も明確ではなかった。平成16年の児童福祉法改正により翌17年度から児童相談の第一次的な窓口となってからも、ノウハウや人材が著しく不足している市町村では、対応困難な場合も少なくない。子ども家庭福祉は、最も身近な市町村が一時通過点にすぎない時代を戦後60年近くも長く続けてきたといえる。このことについて筆者(2005)は、「例えば施設入所後何事もなかっ

たかのようになってしまっては、その市町村で育った児童の時間はそこで止まってしまう。児童のその後を知る者はいなくなり、子どもの居場所はなくなってしまう。つまり地域から隔絶することになる。これでは、真に児童の最善の利益にかなうとは到底考えにくい。都道府県と市町村との間の分断された役割によって、このような状況を生み出してしまう責任は甚大なものであると考えられる。」と指摘してきた。

　(1)で述べた都道府県中心の体制の限界とともに、社会福祉全体の動向として地域における生活や利用者主体等が重視されてきたこと、それを受けて他分野での分権も進展してきたことが、子どもの支援を連続性、一貫性のあるものとするため市町村役割強化の動向が起こったものと考えられる。

(3) 他の福祉領域の実施体制との不整合の是正

　これまで述べてきたとおり、高齢者福祉や障害者福祉の分野は都道府県から市町村へと権限が移譲され、市町村が実施主体になっている。それに対し、子ども家庭福祉のサービス利用決定権限等のほとんどは都道府県すなわち児童相談所が担っており、市町村は児童相談や保育、障害児福祉等の一部のみ担っている状況にある。

　障害児福祉サービスについては、障害者自立支援法と児童福祉法の改正によって、基本的には契約という利用の仕組みになっており、子どもの特性から措置が残っているという状況である。特に、要保護性の高い子どもについては、子どもの立場に立った支援の一貫性や連続性の観点からいっても、市町村も支援の決定に関与することが望ましいということが考えられる。子どものニーズによってサービスの利用方法が違うこと、さらに都道府県と市町村との間で明確な役割分担の基準がないため子ども家庭福祉の実施体制が複雑になっていること、このような実施体制は他の福祉領域にはみられないことが指摘できる。社会福祉法の基本理念を子ども家庭福祉においても実現していくことは、子どもの利益にとっても極めて重要な点であるといえる。

　さらに、他分野で進展してきた分権の理由や考え方が子ども家庭福祉に全く当てはまらないとは考えられない。しかも、古川が指摘しているように、制約事項ばかりが山積しているわけではかならずしもなかった。児童相談所の数が少ないことは現在でも変わらないが、児童相談所の数が問題になるのは再構築において市町

村と都道府県との間でどのような役割分担をするかを検討するときであろう。一方で、子どもの社会的な発言権の弱さ等の子どもの特性に関する理由が挙げられており、この点はどのような理念によって再構築を図るかが課題であることが読み取れた。つまり、子ども家庭福祉の地方間分権は進展してこなかったが、それを阻む根本的な問題は実はなかったといえる。理由があるとすれば、子どもの特性によるところが大きいと考えられる。

このような子ども家庭福祉における地方間分権の特徴や課題をみると、いずれにも共通することとしては、連続性や一貫性のある支援を実現することが決して容易でない現状にあることが指摘できる。子どもが子どもらしく、豊かな育ちを実現するためには、地方間分権によって都道府県と市町村それぞれの役割を明確化することが必要であるが、しかし同時にそうした明確化によってかえって支援が困難になることを防ぐ方策を用意することが必要であると考えられよう。

次章では、これまでの理念的検討や制度的側面の先行研究レビューをうけて、市町村を中心とする一貫性のある、連続性のある支援の実施体制を構築するためのひとつの手がかりとなる、要保護児童対策地域協議会の現状やあり方をはじめ、市町村における体制再構築にあたっての課題等について検討を進めることとする。

■註
1) 西尾によれば第一次分権改革は三位一体改革までと区分されている。それ以降を第二次分権改革としている。
2) 第一次分権改革について、西尾は、「未完の分権改革」と呼んでいる。
3) 本章では、先行研究のレビューをしているため、精神薄弱等の当時使用されていた用語については全てそのまま用いている。
4) 大都市特例の内容は、地方自治法の一部を改正する法律の施行に伴う関係法律第8条により、政令指定都市への児童相談所設置及び児童福祉施設入所措置事務の移譲がなされることである。
5) 柏女の10の基本的視点については、柏女霊峰（2004）『現代児童福祉論　第6版』誠信書房，109-110において述べられている。以下はその引用である。
　①一体性「相談・判定・指導と一時保護および措置の三機能は、児童の実情をもっともよく知っている専門機関で実施されることがもっとも効率的であり、かつ、効果的である」という視点。
　②専門性「自己の意見を表明する力の弱い児童の福祉を図るためには、児童の真のニーズの把握、個々の児童の処遇にもっとも適合する施設の選択等に、多くの専門職のチーム・アプローチと合議制による専門的判断が不可欠である。」という視点。
　③広域性「施設入所措置は、児童の特性と施設の特性との最適な組み合わせについて広域的に選択していくことが必要であり、また、入所の優先性などについて広域的な調整が必要である。」という視点。
　④公平性「一部の児童福祉入所措置は地域によって格差ができることは避けるべきではなく、公平性が必要である。」という視点。
　⑤効率性「各種児童福祉施設入所措置の発生件数および施設数等を考慮すると、一定規模以上の広域措置が行政上効率的である。」という視点。
　⑥一貫性「措置した児童の発達に応じて、処遇の再検討を常に一貫して実施していくことが必要である。」という視点。
　⑦介入性「問題が顕在化している児童虐待等に効果的に対応し、児童の福祉を第一に考えるためには、「親権や私権に公権が介入することによって生ずる問題よりも、子権を守ることの方が重要」との認識に立ち、公権の介入性を確保することが必要である。」という視点。
　⑧レヴュー機能「自分の意見を表明する力が弱い児童にとって、児童福祉施設入所等のサービス受給中に起こりがちな権利侵害への対応その他児童の権利擁護のため、児童の声を直接受け止め、サービス内容についてレヴューし、改善を図るシステム・機構が必要である。」という視点。
　⑨地域性「ノーマライゼーションの理念に沿い、児童が生活する基盤である家庭や地域において、各種サービスを提供していくことが可能となる体制づくりが求められる。」という視点。
　⑩利便性「サービスの決定、提供は、利用者の利便性を最大限考慮して行われなければならない。」という視点。
6) 特定妊婦とは、児童福祉法によれば「出産後の養育について出産前の支援が特に必要な妊婦」をいう。
7) 要支援児童とは、児童福祉法によれば「保護者の養育の支援が特に必要と認められる児童」をいう。
8) 平成19年度の一年間に児童相談所が受け付けた児童虐待相談件数は、4万639件であった。同様に平成20年度の速報値をみると、4万2662件であった。平成23年度の最新の速報値によると、5万9,862件であった。このように近年増加傾向にあり、先述の通り、子ども虐待をはじめとする要保護児童福祉は、要保護性が高く、支援に関する同意が得られず親との対立を余儀なくされたりするなど、支援は困難を極める。それが非常に増えるということは、多くの時間や労力を割くということにほかならないといえる。

■文献
佐藤まゆみ（2005）「今後の児童福祉行政実施体制の在り方に関する研究〜地方間分権に関する潮流の概観、考察を通して〜」『淑徳社会福祉研究』淑徳大学社会福祉学会．

柏女霊峰、佐藤まゆみ、澁谷昌史ほか（2006）『子ども家庭福祉サービス供給体制のあり方に関する総合的研究（主任研究者 柏女霊峰）』厚生労働科学研究費補助金 子ども家庭総合研究事業，6．
柏女霊峰（2008）『子ども家庭福祉サービス供給体制』中央法規．
西尾勝（2007）『地方分権改革』東京大学出版会．
西尾勝、新藤宗幸（2007）『いま、なぜ地方分権なのか』実務教育出版．
西尾勝（2001）『分権型社会を創る その歴史と理念と制度』ぎょうせい．
総務省ホームページ「市町村数の推移（詳細版）」http://www.soumu.go.jp/gapei/
地方六団体地方分権改革推進本部ホームページ「第二期地方分権改革の動向」
　　http://www.bunken.nga.gr.jp/trend/index.html
古川孝順（1992）『社会福祉供給システムのパラダイム転換』誠信書房，15-20．
阿部實（1993）『福祉改革研究』第一法規出版，187-196，241-254．
梅澤昇平（1998）『現代福祉政策の形成過程』中央法規出版，83-85，150-155．
全国社会福祉協議会（1990）『福祉改革Ⅱ・福祉関係八法改正特集』「福祉関係八法の改正について—厚生省三課長に聞く—」月間福祉増刊号 第73巻13号 全国社会福祉協議会，171-185．
古川孝順（1991）『児童福祉改革—その方向と課題—』誠信書房，28-29，95-96．
古川孝順（1993）「社会福祉21世紀への課題」『社会福祉論』有斐閣．
古川孝順（2001）『社会福祉の運営』有斐閣．
古川孝順編（1998）『社会福祉21世紀のパラダイムⅠ　理論と政策』誠信書房．
古川孝順（1995）『社会福祉改革　そのスタンスと理論』誠信書房．
志田民吉（2004）「日本の社会福祉サービスと法の歴史」志田民吉、伊藤秀一編『社会福祉サービスと法』建帛社，7-8．
柏女霊峰（1997）『児童福祉改革と実施体制』ミネルヴァ書房，144-152．
柏女霊峰（2001）『養護と保育の視点から考える 子ども家庭福祉のゆくえ』中央法規，33-35，41-43．
柏女霊峰編（2005）『市町村発子ども家庭福祉　その制度と実践』ミネルヴァ書房，36-43．
宇山勝儀（2004）『新しい社会福祉の法と行政　第3版』光生館，190．
井川博（2000）『新地方自治法と自治体の自立』公人の友社，3-7．
次世代育成支援システム研究会（2003）『社会連帯による次世代育成支援に向けて—次世代育成支援施策の在り方に関する研究会報告書—』ぎょうせい．
柏女霊峰、山本真実、尾木まりほか（1998）「区市町村における児童家庭福祉行政と実施体制—児童育成計画及び児童家庭福祉行政事務移譲に関する意向調査を通して—」『日本子ども家庭総合研究所紀要』34，日本子ども家庭総合研究所，151-171．
柏女霊峰（2004）『現代児童福祉論　第6版』誠信書房，109-110．
柏女霊峰（2009）『子ども家庭福祉論』誠信書房．
古川孝順（1991）『児童福祉改革—その方向と課題—』誠信書房．

第4章

協議会型援助による市町村役割強化の可能性と本研究における仮説

本章では、子ども家庭福祉における要保護児童対策地域協議会(以下協議会とする)の位置づけや現状、協議会型援助を展開している市町村における子ども家庭福祉の再構築の可能性、筆者による研究のレビューとして協議会型援助の課題と再構築の可能性を検討する。さらに、これまでの研究をふまえ、子ども家庭福祉行政実施体制を市町村に再構築することに関する本研究における仮説を提示することとしたい。

第1節
要保護児童対策地域協議会の位置づけとネットワーク

　本節では、制度的ネットワークである協議会の法的位置づけや現状、協議会型とネットワーク型の違い等について述べることとする。

1. 要保護児童対策地域協議会について

(1) 要保護児童対策地域協議会法定化の経緯と設置数
①児童家庭相談と協議会の法定化

　　協議会の前身としては、平成12年に児童虐待防止市町村ネットワーク(以下ネットワークとする)が通知により設置されていたが、そのいっそうの推進と平成16年の児童福祉法改正による市町村における児童家庭相談の第一次的相談窓口の整備のため、併せて法定化されたものである。その中で協議会は、児童福祉法第25条の2に「地方公共団体は、単独で又は共同して、要保護児童の適切な保護を図るため、関係機関、関係団体及び児童の福祉に関連する職務に従事する者その他の関係者(以下関係機関という。)により構成される要保護児童対策地域協議会(以下協議会とする。)を置くことができる。」と位置付けられ、平成16年の子ども・子育て応援プランにおいてはこの協議会の全市町村設置が目標とされていた。現在、協議会の設置は努力義務とされている。

　　さらに、「協議会は、要保護児童及びその保護者(以下「要保護児童等」という。)に関する情報その他要保護児童の適切な保護を図るために必要な情報の交換を行うとともに、要保護児童等に対する支援の内容に関する協議を行うものとする。」とその役割が規定された(児童福祉法第25条の2第2項)。

　　なお、協議会の構成機関、担当者に対する守秘義務を課し、協議会の調整機関の指定を規定している。それにより個人情報の保護が徹底されることとなり、

民間団体の参加も可能となるなど、要保護児童とその保護者、支援に関する情報共有のいっそうの円滑化を図った。また、要保護児童発見の通告先として市町村も位置づけられている。

②協議会の設置数

　平成20年4月1日現在、協議会またはネットワークの設置数及び割合は、全国1705か所、全市区町村1811の実に94.1%にのぼった。うちわけは、協議会1532か所(84.6%)、ネットワーク173か所(9.6%)であった。平成21年4月より、調整機関には児童福祉司等、一定の任用資格を有する者を配置する努力義務が課せられている。

③市町村児童家庭相談援助指針と要保護児童対策地域協議会設置・運営指針

　市町村における児童家庭相談と協議会の法定化に伴い、2つの指針が示された。

　まず、市町村児童家庭相談援助指針(2005)では、市町村が行う業務と都道府県が行う業務、さらにはその両者間の役割分担・連携の考え方が示されている。すなわち、身近なサービス等の資源を活用することで対応が可能と判断される比較的軽微なケースについては市町村中心に対応し、立入調査や一時保護、専門的判定、施設入所措置等の行政権限を伴う対応が必要と判断される困難なケースについては児童相談所に直ちに通告するというものである。

　そのため、都道府県は児童家庭相談に対応する市町村のバックアップをするという役割分担となった。ただし、市町村と都道府県における役割分担の基準やその方法等については特に示されておらず、市町村と都道府県との間には役割に関する葛藤や業務の押し付け合いが懸念されるところである。

　次に、要保護児童対策地域協議会設置・運営指針(2005)では、関係機関の連携や協力に関する児童福祉法の改正の趣旨、協議会の意義、対象児童、関係するネットワーク等に関する事項が盛り込まれている。

　協議会の意義については、その利点として「(1)要保護児童等を早期に発見することができる。」、「(2)要保護児童等に対し、迅速に支援を開始することができる。」、「(3)各関係機関等が連携を取り合うことで情報の共有化が図られる。」、「(4)情報の共有化を通じて、それぞれの関係機関等の間で、それぞれの役割分担について共通の理解を得ることができる。」、「(5)関係機関等の役割分担を通じて、それぞれの機関が責任をもって関わることのできる体制づくりができる。」、

「(6)情報の共有化を通じて、関係機関等が同一の認識の下に、役割分担しながら支援を行うため、支援を受ける家庭にとってより良い支援が受けられやすくなる。」、「(7)関係機関等が分担をしあって個別の事例に関わることで、それぞれの機関の限界や大変さを分かち合うことができる。」ことを挙げている。

なお、協議会の対象児童は児童福祉法第6条の3に規定する「要保護児童(保護者のない児童または保護者に監護させることが不適当であると認められる児童)」であり、虐待を受けた児童に限られず、非行児童なども含まれるとされている。また、要保護児童の早期発見や適切な支援を行うといった観点から、子育て支援事業の有効活用における子育て支援コーディネーターの確保・育成やこの人材との連携・協力に努める必要性についても言及している。このことは、市町村において一般的な子育て支援と要保護児童の支援との連続性を図るために重要と考えられる視点である。

④子どもを守る地域ネットワークという呼称について

協議会の設置運営に関するスタートアップマニュアルが公表された際、協議会のことを「子どもを守る地域ネットワーク」と括弧書きで添えられていた。以来、厚生労働省の調査研究では、タイトルに協議会の正式名称とともに添えられている。

協議会は非常に多くの関係機関、担当者によって構成されている。また、協議会に冠している要保護児童という言葉に対する認識のずれ、差があることも否めないのが現状である。筆者が調査に赴いても、要保護児童とはどこまでの状態の子どもを指すのだろうか、ということが疑問として投げかけられた。このことは、市町村を第一次的な相談窓口として、かつ初期の援助主体として位置づけた以上、非常に大きな課題である。その認識のずれや差によって、円滑な連携が妨げられないという保証はなく、都道府県と市町村の連携においても、どこからどこまでどちらが責任を負うのかといった基準もなく、要保護児童という言葉はとても悩ましい言葉である。

しかしながら、地域で暮らす子どもにとってよりよい支援を考え出すことと、要保護児童の概念が多様であり認識のずれや差があることとはまた別の次元の問題であると筆者は考える。その意味で、市町村が主体となってよりよい支援を検討するという役割を負っている協議会に子どもを守る地域ネットワークという呼称が用いられたことは、支援を検討するメンバーである担当者には伝わ

りやすく、協議会の基本的な役割、つまり困難に直面している子どもに対するよりよい支援を検討しようという思いが共有されやすいのではないかと考えられる。

ただし、そのような名称を通じて思いが共有されやすくなったとしても、これまで述べてきた通り、市町村を中心とする協議会で扱えることと扱えないこと、いわゆる役割分担の基準や要保護児童の概念の説明が必要であるといえる。これらを抜きにしてしまうと、思いだけではたちゆかないことも多くなり、協議会は行き詰まってしまうと考えられる。

(2) 要保護児童対策調整機関

協議会の法定化によって、協議会を構成する関係機関等の中から要保護児童対策調整機関(以下調整機関とする)をひとつ定めることも規定された(児童福祉法第25条の2第4項)。調整機関を指定することによって協議会の状況をモニターし、支援の状況、情報を把握しながら児童相談所等関係機関との連絡調整、支援の進行管理を行っている。

厚生労働省による調査(2008)において、協議会設置済み1532か所の市区町村において調整機関に指定されているのは、児童福祉主管課886 (57.8%)が最も多く、次いで児童福祉・母子保健統合主管課383か所(25.0%)、福祉事務所(家庭児童相談室) 100か所(6.5%)であった。

調整機関の担当職員として配置されているのは、全国4534人である。児童福祉司や医師、社会福祉士等何らかの専門資格を有する者が2313人(51.0%)、そのうち児童福祉司と同様の資格を有する者は、559人(12.3%)であった。なお、正規職員が3630人(80.1%)、正規職員以外が904人(19.9%)であり、専任が1700人(37.5%)、他の業務と兼任が2834人(62.5%)である(厚生労働省2008)。協議会の調整機関の担当者は約半数は有資格者であるが、44.6%は一般事務職員であり、正規職員が約8割と多いものの、6割以上が兼任である状況が明らかとなった。

(3) 協議会の構造

厚生労働省(2007)の平成19年4月調査を参考に協議会の構造をみると、最も多いのは3層構造(代表者会議、実務者会議、個別ケース検討会議) 69.3%、次いで2層構造(代表者会議と実務者会議、または代表者会議と個別ケース検討会議) 28.1%で

あった(この調査時点での協議会設置数は1193)。

(4)設置によるメリット、効果等

　厚生労働省による調査(2007)によれば、協議会を設置したことによるメリットは、「関係機関間の情報提供・収集・共有がしやすくなった」が1075か所(90.1%)、次いで「児童虐待に関する理解・認識・関心が高まった」が939か所(78.7%)、「関係機関相互の信頼感が高まった」が842か所(70.6%)、「役割分担が明確になる」640か所(53.6%)が高かった。

　またそれらに比べると割合が低いものとして、「役割分担により一機関の業務負担が軽減された」374か所(31.3%)、「地域の子育てサービス資源の必要性の検討につながった」365か所(30.6%)、「担当者の精神的負担感やストレス軽減」が341か所(28.6%)、「業務の押し付け合いが減った」302か所(25.3%)、「対応の迅速化が図られた」272か所(22.8%)と続いた。この結果は、多くの参加機関、担当者がいる分、責任の所在に関連して業務の偏りがみられたり、会議開催には調整等も必要になるため迅速性を欠いている場面もあると考えられる。このような評価の低いものについては、今後の課題であるとも捉えられる。

(5)活動上の困難点

　厚生労働省による調査(2007)によれば、協議会の活動を行っていくうえでの困難点として、「スーパーバイザーがいない」685か所(57.4%)、「調整機関に負担が集中してしまう」662か所(55.5%)、「効果的な運営方法が分からない」619か所(51.9%)、「予算・人員の確保が困難」523か所(43.8%)が高い割合を示した。特に人材確保にかかわるものと運営上の困難さが目立った。これについては協議会型援助における課題でもあり、市町村そのものが抱えている課題ともいえる。

(6)協議会充実のための課題

　これは今後重要な点であるのだが、厚生労働省は平成19年の4月調査までしかこの項目を使用していない。したがって、それまでの調査結果をもとに協議会充実のための課題について述べれば、最も多いのは「関係機関構成員の基礎的知識と危機感の共有化が必要」が856か所(71.8%)、次いで「効果的な会議運営方法が必要」800か所(67.1%)、「調整機関職員の専門職化、人材確保が必要」648か

所(54.3%)、「児童相談所との役割分担の明確化」596か所(50.0%)と続いた(厚生労働省2007)。これについても市町村における課題と評価できる。

　上述のように、大方の市町村において協議会は設置済みであり、今後は協議会型援助が定着していくこととなるだろう。実際に、協議会の運営についてのマニュアルとして、「要保護児童対策地域協議会(子どもを守る地域ネットワーク)スタートアップマニュアル」(2007)が示されている。さらに、協議会の充実強化のための事業も取り組まれている。ただし、協議会を設置したもののその実際的な運営については形骸化が指摘され、調整機関や人材の問題など、複数の課題を抱えている。
　しかし、協議会型援助を推進していく動向の中にあるならば、市町村の担当者らが協議会のもつ援助機能について知ることが重要と考える。そこで、そもそもネットワークがどのような力を秘めており、効果をもたらすのかを以下に述べることとした。

2. ネットワークとは何か

　子ども家庭福祉において法定化されたネットワーク、すなわち要保護児童対策地域協議会という時、その位置づけは明確であるが、ネットワークの一種である協議会について言及する際、そもそもネットワークとはどのようなもので、どのような力を秘めているのかを知る必要がある。

(1)ネットワークとその力

　ネットワークについて安田(1997:3)は、「人々が互いに緩やかに関わりあいつつ相手を尊重し、ネットワークを形成すると、個人がバラバラに存在していたときにはもちえなかったような力が生まれ、その力によって問題の解決がはかられる……。(中略)しかし、確かに、『1+1が3になる魔法』が、ネットワークの結びつきによって、初めて生まれてくる場合も少なくはないのです。」としている。(文中『』筆者)
　ネットワークについて金子(1992:123-124)は、「やりとりを交わす過程の中ではじめて、情報に意味がつけられ、価値が発見され、新しい解釈—ものの新たなる理解や、新しいやり方—が生まれてくる。そのやりとりの中で生まれてくるもの

が、動的情報[1]である。世の中の既成の枠組みを動かし、新しい関係を切り開き、新しい秩序をつくってゆくのは、動的情報である。」とし、「この動的情報が発生するプロセスがネットワークである。」と述べている。また、そこでやりとりされる情報の意味は「はじめからこれこれと定まったものではなく、人と人の間の相互解釈サイクルの中で形成されるもの」(金子1988:174)であるとも指摘している。子ども家庭福祉における協議会が、ノウハウや人材の少ない中でもこのようなプロセスを生じさせるための仕掛けとして設置されたと考えれば、期待とともに高く評価できるものである。

　金子はこの他に、ネットワークとは、①「動的情報を発生させるプロセス」、②「相互作用の中での意味形成のプロセス」、③「自発性を基礎にする関係形成のプロセス」、④「関係変化のプロセス」とも表現している。このような特徴づけは、相互作用の中での動的情報が発生することに関連していることを指摘している。これら①については上述の通りであるが、②〜④の特徴を見ていくと以下のようになる。②「相互作用の中での意味形成のプロセス」は、情報そのものに意味はなく、それをやりとりする中で意味がつけられることから「意味形成」であるとする。次に③「自発性を基礎にする関係形成のプロセス」は、自ら進んで情報を出すことが動的情報を発生させることの基本であることを指すため「自発性を基礎にする」としている。最後に④「関係変化のプロセス」は、相手との相互作用の中で、意味を見いだし、新しい価値を発見するには、双方の関係性を固定的なものとしないこと、「関係変化」が必要であるとする。

　金子(1988:90)は、「関係は情報を生み、その情報が関係を変えるというのがわれわれの想定しているネットワークの形成過程である(略)」とし、安田(1997:2-3)は、「さまざまな規則や既存のルールから自由に他者と関わりあい、関係を形成していく過程について、『ネットワーキング』という言葉を用いるのです。」としている。

　つまり、ある目的によってゆるやかにつながっている複数の関係者によって、上述のようなやりとりがなされることにより、ネットワークは形成されるということである。

(2)ネットワークを構成する要素

　さらに、ネットワークの論点として、「(略)自発的つながりの形成、自他の境

界線の引き直し、自己更新、多様なコンテクストを持つ必要」を挙げている(金子1988:53)。ここでは特に場面情報とコンテクストに着目していくこととする。
①場面情報

　金子(1988:44-45)は、「ネットワーク産業組織の場合には、その場その場で生まれる『場面情報』とでもいうべき情報が新たな連結を作り出す基盤となったのである。つまり、場面情報の重視とは、物事をそれが始まるそもそものスタートのところで、動いている状態の中で考えるということであるから、他の場所で良い場面情報があると聞けばそことつながりを持つであろうし、また出発点に帰って仕事のつながりを検討し直すインセンティブを与えるのである。」とする。その場面情報の重視について、「(略)・・・物事ないしその場その場の細部の出来事にものの考え方を組み直していく鍵があるということである。」と説明している。

　ただし、日本では場面情報をどう連結していくかというつなげ方の方法がまだ良くわかっていないという(金子1988:48)。

　「場面情報は閉ざされていない。だから、そこから新しい関係が生まれ意味が問い直され、自分と他人の境界が引き直され、目的がとらえ直される。場面情報とはそういう動的な相互作用を生み出していく契機となるのである。」その時、自分をかけてものを見る必要性を指摘する。そのことについて、「自分をかけるということは自発性を発揮すること」であり新しい組織化の出発点であるという。自発的に関係が形成され、連結が作られ、自己組織化が始まり、それが全体を動かしていく、「ミクロからマクロが形成されていく」ことを指摘する。「情報のもつ意味も相互作用の中で形成され、企業や人々の目的すらそれによって変わってくる。」(金子1988:52-53)としている。

②コンテクスト

　企業を例として、役割分担が固定的か否かについて、問題状況に応じて分業の仕組みを変えていく「伸縮的分業」への作業方法の質的変化がもたらす、働き方等に与える大きな影響を指摘している。「分業や情報に対する新しい考え方は、それに伴う技術の適用があってはじめて実行を伴うのである。」と述べている(金子1988:70)。

　金子は、関係を形成することは情報をやりとりしてお互いの持つ考え方を理解しあうことであるということについて、「両者の間に情報の意味を伝える(双

方向)メディア、つまり情報媒体を構築することだとも表現できる。」とし、そのメディアを「コンテクスト」＝「文脈」としている。コンテクストは「過去のインタラクションの経験の蓄積であり、将来の『期待』を形成するもとになるものである。」としている。そして、「コンテクストを構築するということは、インタラクションの中で発生するさまざまな情報の集合の中から文脈を読み取ることが可能になるような関係をつくることにほかならない。」(金子1988:87)とする。さらに、「いかにして意味が通じ合う関係を持てるか」、「いかに一方的でないコンテクストを構築するか」を基本的に重要なこととして挙げている(金子1988:88)。また、コンテクストは、動的情報を蓄積したものであり、この概念の中にネットワーク論の積極的な考え方が集約されるとも指摘している(金子1988:155)。

　金子は、「情報は関係形成の中から発生し情報が発生することで関係も変わって行く。このようなサイクルがわれわれの考えるところのネットワークにおける関係形成の基本である。」とし、例えば会社全体の雰囲気が変わるとしたら、一人一人の行動が共感を呼びながらしだいに社内外に広がるというプロセスによってであることを指摘している(金子1988:102)。

③ネットワークの注意点

　ただし、ネットワークにおいて注意しなければならないこととして、「評価システムを導入することはまた、暗黙の了解とか、『個人的コネ』による問題の処理とかいうネットワークの閉鎖性を排除するためにも必要である。」ことを指摘している。その理由は、客観的評価システムが全く存在しない環境で構成員が自由に行動するとしたら、各自が自分の行動妥当性を説明したり、対立が起きた時の解決はすべて主観的に処理されなければならないことになる。そのことによって「個人の自由な活動を妨げることになる落とし穴にはまるケースが多く見受けられる」からである(金子1988:103-104)。

　つまり、共同の目的をもつ者同士が集まり構成される場合、ネットワークに限らず客観的な評価システムが求められるといえる。

3. ネットワーク型と子ども家庭福祉における協議会型の違い

(1)ネットワークと協議会との違い

現在の子ども家庭福祉では、「要保護児童対策地域協議会」という名称により、一定の枠組みを設けて制度的なネットワークを市町村に構築しているといえる。とはいえ、先のネットワーク論の例にあった企業の目的と子ども家庭福祉の目的は異なる。企業がいかに効率的に利益をあげるか、いかに低コストでヒットする商品を開発するかなどについてブレーンストーミング的にアイディアを生み出し、共有する目的のネットワークと、生きる上で直面する困難、他人に知られたくない極めて個人的な問題、親や子どもの対立、関係の修復や心の調和など、人間が生きることそのもの、あるいは生き方に関わることが目的のネットワークは質的に大きく異なるといえる。

　つまり、金子がいう例えば企業のネットワークは、社員の自由な活動が必要であり、ネットワークを通じた共感がやがて社内外にひろがりをみせ、何らかのアクションの生起や社内の雰囲気に変化をもたらす可能性を秘めており、企業の場合は利益を追求することが共同の目的であるから、それでよい。

　しかし、福祉におけるネットワークは、企業の営利を追求するネットワークとは異なり、人間の生き方に関わる専門職や関係者が自由にクライアントの情報を共有し、自由な発想にもとづく自由な活動をするだけでは支援が成り立たなくなる。情報の共有や開示等の情報管理、プライバシーの保護、権利擁護の観点、利用者を尊重することが求められる援助者の倫理の観点からも一定の制約が必要と考えられる。そこで、協議会の構成機関、構成員については児童福祉法の中で守秘義務を課し、制度的な制約のある中で力を最大限に引き出す方策が採られたのである。

　もう一点は、ネットワークの目的とする最終的な利益がネットワークの構成員に還元される性質のものであるか、ネットワークに参加していない者に還元される性質のものであるか、という違いもある。子ども家庭福祉の協議会は、問題に直面している当事者を構成員としない。そのため、児童福祉法上に守秘義務や調整機関の指定などいくつかの制約を設けて位置づけられたともいえる。この点も、一般的なネットワークと子ども家庭福祉における協議会の違いであるといえる。

(2) ネットワーク型と協議会型とを区別する理由

　子ども家庭福祉における市町村での支援をネットワーク、協議会で行うことを筆者は協議会型と一貫して呼んでいる。この理由は、先述のネットワークと協議

会の違いがおおいに関連する。もちろん、児童福祉法改正によって、制度的位置づけをもつ協議会として法定化されていることもひとつの理由である。

そもそも、協議会もネットワークの一種ではあるが、「ネットワーク型」はより一般的、普遍的なものや法的位置づけがないゆるやかで自由なつながり、つまり民間団体や個人によるネットワーク等を活用した援助や支えあいが想定される。一方の「協議会型」は、子ども家庭福祉の分野で法的に位置づけられたネットワーク(要保護児童対策地域協議会)を活用し、一定の制約と目的のもとに行われる援助活動を指すので、「協議会型」と表現した方が「ネットワーク型」より限定的な意味を持つと考えられる。

金子(1988:268)は、「ネットワークとは『きわどい言葉』である。というのは、それがいろいろな意味をもち、いろいろな意味で使われるからだ。(中略)感じることや、見ることはできても、決してつかんで固定することはできない流動する多様体を、われわれは記述し表現しようとしているからだ。」と指摘している。このことからも、子ども家庭福祉においては「協議会型」援助と表現することで、一般的な「ネットワーク型」と区別する必要があるといえる。したがって、筆者は協議会型、協議会型援助という用語を用いている。

(3)協議会型援助に関する考察

これまで述べてきたことをもとに、子ども家庭福祉における協議会について考察する。子ども家庭福祉における協議会型援助は、要保護児童に対する支援のために必要な情報を持つ多様な機関が個別ケース検討会議に集まり、その場で各機関がもつ情報を共有し、相互関係の中でそれらの情報に新たな意味づけや発見が期待される。さらに、協働する各機関、各担当者の関係が柔軟に変化することによって、子どもの必要性に即した道筋が見えてくる可能性がある。そういったプロセスを形成するために協議会型援助が求められていると考えられる。

児童相談所や保育所、保健センター、市町村の子ども家庭福祉主管課、学校等の地域に点在する機関、担当者が協議会の構成員となり、相互作用の中で新たな関係、支援の方法、道筋を作り出していくことが必要である。その際、子ども家庭福祉に固有の視点にもとづいて連携、協働する必要性がある。

各機関によって形成されるつながり、すなわち、新しい意味を発見していくことのできるつながりを形成することがそもそもネットワークのもつ意義であると

考えられる。そのため、たとえ協議会に参加している関係機関や専門職が少なくても、新しい意味を見出せる力を発揮できるような相互作用を起こすことができる協議会を目指す必要があるといえる。規模の小さな町村のようにもともと関係機関や専門職が少ない自治体においても、子どもの情報を多角的にとらえ、援助に一定の方向性を見出すことには可能性があり、地域の中で実践をしていくにあたって協議会は有意義な資源であると考えられる。ただし、その際にはよりノウハウを蓄積している外部機関の専門職等によるスーパービジョンも必要とされる。

　そして、資源が少ない、あるいは力を蓄える時期にある自治体は、児童相談所等の専門機関を協議会の構成員として協働することによって、共有された情報が新たに意味づけられる可能性が高まり、これまで市町村がもちえなかった力や発想が生み出される可能性がある。つまり、協議会型援助によって子どもや親、保護者らに求められている援助を創出する必要があるといえる。しかしながら、先述のような協議会の困難点や課題、さらには以下のような課題があることにも目を向けておく必要がある。

4. 子ども家庭福祉におけるネットワークや協議会に関する先行研究レビュー

　市町村では児童家庭相談を受けることとなっているが、市町村の取り組みにおいて、年に2度ほどしか開催されない代表者会議が形式的になっていること、情報の共有やお互いの機関の限界が十分に共有されていないことなどの課題が指摘されている。筆者は、法的にも市町村の役割を重視する方向で進んでいるにも関わらず、市町村の担当者らがどこまでが自分たちの役割なのかという疑問を抱いて立ち止まっていることが協議会型援助を形骸化させているのではないかと感じている。そうした形骸化の原因を明らかにすることは、未だ明らかにされていない都道府県と市町村における役割分担の明確化につながるものと考えている。そのためにここでは、子ども家庭福祉におけるネットワーク、協議会における課題とされていることを明確化することとしたい。

(1)ネットワーク、協議会の課題
①加藤らによる整理1
　　加藤(2002)の行った事例調査は、北海道から九州までの16ヵ所をネットワー

クの立ち上げの理由(先進的な事例、死亡事例、その地方初の取り組みなど)から抽出し、18項目[2]の半構造化面接を実施した。活動内容は様々であり、構成メンバーも、民間のグループの参加については地域特性が出ることは否めない。

　その上で、加藤(2002)の挙げている課題は、①事務局、②要綱、③メンバーの構成、④ネットワーク活動の目的、⑤ネットワークの効果、⑥子育て支援とのかかわり、⑦児童相談所との関係である。それらについて詳細をまとめることとする。

　①「事務局」について、保健福祉課で保健師中心、児童福祉課で行政中心、児童福祉課で家庭児童相談室中心、児童福祉課で保育士中心、社会教育指導員・民生委員中心の5つのタイプに分かれ、事務局の虐待理解によって取り組みの程度が違うことが挙げられている。

　②「要綱」については、要綱は後任に引継ぐ際に重要であり、活動の枠組みである。しかし、要綱がない自治体や、要綱があっても秘密保持の規定がないなど、問題点がある。

　③「メンバーの構成」について、メンバーとして、医師や民間幼稚園の参加が課題である。学校、教育委員会との関係も課題である。

　④「ネットワーク活動の目的」について、児童虐待の理解や情報共有のみではなく、実務者会議の下に位置する事例検討会議が活発に行われること。事例検討会議が活発でない地域は、基本的なノウハウがわからない、虐待に対する理解が全体として低いという要因もあり、コーディネーター養成を積極的に行いながら推進していかなければならないという課題を抱えている。

　⑤「ネットワークの効果」について、ネットワークがあることにより関係機関や団体の虐待理解は進みつつあり、ケースの掘り起こしが進んだなどの自治体もある。しかし、ネットワークは信頼関係に基づくものであるが、ケース分担や役割分担の際、責任の押し付け合い、なすりあい、連絡の不備、誤解などの問題が起こることもある。役所全体の理解によってその部署の仕事がスムーズになるため、庁内ネットワークの必要性を挙げている。

　⑥「子育て支援とのかかわり」について、虐待ネットワークという名称でありながら、内容は子育て支援中心で虐待対応は手薄であるなど、予防としての子育て支援は重要であるので役割分担を明確にする作業が課題である。

⑦「児童相談所とのかかわり」について、児童相談所がネットワークに参加していない地域があった。市町村が主として対応するか児童相談所が主として対応するかの分担作業の仕方は今後の課題として挙げられた。

これらの課題は、いずれも協議会となった今でも課題とされていることである。

②加藤らによる整理2

要保護児童対策地域協議会の課題として、加藤(2008)は「運営面で市町村の格差が出てきている点である。」と指摘している。加藤(2008)は、児童相談を受ける市町村の課題について「通告受理をする市町村の相談体制が人員、専任採用、相談室の確保、受理会議の保障などを含めて十分に機能していないこと、運営方法が確立していないこと、援助方法の確立、対人援助方法の中身の向上など」があると述べている。さらに、「実務者会議や個別ケース会議をどのように運営していけばいいかという市町村の悩みもある。」としている(加藤2009)。

なお、加藤ら(2009:37)による聞き取り調査や補充調査によって示された課題として、大きくは「児童相談のあり方」と「児童相談所と市の役割分担」が挙げられている。

前者については、「通告を受理しても個別ケース検討会議を開く必要があるかどうかもわからない場合がある」、「さらに要保護児童がなにか、当該ケースが登録する必要があるかどうか判断できない場合がある」、「アセスメントが十分でない」という課題が示された。

後者については、「児童相談所と市の役割分担を合同でやっていると主担が不明確になりやすい部分がある」、「部会制での論点」、「政令市特有の課題…区により差が大きく、機関連携についても機関参加の少ない地域もあった。」、「児童相談所がある市の場合の課題(仕事の分担など)」、「児童相談所が参加する会議の工夫」などが挙げられた。

③平成15年 第10回社会保障審議会児童部会における全国市長会社会文教部長「児童相談等に関する市町村の役割調査について」報告書における整理

児童虐待の予防から早期発見・対応、保護・支援の各段階で市町村における虐待防止ネットワークの整備による取組みが重要という指摘をどのように考えるかということについて次のように課題が述べられている。

虐待の早期発見・対応をするもその後の見守り・ケアまでを扱うことが現状では困難であること、ネットワークのメンバーの多くが本来業務を抱えたまま

で、専従職員が少ないことが挙げられている。そこで、発生予防・早期発見までは市町村のネットワーク、虐待発生後は児童相談所主体のネットワークによる対応といった二層のネットワークの構築と相互の連携が不可欠であること、スーパーバイザーに係る人材と予算の確保の必要性、児童相談所の強制力の維持と市の機能強化の必要性が挙げられている。

④平成15年 第10回社会保障審議会児童部会における、全国知事会「児童相談所等のあり方に関する都道府県アンケート」の結果報告における整理

　本報告では、児童虐待等についての市町村の役割を強化すべきであるとする考え方について調査した。その中で都道府県と市町村間の役割分担全体に関しては、市町村ネットワークを十分機能させる必要性が指摘されている。

　このように、協議会に取り組むうえで課題とされているものの中には、子ども家庭福祉の体制整備の途上にある市町村が以前から抱えてきたと推察される課題も散見される。つまり、現在の子ども家庭福祉行政実施体制には、①市町村がそもそも抱えてきた課題、②協議会型援助に関わる課題の2種があると考えられた。この点については、さらに調査研究が必要であり、第6章や第7章の調査分析を通して検討できるといえる。

　これまで、先行研究のレビューの中から市町村の課題を挙げてきた。また、筆者自身も先行研究レビューを踏まえて市町村における課題を提示(佐藤2006)しており、以下にまとめる。

(2) 市町村における課題

　筆者は、これまでの研究(佐藤2005)(佐藤2006)(佐藤2007a)(佐藤2007b)において、子ども家庭福祉行政実施体制再構築に向かう市町村の対応すべき課題として、以下の6点を挙げてきた。すなわち、①児相との協働によるノウハウ伝達など自治体の対応力向上のための取り組みをすること、②子ども家庭福祉関係の専門職をより効果的に活用するための取り組みをすること、③援助活動を工夫し子どもと家庭に最善の方策を見出すための取り組みをすること、④支援の連続性を考慮した援助活動が可能となるための取り組みをすること、⑤市区町村で支えるか広域で支えるかを判断し援助するための取り組みをすること、⑥効果的で実効性のある援助をするための取り組みをすること、の6点である。

これらは、先行研究レビューや筆者自身が児童相談所職員に同行し、協議会会議の参与的観察を続けた結果から導きだしたものであり、それを用いて質問紙調査やインタビュー調査を実施してきた。第2節では、筆者が実施した質問紙調査(佐藤2006)について、市町村における課題の対応状況や人口規模、協議会の経年年数等を独立変数とし、地方間分権として市町村を中心とする体制に再構築することの可能性を従属変数としたロジスティック回帰分析の結果を述べることとした。

第2節

市町村における協議会型援助の課題と可能性
〜2005年度実施の調査レビューから〜

　本節では、協議会型援助を実践している市町村において、どのようなことが課題となっているか、さらに市町村を中心とする子ども家庭福祉行政実施体制再構築についてどのように評価しているかについて、筆者が2005年度に実施した調査の分析結果から述べることとした(佐藤2007b)。

1. 協議会型援助をとりまく状況

　市町村に児童虐待防止市町村ネットワーク(以下ネットワーク)や協議会を整備し、情報共有や連携が円滑に実践されるよう取り組みがなされているが、子ども家庭福祉に関する経験やノウハウの蓄積が十分でない中で、柏女ら(2002)(2006)、加藤ら(2002)(2003)、高橋ら(2005)、山縣ら(2005a)(2005b)(2005c)に見られる先行研究、筆者の研究(佐藤2006)において、ネットワーク、協議会のメリットや課題等が明らかにされており、条件の整わない中で市町村を中心とする体制を構築することについては、担当者から不安の声も聞かれている。

　山縣ら(2005a)によれば、子ども家庭福祉の分権化自体は市町村で実施するこ

とのメリット等が挙げられ、比較的肯定的な意見も見られる。しかし、人口規模によって、小さな町村では十分な人員の確保や財源の確保ができないという趣旨の回答が散見され、担当者の不安や戸惑いの様子がみてとれる。その一方、ネットワークの効果として、情報共有の円滑化や連携のとりやすさ、うまくいっている等といった趣旨の回答が挙げられており、大変興味深い。なお、筆者の調査においてもこれに類似した結果が得られている（佐藤2006）。

さらに、筆者も参画した柏女ら（2006）の研究では、市町村を中心に再構築することがおおむね支持される回答が、その際の課題や問題点と併せて挙げられている。それを受け、各領域のサービス供給体制の基盤となる子ども家庭福祉サービス供給体制の将来方向のひとつとして、できる限り市町村中心のシステムへ転換していく必要性について言及している。

そこで筆者は、市町村において地方間分権を受け止めるための手立てのひとつとして、協議会型援助[3]の有用性を示すため、いくつかの操作的定義を用いて分析した。以下それぞれの概要にふれて進めるが、詳細は佐藤（2007b）の論文に記載しているため割愛する。

2. 研究の目的と方法

ネットワークや協議会を活用した援助（以下協議会型援助とする）を活用している自治体が、子ども家庭福祉行政の地方間分権を受け止めることをどのように捉えているかを検証し、地方間分権における協議会型援助の有用性を検討することを目的とした。さらに、協議会型援助の活用による市町村中心の子ども家庭福祉行政の再構築の可能性に言及した。

調査対象は、調査設計時点においてネットワークまたは協議会を設置済みであった207の市区町村に郵送法により調査票を送付した。なお、都道府県とほぼ同等の機能を持つ政令指定都市は調査対象から除外した。調査期間は平成17年8月1日から9月3日である。回答者は、「子ども家庭福祉行政全体に詳しく、児童虐待防止市町村ネットワークの実際をご存知の方」と指定した。

分析のポイントは、「人口規模」、「経年年数」、「課題対応数」と「現在及び今後の子ども家庭福祉行政の地方間分権に対する賛否」の変数間の関係についてである。

3. 本研究における操作的定義

　先行研究における調査項目及び調査結果、児童相談所と市町村のやりとりの観察結果を踏まえ、市町村が対応すべき5つの課題[4]を表4-1のように提示した。

表4-1　市町村が対応すべき5つの課題

①子ども家庭福祉の経験の少なさ、ノウハウの不十分さを補える体制の確保
②子ども家庭福祉専門職の活用をより効果的におこなうための体制の確保
③子ども家庭福祉専門職が少なくても子どもと家庭に最善の方策を見出せる体制の確保
④行政担当職員の人事異動があっても、他の関係者がケースの情報を共有できる体制の確保
⑤子ども家庭福祉サービスの必要な子どもと家庭に最も適切なサービスを「届ける」ための体制の確保

　上記の5項目については、「十分に対応できる」「まあまあ対応できる」「どちらともいえない」「あまり対応できない」「まったく対応できない」の5件法で尋ねた。前2者を統合して課題に対応できているものとし、「どちらともいえない」以降の3者を対応できていないものとして2値化した。2値化した5項目で信頼性係数を算出したところ、$\alpha = 0.65$（n=170）となった。課題対応数の合計点を算出したところ、最小値0、最大値5、平均値3.43、標準偏差1.48となった。この課題対応数の合計点を分析に使用した。

4. 研究結果

(1) 調査票の回収率と回答者の属性

　本調査で調査票を郵送した自治体は207か所、調査票の回収数は179、回収率は86.5%、有効調査票数は175（97.8%）であった。回答者の属性は以下のとおりである。

表4-2　回答者の属性　　　　　　　　　　　　　　　　　　　　　　　　（単位：人）

回答者の属性	係長クラス	主任クラス	専門職・機関の担当者	課長クラス	無回答	その他	n
度数(%)	60(34.3)	37(21.1)	31(17.7)	22(12.6)	17(9.7)	8(4.6)	175(100.0)

(2) 主要な変数の単純集計結果

①人口規模、経年年数、課題対応数の単純集計結果

a. 人口規模

表4-3 人口規模 (単位:か所)

人口規模	1万人未満	1万人～5万人未満	5万人～10万人未満	10万人～30万人未満	30万人以上	n
度数(%)	9(5.2)	50(28.7)	38(21.8)	52(29.9)	25(14.4)	174(100.0)

　人口規模は表3のように5件法で回答を得て集計した結果、「10万人未満」が97か所(55.7%)、「10万人～30万人未満」が52か所(29.9%)、「30万人以上」が25か所(14.4%)であった。クロス集計の際には再度カテゴリー化した変数を用いた。

b. 経年年数

表4-4 経年年数 (単位:年)

経年年数	1年未満	1年～2年未満	2年～3年未満	3年～4年未満	4年～5年未満	5年以上	n
度数(%)	25(14.5)	24(13.9)	31(17.9)	35(20.2)	32(18.5)	26(15.0)	173(100.0)

　経年年数については「○年○月設置」という形で回答を得、平成17年8月1日現在で設置からの年数を換算、カテゴリー化したうえで集計した。児童虐待防止市町村ネットワーク事業のスタートする以前の設置と思われる「5年以上」が26か所、事業創設後の設置と思われる「1～5年未満」が122か所、平成16年児童福祉法改正を受け、新規に設置されたと思われる「1年未満」が25か所であった。なお、クロス集計の際には再度カテゴリー化した変数を用いた。

c. 課題対応数

表4-5 課題対応数 (単位:年)

課題対応数	0	1	2	3	4	5	n
度数(%)	8(4.7)	12(7.1)	24(14.1)	37(21.8)	33(19.4)	56(32.9)	170(100.0)

課題対応数は、先の表1にある5項目を用いて5件法でたずねた。「十分に対応できる」「まあまあ対応できる」を課題に対応できているものとし、「どちらともいえない」「あまり対応できない」「まったく対応できない」を対応できていないものとして2値化した。95.3%(n=170)の市区町村において、5つのうち何らかの課題に対応できていることが明らかになった。

d. 子ども家庭福祉行政の分権化に対する賛否の単純集計結果(従属変数)

表4-6　分権化への賛否 (単位：か所)

	そう思う	ややそう思う	ややそう思わない	そう思わない	n
①現時点で市区町村ネットワークを充実させることによって子ども家庭福祉行政の分権化を進めることができると思う(%)	10(5.8)	68(39.8)	64(37.4)	29(17.0)	171(100.0)
②今後児童虐待防止市町村ネットワークが充実すれば市区町村の役割は強化され、子ども家庭福祉行政のすべてについて分権化が進む可能性があると思う(%)	6(3.5)	52(30.2)	74(43.0)	40(23.3)	172(100.0)

　ここでは、地方間分権の賛否を表す①と②の項目が極めて重要である。表や文章を見易くするため、以下(3)以降で分析結果について述べる際には、便宜的に①の項目を「現時点での分権化への賛否」、②の項目を「今後の分権化への賛否」と記載しているので注意されたい。
　この2つの変数は、クロス集計およびロジスティック回帰分析の際、「そう思う/ややそう思う」を肯定的、「ややそう思わない/そう思わない」を否定的として2値化した。単純集計をそれぞれみていくと、「現時点でネットワークを充実させることで分権化を進められる」かどうかについては肯定的45.6%、否定的54.4%であり、「今後ネットワークが充実すれば分権化を進められる」かどうかについては肯定的33.7%、否定的66.3%であった。

(3) 〔現時点/今後〕の子ども家庭福祉行政の分権化に対する賛否とのクロス集計結果

「人口規模」、「経年年数」、「課題対応数」と「現時点及び今後の分権化の賛否」のクロス集計の結果は以下の通りである。

①現時点での子ども家庭福祉行政の分権化の賛否とのクロス集計結果（表4-7参照）

　「人口規模」が「10万人未満」の自治体は分権化に否定的な意向を示す割合が高く、「30万人以上」の自治体は分権化に肯定的な意向を示す割合が高い。これは、5％水準で有意な結果であった。

　「経年年数」の長短での有意差はなく、3年以上の経年年数をもつ自治体でも、賛否についてはおよそ半々という結果であった。

　「課題対応数」については、3.43が平均値であるため、3を含む数として課題対応数を「3つ未満/3つ以上」にわけ、2値化した。この変数と分権化の賛否に関するクロス集計結果は、「課題対応数が3つ未満」の自治体は分権化について否定的に、「課題対応数が3つ以上の自治体」は分権化について肯定的に回答している割合が高いことが明らかになり、1％水準で有意な結果であった。

②今後の子ども家庭福祉行政の分権化に対する賛否とのクロス集計結果（表4-8参照）

　「人口規模」による有意差はないものの、「10万人未満」の自治体では今後の分権化の展望に否定的な意向を示す割合が高く、「30万人以上」の自治体では否定的割合が減り、肯定的意向の割合が50％未満ではあるものの、高い割合を示した。「経年年数」の長短では分権化の展望に関する賛否に有意差はなく、さらに長短に関係なく否定的意向を示す割合が高い。「課題対応数」については、「3つ未満」の自治体では否定的意向の割合が肯定的意向の割合に比べて高く、5％水準で有意な結果であった。

表4-7 現時点の分権化の賛否とのクロス表

	現時点での分権化への賛否			
	肯定的	否定的	計(%)	有意差
人口10万人未満	34(36.2)	60(63.8)	94(100.0)	$\chi^2(2)=8.585$
10万人~30万人未満	27(51.9)	25(48.1)	52(100.0)	$p<0.05$
30万人以上	16(66.7)	8(33.3)	24(100.0)	
計(%)	77(45.3)	93(54.7)	170(100.0)	
年数1年未満	8(33.3)	16(66.7)	24(100.0)	
1年以上3年未満	23(44.2)	29(55.8)	52(100.0)	
3年以上5年未満	33(49.3)	34(50.7)	67(100.0)	
5年以上	13(50.0)	13(50.0)	26(100.0)	
計(%)	77(45.6)	92(54.4)	169(100.0)	
課題数3つ未満	10(23.3)	33(76.7)	43(100.0)	$\chi^2(1)=11.576$
3つ以上	68(53.1)	60(46.9)	128(100.0)	$p<0.01$
計(%)	78(45.6)	93(54.4)	171(100.0)	

表4-8 今後の分権化の賛否とのクロス表

	現時点での分権化への賛否			
	肯定的	否定的	計(%)	有意差
人口10万人未満	30(31.6)	65(68.4)	95(100.0)	
10万人~30万人未満	16(30.8)	36(69.2)	52(100.0)	
30万人以上	11(45.8)	13(54.2)	24(100.0)	
計(%)	57(33.3)	114(66.7)	171(100.0)	
年数1年未満	7(28.0)	18(72.0)	25(100.0)	
1年以上3年未満	17(32.7)	35(67.3)	52(100.0)	
3年以上5年未満	25(37.3)	42(62.7)	67(100.0)	
5年以上	7(26.9)	19(73.1)	26(100.0)	
計(%)	56(32.9)	114(67.1)	170(100.0)	
課題数3つ未満	9(20.5)	35(79.5)	44(100.0)	$\chi^2(1)=4.656$
3つ以上	49(38.3)	79(61.7)	128(100.0)	$p<0.05$
計(%)	58(33.7)	114(66.3)	172(100.0)	

(4)ロジスティック回帰分析の分析結果

　ロジスティック回帰分析では、「現時点での分権化への賛否」と「今後の分権化への賛否」という2つの従属変数を想定したモデルを以下のように作成し分析した。

①モデルA:「現時点での分権化への賛否」に対して最も関連のある変数は何か

モデル A

```
人口規模  ─→
経年年数  ─→  現時点での分権化への賛否  (n=164)
課題対応数 ─→
```

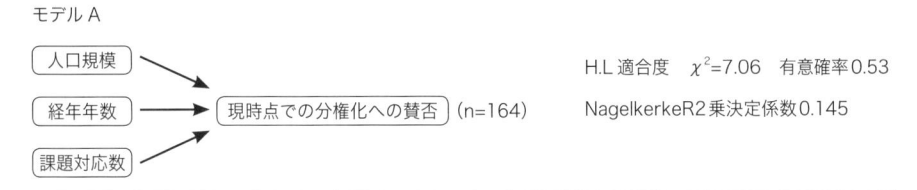

H.L 適合度　χ^2=7.06　有意確率 0.53
NagelkerkeR2乗決定係数 0.145

図4-1　ロジスティック回帰モデル A

　上記の結果から、モデル A というロジスティック回帰式は予測に役立ち、モデルは適合しているといえる。このロジスティック回帰式における「人口規模」、「経年年数」は有意な変数とならなかった。「課題対応数」の Exp（B）が 1.42（p<0.01）であり、「課題対応数」のみが「現在の分権化への賛否」の予測に役立つことが明らかになった。なお、「課題対応数」が1増えると、子ども家庭福祉行政の分権化について肯定的に回答する確率は、1.42倍となった。

②モデル B:「今後の分権化への賛否」に対して最も関連のある変数は何か

モデル B

```
人口規模  ─→
経年年数  ─→  今後の分権化への賛否  (n=165)
課題対応数 ─→
```

H.L 適合度　χ^2=5.37　有意確率 0.72
NagelkerkeR2乗決定係数 0.112

図4-2　ロジスティック回帰モデル B

　上記の結果から、モデル B というロジスティック回帰式は予測に役立ち、モデルは適合しているといえる。このロジスティック回帰式における「人口規模」、「経年年数」は有意な変数とならなかった。「課題対応数」の Exp（B）が 1.51（p<0.01）であり、「課題対応数」のみが「今後の分権化に対する賛否」の予測に役立つことが明らかになった。なお、「課題対応数」が1増えると、今後の子ども家庭福祉行政の分権化について肯定的に回答する確率は、1.51倍となった。

③ロジスティック回帰分析の結果について
　ロジスティック回帰モデル A と B の分析結果が示したように、筆者の立てた

仮説モデルは「分権化の賛否」を説明するために有効なモデルであった。つまり、「人口規模」や「経年年数」の影響をコントロールした上で、「人口規模」や「経年年数」の影響によらず、「課題対応数」が「分権化への賛否」に関連のある変数として示された。今後の子ども家庭福祉行政の地方間分権における協議会型援助の可能性を提示した結果であると考えられた。

5. 結果のまとめ

　その結果、「『課題対応数』と『〔現時点／今後〕の分権化への賛否』の間には関連がある」ということが示された。ロジスティック回帰分析の結果が示したように、「課題対応数」が1増えることによって分権化に肯定的な回答をする確率が、自治体の「人口規模」やネットワーク・協議会の「経年年数」の影響をコントロールしても〔現時点／今後〕の分権化への賛否」それぞれ、1.42倍／1.51倍となることが明らかになった。
　この結果を受けて、「協議会型援助を活用することによって課題に対応できるようになること」が、「現在進展しつつある市町村を中心とする子ども家庭福祉行政実施体制へと転換できる可能性を示している」と結論づけた。

第3節

協議会型援助に関する先行研究の成果と残された課題

---

1. 市町村における協議会型援助が示したもの

　第2節における調査分析結果をもとに、市町村における協議会型援助の可能性について述べたい。子ども家庭福祉行政を市町村へと移譲し、市町村を中心に再構築することについては、冒頭において述べた通り担当者から不安の声や慎重な

態度が見られる。協議会の形骸化の指摘もあり、現在の状況では協議会があることのみで市町村の役割が強化されるものと考えることは難しい。また、協議会があることをもって分権化を進めていく、ということも困難を伴うこととなろう。

先の調査では、ネットワーク・協議会を設置済みである市町村を対象に、協議会を活用することによって対応できる課題の数を分析の際のポイントにしたことで、協議会型援助のもつ力の一端を明らかにできたと考える。

その明らかにしたこととは、「人口規模の大小が地方間分権を受け止める力を支える要因になるとは言い切れない」ということ、「ネットワークや協議会を設置してから経過している年月の長短が地方間分権を受け止める力を支える要因になるとは言い切れない」、ということである。そして、重要な結果は「協議会型援助で課題に対応できる数が増えていく、すなわち協議会型援助が活用されるということが、市町村が地方間分権を受け止める力を支える要因になる可能性がある」ということである。

これらの結果は、子ども家庭福祉行政の地方間分権の際、「人口規模が大きく、人材等の資源が確保しやすい自治体が必ずしも有利とは限らない」こと、「ネットワークや協議会の経年年数の長さがネットワークを活用していることを示すとは限らない」ことを示したことになると考えられる。

そのことは、子ども家庭福祉行政における地方間分権を考える際、「市町村における協議会型援助の有用性」を示している。つまり、「今後いかに協議会型援助が活用されるよう、機能するよう手立てを講じるか」が重要であることが示唆されたといえる。

現在、子ども・子育て応援プランにおいて全市町村にネットワークを整備するとの目標が掲げられているが、筆者の修士論文段階における調査と分析からの検討によれば、「市町村にネットワークや協議会を設置しただけでは十分な成果を得にくい」ということが指摘できる。ネットワークや協議会の設置だけでなく、協議会型援助の活用を通して組織的に課題に対応できるようになる、すなわち市町村が力をつけていくことが重要である。そのためには、人口規模によって財源が確保しにくいことや人材（スーパービジョン体制等を含めて）を確保することが難しい[5]ということをはじめとする、協議会型援助を活用するために必要となる資源を確保することが不可欠と考える。

2. 残された課題

　2005年度調査段階での研究の限界として、質問紙調査の実施時期が市町村合併を控えた時期であり、ネットワークから協議会へと移行する時期、つまり、制度の過渡期に実施せざるを得なかったということがある。また、分析に使用したデータについては、筆者の平成17年度修士論文において実施した調査結果であり、サンプルサイズが大きくないことも指摘されよう。ただし、サンプルサイズが大きくなくとも統計的分析については検定手続きを経て実施しているため、この段階で一定程度有益な示唆を得られたと考える。

　第3節において筆者が示してきた「5点の課題」については註4)にあるように分析の際1つを除去したうえで使用したが、実際には6点ある。当時追調査も行ったが、市町村の課題を構成している要素の詳細と課題の構造について明らかにするには至っておらず、さらに個々の項目についてはワーディングの工夫を要するということもあり、その点を検証する必要がある。

　この点に関する先行研究は少なく、市町村における体制整備や市町村が対応する必要のある課題を調査、分析をするには、探索的にならざるを得なかった。特に第3節で示した調査結果においては制度の側面を中心とした検討となり、理念や援助方法に関する検討はあまりできていなかったことも反省される点であるが、この点は本研究において取り組むこととした。

　また、ネットワークの一種である協議会は、先述のようなメリットがある一方で、先行研究により示されている課題もあり、さらに注意すべき点もある。さらに、ネットワークを形成しても、暗黙の了解や個人的な顔のつながり（個人的コネ）による問題の処理といった閉鎖性を生み出し、協議会に期待される効果的な活動を妨げてしまうこともある。つまりデメリットの部分である。

　協議会を設置している市町村の課題については、先述の通り先行研究のレビューによって述べたが、体系的に示されたものはまだない状況にあり、厚生労働省も調査項目からはずしてしまっているため、協議会を設置している市町村がどのような課題に直面しているかについてもその詳細や構造を明らかにすることは重要な作業といえる。

　これまでの研究におけるこれらの課題を踏まえ、本研究における理念、制度、方法を踏まえた仮説を提示することとしたい。

第4節 子ども家庭福祉行政実施体制再構築に関する仮説

　第1章から本章にかけて述べてきたことをふまえ、本研究における仮説を以下の通り提示することとした。

表4-9　本研究の仮説の構造

理論仮説	検証方法
理論仮説「都道府県中心の子ども家庭福祉行政実施体制は、市町村を中心とする実施体制に再構築することができる」	下記の検討を総合して検証
↓この理論仮説より以下の仮説が派生	
I「再構築（仕組み）に関わる仮説」 理論仮説①「市町村を中心とする体制再構築ができるか否かについて、影響を与える変数がある」 理論仮説②「市町村を中心とする体制再構築ができるか否かに対して影響を与える変数には優先性がある」 理論仮説③「市町村を中心とした体制再構築をしても、都道府県固有の役割や広域的対応の必要な役割が残る」 理論仮説④「市町村を中心とした体制再構築は、市町村の子ども家庭福祉における対応力があがることによって可能となる」	質問紙調査とインタビュー調査に基づく検証
II「再構築（理念）に関わる仮説」 理論仮説⑤「市町村を中心とした体制再構築には、子ども家庭福祉における固有の理念をすえる必要がある」	先行研究による理論的研究と考察に基づく検証

1. 理論仮説

(1)理論仮説「都道府県中心の子ども家庭福祉行政実施体制は、市町村を中心とする実施体制に再構築することができる」

　これは、これまで本論文において述べてきたとおり、他の福祉分野が実現してきたように、都道府県中心の子ども家庭福祉行政実施体制を市町村中心の体制に再構築することができるか否かを検証するために最も重要な仮説である。

　筆者がこれまでに行ってきた研究においても、市町村を中心とする子ども家庭福祉行政実施体制再構築の可能性については肯定的に支持されてきた。先行研究においても、市町村を中心とした体制に再構築することの必要性を提示した研究、市町村担当者のインタビュー調査等から市町村を中心とする体制に再構築することの必要性については投げかけられてきた。

　しかしながら、そのような再構築が実現できるか否かについては、必ずしも明らかにされてはこなかった。したがって、本研究の仮説として設定し、質問紙調査等により検証を試みることとする。

　これ以降の仮説は、全てこの理論仮説を受けて派生したサブ仮説である。理論仮説①から④までは再構築の「仕組み」に言及する仮説、理論仮説⑤は再構築の「理念」に言及する仮説を示している。

(2)理論仮説①「市町村を中心とする体制再構築ができるか否かについて、影響を与える変数がある」

　この仮説は、市町村を中心とする実施体制に再構築することができるか否かについて、影響を与える変数が何らかあるのではないかということである。

　それは、これまでのところ、市町村担当者や先行研究によって、専門機関や専門職等をはじめとする社会資源の差等を背景に指摘されてきた「人口規模」、経年年数が長いほど熟練するだろうという一般的な仮説に基づく「協議会の経年年数」、子ども家庭福祉を実施するにあたり、市町村担当者が様々な課題に多く対応できる必要があるのではないかという筆者がこれまでの研究に用いてきた「課題対応数」(本研究においては「課題克服数」と表記する)を中心に、市町村を中心とした子ども家庭福祉行政実施体制の再構築について影響を与える変数があることをこれまでも検証してきた。

しかし、それはあくまでも再構築の可能性に対する影響であって、再構築できるか否かに対する影響を検証することはできなかった。したがって、再度その中心的な独立変数によって、市町村を中心とする実施体制再構築ができるか否かを検証することとした。

(3) 理論仮説②「市町村を中心とする体制再構築ができるか否かに対して影響を与える変数には優先性がある」

これは、先行研究や筆者の研究等により示されてきた市町村における課題、協議会の課題はそれぞれに重要な変数であると考えられるものの、その優先性については明らかにされてこなかった。市町村を中心とした体制再構築に必要な変数を明らかにすることにより、市町村の体制再構築の条件を整えることができる。ただし一挙に全てを行うことは緊縮財政の中では容易でない。したがって、優先順位をつけることにより体制整備の一助とすることができると考えられるため、この点を検証することとした。

(4) 理論仮説③「市町村を中心とした体制再構築をしても、都道府県固有の役割や広域的対応の必要な役割が残る」

この仮説は、先行研究における都道府県と市町村間の役割分担の明確化等の議論、さらに市町村を中心とする体制ではなく児童相談所の機能を充実強化させるべきという議論がある中で、市町村ではできないあるいは市町村で担う必要性のない業務とは何かを検証する。つまり、市町村の役割以外のものの一端について検証するための仮説である。都道府県と市町村間の役割分担は、明確な基準もなくややもすると押し付け合いに陥ってしまうような事態を招く重要な検討課題であり、この点については必ずしも十分に言及されてきたとは言い切れないため、仮説をもとに検証することとした。

(5) 理論仮説④「市町村を中心とした体制再構築は、市町村の子ども家庭福祉における対応力があがることによって可能となる」

この仮説は、筆者のこれまでの研究において、体制再構築に影響のある変数として人口規模、さらに経験年数を示すものとしてネットワーク設置からの経年年数、市町村における課題対応数それぞれの要因をコントロールしたロジスティッ

ク回帰分析をしてきた。その結果、市町村の担当者は、課題対応数が多くなることによって、人口規模やネットワークの経年年数に関係なく体制再構築の可能性に肯定的に回答するという結果となった。

しかし、その調査はあくまで市町村を中心とする体制再構築の可能性を調査したものであったこと、市町村の課題として挙げたものについては詳細や構造まで明らかになっていなかったことなどが残された課題であった。

その課題をうけ、本研究においては市町村における課題については詳細をインタビュー調査により把握し、全体をKJ法により構造化してワーディングを工夫したものを再度質問紙調査に使用することとした。さらに、市町村における体制再構築については可能性ではなく、実際に現状を踏まえてできるか否かを調査することとした。したがって、それらの調査結果についてロジスティック回帰分析によって再度変数間の影響をコントロールし、最も有意な変数を見出し考察するため、この仮説をもとに検証することとした。

(6) 理論仮説⑤「市町村を中心とした体制再構築には、子ども家庭福祉における固有の理念をすえる必要がある」

これは、市町村における体制再構築がなぜ必要なのかについて論証するために必要となる仮説である。その検討において、子ども家庭福祉における理念や地方間分権の動向を整理し、さらに他の福祉分野における地方間分権の理念等と引き合わせつつ、社会福祉学の立場から子ども家庭福祉の地方間分権のあり方を考えることができる。なぜ市町村における体制再構築が良いのか、必要であるのかについては、必ずしも十分に論証されてきたとはいえないため、この仮説をもとに検証することとした。さらに、体制再構築にあたって、子ども家庭福祉の実践に固有の理念が必要とされるか否かについても併せて検討する。

2. 仮説検証に向けて

これらの仮説について、これまでの理念研究や子ども家庭福祉を取り巻く分権等の現状や課題、ならびに次章以降の質問紙調査やインタビュー調査の知見を通じて実証的に検証することとする。仮説①、②、③、④については、質問紙調査

とインタビュー調査の分析結果を用いて検証する。仮説⑤は特に先行研究を中心とした理論的研究とその考察、さらにインタビュー調査の分析結果とその考察から論証することとする。そして、それらの仮説のもととなった理論仮説については、これらの仮説検証を総合して検討することとする。なお、仮説のうち質問紙調査を用いて検証するものについては、第6章においていくつかの作業仮説を設定したうえで、具体的な統計的分析を行う。

　次章では、本章で述べたこれまでの筆者の研究に残された課題であった市町村の課題の構造化と、それらを質問紙調査において使用するためのワーディングの工夫を含めて検討することとしたい。

■註
1) 金子（1992:122）によれば、「相互作用の中から生まれてくる」と考える動的情報に対して、「静的情報」がある。静的情報というものはすでに「どこかにあるもの」と考え、情報は「どこかから手に入れてくるもの」であり、対価を支払う等のコストがかかる。情報をよりたくさん保持しているものが情報を少ししか持っていないものより優位に立つという視点。静的情報は既存の枠組みの中で効率的に処理するには寄与するが、既存の枠組みを変化させる力にはならない。さらに、金子（1988:174）は、「情報は本来動的なものであるといっても、情報の意味形成の相互関係のサイクルがひと段落してある一定の意味が定まったとき、その結果は数値データ、メモ、コンピューターソフトウェア、マニュアル等、一定の表現形態を持ったものとして『固定化』される。」このように固定された状態を「情報の静的側面」と呼んでいる。協議会に関わるマニュアル等は、この静的側面といえる。
2) 18項目とは、設立動機、要綱の有無、活動内容、構成メンバー、民間機関参加の扱い、事例検討状況、活動の困難点、効果、課題、資金、児童相談所との関係、子育て支援との関係、ネットワーク継続の条件等である。
3) 本研究では「協議会型援助」について、「児童福祉法による規定を根拠に設置された要保護児童対策地域協議会を活用して、子どもとその家族のニーズに最もかなうよう、支援の方向性を決定、修正、実行すること」とした。さらに、現在ネットワークから法定化された協議会への移行が大幅に進んでいるため、概念の広い「ネットワーク型援助」とはせず、法的位置づけをもつ狭義の「協議会型援助」とした。
4) 筆者の提示した課題は本来6点あり、そのうち「町村部で子ども家庭福祉サービスを効率的に実施するための広域的対応ができる体制の確保」は、無回答が47件（26.9％）と多く、これを分析に用いるとサンプル数が127まで落ちてしまう。そのためこれを分析から除外し、残り5項目で信頼性係数を算出、合計得点として分析に使用した。
5) 要保護児童対策地域協議会に関する諸課題については、先行研究において指摘されているほか、佐藤まゆみ（2007）「子ども家庭福祉行政の地方間分権における協議会型援助とその課題〜インタヴュー調査のデータ分析からの考察〜」『淑徳大学大学院総合福祉研究科紀要』第14号 淑徳大学において、本研究の質問紙調査の結果を受けて実施したインタヴュー調査のデータに基づき、協議会型援助を実施するにあたり市町村が抱えている課題について分析している。

■文献
厚生労働省ホームページ（2008）「市町村の児童家庭相談業務の状況及び要保護児童対策地域協議会（子どもを守る地域ネットワーク）の設置状況等について（平成20年4月現在）」
http://www.mhlw.go.jp/houdou/2008/11/dl/h1119-2a.pdf
今井賢一、金子郁容（1988）『ネットワーク組織論』岩波書店, 22-23, 44-45, 48, 52-53, 70, 87-88, 90, 174, 268.
金子郁容（1992）『ボランティア もうひとつの情報社会』岩波書店 122, 123-124.
安田雪（1997）『ネットワーク分析 何が行為を決定するか』新曜社 2-3.
松田博雄、山本真実、熊井利廣（2003）『三鷹市の子ども家庭支援ネットワーク』ミネルヴァ書房.
加藤曜子編（2004）『市町村児童虐待防止ネットワーク―要保護児童対策地域協議会へ―』日本加除出版, 120, 124-130, 143-152.
加藤曜子、安部計彦編（2008）『子どもを守る地域ネットワーク活動実践ハンドブック 要保護児童対策地域協議会の活動方法・運営Q&A』中央法規.
加藤曜子（2002）『市町村虐待防止ネットワーク調査研究報告書―子育て支援を目的とする地域ネットワーク実態調査報告書』
佐藤まゆみ（2005）「児童福祉行政実施体制の在り方に関する研究―地方間分権に関わる潮流の概観, 考察を通して―」『淑徳社会福祉研究』12, 淑徳大学社会福祉学会.

佐藤まゆみ（2006）「子ども家庭福祉行政実施体制のあり方に関する研究〜協議会型援助による市町村役割強化の可能性〜」淑徳大学大学院社会学研究科社会福祉学専攻博士前期課程修士論文．

佐藤まゆみ（2007a）「子ども家庭福祉行政の地方間分権における協議会型援助とその課題〜インタヴュー調査のデータ分析からの考察〜」『淑徳大学大学院総合福祉研究科研究紀要』16，淑徳大学，85-103．

佐藤まゆみ（2007b）「子ども家庭福祉行政実施体制のあり方に関する研究〜質問紙調査の分析を通して，協議会型援助による市町村役割強化の可能性を探る〜」『子ども家庭福祉学』7，日本子ども家庭福祉学会，51-63．

柏女霊峰、山本真実、尾木まりほか（2002）『子育てネットワークに関する調査研究事業調査報告書』こども未来財団．

柏女霊峰、佐藤まゆみ、尾木まりほか（2006）『子ども家庭福祉サービス供給体制のあり方に関する総合的研究報告書』日本子ども家庭総合研究所．

加藤曜子、安部計彦、才村純ほか（2002）『市町村児童虐待防止ネットワーク調査研究報告書―子育て支援を目的とする地域ネットワーク実態調査―』平成13年度児童環境づくり等調査研究事業．

加藤曜子、安部計彦、才村純ほか（2003）『市町村における児童虐待防止ネットワークづくりの基本と方法』平成14年度児童環境づくり等総合調査研究事業報告書．

高橋重宏、才村純、澁谷昌史ほか（2005）『児童虐待防止に効果的な地域セーフティーネットのあり方に関する研究』平成16年度子ども家庭総合研究事業研究報告書．

山縣文治、岩間伸之、岡田忠克ほか（2005a）『子ども家庭福祉相談体制のあり方に関する研究（自治体調査）―地域における子どもと家庭に関する相談支援体制のあり方に関する研究―』大阪市立大学社会福祉学研究室．

山縣文治、岩間伸之、岡田忠克ほか（2005b）『子ども家庭福祉相談体制のあり方に関する研究（ヒアリング調査）―地域における子どもと家庭に関する相談支援体制のあり方に関する研究―』大阪市立大学社会福祉学研究室．

山縣文治、岩間伸之、岡田忠克ほか（2005c）『子ども家庭福祉相談体制のあり方に関する研究　平成16年度総括研究報告書』大阪市立大学社会福祉学研究室．

厚生労働省ホームページ（2004）「児童虐待防止を目的とする市町村域でのネットワークの設置状況調査の結果について（平成16年6月調査）」
http://www.mhlw.go.jp/houdou/2004/10/h1018-2.html

厚生労働省ホームページ（2005）「市町村域での要保護児童対策地域協議会及び児童虐待防止を目的とするネットワークの設置状況調査の結果について（平成17年6月調査）」
http://www.mhlw.go.jp/houdou/2005/11/h1118-3a.html

厚生労働省ホームページ（2006）「市町村域での要保護児童対策地域協議会及び児童虐待防止を目的とするネットワークの設置状況調査の結果について（平成18年4月調査）」
http://www.mhlw.go.jp/houdou/2006/10/h1031-5.html

厚生労働省ホームページ（2005）「市町村児童家庭相談援助指針」
http://www.mhlw.go.jp/bunya/kodomo/dv-soudanjo-sisin-honbun.html

厚生労働省ホームページ（2005）「要保護児童対策地域協議会設置・運営指針」
http://www.mhlw.go.jp/bunya/kodomo/dv03/01.html

厚生労働省ホームページ（2007）「要保護児童対策地域協議会（子どもを守る地域ネットワーク）スタートアップマニュアルの公表について」
http://www.mhlw.go.jp/bunya/kodomo/dv14/index.html

古谷野亘、長田久雄（1992）『実証研究の手引き　調査と実験の進め方・まとめ方』ワールドプランニング．

太郎丸博（2005）『人文・社会科学のためのカテゴリカル・データ解析入門』ナカニシヤ出版．

第5章

子ども家庭福祉の体制再構築に向かう市町村が克服すべき課題

本章では、子ども家庭福祉の体制再構築において市町村が克服すべき課題について、これまで筆者が調査研究を実施してきた成果をもとにインタビュー調査により詳細に聞きとり、KJ法を用いて構造化することとした。なお、本章において通常は児童相談所と表現しているが、調査項目や先行研究等で児相とされている場合には児相とする。

第 1 節
市町村が抱えている子ども家庭福祉の体制再構築の課題とその検討経緯

　現在、全国の市町村は子ども虐待をはじめとする要保護児童に対応するための仕組みとして、要保護児童対策地域協議会(以下協議会)を整備する過渡期にある。厚生労働省による調査結果(2008)によれば、全国1811市区町村のうち1532か所(84.6%)が協議会を設置済みであり、協議会の前身といえる児童虐待防止市町村ネットワーク(以下ネットワーク)の設置率も合わせれば、1705か所(94.1%)にのぼる。

　市町村は、児童福祉法改正や役割の強化により協議会の設置や相談体制の構築に関する対応におわれ、工夫をする自治体は先駆的取組として取り上げられる一方で多くの自治体がその対応に苦慮し、協議会は形骸化が指摘され、実際にインタビュー調査に赴いても困惑や疲弊が感じられる状況にある。しかし、障害者自立支援法に基づく障害児の施設入所措置に関する検討等、市町村をとりまく地方間分権の動向は避けられようもない。本研究において地方間分権は、「都道府県中心から市町村中心の子ども家庭福祉行政へと再構築し、市町村が子育て支援や要保護児童の福祉に対して連続性と責任をもって、主体的に役割を果たすこと」と定義してきた。

　厚生労働省の予算においては平成20年度、平成21年度ともに協議会の機能強化が取り組まれているが、市町村担当者が必要としている体制整備へのバックアップとマッチしているのかどうかは、必ずしも十分に問われているとはいえない。予算化は関心と優先度のあらわれと考えられるものの、市町村が対応すべき課題は何かを十分に明らかにしない限り、市町村の現状にマッチしたバックアップを打ち出すことは困難であろう。

　これまで厚生労働省(2001、2002、2003、2004、2005、2006、2007、2008)、加藤ら(2002、2003)、柏女ら(2002、2006)、山縣ら(2005a,2005b,2005c)、高橋ら

表5-1　市町村の課題の構造化と再構成の結果

市町村の課題(試案)	小グループ表札
Ⅰ．児童相談所等による子ども家庭福祉行政の実施に関するノウハウの指導を受ける機会を確保できること	①自治体の対応力の向上に対する意識をもつこと ②児相との協働によるノウハウ伝達の必要性 ③ノウハウ伝達の方法 ④風通しの良い仕組みとしての会議の活用の必要性 ⑤自治体の対応力の向上に関する取り組み
Ⅱ．子ども家庭福祉関係の専門職をより効果的に活用できること	①兼務体制の限界と専門分野を理解した人材配置の必要性 ②質の向上のための研修と専門職採用をセットで考える必要性 ③他職種、専門職の柔軟な人事異動システム
	④専門職等が理解しあい活用しあう方策としてのネットワーク ⑤コーディネーターの力量 ⑥効果的活用を視野に入れた専門職に関する理解や認識の必要性 ⑦行政職のキャリアがある人の手腕
Ⅲ．専門職が少なくても援助活動を工夫でき、子どもと家庭に最善の方策を見出せること	①最善の利益やよりよい方策を検討できる ②最善の方法を生み出す意識とそれができる体制 ③ケース管理に付随する必要な政策を挙げられる ④校区ごとのネットワーク、さらに地域の中にネットワークができる必要性 ⑤意識共有のための仕組み
	⑥人事異動があっても安定的な体制がとれる仕組み ⑦専門相談員と知識のある役場職員の2段構え
	⑧専門職が少なかったり専門職でなくともできる工夫をすること ⑨専門職のいる良さ ⑩地域に人材を見出し育てる
Ⅳ．行政の子ども家庭福祉関係者の人事異動があっても、他の関係者がケースの情報を共有できること	①人が変わっても引き継ぎ共有できる記録、進行管理の仕組み ②ケースの連続性のために事務局が機能すること ③係内に複数の担当者の必要性
	④組織的対応の仕組みづくり ⑤専門職と行政職の問題意識を行政の責任で形にできる仕組み ⑥円滑な支援体制のための方策 ⑦組織として情熱や熱意を継続すること ⑧広域的対応を要する事項の整理と対応の仕組み ⑨自治体独自の効率性の模索
Ⅴ．子ども家庭福祉行政のサービスを効率的に実施するため、近隣の自治体と協力する等、広域的対応ができること	①転入・出ケースのためのネットワーク同士のつなぎ ②温度差やバラつきに対応する啓発 ③新しい仕組みを視野に入れた広域ケースのネットワークへのつなぎ方の模索 ④広域で連携して扱えるケース、扱えないケースの選別
	⑤広域でうまくいく、メリットのある事項 ⑥市町村に資源が少ない、ノウハウが少ない事項
	⑦市町村内の校区、本体ネットワークの二重構造の良さ
Ⅵ．市区町村における子ども家庭福祉行政を効果的に行い、最も適切なサービスを届けられる等、実効性をもたせることができること	①人事を含め、各々が専門機能を発揮できる体制 ②協働による計画性ある支援
	③対応に活かすためのサービスや制度を把握すること ④要保護ケースにサービスを届けるための力量 ⑤家庭の力を育てる
	⑥時代に即した制度の評価、点検の仕組み ⑦現状をまとめ分析する力量と制度に活かす仕組み

※1　小グループ表札から右端(結果)に向かって抽象度があがる
※2　大グループ表札に空白があるが、大グループ表札と中グループ表札の意味の水準は同じ。つまり、グループと表札の示す意味を最大にくみとることができた段階が中グループであったか、大グループであったかの差にすぎない。
※3　最終的に再構成した市町村の課題(右端)は、課題(試案)と小～大グループ表札の内容に対してさらに表札をつけたものである。

	中グループ表札	大グループ表札	KJ法により再構成された市町村の課題
	(1)自治体の対応力向上に関する仕組み		Ⅰ.児相との協働によるノウハウ伝達など自治体の対応力向上のための取り組みをすること
	(1)兼務体制の限界と専門分野に必要とされる人事システムの構築		Ⅱ.子ども家庭福祉関係の専門職をより効果的に活用するための取り組みをすること
	(2)専門性を活かすための理解や認識、手腕を磨く仕組み		
	(1)最善の方法を生み出せる組織、体制	1.意識を共有し最善の方策を生む安定した体制を持つ組織	Ⅲ.援助活動を工夫し子どもと家庭に最善の方策を見出すための取り組みをすること
	(2)安定的な体制のための仕組み		
	(3)専門職、非専門職を活用する工夫		
	(1)支援の連続性のための仕組み	1.自治体の特性に応じた連続性のある建設的な対応を可能にする組織づくり	Ⅳ.支援の連続性を考慮した援助活動が可能となるための取り組みをすること
	(2)支援者にとっても建設的な対応が可能になる組織、仕組みづくり		
	(1)広域対応におけるネットワーク同士のつなぎと温度差をうめる啓発	1.広域で扱うケースの選別とつなぎ方、啓発の必要性	Ⅴ.市区町村で支えるか広域で支えるかを判断し援助するための取り組みをすること
	(2)広域で扱うメリットのある事項		
	(3)市町村内の重層的ネットワークの構築		
	(1)(支援に)実効性を持たせる計画的な支援体制	1.支援、サービスに実効性を持たせるための手立て	Ⅵ.効果的で実効性のある援助をするための取り組みをすること
	(2)必要とされるところへサービスを届けるための力量と知識		
	(3)制度を動かしモニターする力量と仕組み		

(2005)等により、市町村における子ども家庭福祉の対応やネットワーク、協議会に関する研究が実施されてきたが、地方分権の視点から市町村中心の体制の現状に言及している研究は柏女らや山縣らの研究等を除けば、決して多くない。

筆者は、平成16年より文献研究、児童相談所やネットワークにおける参与的観察等の結果から「市町村が抱える課題」6点を試案(表5-1左端Ⅰ～Ⅵ)として提示してきた(佐藤2007a)。さらに、市町村を中心に子ども家庭福祉行政を実施する体制を構築する際、市町村が数多くの課題(試案)を克服できていることが重要であることが明らかになった(佐藤2007b)。しかし、その構造については明らかになっておらず、これまでの先行研究においても構造を明示したものはみられないのが現状である。

前章の調査分析結果から、子ども家庭福祉の体制再構築にあたって影響のある変数は課題を克服する数であったことが示された。残された課題として、市町村における課題の構造化すべきこと、質問紙調査に項目として使用するためのワーディングの工夫が必要とされたことがあり、それをふまえて本章ではインタビュー調査により課題の構造化をすることとした。

第2節 市町村における課題構造化のためのインタビュー調査の目的と方法

ここでは、調査の目的や調査方法等について述べることとする。

1. インタビュー調査の目的

筆者がこれまで試案として提示していた、子ども家庭福祉行政実施体制再構築における市町村の課題について、その詳細と構造を明らかにすることを目的とし、インタビュー調査を実施することとした。

2. 研究方法

(1) 研究方法とKJ法の特徴

　本研究では半構造化面接法によるインタビュー調査を実施し、後日逐語録を作成した。KJ法は、1950年代文化人類学者の川喜田二郎の創案になるもので、フィールドワークなどで得られた定性的なデータを統合的にまとめる方法である。最近では、質的研究の一手法として評価が定まっている。本研究においては、まだ明らかにされていない事柄の構造を掴むために適しているとされるKJ法により、データの統合をした。なお、KJ法は探索的な作業に適しており、データの全体像を図解化により可視化し、作成したラベル同士の関係の意味を叙述化するプロセスがあることが特徴である。

　インタビュー調査では、表5-1のⅠ～Ⅵに挙げた市町村の課題(試案)に対応する際必要とされることとは何かを聴取した。市町村の課題の構造化については逐語録を使用し、KJ法A型図解の手法を用いて、回答された文脈を大切にして大意を汲みとり、ラベルを作成したうえでそれぞれ図解化した。元ラベルはコピーをして保存し、ラベルのグループ化や表札作成等のプロセスはノートに記録し、いつでも元のデータをたどれるようにした。

(2) 調査対象

　子ども家庭福祉行政に詳しい関係者の協力を得て、協議会を設置済みであり、他の市町村に見られない取り組みとして国や都道府県により評価されている自治体を先駆的取組として子ども家庭福祉の研究者や職員に挙げてもらい、人口のばらつきを考慮して10か所を対象とした。先駆的取組事例としては、例えば協議会そのものが厚生労働省によって評価されている自治体や協議会の中で福祉と教育関係の機関が連携している自治体である。インタビューの回答者は、「児童虐待防止市町村ネットワーク・要保護児童対策地域協議会の実際をご存じの協議会の事務局の方」とした。調査時期は、平成18年10月から11月であった。

表5-2 調査対象の属性

人口規模	対象
10万人未満	C市、D町、E町、H市、I町、J市
10万人以上30万人未満	B市、G市
30万人以上	A市、F市

(3) 倫理的配慮

　調査前に倫理的配慮を記載した依頼状を調査協力者に送付し、調査協力の承諾を得た。調査当日も倫理的配慮について文書にならい口頭で説明し、インタビューの録音について了解を得てICレコーダーで記録した。自治体名を明かさない、また特定されない工夫を施すこと、インタビュー記録の結果の使途等了解を得た。後日、結果をフィードバックした。

第3節
KJ法による構造化の結果
〜市町村が克服すべき課題とは何か〜

　本節では、インタビュー調査により得られたデータをKJ法により統合的にまとめ、構造化した結果について述べることとする。

1. 市町村の課題(試案)と図表について

(1) 市町村の課題(試案)とグループ編成のプロセス

　インタビュー調査で提示した市町村の6つの課題(試案)は表5-1の左端IからVIであり、グループ編成のプロセスについては表5-3の通りである。

表5-3　得られたラベル数、グループ編成、表札作成のプロセス

元の課題	得られた ラベル	グループ編成の プロセス	小グループ 表札	中グループ 表札	大グループ表札 （備考）
課題(試案) I	12枚	12→8→7→5	5	1	
課題(試案) II	15枚	15→11→8→7	7	2	
課題(試案) III	20枚	20→12→11→10	10	3	1(＋中表札が2つ)
課題(試案) IV	16枚	16→10→9	9	2	1
課題(試案) V	15枚	15→11→8→7	7	3	1(＋中表札が1つ)
課題(試案) VI	13枚	13→8→7	7	3	1(＋中表札が1つ)

(2) 表5-1と図5-1～5-6について

　表5-1は、「課題(試案)」、「構造化のプロセスとそのエッセンス」、それらに基づき課題(試案)の表現を再構成した最終的な結果の全てをまとめたものである。表の左端から右端に向かうにしたがって具体から抽象を示し、抽象度があがる。なお、グループ化すれば意味の水準が出てくる。表5-1には「中グループ表札」までにとどまり「大グループ表札」に空白が見られるものがあるが、意味の水準でいえば中グループ表札と大グループ表札の意味の水準は同じである。つまり、グループと表札の示す意味を最大に汲みとることができた段階が中グループであったか、大グループであったかの差である。試案の表現から最終的に再構成した市町村の課題は、課題(試案)と小～大グループ表札の内容に対してさらに表札をつけたものである。

　表5-1では「課題の構造化の流れと結果」を、図5-1～6では「課題ごとの構造化の全体像」を示している。以下、具体と抽象の間を示す「小グループ表札」を中心に結果を述べる。なお、図5-1～6は研究結果ごとに示すこととした。

2. 研究結果

(1) 課題 I (試案)「児童相談所等による子ども家庭福祉行政の実施に関するノウハウの指導を受ける機会の確保ができる」の図解化(表5-1、図5-1)
① 得られた表札

　課題 I (試案)の構造化により、「①自治体の対応力の向上に対する意識をもつこと」、「②児相との協働によるノウハウ伝達の必要性」、「③ノウハウ伝達の方

法」、「④風通しの良い仕組みとしての会議の活用の必要性」、「⑤自治体の対応力の向上に関する取り組み」という5つの小グループ表札が得られた。

②図解化により表札が示す課題の構造の文章化

　最も多くの要素に影響を与えているのは①のいわば「積極的な意識」であり、②〜⑤に対応する必要性といった新たな気づきをもたらしている。②は③と関連し、都道府県を中心(ノウハウを渡す主体)とした具体的な「ノウハウ伝達の方法」を示す。さらに④は、「理想とする体制」により「もたらされる効果」と「うまくいかなかった体験」から「ネットワークのメンバーであると良い点」を示唆している。

③課題の再ワーディング

　試案と小〜大グループの表札を加味し、最終的にこの課題を「児相との協働によるノウハウ伝達など自治体の対応力向上のための取り組みをすること」とした。

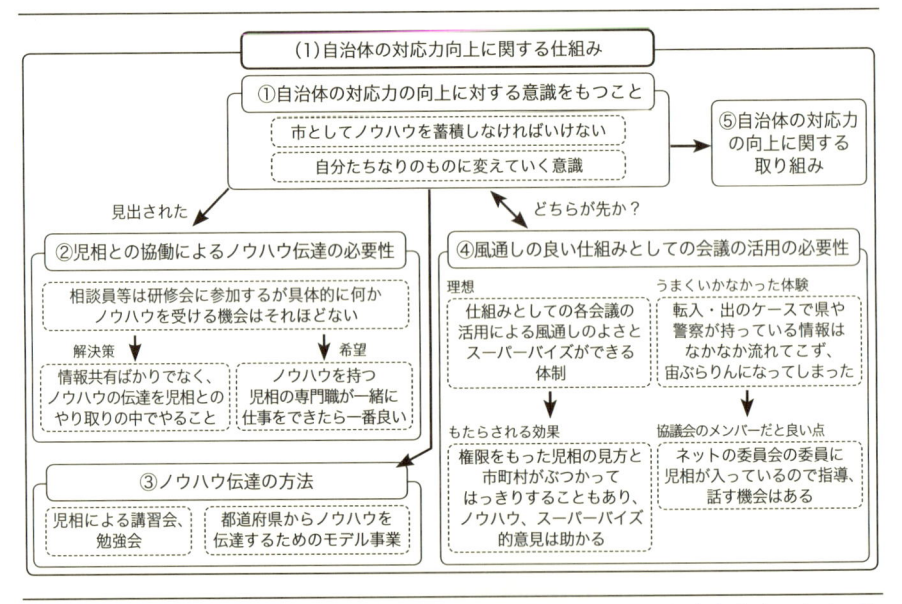

図5-1　課題Ⅰ(改)児相との協働によるノウハウ伝達など自治体の対応力向上のための取り組みをすること

(2) 課題Ⅱ(試案)「子ども家庭福祉関係の専門職をより効果的に活用できる」の構造化(表5-1、図5-2)

①得られた表札

課題Ⅱ(試案)の図解化により、「①兼務体制の限界と専門分野を理解した人材配置の必要性」、「②質の向上のための研修と専門職採用をセットで考える必要性」、「③他職種、専門職の柔軟な人事異動システム」、「④専門職等が理解しあい活用しあう方策としてのネットワーク」、「⑤コーディネーターの力量」、「⑥効果的活用を視野に入れた専門職に関する理解や認識の必要性」、「⑦行政職のキャリアがある人の手腕」という7つの小グループ表札が得られた。

②図解化により表札が示す課題の構造の文章化

①は「兼務体制等現状の問題点」と「問題の具体的状況」、「問題への対応方策」を示す。②は「これから採用される人材のための方策」と「現在活躍している人材のための方策」、「人材確保、質の向上に関する方策」を示し、③は「人材の効果的活用に関する方策」を示しており、問題点打開のための方策である。④は「どのような会議の内容にすべきか」、「協議会が目指すあり方」を示唆する。さらに、⑤は「ネットワークを支える力のひとつ」である「力量」が「協議会活動を通した実感」として語られている。また、⑥は「ネットワークを支える力を持つ際の課題」と「対応方法」を示す。

③課題の再ワーディング

試案と小～大グループの表札を加味し、最終的にこの課題を「子ども家庭福祉関係の専門職をより効果的に活用するための取り組みをすること」とした。

(3) 課題Ⅲ(試案)「専門職が少なくても援助活動を工夫でき、子どもと家庭に最善の方策を見出せる」の構造化(表5-1、図5-3)

①得られた表札

課題Ⅲ(試案)の図解化により、「①最善の利益やよりよい方策を検討できる」、「②最善の方法を生み出す意識とそれができる体制」、「③ケース管理に付随する必要な政策を挙げられる」、「④校区ごとのネットワーク、さらに地域の中にネットワークができる必要性」、「⑤意識共有のための仕組み」、「⑥人事異動があっても安定的な体制がとれる仕組み」、「⑦専門相談員と知識のある役場職員の2段構え」、「⑧専門職が少なかったり専門職でなくともできる工夫をするこ

(1) 兼務体制の限界と専門分野に必要とされる人事システムの構築

①兼務体制の限界と専門分野を理解した人材配置の必要性

問題点
専門職配置でも兼務では限界。専門分野でできることを理解して配置する必要。それにより人数や手厚さも変化する

問題点
専門職配置でも兼務では限界。専門分野でできることを理解して配置する必要。それにより人数や手厚さも変化する

問題点
他業務との兼務をなくし、子ども家庭福祉専門とする（職員の増加）

人材を確保、質の向上のために（方法）

②質の向上のための研修と専門職採用をセットで考える必要性

これから入ってくる人のために
専門職の質の向上のための研修をセットにして採用し、その人がいなくなったら市の専門職の行政が変わることはいけない

人材確保、質の向上の方法

今いる人のために
事例・事象の検討、現任研修をすること

人材を効果的に活用するために（方法）

③他職種、専門職の柔軟な人事異動システム

経験が偏らないよう、他のセクションと関連する専門職が異動可能なシステムがあっても良い

他職種の交わる職場が可能ならそのような人事体制も大切

(2) 専門性を活かすための理解や認識、手腕を磨く仕組み

④専門職等が理解しあい活用しあう方策としてのネットワーク

どんな会議にすべきか？
それぞれの役割に理解があることが前提で、誰が何をできるかを検討できる会議

協議会が目標とするところ

専門職や専門機関がお互いに十分うまく利用でき、相談したりできるようネットを作りつないでおく

ネットワークを支える

⑤コーディネーターの力量

コーディネーターのつなぐ力とアセスメント能力

どんな場で？

協議会でまさに実感できる。専門職の意見等をかなり吸い上げることができる

協力して援助にあたる

⑦行政職のキャリアがある人の手腕

ネットワークを支える

⑥効果的活用を視野に入れた専門職に関する理解や認識の必要性

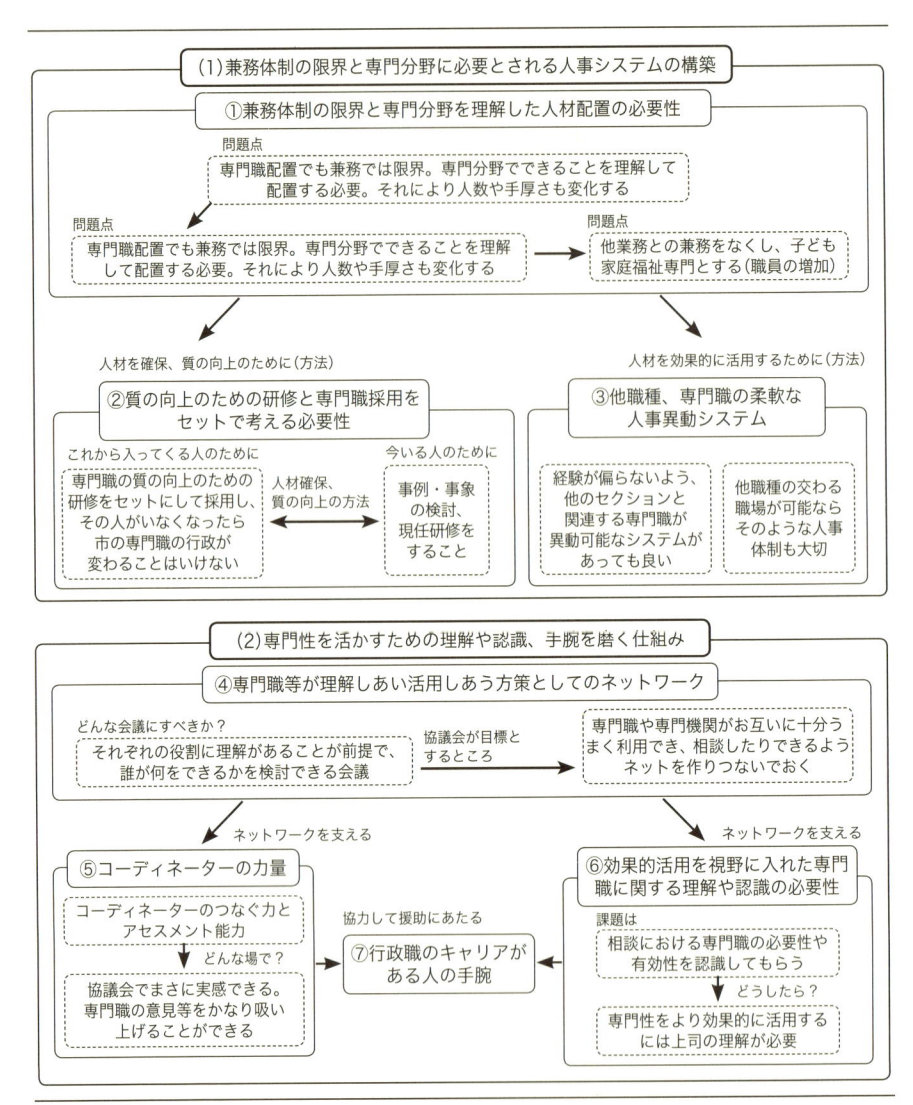

課題は
相談における専門職の必要性や有効性を認識してもらう

どうしたら？
専門性をより効果的に活用するには上司の理解が必要

図5-2　課題Ⅱ(改)子ども家庭福祉関係の専門職をより効果的に活用するための取り組みをすること

1 意識を共有し最善の方策を生む安定した体制を持つ組織

(1) 最善の方法を生み出せる組織、体制

①最善の利益やよりよい方策を検討できる

- ひとつのあり方: 試みた方策に対して見直しや意見を言い合える横断的な組織が用意されなければならない
- 希望 / 方法: 職級、職間にこだわらず、児童の最善の利益を追求する姿勢を持てる集団が理想

②最善の方法を生み出す意識とそれができる体制

- 熱意だけでは無理。担当者が自分の立場から子どもにとって一番良いものについて話せる環境が必要
- 最善の利益を問いかける努力とその都度最善の方策は変わるため、その都度検証する。意識、体制を整える

共通するのは: 最善の方策を生みだそうという意識がないといけない（関連する）

⑤意識共有のための仕組み

- 意識共有は舵取り、核となるマニュアル化の必要性
- 他機関との情報共有の場での検討の必要性

方法は →

③ケース管理に付随する必要な政策を挙げられる

④校区ごとのネットワーク、さらに地域の中にネットワークができる必要性

その組織の為の仕組みは ↓　　組織を動かす人材は ↓

(2) 安定的な体制のための仕組み

⑥人事異動があっても安定的な体制がとれる仕組み

- 経験を積むことは異動が細かくあると無理と思う。一人変わってもひとり変わらないという状況でだいぶ違う
- 安定的な人員と人事異動でカバーできるような指針が必要

効果 → 人事異動があってもケースの状況を共有できる

方法 ↓

⑦専門相談員と知識のある役場職員の2段構え

(3) 専門職、非専門職を活用する工夫

⑧専門職が少なかったり、専門職でなくともできる工夫

- 仕事内容が重なる人材はそれなりにいて、専門職が少なくても他の人を代理で充てる工夫はできる。近い職種の人によるバックアップはできないことはない
- 専門職は少なくても、援助活動を工夫できるのは、担当者の知識と技術の向上、経験を積むこと

↓

必要に応じケースバイケースの判断をする意識があれば専門職である必要はない

しかしそのためには

経験を積み問題意識をもって学習して研修を受ける

でも一方で ↓　　専門職でなければ工夫するが、専門職の良さは

⑨専門職のいる良さ

- 機関によっては専門職がいてネット(ワーク)活動を通していい方向にするための援助方法が出てくる
- 専門職は面接等システマティックな訓練をしているため、効率は良い

専門職、非専門職以外にも

⑩地域に人材を見出し育てる

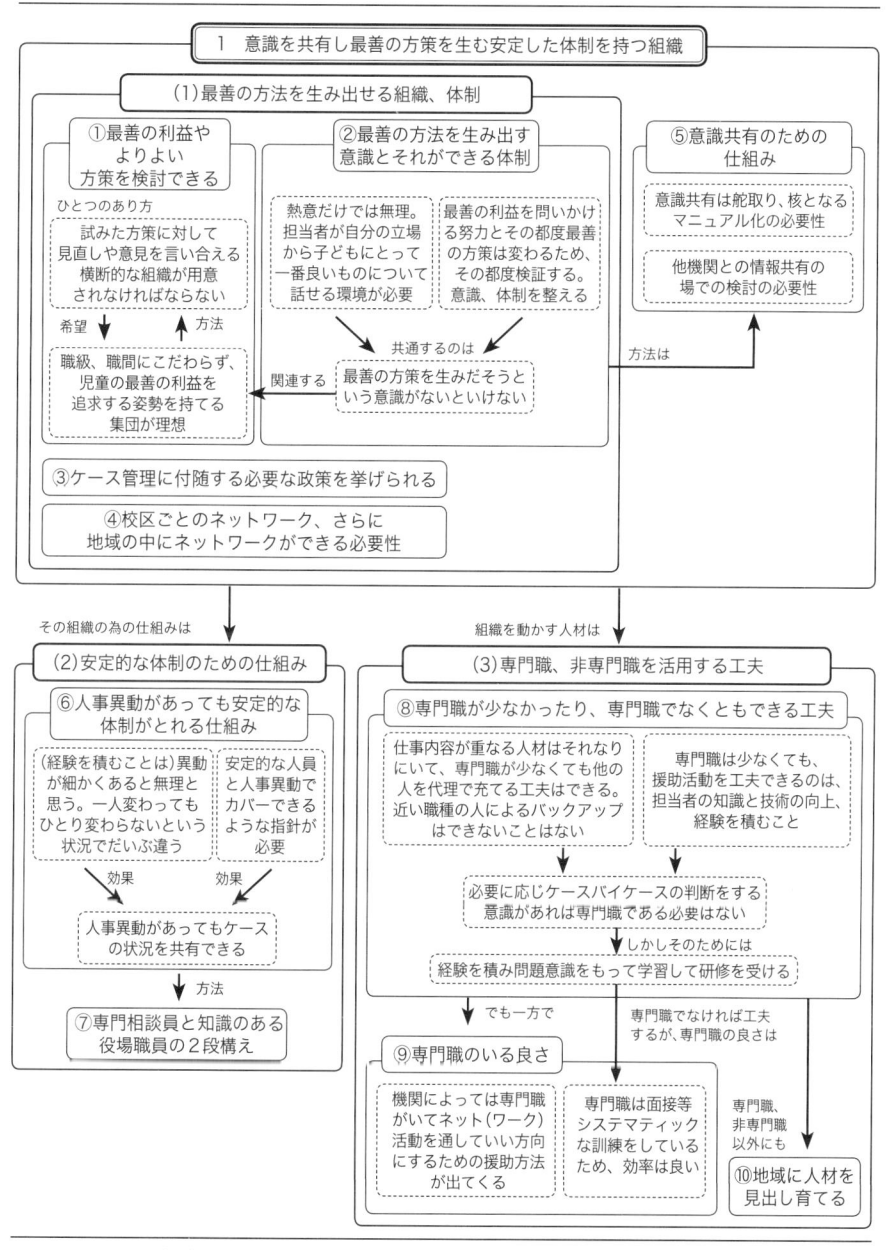

図5-3 課題Ⅲ (改) 援助活動を工夫し子どもと家庭に最善の方策を見出すための取り組みをすること

と」、「⑨専門職のいる良さ」、「⑩地域に人材を見出し育てる」という10の小グループ表札が得られた。

②図解化により表札が示す課題の構造の文章化

①は「組織、体制のあり方」、「理想とする組織、体制のイメージ」を示唆し、②は「担当者の熱意だけでは無理」であり「子どもの最善を検討できる環境」や「体制」の必要性を示している。③と④は制度的な組織、体制の問題にとどまらない印象を与える。⑤は「マニュアル化」等指針となるものの必要性、「他機関との意識共有」のための「場の設定や有効活用」を示す。これらは②の「方法」に示唆的である。⑥は「短いサイクルでの複数名の異動が経験を積むことを難しくしている」現状、「人事異動があってもカバーできる安定的な人員と指針」等の「現状への対応方法」、さらにそれがもたらす「効果」として、「人事異動があってもケースの状況を共有できること」を示している。これらを可能にする体制のあり方として⑦は「専門相談員と役場職員の二段構え」の必要性、⑧は「経験を積み、問題意識を持って学習し、研修を受ける」必要性を示す。⑧と⑨は人材の確保に有益な示唆を与える可能性があり、注意深く考察をする必要がある。⑩は専門職や行政職のみで仕組みを構造するのではないことを示唆している。

③課題の再ワーディング

試案と小～大グループの表札を加味し、最終的にこの課題を「援助活動を工夫し子どもと家庭に最善の方策を見出すための取り組みをすること」とした。

(4) 課題Ⅳ(試案)「行政の子ども家庭福祉関係者の人事異動があっても、他の関係者がケースの情報を共有できる」の構造化(表5-1、図5-4)

①得られた表札

課題Ⅳ(試案)の図解化により、「①人が変わっても引き継ぎ共有できる記録、進行管理の仕組み」、「②ケースの連続性のために事務局が機能すること」、「③係内に複数の担当者の必要性」、「④組織的対応の仕組みづくり」、「⑤専門職と行政職の問題意識を行政の責任で形にできる仕組み」、「⑥円滑な支援体制のための方策」、「⑦組織として情熱や熱意を継続すること」、「⑧広域的対応を要する事項の整理と対応の仕組み」、「⑨自治体独自の効率性の模索」という9つの小グループ表札が得られた。

②図解化により表札が示す課題の構造の文章化

　①は人事異動等に伴う「引き継ぎに対する問題意識」と「記録の困難さ」による「葛藤」から、記録や指針等の「引き継ぎの対応方法とその必要性」を示し、②と③は①を可能にするための「必要な体制」に示唆的であった。④は①と関連する内容であり、④にあたって注意すべきこととして⑤は、組織的な対応をする際に、見えにくくなりがちなひとりひとりの関係者の思いや問題意識を大切にするための方策も併せて必要性を示唆している。⑥は「定期的な連絡会や連続性ある啓発の必要性」を示しており、⑦と関連する。

　さらに、⑦と⑤があいまって効果が得られる。なぜならば、先述の⑤に関連して、情熱や熱意が続いていくためには関係者の思いや問題意識に耳を傾けきちんと扱われる仕組みが必要と考えられるからである。さらに、⑦のためには②の仕掛けが必要といえる。

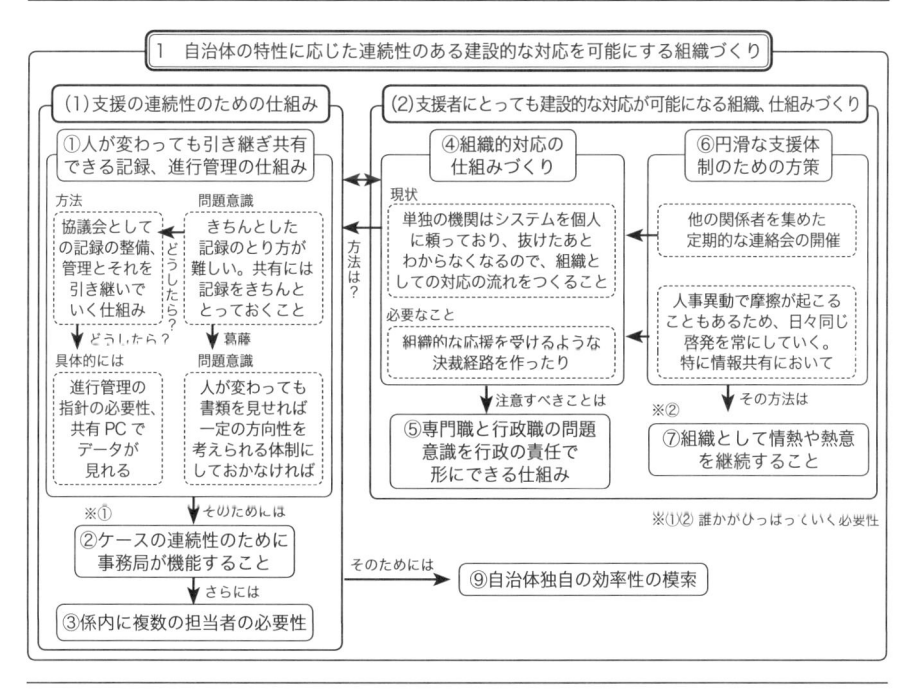

図5-4　課題Ⅳ（改）支援の連続性を考慮した援助活動が可能となるための取り組みをすること

すなわち、組織的な仕組み作りや意識の醸成には、それを仕掛ける部門と人が必要であるということである。現在子ども家庭福祉では、市町村に対し要保護児童対策地域協議会の設置を努力義務化して対応しようとしており、組織づくりは非常に重要な課題の一つである。その協議会には子ども家庭福祉主管課を中心とする事務局が選定されており、会議の開催やコーディネートにおいて大切な役割を果たしている。その役割の重要性が示唆されているとも捉えられる。

これまで見てきたことからも、メンバーを集めて構成をすることと、組織化は別の次元の問題と考えられる。(2)を構成している要素は、それぞれに深く関連し合って成り立っていることがわかる。そして、⑧は「現在広域的に対応していること」、「広域的対応に何を求め、期待するか」を示し、その整理のために⑨が必要である。

③課題の再ワーディング

　　試案と小～大グループの表札を加味し、最終的にこの課題を「支援の連続性を考慮した援助活動が可能となるための取り組みをすること」とした。

(5)課題Ⅴ(試案)「子ども家庭福祉行政のサービスを効率的に実施するため、近隣の自治体と協力する等、広域的対応ができる」の構造化(表5-1、図5-5)

①得られた表札

　　課題Ⅴ(試案)の図解化により、「①転入・出ケースのためのネットワーク同士のつなぎ」、「②温度差やバラつきに対応する啓発」、「③新しい仕組みを視野に入れた広域ケースのネットワークへのつなぎ方の模索」、「④広域で連携して扱えるケース、扱えないケースの選別」、「⑤広域でうまくいく、メリットのある事項」、「⑥市町村に資源が少ない、ノウハウが少ない事項」、「⑦市町村内の校区、本体ネットワークの二重構造の良さ」という7つの小グループ表札が得られた。

②図解化により表札が示す課題の構造の文章化

　　①は「ネットワークがしっかりとしていた時の効果」、「それを可能にする際の課題」を示す。地域から要保護児童の家庭が移動する事例は決して少なくないため、支援の連続性のためにも転出入への対応が必要であるが、ネットワークが確立することにより、それへの対応も円滑に行える可能性が示されている。①と同時に必要である②は「温度差やバラつきに対する警鐘」、「実際にどうした

1 広域で扱うケースの選別とつなぎ方、啓発の必要性

(1) 広域対応におけるネットワーク同士のつなぎと温度差をうめる啓発

①転入・出ケースのためのネットワーク同士のつなぎ

協議会で得られる効果

- ネットワークが確立していればネットワーク同士のつなぎもできる

課題は？
- ケース該当者の転入・出等の際、互いの担当課間での申し送りが必要

課題は？
- ケースの転出の際の協力依頼はまだまだ風通しが細く、太いネットにすることが課題

どちらも必要

②温度差やバラつきに対応する啓発

警鐘
- 各市町村で温度差やバラつき等があると当事者、実務者にもデメリットもある

警鐘、どうしたら？
- 家児相協議会で他市から教えられることがあった

したがって
- 啓発は広域

メリットを高めないとメリットも得にくい／意識共有は舵取り、矛盾

④広域で連携して扱えるケース、扱えないケースの選別

- 意識共有は舵取り、核となるマニュアル化の必要性
- 協議会で扱う事項は近隣協議会と協力しながらやれるが、そこで扱いにくい、扱えない事項は近隣と連携は難しいと思う

(2) 広域で扱うメリットのある事項

⑤広域でうまくいく、メリットのある事項

- 研修や拠点が継起的なところならメリットがある
- 24h電話相談などの予防と大きなケースは広域がうまくいくことが多いかもしれない

⑥市町村に資源が少ない、ノウハウが少ない事項

- 市町村で資源の少ないものは広域利用など回りと協力できればと考える
- スーパーバイズは相談所管内くらいの方が良いというイメージしかうかばない

今後の課題

③新しい仕組みを視野に入れた広域ケースのネットワークへのつなぎ方の模索

広域的対応とともに

(3) 市町村内の重層的ネットワークの構築

⑦市町村内の校区、本体ネットワークの二重構造の良さ

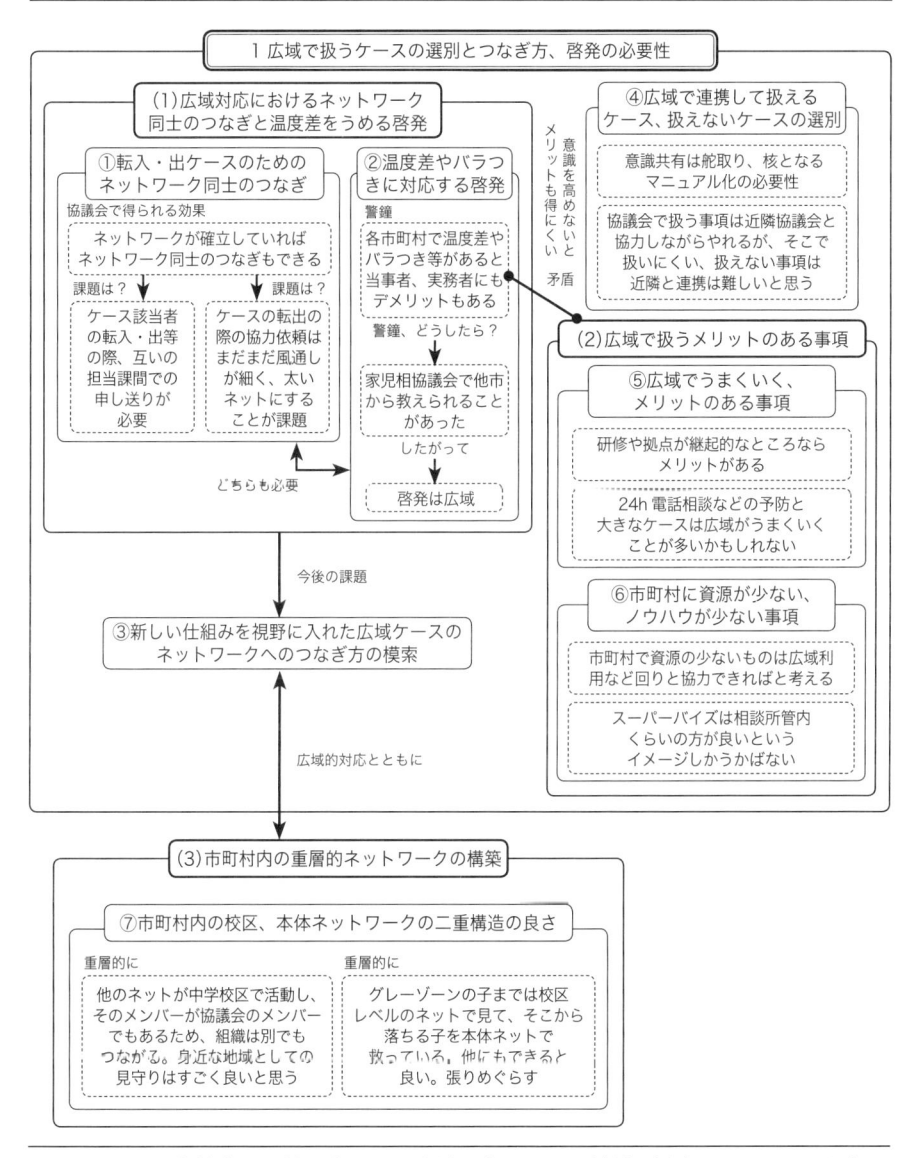

重層的に
- 他のネットが中学校区で活動し、そのメンバーが協議会のメンバーでもあるため、組織は別でもつながる。身近な地域としての見守りはすごく良いと思う

重層的に
- グレーゾーンの子までは校区レベルのネットで見て、そこから落ちる子を本体ネットで救っている。他にもできると良い。張りめぐらす

図5-5 課題Ⅴ(改)市区町村で支えるか広域で支えるかを判断し援助するための取り組みをすること

らよいのかを考えるヒント」、「啓発の方向性」を示す。③は「今後の課題」を示す。④は「選別の重要性」を示している。⑤は「広域でうまくいく、メリットのある事項」を、⑥は「市町村における資源やノウハウの少ない事項」を示し、「なぜ選別が重要であるか」に示唆的である。⑦は「広域的対応の仕組みや啓発」とともに「地域で」子どもを見守る「重層的な体制」の必要性を示す。さらに、②と⑤⑥は矛盾しており、広域的に扱うメリットのある事項を整理しても、連携して支援に当たる必要がある他の市町村との温度差が埋められなければ、メリットが得難いことを示していると考えられる。

③課題の再ワーディング

　　試案と小〜大グループの表札を加味し、最終的にこの課題を「市区町村で支えるか広域で支えるかを判断し援助するための取り組みをすること」とした。

(6)課題VI(試案)「市区町村における子ども家庭福祉行政を効果的に行い、最も適切なサービスを届けられる等、実効性をもたせることができる」の構造化(表5-1、図5-6)

①得られた表札

　　課題VI(試案)の図解化により、「①人事を含め、各々が専門機能を発揮できる体制」、「②協働による計画性ある支援」、「③対応に活かすためのサービスや制度を把握すること」、「④要保護ケースにサービスを届けるための力量」、「⑤家庭の力を育てる」、「⑥時代に即した制度の評価、点検の仕組み」、「⑦現状をまとめ分析する力量と制度に活かす仕組み」という7つの小グループ表札が得られた。

②図解化により表札が示す課題の構造の文章化

　　①は「実効性」がキーワードであり、「実効性を低めてしまう要因」といえる「過度な担当者の交代」に対し、「専門のセクションと専門職が専門の機能ができる体制」、「人材、専門性や理解等、協力体制」の必要性を示唆する。また「過度な担当者の交代」は、力の蓄積が必要な⑦と関連する。

　　なお、①の実現は単独では困難であり、その方法を示すものとして②が有益である。③は「活用できる資源の把握」、「責任の所在の明確化と対応の判断」を示す。これらの蓄積は④につながる。また、④に欠かせないものとして①〜③の体制が挙げられる。また、①、②の支援体制や③、④の力量や知識と同時

```
                                    ┌─────────────────────────────────────────┐
              手立て、仕組みだけでは難しい │ 1 支援、サービスに実効性を持たせるための手だて │
         ┌──────────────┐ ↕          └─────────────────────────────────────────┘
         │(3)制度を動かしモニ│    ┌──────────────────┐   ┌──────────────────┐
         │ ターする力量と仕組み│    │(1)(支援に)実効性を │   │(2)必要とされるところ│
         └──────────────┘    │ 持たせた計画的な支援体制│   │ へサービスを届ける  │
         ┌──────────────┐    └──────────────────┘   │ための力量と知識    │
         │⑥時代に即した制度の│    │①人事を含め、各々が専門│   └──────────────────┘
         │ 評価、点検の仕組み │    │ 機能を発揮できる体制 │            ※2
         └──────────────┘    └──────────────────┘   ┌──────────────────┐
              ↑               実効性を低める要因              │③対応に活かすため  │
         ┌──────────────┐    ┌──────────────────┐   │ のサービスや制度を │
         │⑦現状をまとめ分析 │    │担当者が変わりすぎると│   │ 把握すること    │
         │ する力量と制度に │    │実効性は少ない    │   └──────────────────┘
         │ 活かす仕組み    │    └──────────────────┘     資源の把握
         └──────────────┘          どうしたら            ┌──────────────────┐
              力量           ┌─────────┐ ┌─────────┐   │サービスや制度にアンテナ│
         ┌──────────────┐    │専門セクション│ │担当者の  │   │を張って把握しておく。経│
         │(現場、市民の)声を │    │専門職が専門の│ │専門性、人材、│   │験もいるし、色々な機関と│
         │まとめる力、分析力 │    │機能をする  │↔│受け入れ側の │   │情報を共有するなど必要│
         └──────────────┘    │体制があっての│ │理解、協力 │   └──────────────────┘
         力量を活かす仕組みと人材  │サービス提供 │ │体制が必要 │     判断
         ┌──────────────┐    └─────────┘ └─────────┘   ┌──────────────────┐
         │声や分析の結果を政策に│         単独では対応できないから       │問題により県または市で担│
         │反映できる仕組みと │    ┌──────────────────┐   │当するかがあるが、市内の│
         │それを担当する者  │    │②協働による計画性ある支援│   │声をまとめ、それ以降広域│
         └──────────────┘    └──────────────────┘   │で実施する      │
           現場の声を活かす          │         │欠     └──────────────────┘
         ┌──────────────┐         │         │か            ↓ それは何に
         │現場の人が必要性のあるも│         │         │せ     ┌──────────────────┐つながる?
         │のを訴えられる体制 │    ┌──────────────────┐│な     │④要保護ケースにサービ│
         └──────────────┘    │⑤家庭の力を育てる    │←┘い     │スを届けるための力量 │
                               └──────────────────┘        └──────────────────┘
                                         同時に必要
```

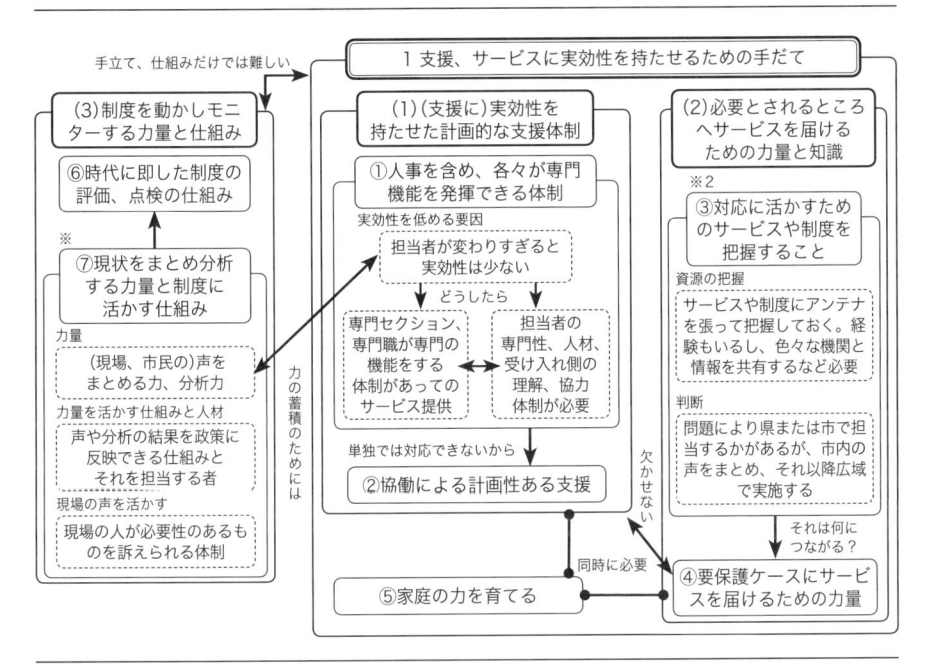

図5-6　課題Ⅵ(改)効果的で実効性のある援助をするための取り組みをすること

に、⑤がもうひとつの課題として示されている。子どもの最善の利益を図ることを実効性とすれば、行政だけ専門職だけが子どもや家族と向き合うのではなく、子どもや親、その家族も共に取り組むことが必要となるため、説得的な構造をもっている。⑦は「担当者や組織の力量」、「力量を活かすための仕組み、人材の確保」、「関係者が自由に意見を言い、検討できる体制」を示唆する。また、⑥、⑦は実情に即した効果的援助、サービスに不可欠な要素のうち、主に人材の確保、力量、活用の仕組みを示唆するが、同時に社会や家族の変化等、子どもを取り巻く環境の変化への対応に必要となる⑥も併せて必要である。

③課題の再ワーディング

　試案と小〜大グループの表札を加味し、最終的にこの課題を「効果的で実効性のある援助をするための取り組みをすること」とした。

3. 考察

(1)「課題Ⅰ：児相との協働によるノウハウ伝達など自治体の対応力向上のための取り組みをすること」のポイント「意識の醸成と仕組みづくりの関係」

①図解化と文章化の結果からの考察

　積極的な意識を表す①が②〜⑤の問題点に関連している図式となった。②の問題は③の問題を併せ持っており、どのような方法によって都道府県が市町村に対しノウハウの伝達をするかが問題と考えられた。この点は、伝達の方法のみならず、実際に伝達を受けられる仕組みを用意する必要性に示唆的であり、人材の確保や財源が必要であることに結びついていると考えられた。④は、協議会のある市町村が考えている「理想とする体制」によって「もたらされる効果」があると考えつつも、実際には「うまくいかなかった体験」から「ネットワークのメンバーであると良い点」を挙げることから考えられている。つまり、協議会の必要性は極めて実践的なニーズと言い換えることもできる。⑤は、①の積極的な意識によってもたらされる因果関係にあり、積極的な意識は積極的な体制整備を進めていく際の重要な要因であると考えられた。

②考察からみるポイント

　市町村の対応力向上にあたって、意識の醸成と仕組みづくりの関係はひとつの大きなポイントとなっている。すなわち、「意識の醸成」が先か、「仕組みや会議の充実」が先かについては過渡期にある現在、実践上も悩ましい問題と思われるが、図解化や文章化により「積極的な意識」は多くの気づきと仕組み作りへの取り組みにインセンティブをもたらしていると考えられた。

　協議会を活用した市町村の対応力向上にあたっては、協議会のメンバーや子どもに関わる機関、専門職、行政職の間で意識を醸成する必要性は極めて高いといえる。なお、協議会のメンバー同士であることにより対応可能性が拡がると考えられるが、その際にも意識の醸成と共有が克服すべき課題のひとつになる。また、そのために、協議会の会議の場は情報共有に偏らず、都道府県を中心としたノウハウの伝達を可能にすることが必要であると考えられた。

(2)「課題Ⅱ：子ども家庭福祉関係の専門職をより効果的に活用するための

取り組みをすること」のポイント「協議会の有用性」と「人材の効果的活用」
①図解化と文章化の結果からの考察
　①は「兼務体制等現状の問題点」と「問題の具体的状況」、「問題への対応方策」を示しており、②と③とは因果関係にある。ここでは、ただ単に兼務体制では対応できないので人材配置が必要だと言っているわけではないことを示している。人材配置にあたって②は、業務量の調整や人材の人数のみならず、質的向上のための研修や現任研修をセットにして行う必要性があると考えられる。さらに、人材配置にあたって③が示していることは、「人材の効果的活用に関する方法」として柔軟な人事異動システムを構築する必要性があるといえる。④は、「どのような会議の内容にすべきか」、「協議会が目指すあり方」を示しているばかりでなく、ネットワークを支える要因として⑤「コーディネーターの力量」と⑥「効果的活用を視野に入れた専門職に関する理解や認識の必要性」に対して因果関係を作っている。しかもこれは単なる因果関係ではなく、協議会を体験している自治体の実感から語られたものである。すなわち、⑤の必要性は「協議会活動を通した実感」として語られている。また、⑥は専門職の必要性や有効性について責任ある立場の者の認識が必要であることを示しており、これは専門職配置や確保にもつながるものと考えられた。なお、⑤と⑥はいわゆる福祉の援助に関する知識や専門性を必要とする人材をイメージさせるが、協議会で効果的な援助をするために協力する必要のあることとして、⑦と関連していると考えられる。つまり、福祉に係る専門的知識・技術をもった人材と行政職としての経験のある人材が協働する必要性があることがわかる。
②考察からみるポイント
　協議会による援助にあたって、「協議会の有用性」が理解され活かされることと「人材の効果的活用」は大きな課題となる。前者については、各々の専門性を活かしまた手腕を磨く仕組みを整備しつつ、組織的にかつ効果的、効率的に対応するために協議会は有用と考えられる。一方、後者については、先述の通り協議会に係る事務量が多いため、限られた専門職を活かすためには専門職と行政職との協力（協同）が必要であり、その際協議会の事務局、コーディネーターの役割が重要と考えられる。それを進めていくためには、組織全体の理解や決定に関連する上司（管理職）の理解、つまり子ども家庭福祉の組織的対応を

可能にする意識の醸成が必要となるといえる。

　現状では、市町村は人材が足りないことを兼務体制で補っていることにより、専門職が十分に力を発揮できない状況にある。このような状況では、専門性を向上させる研修を受けることが困難であるため、専門職がスキルアップできる仕組みも必要とされる。ひとつの解決方法として、専門職は兼務ではなく子ども家庭福祉の専従とし、兼務の分の業務遂行に必要な人員を増員することが考えられる。限られた人材の効果的活用にあたって、人事異動の際に専門分野に必要な人材、活躍が期待される人材を配置する工夫が積極的に行われてもよいといえる。

(3)「課題Ⅲ：援助活動を工夫し子どもと家庭に最善の方策を見出すための取り組みをすること」のポイント「安定的仕組みのための体制と人材」
①図解化と文章化の結果からの考察

　まず、「意識を共有し最善の方策を生む安定した体制を持つ組織」を作っているのは、「最善の方策を生み出せる組織、体制」と⑤の「意識共有のための仕組み」である。前者は、①「最善の利益やよりよい方策を検討できること」と②「最善の方法を生み出す意識とそれができる体制」、③「ケース管理に付随する必要な政策を挙げられる」、④「校区ごとのネットワーク、さらに地域の中にネットワークができる必要性」によって構成されており、①は、理想とする協議会のあり方とそのひとつのあり方が含まれている。さらに、②は最善の方策を生み出す意識の必要性を示唆する表札があり、これは①の理想とする協議会と関連しているものと考えられ、組織や体制が必要であるという際には、最善の方策を生み出す意識とともに、その実現が可能となる組織や体制である必要があるといえる。

　そして、上述の安定した体制を持つ組織のための仕組みとして⑥の「人事異動があっても安定的な体制がとれる仕組み」が挙げられ、この仕組みは⑦「専門相談員と知識のある役場職員の2段構え」という方法を必要としているという関係にある。一方、その組織を動かす人材は、専門職、非専門職の両方を活用する工夫が必要であることを示唆しており、⑧「専門職が少なかったり、専門職でなくともできる工夫」として、専門職が少なくても代理を充てる等した場合に、近い職種同士のバックアップの可能性や判断をする意識があれば必ず

しも専門職である必要はないことが示されている。ただし、そのためには経験を積み、問題意識をもって研修を受ける必要性もある。一方で、⑨「専門職のいる良さ」もあり、専門職以外の人が研修を受けるのに比べて専門職はトレーニングを受けている関係で効率が良いということも構造上重要な点である。そして、専門職、非専門職以外にも、⑩「地域に人材を見出し育てること」も人材の活用を考えていく上で同時に行っていく必要があるといえよう。

②考察からみるポイント

　常に変わりうる子どもの最善の利益、そのための援助方法、計画を検討し合える環境作り(例えば職員同士の関係作りや話し合う雰囲気作り)のための「場」やマニュアルの設定による意識共有が必要である。しかも、場当たり的な仕組みではなく、組織的で連続性のある安定的な仕組みのための体制づくりと人材の確保が必要とされる。行政では不可避な人事異動があっても安定した仕組みとするためには、専門相談員と役場職員の２段構えという仕組みを活かす必要性があると考えられる。

　つまり、専門的知識、技術を持った異動の多くない専門職と意識の共有に必要な程度の子ども家庭福祉の知識をもった異動の多い行政職それぞれの特徴、役割をとらえ、相互に「最善」を目指して協同できる体制とすることへの示唆が得られた。図解化からは、専門職が少なくても一定の工夫や経験を積むことはでき、必要に応じた判断をする意識があれば必ずしも専門職でなくともよい、つまり経験やノウハウが積み上げられれば、専門職である必要は必ずしもないと受け取れるが、先述のように現実的には兼務や人材確保、人事異動といった課題があり、専門職、非専門職問わず情熱や意識、経験を連続性をもって積み上げることが困難であると考えられる。これらの構造から考えると、専門職がいなければ、あるいは少なければできる工夫をして対応すればよいではないかとすることは危険である。

　専門職ならではの能力や援助方法への視点が求められるため、ケースの方向性や判断を要する一定の場面で専門職が確保できるだけの財源は確保しなければならないであろう。現状ではそれすら難しい市町村があり、都道府県側も派遣する専門職の確保等をする必要があるといえる。

　ただし、全てを行政や専門職が対応することは困難であり、また必ずしもそれがよいとは限らない。そこで、子ども家庭福祉に関わる民間の団体の力を活

用することや、近隣住民同士による支え合いや見守り、声かけは重要な営みであり、一つの身近な資源であると考えられる。したがって、そのような地域の力や意識を刺激したり、必要な支援をする必要もあるだろう。

(4)「課題Ⅳ：支援の連続性を考慮した援助活動が可能となるための取り組みをすること」のポイント「市町村における連続性」と「市町村を越える連続性」
①図解化と文章化の結果からの考察

　「自治体の特性に応じた連続性のある建設的な対応を可能にする組織づくり」は、大きくは「支援の連続性のための仕組み」、「支援者にとっても建設的な対応が可能になる組織、仕組みづくり」、「広域的対応を要する事項の整理と対応の仕組み」が挙げられる。一点めの支援の連続性の実現にあたっては、記録や進行管理の仕組みと事務局の機能強化、さらには複数の担当者の配置によるいわば専従的な対応が必要であると考えることができよう。

　次に二点めについて、「組織的対応の仕組みづくり」は、個人に頼っている現状があることからの反省やそうせざるを得ない組織的な問題意識から挙げられていると考えられる。さらに、決済経路による応援の仕組みが含まれていることも、いわゆる上司の理解の必要性からきているものと考えられる。さらに、注意すべきこととして、関わる職員の問題意識を支援やサービスの創設等の形にすることができる仕組みが挙げられる。これは、職員が諦めや不全感に苛まれることを一定程度防ぐ効果をもつのではないかと考えられる。

　「円滑な支援体制のための方策」については、啓発や連絡会の開催等情報共有の必要性を示しており、「組織として熱意を継続すること」と因果関係にあると考えられた。なお、そのベクトルは両方向を指し示す可能性があり、これらを実現するためには、誰かリーダーシップを発揮できる人材が必要であることが理解できる構造になっている。

　三点めの⑧「広域的対応を要する事項の整理と対応の仕組み」については、転出ケースに係る情報提供の現状から広域的対応に寄せる期待が含まれており、これを進めていくためには、⑨「自治体独自の効率性の模索」の必要性があることを示しているといえよう。

②考察からみるポイント

　支援の連続性を考慮した援助活動を可能にする取り組みのためには、人事異動とも関連するが、人が交代した時、誰が見ても共有できる記録の仕組みが必要であること、さらに連続性のポイントとなる事務局が有効に機能すること、兼務体制の見直しとも関連するが、過重な負担と支援の連続性や効率性を削がれることを防ぐために１人で対応する体制ではなく、係に複数の担当者を置く必要性があると考えられる。また、建設的な対応が可能になることは支援者にとって重要な支えとなるであろう。ある人の問題意識をその人の責任に帰してその人自身に対応を求めるのではなく（それは一生懸命にしても一人ではどうにもならないという思い、諦めを生む）、行政としていかに対応すべきかを検討し、それをサービスにするなりして具現化する、組織全体として問題意識に取り組むことのできる仕組みの必要性を考えることができる。それは組織としての熱意や意識を継続していくことにつながるだろう。

　これらは、市町村にない資源（専門職等の人材、援助のノウハウ、児童福祉施設等）を活用しなければならない場合を想定していると考えられる。すなわち、どのような場合を広域的（他の市町村との連携や都道府県との連携）に扱うのかを整理するということであり、突き詰めれば市町村ではどのような役割を担うのかを整理することでもあると考えられる。このことは市町村自身が援助をするために活用できる資源、ない資源は何か、その時どう対応すべきか、市町村の地域性と特有の課題の整理等をする必要があると考えられる。

(5)「課題Ⅴ：市区町村で支えるか広域で支えるかを判断し援助するための取り組みをすること」のポイント「広域で連携して子どもを支える体制」、「広域対応のための調整」
①図解化と文章化の結果からの考察

　協議会がしっかりと機能しているとした時の効果として、支援の連続性が担保されにくい転出入ケースへの対応が円滑に行える可能性を示唆している。これについては、①「転入・出ケースのためのネットワーク同士のつなぎ」を構成しているものである。そして、同時に②「温度差やバラつきに対応する啓発」の必要性があり、広域的な啓発活動により市町村間の温度差やバラつきに対応することの必要性を示唆している。このことは、分権議論で問題となる地域格

差を是正するためにも一定の方向性を共有するという意味で有効であるといえる。そして、支援を広域的にするか否かについては、市町村レベルで支援するか、広域的配慮のもとに支援するかを検討する必要性があり、広域的対応が功を奏する事項と市町村における資源やノウハウの少ない事項について選別することの重要性と力量が求められることが考えられた。なお、そのような選別により得られるはずのメリットは、啓発等により意識を高めておかないとメリットも得にくいという関係にあると考えられた。

　なお、権利主体としての子ども、措置から利用契約への転換を想定すると、そのような仕組みに即した協議会のあり方や広域的対応の仕方を模索することについては今後の課題と考えられた。さらに、広域的対応のみならず、市町村内の制度によらないものも含めた重層的ネットワークの構築も併せて必要であることが図解化によって明らかとなった。

②考察からみるポイント

　現在、協議会同士のつなぎは市町村レベルで個別に対応していると考えられるが、今後の課題として広域的対応を要するケース(例：転出・入)がその地域の協議会(転入側)と元いた地域の協議会(転出側)の両方につながり、連続性のある援助をすることができる体制を用意する必要があるだろう。一方で制度的ネットワークである協議会とともに、子どもが生活する地域の中にゆるやかなネットワークを構築する必要もあろう。

　図5において矛盾の関係にあった(1)②「各市町村で温度差やバラつき等があると当事者、実務者にもデメリットがある」と(2)「広域で扱うメリットのある事項」は、実際の援助に対する考え方や動き方における温度差があっても、なお広域的対応にはメリットがある場合もあると読み取れる。つまり、広域的対応にメリットがある事項が実効性をもつには、何らかの方法で温度差を埋めるあるいは考え方を共有できる働きかけが必要と考えられる。例えば研修であれば「何のために援助をするのか」を改めて啓発するために県やいくつかの市町村が広域連合で研修を企画することが考えられるが、その際は「受けられる研修の仕組み」が整わなければならない。

(6)「課題Ⅵ：効果的で実効性のある援助をするための取り組みをすること」のポイント「実効性を削ぐこと、増すことは何か」

①図解化と文章化の結果からの考察

　この課題の構造は、市町村において力を蓄積するためには、①「人事を含め、各々が専門機能を発揮できる体制」が必要であるといえる。それは、実効性を低める要因となる担当者が変わりすぎてしまうことについて、十分な配慮が必要であることを示している。さらに、単独での対応は困難であることから、②「協働による計画性ある支援」が求められるというかなり構造的な課題が読み取れた。さらに、資源の把握や判断を積み重ねることは、要保護児童にサービスを届ける力量をつけることとなり、実効性を生むためには、先の①②を含む構造とセットになっていることがわかる。なお、市町村の体制整備にばかり目が向きがちになるが、同時に⑤「家庭の力を育てる」ための仕掛けも必要であるという構造をもっており、この点はさらなる課題ということができるであろう。

　そして、上述の構造については実効性を生む手立て、仕組みということであるが、その手法をモニターする時代に合わせた制度の評価、点検の仕組みを根付かせることも必要となる。しかしながら、単なる評価の仕組みではなく、現場の職員や市民の声を汲み取り、分析する力量や政策に反映できる仕組み、そのような手続きの得意な人材の確保などがあいまって構築された仕組みである必要性を指摘できるといえよう。

②考察からみるポイント

　この課題は、特に実効性がキーワードである。「過度な担当者の交代」は、「(現場、市民の)声をまとめる力、分析力」を阻害する可能性がある。力量は経験とともに蓄積し磨かれていくと考えられる。また、この分析力は本当に必要なところに必要なサービスを届けるための源になるため重要と考えられる。

　なお、各々が専門性を発揮できるようにするだけではなく、専門職と行政職が共通の目的のために計画的に見通しをもって、協働して力を発揮する必要があると考えられる。そのために協議会は有用性があろう。実効性のある支援体制は、「担当者が代わりすぎると実効性は少ない」という項目にあるように一朝一夕にできるものでなく、力量が発揮できる構造の中で継続的に経験を蓄積する必要があると考えられる。

　なお、援助の目標を「その子どもの最善の利益のために」とするなら、サービスを提供する行政や関係する専門職、行政職を取り巻く体制整備に必要とされる「手立て」や「仕組み」だけに注目するのではなく、同時に子どもや親の

エンパワメントをし、「家庭の力」を底上げすることによって、実効性を図る必要性があるといえる。

4. 本章におけるまとめ

　課題(試案)の構造化により、各々の特徴やポイントが明らかになった。ひとつひとつの課題がいくつかの要素と因果関係を作っているなど、これまで挙げられてきた市町村の課題は、極めて構造的に構成されていることを示してきた。図解化とそれに伴う文章化による構造化は、課題に対応する理由や要素同士の関連を示すことにつながり、これまで先行研究において部分的に取り上げられてきた課題が、どのような要因に影響を与えているか、関連しあっているかを示すこととなった。

　この研究により、市町村における課題のいわば「質」を一定程度構造化、可視化することができたが、統計的に検討することや課題の対応すべき優先順位の検討にまで至っていない。

　次章では、この課題をふまえて質問紙調査を実施し、これらの課題と市町村における子ども家庭福祉行政実施体制再構築の可否の関連を検証するとともに、その際の課題となることについて統計的手法により分析することとしたい。

■文献

厚生労働省（2008）「市町村の児童家庭相談業務の状況及び要保護児童対策地域協議会（子どもを守る地域ネットワーク）の設置状況等について（平成20年4月現在）」
　http://www-bm.mhlw.go.jp/houdou/2008/11/dl/h1119-2a.pdf，2009.3.20

厚生労働省ホームページ（2004）「児童虐待防止を目的とする市町村域でのネットワークの設置状況調査の結果について（平成16年6月調査）」
　http://www.mhlw.go.jp/houdou/2004/10/h1018-2.html

厚生労働省ホームページ（2005）「市町村域での要保護児童対策地域協議会及び児童虐待防止を目的とするネットワークの設置状況調査の結果について（平成17年6月調査）」
　http://www.mhlw.go.jp/houdou/2005/11/h1118-3a.html

厚生労働省ホームページ（2006）「市町村域での要保護児童対策地域協議会及び児童虐待防止を目的とするネットワークの設置状況調査の結果について（平成18年4月調査）」
　http://www.mhlw.go.jp/houdou/2006/10/h1031-5.html

厚生労働省（2007）「市町村における要保護児童対策地域協議会（子どもを守る地域ネットワーク）の設置状況等の調査結果について（平成19年4月調査）」
　http://www.mhlw.go.jp/bunya/kodomo/dv18/dl/01b.pdf

厚生労働省（2008）「市町村の児童家庭相談業務の状況及び要保護児童対策地域協議会（子どもを守る地域ネットワーク）の設置状況等について（平成20年4月調査）」
　http://www.mhlw.go.jp/houdou/2008/11/dl/h1119-2a.pdf

加藤曜子、安部計彦、才村純ほか（2002）『市町村児童虐待防止ネットワーク調査研究報告書―子育て支援を目的とする地域ネットワーク実態調査―』平成13年度児童環境づくり等調査研究事業報告書．

加藤曜子、安部計彦、才村純ほか（2003）『市町村における児童虐待防止ネットワークづくりの基本と方法』平成14年度児童環境づくり等総合調査研究事業報告書．

柏女霊峰、山本真実、尾木まりほか（2002）『子育てネットワークに関する調査研究事業調査報告書』こども未来財団．

柏女霊峰、澁谷昌史、尾木まりほか（2006）『子ども家庭福祉サービス供給体制のあり方に関する総合的研究報告書』日本子ども家庭総合研究所．

山縣文治、岩間伸之、岡田忠克ほか（2005a）『子ども家庭福祉相談体制のあり方に関する研究（自治体調査）―地域における子どもと家庭に関する相談支援体制のあり方に関する研究―』大阪市立大学社会福祉学研究室．

山縣文治、岩間伸之、岡田忠克ほか（2005b）『子ども家庭福祉相談体制のあり方に関する研究（ヒアリング調査）―地域における子どもと家庭に関する相談支援体制のあり方に関する研究―』大阪市立大学社会福祉学研究室．

山縣文治、岩間伸之、岡田忠克ほか（2005c）『子ども家庭福祉相談体制のあり方に関する研究』平成16年度総括研究報告書　大阪市立大学社会福祉学研究室．

佐藤まゆみ（2007a）「子ども家庭福祉行政の地方間分権における協議会型援助とその課題〜インタヴュー調査のデータ分析からの考察〜」『淑徳大学大学院総合福祉研究科研究紀要』16，淑徳大学，85-103．

佐藤まゆみ（2007b）「子ども家庭福祉行政実施体制のあり方に関する研究〜質問紙調査の分析を通して，協議会型援助による市町村役割強化の可能性を探る〜」『子ども家庭福祉学』7，日本子ども家庭福祉学会，51-63．

第6章

市町村中心の子ども家庭福祉の体制再構築とその課題の実証的検討とその方法

本章では、子ども家庭福祉における市町村を中心とする体制に関する先行研究レビューと、さらに第5章において構造化した子ども家庭福祉の体制整備における市町村の課題を用いた質問紙調査の実施とその分析結果について述べることとする。なお、本章において調査票等で児相としているのは児童相談所のことである。調査項目や先行研究等で児相としない限り、通常は児童相談所と表現する。

第1節
質問紙調査の目的、対象、方法

1. 質問紙調査の目的

　現在、子ども家庭福祉行政の地方間分権は、平成16年の児童福祉法改正以降、市町村における相談体制の構築が課題となっており、その手立てと考えられる要保護児童対策地域協議会の運営強化に対する予算措置も講じられている。

　全国児童相談所長会はこれまで3度にわたる調査によって、分権化の方向性を示した(表6-1-1)。その後、平成15年の第10回社会保障審議会児童部会における全国知事会「児童相談所等のあり方に関する都道府県アンケート」の結果報告において、47都道府県中45都道府県の質問紙調査の結果を示した。児童虐待等についての市町村の役割を強化すべきであるとする考え方について「原則的に賛成だが、一定の配慮が必要である」64.4%、「直ちに実施すべきである」26.7%、「さらに慎重に検討することが必要である」6.7%であり、反対は0%であった。「原則的に賛成だが、一定の配慮が必要である」について、児童虐待対応に市町村間のばらつきが大きい現状と児童虐待防止市町村ネットワークの設置が同時に行われる必要があること、専門性をもった職員の確保、児童相談所との連携に配慮を要すること、(虐待の)発生予防、早期発見、アフターケアについては住民に身近な市町村が行いやすい立場である役割を果たしていくべきであること、財政的支援、連携システムの確立等、配慮すべき課題を示した。

　このように、子ども家庭福祉の担当者によって分権化について支持はされつつも、併せ持つ課題もまた複数あり、その課題に対応することなく一挙に推し進めることには慎重であることがわかる。当時、市町村合併を控えている時期であったために挙げられた懸念もあったと考えられる。上述の調査結果から、①分権化の動向に対しては市町村の責任や利便性などを背景に肯定的な意見が多

く見られること、②それに対応するために市町村には課題があること、この2点を読み取ることができる。しかし、これらは市町村の子ども家庭福祉担当者に対する調査ではなく、児童相談所等、都道府県を対象にしたものであった。

　これまでの先行研究レビューに示したように、厚生労働省(2008)による調査、山縣ら(2005a,2005b,2005c)の市町村における相談体制に関する研究から、市町村を中心とする相談体制構築における課題が見られた。柏女ら(2006)により児童福祉法改正要綱試案が検討され、今後の分権の方向性について示唆を得てきた。

　上述の研究において市町村に対する分権やその課題は断片的に明らかになったが、市町村を中心とした体制に再構築できるか否かと市町村における課題の詳細について併せて統計的に把握されてきた研究は少なく、これまで筆者の研究(佐藤2007a,2007b)においては市町村を対象とした調査により、市町村の課題や分権化の意向を検証してきた。

　以上のことから、本調査は①市町村中心の子ども家庭福祉行政の体制に再構築(分権)ができるか否かとその必要性、②市町村が克服すべき課題とは何か、再構築に影響する要因とは何か、そして本研究における仮説検証に資することを目的とした。

2. 調査対象と調査の方法

　本研究は、郵送法による質問紙調査を実施した。調査対象は、厚生労働省が把握していた平成19年4月現在、協議会を設置済みであった1175の市町村である。また、本調査のプリテストに協力を依頼した2自治体は協議会を設置済みであった。しかし、その1つは厚生労働省のリストに記載がなかったが、先の条件に合致していたため調査対象とした。したがって、本調査は協議会設置済みの1176市町村に対する全数調査である。都道府県とほぼ同等の機能を持つ政令指定都市と児童相談所設置市は調査対象から除外した。調査期間は、平成20年8月1日から9月26日である。

3. 質問紙調査票の構成

まず、基本的属性として都道府県及び市町村名、人口規模、児童人口を設定し、「①自治体の概要」、「②要保護児童対策地域協議会について」、「③今後の子ども家庭福祉行政の実施体制及び市区町村における課題について」、「④子ども家庭福祉行政の再構築に対する考えについて」と4つに柱をわけ全20問で構成した。質問項目については、筆者が使用した調査票[1]をインタビュー調査による知見[2]を盛り込んで改良した。本研究においては「人口規模」、「ネットワークあるいは協議会の経年年数」、「課題に対応できるか否か」、「いくつの課題に対応できるか」、「子ども家庭福祉行政を市区町村中心に再構築する必要性はあるか否か」、「子ども家庭福祉行政を市町村中心に再構築できるか否か」が重要な変数である。

第2節　倫理的配慮と分析方法、作業仮説

　本節では、調査に係る倫理的配慮や分析方法ならびに検証すべき作業仮説について述べることとしたい。

1. 倫理的配慮

　本質問紙調査の倫理的配慮として、調査票を郵送した際、データは統計的に処理し市町村名を明かさないこと、さらに分析結果の使途に関する説明、調査に関する問い合わせ先について明記し、回答をもって承諾を得たものとした。

2. 分析方法

　本研究では、大きく全体の結果をみるための単純集計、2変数間の関連をみるためのクロス集計とロジスティック回帰分析による要因間の影響をコントロール

した分析を行い、その結果から作業仮説検証を試みる。

3. 作業仮説

　本研究における理論仮説は、第4章において挙げた通り全6点挙げられる。そのうち特に質問紙調査によって検証すべき仮説は4点あり、以下に理論仮説と作業仮説の構造を示す。

(1)理論仮説①と作業仮説の構造
表6-2-1　理論仮説①と作業仮説の構造

理論仮説①
「市町村を中心とする体制再構築ができるか否かについて、影響を与える変数がある」
作業仮説
a. 人口規模と市町村を中心とした体制再構築の可否は関連がある b. ネットワーク経年年数と市町村を中心とした体制再構築の可否は関連がある c. 協議会経年年数と市町村を中心とした体制再構築の可否は関連がある d. 個別ケース会議開催頻度と市町村を中心とした体制再構築の可否は関連がある e. 課題克服数と市町村を中心とした体制再構築の可否は関連がある

(2)理論仮説②と作業仮説の構造
表6-2-2　理論仮説②と作業仮説の構造

理論仮説②
「市町村を中心とする体制再構築ができるか否かに対して影響を与える変数には優先性がある」
作業仮説
a. 人口規模と市町村を中心とした体制再構築の可否の間のϕ係数は、それ以外の独立変数を設定したものに比べ、相対的にみて高い b. ネットワーク経年年数と市町村を中心とした体制再構築の可否の間のϕ係数は、それ以外の独立変数を設定したものに比べ、相対的にみて高い c. 協議会経年年数と市町村を中心とした体制再構築の可否の間のϕ係数は、それ以外の独立変数を設定したものに比べ、相対的にみて高い d. 個別ケース会議開催頻度と市町村を中心とした体制再構築の可否の間のϕ係数は、それ以外の独立変数を設定したものに比べ、相対的にみて高い e. 課題克服数と市町村を中心とした体制再構築の可否の間のϕ係数は、それ以外の独立変数を設定したものに比べ、相対的にみて高い f. 課題克服数の下位項目と市町村を中心とした体制再構築の可否の間で、特にϕ係数が相対的にみて高い項目がある

(3) 理論仮説③と作業仮説の構造

表6-2-3　理論仮説③と作業仮説の構造

理論仮説③
「市町村を中心とした体制再構築をしても、都道府県固有の役割や広域的対応の必要な役割が残る」
作業仮説
a.「市町村における課題の項目のうち、広域的対応を要する変数と市町村を中心とした体制再構築の可否の間のϕ係数は、それ以外の課題の項目に比べて相対的に低い」

(4) 理論仮説④と作業仮説の構造

表6-2-4　理論仮説④と作業仮説の構造

理論仮説④
「市町村を中心とした体制再構築は、市町村の子ども家庭福祉における対応力があがることによって可能となる」
作業仮説
a.「人口規模やネットワーク・協議会の経年年数、個別ケース検討会議の開催頻度に関係なく、市町村の実力の一端を示す課題克服数が市町村を中心とする体制再構築に影響を与える」

以上の作業仮説に基づいて、次節では分析を試みることとする。

第3節

分析結果
～単純集計、クロス集計、ロジスティック回帰分析の結果から～

本節においては、単純集計、クロス集計の結果を中心にSPSSver.10.0による分析結果を述べることとしたい。

1. 調査回答者と回収率

本調査は、できる限り全体を評価できる担当者に回答を依頼することが調査の趣旨や仮説を検証するためにより有益と考え「子ども家庭福祉行政実施体制に詳しい方」として調査票に明記し、最後に職名を尋ねた。なお、回答者の属性は行政経験者の助言をもとに分類した(表6-3-1)。調査票の回収数は804（回収率68.4%)、有効回答調査票数801（99.6%)であった。

表6-3-1　回答者の属性　　　　　　　　　　　　　　　　　　　　　　　　（単位：人）

	主任級	係長級	課長補佐級	課長級	専門職や機関の担当者	その他	無回答	計
度数(%)	226 (28.2)	152 (19.0)	97 (12.1)	70 (8.8)	62 (7.7)	138 (17.2)	56 (7.0)	801 (100.0)

2. 単純集計結果

クロス集計、ロジスティック回帰分析をかける変数を重点的に表に示している。

(1) 人口規模

人口規模は、「1万人以上5万人未満」(43.9%)、「5万人以上10万人未満」(18.5%)、「1万人未満」(16.5%)、「10万人以上30万人未満」(16.1%)、「30万人以上」(5.0%)であった。

表6-3-2　人口規模　　　　　　　　　　　　　　　　　　　　　　　　　（単位：か所）

	1万人未満	1万人以上5万人未満	5万人以上10万人未満	10万人以上30万人未満	30万人以上	無回答	計
度数(%)	132 (16.5)	352 (43.9)	148 (18.5)	129 (16.1)	40 (5.0)	56 (7.0)	801 (100.0)

(2) 協議会の設置形態

「市町村で単独設置」(98.6%)が多く、「他の市区町村と広域設置」は0.7%であった。

表6-3-3　協議会の設置形態　　　　　　　　　　　　　　　　　　　　　（単位：か所）

	市区町村で単独設置	他の市区町村と広域設置	その他	無回答	計
度数(%)	790(98.6)	6(0.7)	3(0.4)	2(0.2)	801(100.0)

(3) 協議会設置からの経年年数

「2年以上3年未満」(46.2%)が多く、次いで「1年以上2年未満」(36.6%)、「3年

以上」(14.1%)であった(N=801)。「3年以上」の割合から、児童福祉法改正を受け平成17年4月～8月までに立ち上がった協議会は少なかったことがわかる。

(4) 協議会設置以前のネットワークの有無

「あり」(53.0%)、「なし」(47.0%)であり、多くの協議会は児童虐待防止市町村ネットワークが基礎になっていると考えられる(N=801)。

(5) ネットワークからの経年年数

協議会設置以前にネットワークがあった市町村の場合、平成何年何月に立ち上げたものであるかをたずねた。そこで、ネットワークを立ち上げてから平成20年8月現在までの経年年数を月数で起算し、1年単位にまとめたのが表6-3-3である。月数では中央値は68か月であった。6年未満と7年未満に約38%が分布していることがわかった。

表6-3-3　ネットワークからの経年年数　　　　　　　　　　　　　　　　　(単位：か所)

	1年未満	2年未満	3年未満	4年未満	5年未満	6年未満	7年未満
度数(%)	2(0.5)	3(0.7)	18(4.2)	59(13.9)	58(13.6)	73(19.5)	69(17.2)
8年未満	9年未満	10年未満	11年未満	12年未満	15年未満	無回答	計
60(14.1)	21(4.9)	4(0.9)	3(0.7)	4(0.9)	1(0.2)	50(11.8)	42(100.0)

(6) 協議会の調整機関

厚生労働省調査(2008)とほぼ同じ傾向であり、「子ども家庭福祉主管課」(47.2%)、「統合課(児童福祉が主担当)」(22.6%)と、多くは役所内に調整機関があることがわかった(N=801)。

(7) 協議会会議の開催頻度

代表者会議は「おおむね年1回」(77.2%)が最も多く、「開催していない」(13.7%)も比較的多かった。実務者会議は「おおむね年3回」(27.2%)が高く、次いで「開催していない」(21.0%)、「おおむね年1回」(20.7%)であった。「おおむね月1回」(13.9%)や「おおむね隔月1回」(10.9%)は4分の1を占めた。個別ケース検討会議は「おおむね月1回」(31.0%)が多く、「おおむね隔月1回」(17.9%)、「おおむね年3回」(17.2%)であった。

表6-3-4　協議会会議の頻度　　　　　　　　　　　　　　　　　　　　　　　　　（単位：か所）

	代表者会議の頻度	実務者会議の頻度	個別ケース検討会議の頻度
開催していない	110(13.7)	168(21.0)	61(7.6)
おおむね年1回	618(77.2)	166(20.7)	44(5.5)
おおむね年3回	49(6.1)	218(27.2)	138(17.2)
おおむね隔月1回	0(0.0)	87(10.9)	143(17.9)
おおむね月1回	1(0.1)	111(13.9)	248(31.0)
おおむね週1回	0(0.0)	3(0.4)	85(10.6)
おおむね週2回以上	0(0.0)	3(0.4)	30(3.7)
無回答	23(2.9)	45(5.6)	52(6.5)
計(%)	801(100.0)	801(100.0)	801(100.0)

(7) 協議会によって得られたメリット

表6-3-5　協議会によって得られたメリット（M.A）　　　　　　　　　　　　　　（単位：か所）

	情報提供・情報収集がしやすくなった	関係機関相互の信頼感が高まった	役割分担で一機関の業務負担軽減	対応の迅速化	児童虐待の理解・認識・関心の高まり
あてはまる	728(90.9)	413(51.6)	161(20.1)	382(47.7)	554(69.2)
あてはまらない	66(8.2)	381(47.6)	633(79.0)	412(51.4)	240(30.0)
無回答	7(0.9)	7(0.9)	7(0.9)	7(0.9)	7(0.9)
計(%)	801(100.0)	801(100.0)	801(100.0)	801(100.0)	801(100.0)

	地域の子育てサービス資源検討につながった	担当者の精神的負担感やストレス軽減	役割分担明確化	業務の押し付け合いが減った
あてはまる	91(11.4)	114(14.2)	256(32.0)	50(6.2)
あてはまらない	703(87.8)	680(84.9)	538(67.2)	744(92.9)
無回答	7(0.9)	7(0.9)	7(0.9)	7(0.9)
計(%)	801(100.0)	801(100.0)	801(100.0)	801(100.0)

　「情報提供・情報収集がしやすくなった」(90.9%)、次いで「児童虐待の理解、認識・関心の高まり」(69.2%)、「関係機関相互の信頼感が高まった」(51.6%)、「対応の迅速化」(47.7%)が高かった。一方、「役割分担の明確化」や「役割分担で一機関の業務負担軽減」は20～32%程度、「担当者の精神的負担感やストレス軽減」や「地域の子育てサービス資源検討につながった」は11～14%程度、「業務の押し付け合いが減った」は6%程度にとどまった。平成19年度の厚生労働省[3]による調査結果に比して、概ね同様かやや低めの数値であった。

(8) 市町村に移譲してもよい子ども家庭福祉サービスの種類

表6-3-6　市区町村に移譲してもよい子ども家庭福祉サービスの種類　　　（単位：か所）

	障害児童福祉行政について市区町村実施	ひとり親家庭福祉行政について市区町村で実施	要養護・非行・情緒障害児童福祉行政について市区町村で実施	在宅福祉サービスについて市区町村で実施	すべての子ども家庭福祉行政について市区町村で実施
適当である	258(32.2)	292(36.5)	181(22.6)	250(31.2)	179(22.3)
どちらかといえば適当である	392(48.9)	397(49.6)	352(43.9)	391(48.8)	406(50.7)
どちらかといえば適当でない	111(13.9)	81(10.1)	214(26.7)	112(14.0)	143(17.9)
適当ではない	17(2.1)	11(1.4)	36(4.5)	27(3.4)	49(6.1)
無回答	23(2.9)	20(2.5)	18(2.2)	21(2.6)	24(3.0)
計(%)	801(100.0)	801(100.0)	801(100.0)	801(100.0)	801(100.0)

「適当である」と「やや適当である」を合わせた割合が高いのは、「ひとり親家庭福祉行政」(86.1%)、次いで「障害児童福祉行政」(81.1%)、「在宅福祉サービス」(80.0%)と続いた。しかし、「適当である」のみを見た場合はいずれも30%台であり、「どちらかといえば適当」が50%と20%の開きがある。一方で「すべての子ども家庭福祉行政」(73.0%)、「要養護、非行、情緒障害児童福祉行政」(66.5%)は最も高い事項と比して10～20%程度下回ったが、「適当である」のみで見た場合、両者とも20%台前半と慎重な意向が見て取れる（表6-3-6）。

(9) 市町村の課題

以下、課題は省略して表記する。「できる」と「ややできる」を合わせた肯定的な意向が最も高いのは、①「児相との協働に…」(82.2%)、次いで③「援助活動を工夫…」(76.5%)、④「支援の連続性を…」(74.6%)、⑥「効果的で実効性…」(70.2%)、⑤「市区町村で支え…」(65.1%)と続き、②「子ども家庭福祉…」(50.2%)が最も低い（表6-3-7）。

なお、先の最も低い「子ども家庭福祉…」は、「重要である」「やや重要である」(92.4%)と回答されており、重要な課題と認識されているのに現状としては「できない」ことがわかる（表6-3-8）。

課題克服数（表6-3-9）は6つすべてできる(34.7%)が最も高く、多くの自治体が複数の課題に対応できていることがわかる。

表6-3-7　市町村の課題（上位項目） (単位：か所)

	①児相との協働によるノウハウ伝達など自治体の対応力向上のための取り組みをすること	②子ども家庭福祉関係の専門職をより効果的に活用するための取り組みをすること	③援助活動を工夫し子どもと家庭に最善の方策を見出すための取り組みをすること	④支援の連続性を考慮した援助活動が可能となるための取り組みをすること	⑤市区町村で支えるか広域で支えるかを判断し援助するための取り組みをすること	⑥効果的で実効性のある援助をするための取り組みをすること
できる	226(28.2)	75(9.4)	114(14.2)	114(14.2)	119(14.9)	93(11.6)
ややできる	433(54.0)	327(40.8)	499(62.3)	484(60.4)	402(50.2)	469(58.6)
ややできない	109(13.6)	275(34.3)	159(19.9)	172(21.5)	219(27.3)	199(24.8)
できない	26(3.2)	111(13.9)	18(2.2)	19(2.4)	45(5.6)	29(3.6)
無回答	7(0.9)	13(1.6)	11(1.4)	12(1.5)	16(2.0)	11(1.4)
計(%)	801(100.0)	801(100.0)	801(100.0)	801(100.0)	801(100.0)	801(100.0)

表6-3-8　市町村の課題の重要度 (単位：か所)

	①児相との協働によるノウハウ伝達など自治体の対応力向上のための取り組みをすること	②子ども家庭福祉関係の専門職をより効果的に活用するための取り組みをすること	③援助活動を工夫し子どもと家庭に最善の方策を見出すための取り組みをすること	④支援の連続性を考慮した援助活動が可能となるための取り組みをすること	⑤市区町村で支えるか広域で支えるかを判断し援助するための取り組みをすること	⑥効果的で実効性のある援助をするための取り組みをすること
重要である	564(70.4)	437(54.6)	503(62.8)	485(60.5)	304(38.0)	530(66.2)
やや重要である	208(26.0)	303(37.8)	262(32.7)	270(33.7)	364(45.4)	232(29.0)
やや重要でない	9(1.1)	32(4.0)	15(1.9)	21(2.6)	95(11.9)	16(2.0)
重要でない	2(0.2)	10(1.2)	1(0.1)	3(0.4)	14(1.7)	4(0.5)
無回答	18(2.2)	19(2.4)	20(2.5)	22(2.7)	24(3.0)	19(2.4)
計(%)	801(100.0)	801(100.0)	801(100.0)	801(100.0)	801(100.0)	801(100.0)

表6-3-9　課題克服数 (単位：か所)

0	1	2	3	4	5	6	無回答	計(%)
44(5.5)	42(5.2)	67(8.4)	80(10.0)	116(14.5)	149(18.6)	278(34.7)	25(3.1)	801(100.0)

(10) 市町村の課題の詳細

　以下は、表6-3-6に示した6つの課題（上位項目）の下位項目であり、対応関係にある。表6-3-7の①〜⑥で「できる」「ややできる」と回答している（以下、肯定的回答）割合が高いにも関わらず、下位項目で肯定的回答の割合が低いもの、つまり上位項目と下位項目での割合がかけ離れている変数に着目し、表6-3-10〜21において「重要である」「やや重要である」を合わせた重要度（以下重要度）の回答も交え、結果を述べる。

①課題①に対応する下位項目

　上位項目である表6-3-7の①「児相との協働に…」(82.2%)に比して、下位項目（表6-3-10）では全体的に約81%〜90%が肯定的回答をしており、その差は10%前後とかけ離れてはいるとはいえない。重要度（表6-3-11）は「児童相談所との…」(71.7%)、「風通しの良い仕…」(63.8%)、「自治体の対応力…」(63.3%)が高い。

表6-3-10　表6-3-7の課題①に対応する下位項目 (単位：か所)

	風通しの良い仕組みとして協議会の会議を活用すること	児童相談所からのノウハウ伝達方法（講習会や研修会、モデル事業等）をもつこと	児童相談所との協働によってノウハウの伝達を受けること	自治体の対応力の向上に対する積極的な意識をもつこと	自治体の対応力の向上に関する取り組みをすること（顔が見える関係を作ること等）
できる	258(32.2)	218(27.2)	251(31.3)	238(29.7)	246(30.7)
ややできる	439(54.8)	429(53.6)	436(54.4)	459(57.3)	467(58.3)
ややできない	83(10.4)	128(16.0)	91(11.4)	88(11.0)	71(8.9)
できない	11(1.4)	18(2.2)	15(1.9)	4(0.5)	5(0.6)
無回答	10(1.2)	8(1.0)	8(1.0)	12(1.5)	12(1.5)
計(%)	801(100.0)	801(100.0)	801(100.0)	801(100.0)	801(100.0)

表6-3-11　表6-3-7の課題①に対応する下位項目の重要度(M.A) (単位：か所)

	風通しの良い仕組みとして協議会の会議を活用すること	児童相談所からのノウハウ伝達方法（講習会や研修会、モデル事業等）をもつこと	児童相談所との協働によってノウハウの伝達を受けること	自治体の対応力の向上に対する積極的な意識をもつこと	自治体の対応力の向上に関する取り組みをすること（顔が見える関係を作ること等）
重要である	511(63.8)	354(44.2)	574(71.7)	396(59.4)	507(63.3)
選択なし	279(34.8)	436(54.4)	216(27.0)	395(49.3)	284(35.5)
無回答	11(1.4)	11(1.4)	11(1.4)	10(1.2)	10(1.2)
計(%)	801(100.0)	801(100.0)	801(100.0)	801(100.0)	801(100.0)

②課題②に対応する下位項目

　上位項目である表6-3-7の②「子ども家庭福祉…」(50.2%)と下位項目（表6-3-12）との差が特に大きいのは、「専門職採用とそ…」(17.5%)、「他職種、専門職…」(20.2%)、「兼務体制の限界…」(25.7%)である。翻せば、これらは「対応できない割合が高い」課題である。他の項目はおおむね45〜61%ほどで上位項

目に近似している。なお重要度(表6-3-13)は、「兼務体制の限界…」(76.8%)が最も高く、次いで「専門職採用とそ…」(50.8%)、「専門職の効果的…」(39.0%)となっている。つまり、重要度が高い課題と認識されていても「対応できない」との回答の割合が高いことを示している。なお、重要度の割合が20〜30%にとどまるものは、「できる」「ややできる」の肯定的回答の割合の方が20〜30%ほど上回っている。

表6-3-12　表6-3-7の課題②に対応する下位項目　　　　　　　　　　　　（単位：か所）

	兼務体制の限界を考慮し、専門分野を理解した人材配置をすること	専門職採用とその質の向上のための研修をセットで実施すること	他職種、専門職の柔軟な人事異動システムとすること	行政職のキャリアがある人の手腕を活用すること	協議会のコーディネーターの力量を向上させること	専門職の効果的活用を視野に入れ、専門職に関する理解や認識を促すこと	専門職等が理解しあい、活用しあう方策として協議会を活用すること
できる	32(4.0)	25(3.1)	25(3.1)	42(5.2)	45(5.6)	53(6.6)	92(11.5)
ややできる	174(21.7)	115(14.4)	137(17.1)	319(39.8)	387(48.3)	373(46.6)	398(49.7)
ややできない	379(47.3)	370(46.2)	399(49.8)	310(38.7)	287(35.8)	273(34.1)	209(26.1)
できない	200(25.0)	276(34.5)	221(27.6)	114(14.2)	69(8.6)	88(11.1)	89(11.3)
無回答	16(2.0)	15(1.9)	19(2.4)	16(2.0)	13(1.6)	14(1.7)	13(1.6)
計(%)	801(100.0)	801(100.0)	801(100.0)	801(100.0)	801(100.0)	801(100.0)	801(100.0)

表6-3-13　表6-3-7課題②に対する下位項目の重要度(M.A)　　　　　　　（単位：か所）

	兼務体制の限界を考慮し、専門分野を理解した人材配置をすること	専門職採用とその質の向上のための研修をセットで実施すること	他職種、専門職の柔軟な人事異動システムとすること	行政職のキャリアがある人の手腕を活用すること	協議会のコーディネーターの力量を向上させること	専門職の効果的活用を視野に入れ、専門職に関する理解や認識を促すこと	専門職等が理解しあい、活用しあう方策として協議会を活用すること
重要である	615(76.8)	407(50.8)	276(34.5)	173(21.6)	271(33.8)	312(39.0)	258(32.2)
選択なし	170(21.2)	378(47.2)	509(63.5)	612(76.4)	514(64.2)	473(59.1)	527(65.8)
無回答	16(2.0)	16(2.0)	16(2.0)	16(2.0)	16(2.0)	16(2.0)	16(2.0)
計(%)	801(100.0)	801(100.0)	801(100.0)	801(100.0)	801(100.0)	801(100.0)	801(100.0)

③課題③に対応する下位項目

　上位項目である表6-3-7の③「援助活動を工夫…」(76.5%)と下位項目(表6-3-14)との差が大きいのは、「地域に人材を見…」(30.9%)、「校区ごとのネッ…」(35.6%)、「専門職がいるこ…」(44.5%)、「人事異動があっ…」(49.8%)であり、こ

れらは「対応できない割合が高い」課題である。なお重要度(表6-3-17)が高いのは「人事異動があっ…」(55.7%)、「最善の方策を生…」(55.6%)、「協議会を最善の…」(46.7%)である。

表6-3-14　表6-3-7の課題③に対応する下位項目　　　　　　　　　　　　(単位：か所)

	協議会を最善の方策やより良い方策を検討できる横断的組織とすること	最善の方策を生み出す意識とそれができる環境や体制を整えること	ケース管理等に付随する必要な政策を提案すること	校区ごとのネットワーク等、地域の中に小さなネットワークをつくること	意識共有の場、機会を活かすこととマニュアル等をもつこと
できる	160(20.0)	101(12.6)	80(10.0)	49(6.1)	125(15.6)
ややできる	469(58.6)	501(62.5)	462(57.7)	236(29.5)	452(56.4)
ややできない	135(16.9)	168(21.0)	215(26.8)	376(46.9)	173(21.6)
できない	21(2.6)	14(1.7)	25(3.1)	120(15.0)	32(4.0)
無回答	16(2.0)	17(2.1)	19(2.4)	20(2.5)	19(2.4)
計(%)	801(100.0)	801(100.0)	801(100.0)	801(100.0)	801(100.0)
	人事異動があっても安定的な体制がとれる仕組みをつくること	専門の相談員と知識のある役場職員が役割分担をすること	専門職が少なかったり、専門職でなくともできる工夫をすること	専門職がいることによる良さが実感できること	地域に人材を見出し育てること
できる	64(8.0)	90(11.2)	62(7.7)	124(15.5)	13(1.6)
ややできる	335(41.8)	375(46.8)	473(59.1)	312(39.0)	235(29.3)
ややできない	304(38.0)	216(27.0)	211(26.3)	217(27.1)	427(53.3)
できない	81(10.1)	100(12.5)	37(4.6)	129(16.1)	108(13.5)
無回答	17(2.1)	20(2.5)	18(2.2)	19(2.4)	18(2.2)
計(%)	801(100.0)	801(100.0)	801(100.0)	801(100.0)	801(100.0)

表6-3-15　表6-3-7課題③に対応する下位項目の重要度(M.A)　　　　　　　　　　　　（単位：か所）

	協議会を最善の方策やより良い方策を検討できる横断的組織とすること	最善の方策を生み出す意識とそれができる環境や体制を整えること	ケース管理等に付随する必要な政策を提案すること	校区ごとのネットワーク等、地域の中に小さなネットワークをつくること	意識共有の場、機会を活かすことやマニュアル等をもつこと
重要である	374(46.7)	445(55.6)	105(13.1)	138(17.2)	125(15.6)
選択なし	408(50.9)	337(42.1)	676(84.4)	643(80.3)	452(56.4)
無回答	19(2.4)	19(2.4)	20(2.5)	20(2.5)	173(21.6)
計(%)	801(100.0)	801(100.0)	801(100.0)	801(100.0)	32(4.0)
	人事異動があっても安定的な体制がとれる仕組みをつくること	専門の相談員と知識のある役場職員が役割分担をすること	専門職が少なかったり、専門職でなくともできる工夫をすること	専門職がいることによる良さが実感できること	地域に人材を見出し育てること
重要である	64(8.0)	90(11.2)	213(26.6)	92(11.5)	105(13.1)
選択なし	335(41.8)	375(46.8)	569(71.0)	690(86.1)	677(84.5)
無回答	304(38.0)	216(27.0)	19(2.4)	19(2.4)	19(2.4)
計(%)	81(10.1)	100(12.5)	801(100.0)	801(100.0)	801(100.0)

④課題④に対応する下位項目

　上位項目である表6-3-7の④「支援の連続性を…」(74.6%)と下位項目(表6-3-16)との差が大きいのは、「係内に複数の…」(43.7%)、「広域的対応を要…」(54.7%)、「専門職と行政職…」(58.2%)、「自治体の特性に…」(60.7%)である。その他は上位項目の割合を上回っている。重要度(表6-3-17)が高いのは「人が代わっても…」(68.0%)、「組織的対応の流…」(48.4%)、「係内に複数の担…」(40.8%)であるが、いずれも「できる」「ややできる」とする割合が少し上回った。

表6-3-16　表6-3-7の課題④に対応する下位項目　　　　　　　　　　　　　　　　　　　　　（単位：か所）

	係内に複数の担当者を配置すること	ケースの連続性のために事務局が機能すること	人が代わっても引継ぎ共有できる記録と進行管理の仕組みを持つこと	組織として情熱や熱意を継続すること	専門職と行政職の問題意識を行政の責任で形にすること
できる	111(13.9)	187(23.3)	227(28.3)	163(20.3)	69(8.6)
ややできる	239(29.8)	450(56.2)	466(58.2)	459(57.3)	397(49.6)
ややできない	249(31.1)	130(16.2)	84(10.5)	143(17.9)	243(30.3)
できない	190(23.7)	23(2.9)	13(1.6)	17(2.1)	71(8.9)
無回答	12(1.5)	11(1.4)	11(1.4)	19(2.4)	21(2.6)
計(%)	801(100.0)	801(100.0)	801(100.0)	801(100.0)	801(100.0)

	円滑な体制のための啓発や定期的な連絡会等をもつこと	組織的対応の流れを作ること	自治体の特性による独自の効率性を模索すること	広域的対応を要する事項の整理と対応の仕方の整理をすること
できる	194(24.2)	179(22.3)	91(11.4)	73(9.1)
ややできる	449(56.1)	461(57.6)	395(49.3)	365(45.6)
ややできない	123(15.4)	132(16.5)	255(31.8)	292(36.5)
できない	22(2.7)	15(1.9)	46(5.7)	53(6.6)
無回答	13(1.6)	14(1.7)	14(1.7)	18(2.2)
計(%)	801(100.0)	801(100.0)	801(100.0)	801(100.0)

表6-3-17　表6-3-7課題④に対応する下位項目の重要度(M.A)　　　　　　　　　　　　　　（単位：か所）

	係内に複数の担当者を配置すること	ケースの連続性のために事務局が機能すること	人が代わっても引継ぎ共有できる記録と進行管理の仕組みを持つこと	組織として情熱や熱意を継続すること	専門職と行政職の問題意識を行政の責任で形にすること
重要である	327(40.8)	322(40.2)	545(68.0)	145(18.1)	119(14.9)
選択なし	455(56.8)	461(57.6)	238(29.7)	638(79.7)	664(82.9)
無回答	19(2.4)	18(2.2)	18(2.2)	18(2.2)	18(2.2)
計(%)	801(100.0)	801(100.0)	801(100.0)	801(100.0)	801(100.0)

	円滑な体制のための啓発や定期的な連絡会等をもつこと	組織的対応の流れを作ること	自治体の特性による独自の効率性を模索すること	広域的対応を要する事項の整理と対応の仕方の整理をすること
重要である	313(39.1)	388(48.4)	96(12.0)	66(8.2)
選択なし	470(58.7)	395(49.3)	687(85.8)	717(89.5)
無回答	18(2.2)	18(2.2)	18(2.2)	18(2.2)
計(%)	801(100.0)	801(100.0)	801(100.0)	801(100.0)

⑤課題⑤に対応する下位項目

　上位項目である表6-3-7の⑤「市区町村で支え…」(65.1%)と下位項目(表6-3-18)との差が大きいのは、「市区町村間に…」(29.1%)、「契約等、新しい…」(32.4%)、「市区町村内に校…」(33.5%)であり、「対応できない割合が高い」課題である。その他、約12〜18%ほど下回るもの、上位項目の割合と同等か若干上回るものがみられた。重要度(表6-3-19)が最も高いのは「転入、転出ケース…」(73.5%)であり、「できる」「ややできる」の割合と比較すると若干下回っている。次いで「市区町村に資源…」(51.6%)であるが、「できる」「ややできる」の割合が若干上回った。それ以外の重要度が低く回答されている変数においても、「できる」「ややできる」の割合が約1〜20%ほど上回る傾向がみられた。

表6-3-18　表6-3-7の課題⑤に対応する下位項目　　　　　　　　　　　　　　　　　　（単位：か所）

	転入、転出ケースのためのネットワーク同士のつなぎをすること	市区町村間における温度差やばらつきに対応する啓発をすること	広域で連携して扱えるケース、扱えないケースの選別をすること	契約等、新しいサービス利用の仕組みを視野に入れ、広域ケースのネットワークへのつなぎを模索すること
できる	198(24.7)	24(3.0)	87(10.9)	27(3.4)
ややできる	367(45.8)	209(26.1)	337(42.1)	232(29.0)
ややできない	173(21.6)	393(49.1)	275(34.3)	372(46.4)
できない	48(6.0)	155(19.4)	81(10.1)	144(18.0)
無回答	15(1.9)	20(2.5)	21(2.6)	26(3.2)
計(%)	801(100.0)	801(100.0)	801(100.0)	801(100.0)
	市区町村に資源やノウハウが少ない事項は何かを検討すること	広域でうまくいく、メリットのある事項は何かを検討すること	市区町村内に校区等のネットワークを重層的に構築すること	
できる	77(9.6)	47(5.9)	42(5.2)	
ややできる	443(55.3)	336(41.9)	227(28.3)	
ややできない	218(27.2)	314(39.2)	388(48.4)	
できない	45(5.6)	85(10.6)	127(15.9)	
無回答	18(2.2)	19(2.4)	17(2.1)	
計(%)	801(100.0)	801(100.0)	801(100.0)	

表6-3-19　表6-3-7課題⑤に対応する下位項目の重要度(M.A) (単位：か所)

	転入、転出ケースのためのネットワーク同士のつなぎをすること	市区町村間における温度差やばらつきに対応する啓発をすること	広域で連携して扱えるケース、扱えないケースの選別をすること	契約等、新しいサービス利用の仕組みを視野に入れ、広域ケースのネットワークへのつなぎを模索すること
重要である	589(73.5)	252(31.5)	233(29.1)	252(31.5)
選択なし	176(22.0)	513(64.0)	532(66.4)	513(64.0)
無回答	36(4.5)	36(4.5)	36(4.5)	36(4.5)
計(%)	801(100.0)	801(100.0)	801(100.0)	801(100.0)

	市区町村に資源やノウハウが少ない事項は何かを検討すること	広域でうまくいく、メリットのある事項は何かを検討すること	市区町村内に校区等のネットワークを重層的に構築すること
重要である	413(51.6)	220(27.5)	248(31.0)
選択なし	352(43.9)	545(68.0)	517(64.5)
無回答	36(4.5)	36(4.5)	36(4.5)
計(%)	801(100.0)	801(100.0)	801(100.0)

⑥課題⑥に対応する下位項目

　上位項目である表6-3-7の⑥「効果的で実効性…」(70.2%)と下位項目(表6-3-20)との差が大きいのは、「各々が専門機能…」(24.4%)、「現場や市民の現…」(38.8%)、「家庭の力を育て…」(44.9%)、「時代に即した制…」(47.8%)であり、「対応できない割合が高い」課題である。その他は上位項目の割合を上回った。重要度(表6-3-21)は「協働により計画…」(52.3%)、「家庭の力を育て…」(47.6%)、「各々が専門機能…」(47.2%)の順に高かった。重要度が3番目に高い変数であっても「できる」「ややできる」の割合が約23%下回った。つまり、重要であってもできない現状が垣間見られる。全体として、重要度の低い変数は高い変数に比べ、「できる」「ややできる」の割合が高い傾向がある。

表6-3-20　表6-3-7の課題⑥に対応する下位項目　　　　　　　　　　　　　　　　　　　　　　　　　　（単位：か所）

	時代に即した制度の評価、点検の仕組みを整えること	現場や市民の現状をまとめ分析する力量と制度に生かす体制を整えること	各々が専門機能を発揮できる人事体制とすること	協働により計画性のある支援をすること
できる	42(5.2)	26(3.2)	15(1.9)	75(9.4)
ややできる	341(42.6)	285(35.6)	180(22.5)	498(62.2)
ややできない	327(40.8)	385(48.1)	411(51.3)	182(22.7)
できない	71(8.9)	85(10.6)	175(21.8)	30(3.7)
無回答	20(2.5)	20(2.5)	20(2.5)	16(2.0)
計(%)	801(100.0)	801(100.0)	801(100.0)	801(100.0)
	要保護ケースにサービスを届けるための力量をつけること	支援に活かすためのサービスや制度を把握すること	家庭の力を育てること	
できる	62(7.7)	160(20.0)	17(2.1)	
ややできる	487(60.8)	518(64.7)	343(42.8)	
ややできない	207(25.8)	93(11.6)	363(45.3)	
できない	27(3.4)	14(1.7)	59(7.4)	
無回答	18(2.2)	16(2.0)	19(2.4)	
計(%)	801(100.0)	801(100.0)	801(100.0)	

表6-3-21　表6-3-7課題⑥に対応する下位項目の重要度(M.A)　　　　　　　　　　　　　　　　　　（単位：か所）

	時代に即した制度の評価、点検の仕組みを整えること	現場や市民の現状をまとめ分析する力量と制度に生かす体制を整えること	各々が専門機能を発揮できる人事体制とすること	協働により計画性のある支援をすること
重要である	227(28.3)	310(38.7)	378(47.2)	419(52.3)
選択なし	555(69.3)	472(58.9)	404(50.4)	363(45.3)
無回答	19(2.4)	19(2.4)	19(2.4)	19(2.4)
計(%)	801(100.0)	801(100.0)	801(100.0)	801(100.0)
	要保護ケースにサービスを届けるための力量をつけること	支援に活かすためのサービスや制度を把握すること	家庭の力を育てること	
重要である	272(34.0)	334(41.7)	381(47.6)	
選択なし	510(63.7)	448(55.9)	401(50.1)	
無回答	19(2.4)	19(2.4)	19(2.4)	
計(%)	801(100.0)	801(100.0)	801(100.0)	

(11) 市町村を中心とする体制について

表6-3-22　再構築に対応できるか否か　　　　　　　　　　（単位：か所）

	現状で市区町村中心の体制に再構築すること	将来的に市区町村中心の体制に再構築すること
対応できる	60 (7.5)	93 (11.6)
やや対応できる	370 (46.2)	457 (57.1)
やや対応できない	282 (35.2)	187 (23.3)
対応できない	76 (9.5)	41 (5.1)
無回答	13 (1.6)	23 (2.9)
計 (%)	801 (100.0)	801 (100.0)

表6-3-23　再構築の必要性（単位：か所）　　　　　　　　（単位：か所）

	将来全てを市区町村中心に再構築すること	将来一部を市区町村中心に再構築すること
必要である	178 (22.2)	241 (30.1)
やや必要である	376 (46.9)	410 (51.2)
やや必要でない	165 (20.6)	83 (10.4)
必要でない	65 (8.1)	33 (4.1)
無回答	17 (2.1)	34 (4.2)
計 (%)	801 (100.0)	801 (100.0)

　「現状で市区町村中心の体制に再構築すること」は、「できる」「ややできる」を合わせて53.7%、「将来的に市区町村中心の体制に再構築すること」は「できる」「ややできる」を合わせて68.7%であった。現状での可否は半々程度であるが、将来的な展望としては肯定的な意向の方が高い割合を示している。同時に、将来的な再構築の必要性(表6-3-23)について「必要である」「やや必要である」を合わせると69.1%と支持的であるのに対し、現状での「ややできない」「できない」が44.7%となっており、必要性は認めつつもこのままでは市町村を中心にすることが難しい状況を示唆している。そのような状況を受けてか、「将来一部を市区町村中心に再構築すること」は「必要である」「やや必要である」が81.3%を示し、現状でも対応可能な業務であれば、再構築によりこの先体制が変わっても大丈夫ではないかとの背景が推察される。

　このような結果から、特に取り上げるべきポイントは、「市町村の課題である上位項目と下位項目の関係」、「重要度が高いにも関わらず克服できていない課題は何か」、「市町村中心の体制に再構築する必要性とそれができるか否か」の3点といえる。

3. クロス集計

　ここでは、作業仮説に基づいたモデルをもとに分析をすることとする。また、ここでは特別に無回答に意味のあるものが見受けられないため、無回答を除いてクロス集計をしている。

　クロス集計は全体として従属変数に現在/将来の体制再構築を用いたが、どちらも結果はほぼ変わらなかった。しかし、市町村における課題とのクロス集計の結果に差が現れたため、その分析結果のみ将来の体制再構築を含めて提示し、それ以外は現在の体制再構築のみの結果を示した。一部、各クロス集計をまとめた一覧表を作成しているが、その際は、将来に対する体制再構築とのクロス集計結果も併せて示している。

(1) 人口規模、経年年数、個別ケース検討会議開催数、課題克服数と体制再構築可否の関連をみるためのクロス集計
①モデルの構築

　まず、先行研究においても取り上げられている主要な変数と市町村を中心とする体制再構築の可否をクロス集計し、関連をみることとする。作業仮説は図6-3-1のとおりである。

　作業仮説からのモデルは、以下の通りである。

```
　　　　　　　　aからeまでそれぞれの独立変数と従属変数は関連がある
 a 人口規模
 b ネットワーク経年年数
 c 協議会経年年数　　　　　　　　　　×市町村を中心とした体制再構築可否
 d 個別ケース会議開催頻度　　　　　　　　（現状、将来）
 e 課題克服数
```

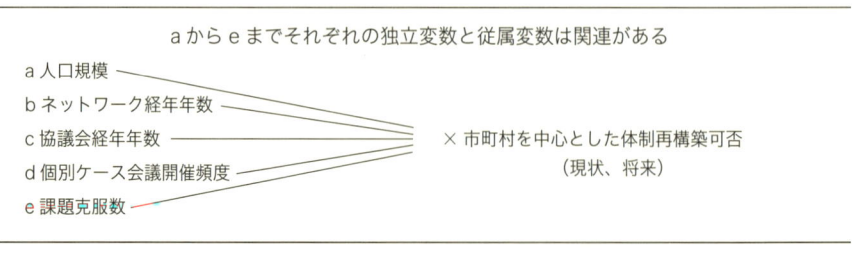

図6-3-1　理論仮説①に基づく作業仮説のモデル

②分析結果

　図6-3-1のモデルに基づきaからeまでのクロス集計をした結果は次の通りである。

a. 人口規模

表6-3-24　人口規模と再構築(現状)のクロス集計結果　　　　　　　　　　　　(単位:か所)

人口	現状で市区町村中心の体制に再構築すること			
	できない	できる	計(%)	n
10万人未満	46.6	53.4	100.0	622
10万人以上	41.0	59.0	100.0	166

n.s.

　人口規模は、5万人未満と5万人以上で分けると人口規模が小さすぎること、さらに30万人未満と30万人以上で分けるにはすでに30万人という人口規模では児童相談所を持つこともできるようになっており、この2値化はあまり意味がないため、10万人未満と10万人以上に2値化した変数を用いた。
　分析の結果、人口規模の大小と市町村を中心とする体制再構築(現状、将来ともに)の間には、有意差は認められなかった。

b. ネットワークの経年年数

表6-3-25　ネットワークの経年年数と再構築(現状)のクロス集計結果　　　　　(単位:か所)

ネット経年年数	現状で市区町村中心の体制に再構築すること			
	できない	できる	計(%)	n
68か月未満	46.2	53.8	100.0	184
68か月以上	43.5	56.5	100.0	186

n.s.

　次に、ネットワーク設置からの経年年数と市町村を中心とする体制再構築(現状、将来ともに)のクロス集計である。ネットワーク設置からの経年年数については、ほぼ50%ずつになる地点(中央値)を用いて68か月未満と68か月以上に分けて2値化した。ネットワークの経年年数と市町村を中心とする体制再構築(現状、将来とも)の変数間には、有意差は認められなかった。

c. 協議会の経年年数

　3つめのモデルとして協議会設置からの経年年数と市町村を中心とする体制再構築(現状、将来ともに)のクロス集計である。協議会の経年年数についてはほぼ半数になる地点でわけ、28か月未満と28か月以上に2値化した。協議会の経年年数と市町村を中心とする体制再構築(現状、将来とも)の変数間には、有意差は認め

られなかった。

表6-3-26 協議会の経年年数と再構築（現状）のクロス集計結果　　　　　　　　　（単位：か所）

協議会経年年数	現状で市区町村中心の体制に再構築すること			
	できない	できる	計(%)	n
28か月未満	48.2	51.8	100.0	384
28か月以上	43	57	100.0	391

n.s.

d. 個別ケース検討会議の開催頻度

表6-3-27 個別ケース検討会議頻度と再構築（現状）のクロス集計結果　　　　　　　（単位：か所）

個別ケース検討会議	現状で市区町村中心の体制に再構築すること				有意水準	φ係数
	できない	できる	計(%)	n		
月1回未満	50.3	49.7	100.0	380	*	0.09
月1回以上	41.7	58.3	100.0	357		

***$p<0.001$ **$p<0.01$ *$p<0.05$

　4つめのモデルとして、個別ケース検討会議の開催頻度と市町村を中心とする体制再構築（現状、将来ともに）のクロス集計である。個別ケース会議の開催頻度についてはほぼ半数になる地点でわけ、月1回未満と月1回以上に2値化した。
　個別ケース検討会議の開催頻度と市町村を中心とする体制再構築（現状、将来）の間には、ともに5%水準で有意差が認められた。

e. 課題克服数

表6-3-28 市町村の課題克服数と再構築（現状）のクロス集計結果　　　　　　　　（単位：か所）

課題克服数3未満3以上	現状で市区町村中心の体制に再構築すること				有意水準	φ係数
	できない	できる	計(%)	n		
3つ未満	74.7	25.3	100	150	***	0.28
3つ以上	39.1	60.9	100	617		

***$p<0.001$ **$p<0.01$ *$p<0.05$

　5つめのモデルとして、課題克服数と市町村を中心とする体制再構築（現状、将来ともに）のクロス集計である。課題克服数については0から6までの範囲のため中央値でわけ、3つ未満と3つ以上に2値化した。
　課題克服数と市町村を中心とする体制再構築（現状、将来）の間には、ともに

0.1%水準で有意差が認められた。

以上の作業仮説にもとづくクロス集計結果をまとめると以下のようになった。

```
                          (現状 / 将来の有意差)
a 人口規模 ――――――― 共になし ―┐
b ネットワーク経年数 ――― 共になし ―┤
c 協議会経年数 ―――――― 共になし ―┼× 市町村を中心とした体制再構築可否
d 個別ケース会議開催頻度 ― 共に *  ―┤   (現状、将来)
e 課題克服数 ―――――――― 共に ***―┘
                              ***p<0.001  **p<0.01  *p<0.05
```

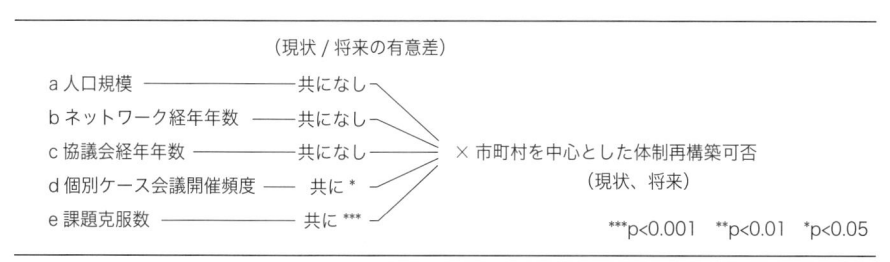

図6-3-2　作業仮説にもとづくクロス集計結果

　a～eまでのモデルについて、将来の体制再構築とのクロス集計結果もほぼ同様の傾向がみられた。この仮説モデルにおいて有意差が認められたのは、個別ケース検討会議の開催頻度と課題克服数のみであった。

(2) 人口規模、経年数、会議開催数、課題克服数、課題の詳細と体制再構築可否の関連の強さを見るためのクロス集計

　次に、先のモデルに挙げた独立変数と従属変数の間の関連の強さをみることとする。ここでの2変数間の関連の強さについては、独立変数、従属変数ともに2値化した変数を用いるため、ϕ係数を比較して作業仮説検証のためのクロス集計を行い、特に有意差のあるクロス集計のϕ係数を測定し、あわせて相対的に数値の高い変数を検討することとする。

　ここでの作業仮説は表6-2-2のとおりである。ただし、作業仮説fは非常に項目が多くa～eの結果と並べることは好ましくないためモデルを2つにわけ、a～eを①、fを②とする。

①作業仮説a～eモデルの構築

　ここでの作業仮説a～eのモデルは以下のとおりである。

第3節　分析結果

(現状／将来)

a 人口規模　　　　　　　　×市町村を中心とした体制再構築可否→a φ >b～eのφ
b ネットワーク経年年数　　×市町村を中心とした体制再構築可否→b φ >a,c～eのφ
c 協議会経年年数　　　　　×市町村を中心とした体制再構築可否→c φ >a,b,d,eのφ
d 個別ケース会議開催頻度　×市町村を中心とした体制再構築可否→d φ >a～c,eのφ
e 課題克服数　　　　　　　×市町村を中心とした体制再構築可否→e φ >a～dのφ

***$p<0.001$　**$p<0.01$　*$p<0.05$

図6-3-3　理論仮説②にもとづく作業仮説a～eのモデル

① -1 分析結果

　aからeまでのφ係数は、先述のクロス集計結果表6-3-24から6-3-28の結果から述べる。

　まず、aの人口規模と体制再構築の可否については、現状と将来ともに有意差はなく、φ係数は極めて0に近い数値となった。次に、bのネットワーク、cの協議会の経年年数と体制再構築の可否については、双方とも現状と将来いずれも有意差がなく、φ係数も極めて0に近い数値であった。dの個別ケース検討会議開催頻度と体制再構築の可否については、現状が5％水準で有意でありφ係数は0.09、将来は5％水準で有意であり、φ係数は0.08であった。

　eの課題克服数と体制再構築の可否については、現状が0.1％水準で有意でありφ係数は0.28、将来は0.1％水準で有意でありφ係数は0.27であった。将来の体制再構築についてもほぼ同様の結果が見られた。それらの結果を以下のようにまとめた。

　この仮説モデルにおいて有意差があり、かつφ係数が読み取れたものは、dとeであった。

```
                                    (現状 / 将来)
 a 人口規模            × 市町村を中心とした体制再構築可否→共に有意差なしφなし
 b ネットワーク経年年数  × 町村を中心とした体制再構築可否→共に有意差なしφなし
 c 協議会経年年数       × 市町村を中心とした体制再構築可否→共に有意差なしφなし
 d 個別ケース会議開催頻度 × 市町村を中心とした体制再構築可否→φ 0.09（*）/ φ 0.08（*）
 e 課題克服数          × 町村を中心とした体制再構築可否→φ 0.28（***）/ φ 0.27（***）
                                            ***p<0.001  **p<0.01  *p<0.05
```

図6-3-4　作業仮説にもとづく分析結果

②モデルの構築

　次に、作業仮説のfについてである。本研究において、市町村における課題は、抽象度の高い上位項目とその内容を表す下位項目とに分けられている。下位項目は全45項目あり、上位項目6項目に対して5〜10の項目に分かれている。したがって、モデルをわかりやすくするため、上位項目①〜⑥に対応させて下位項目を記すこととした。作業仮説fでは、その内容を示す課題の詳細と市町村を中心とした体制再構築の可否についての関連とφ係数をクロス集計によって測定し、その中でも相対的にφ係数が高い変数について検討することとしたい。ここでも独立変数、従属変数ともに2値化した数値を用いて分析する。作業仮説からのモデルは以下のとおりである。

```
                        (現状 / 将来)
 1. 課題①の下位項目 5項目 × 市町村を中心とした体制再構築可否
 2. 課題②の下位項目 7項目 × 市町村を中心とした体制再構築可否   相対的にみてこの中に
 3. 課題③の下位項目10項目 × 市町村を中心とした体制再構築可否   φ係数の高い変数がある
 4. 課題④の下位項目 9項目 × 市町村を中心とした体制再構築可否
 5. 課題⑤の下位項目 7項目 × 市町村を中心とした体制再構築可否
 6. 課題⑥の下位項目 7項目 × 市町村を中心とした体制再構築可否
```

図6-3-5　理論仮説②にもとづく作業仮説 f のモデル

　ただし、上記のモデルの前提として、市町村における課題の上位項目と市町村を中心とした体制再構築の可否のクロス集計も必要となる。すなわち、下記のモデルとクロス集計の結果が前提にある。つまり、市町村の課題6項目と市町村を

中心とした体制再構築の可否(現状、将来)のクロス集計のモデルである。独立変数6項目のうち、体制再構築の可否に相対的にみたときに強い影響を与えている変数を分析した結果は以下の通りである。

①児相との協働によるノウハウ伝達など自治体の対応力向上のための取り組みをすること　*** ϕ =0.15
②子ども家庭福祉関係の専門職をより効果的に活用するための取り組みをすること　*** ϕ =0.28
③援助活動を工夫し子どもと家庭に最善の方策を見出すための取り組みをすること　*** ϕ =0.25
④支援の連続性を考慮した援助活動が可能となるための取り組みをすること　*** ϕ =0.26
⑤市区町村で支えるか広域で支えるかを判断し援助するための取り組みをすること　*** ϕ =0.17
⑥効果的で実効性のある援助をするための取り組みをすること　*** ϕ =0.30

市町村を中心とした体制再構築可否(現状)に強い影響を与える変数がある
第1位⑥
第2位②
第3位④

***p<0.001

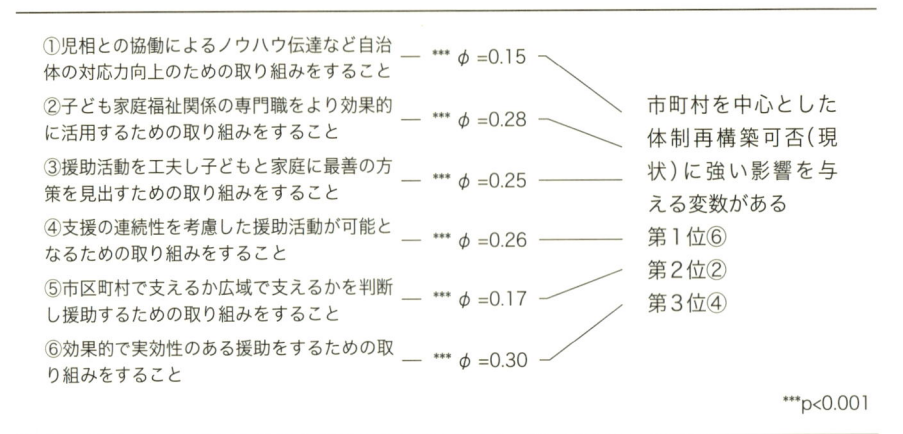

図6-3-6　表6-3-5の前提にあるクロス集計結果(現状)

つまり、このクロス集計では、「効果的で実効性のある援助をするための取り組みをすること」が最も現状での体制再構築の可否に強く影響しており、「子ども家庭福祉関係の専門職をより効果的に活用するための取り組みをすること」、「支援の連続性を考慮した援助活動が可能となるための取り組みをすること」、「援助活動を工夫し子どもと家庭に最善の方策を見出すための取り組みをすること」についても、相対的にみたときには現状での体制再構築に影響を与えているといえる。

次に、課題6項目と体制再構築(将来)のクロス集計結果をまとめると以下のとおりである。

①児相との協働によるノウハウ伝達など自治体の対応力向上のための取り組みをすること　— *** φ＝0.14
②子ども家庭福祉関係の専門職をより効果的に活用するための取り組みをすること　— *** φ＝0.23
③援助活動を工夫し子どもと家庭に最善の方策を見出すための取り組みをすること　— *** φ＝0.24
④支援の連続性を考慮した援助活動が可能となるための取り組みをすること　— *** φ＝0.28
⑤市区町村で支えるか広域で支えるかを判断し援助するための取り組みをすること　— *** φ＝0.20
⑥効果的で実効性のある援助をするための取り組みをすること　— *** φ＝0.27

市町村を中心とした体制再構築可否(現状)に強い影響を与える変数がある
第1位④
第2位⑥
第3位③

***p<0.001

図6-3-7　表6-3-5の前提にあるクロス集計結果(将来)

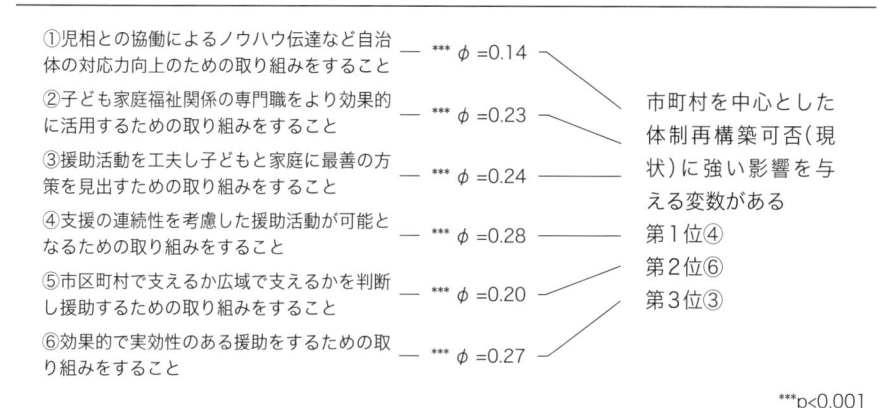

　つまり、このクロス集計では、「支援の連続性を考慮した援助活動が可能となるための取り組みをすること」が最も将来の体制再構築の可否に強く影響を与えており、次いで僅差で「効果的で実効性のある援助をするための取り組みをすること」も影響を与えている。相対的にみれば、「援助活動を工夫し子どもと家庭に最善の方策を見出すための取り組みをすること」、「子ども家庭福祉関係の専門職をより効果的に活用するための取り組みをすること」についても影響を与えているといえる。
　市町村の課題と現状と将来いずれの体制再構築の可否についてもクロス集計をしてきたが、これらの市町村の課題の上位項目は抽象度が高いため、相対的に影響が強いといっても具体的な部分が十分に見えない。したがって、これら上位項目を構成している下位項目と体制再構築のクロス集計をし、具体的な項目でφ係数を見る必要性がある。
　さらに、市町村の課題の下位項目は前掲のモデルにあるとおり、1～6のように分かれており、1～6の上位項目の課題に対応する下位項目と再構築の可否のクロス集計とφ係数を検討し、その中で相対的にφ係数の高いものを見出すこととする。あわせて、市町村を中心とする体制再構築(現状)で最もφ係数が高かった、「効果的で実効性のある援助をするための取り組みをすること」の詳細をみたときに強い影響を与えている変数はどのようなものか、さらに、市町村を中心とする体制再構築(将来)で最もφ係数が高かった「支援の連続性を考慮した援助活

動が可能となるための取り組みをすること」の詳細をみたときに強い変数を与えている変数はどのようなものか、といった検証も試みる。

②-1　下位項目と体制再構築のクロス集計結果
　市町村の課題（下位項目）と市町村を中心とする体制再構築の可否のクロス集計結果を第3位までまとめると、次のようになる。

「自治体の対応力の向上に関する取り組みをすること（顔が見える関係を作ること等）」（ϕ =0.18)
「自治体の対応力の向上に対する積極的な意識をもつこと」（ϕ =0.17)
「風通しの良い仕組みとして協議会の会議を活用すること」（ϕ =0.14)
　　× 市町村を中心とした体制再構築可否（現状）
　　　有意差（上から順に）***、***、**

「自治体の対応力の向上に関する取り組みをすること（顔が見える関係を作ること等）」（ϕ =0.19)
「児童相談所との協働によってノウハウの伝達を受けること」（ϕ =0.16)
「自治体の対応力の向上に対する積極的な意識をもつこと」（ϕ =0.16)
　　× 市町村を中心とした体制再構築可否（将来）
　　　有意差（上から順に）***、***、**

***$p<0.001$ **$p<0.01$

図6-3-8　表6-3-5の前提にあるクロス集計結果（将来）

　現状での体制再構築に関連する市町村の課題上位3項目は、協議会のある市町村における「基盤づくり」に関する項目であると考えられ、それぞれ具体的な関係づくりや市町村において対応力をつけようとする意識づくりといったものが現状での体制再構築に強い影響を与えているといえる。
　将来の体制再構築に関連する第2位の「児童相談所との協働によってノウハウの伝達を受けること」については、現状のクロスでは第4位であった。将来的に市町村を中心の体制に再構築するためには、市町村の対応力向上のための取り組み、児童相談所との協働によるノウハウ伝達、自治体の対応力の向上に対する積極的な意識が強い影響を与えているといえる。

「協議会のコーディネーターの力量を向上させること」（φ=0.25）
「兼務体制の限界を考慮し、専門分野を理解した人材配置をすること」（φ=0.22）
「専門職の効果的活用を視野にいれ、専門職に関する理解や認識を促すこと」（φ=0.21）

　　× 市町村を中心とした体制再構築可否（現状）
　　　有意差（上から順に）***、***、**

「協議会のコーディネーターの力量を向上させること」（φ=0.23）
「専門職の効果的活用を視野にいれ、専門職に関する理解や認識を促すこと」（φ=0.22）
「兼務体制の限界を考慮し、専門分野を理解した人材配置をすること」（φ=0.19）
「専門職等が理解しあい、活用しあう方策として協議会を活用すること」（φ=0.19）

　　× 市町村を中心とした体制再構築可否（将来）
　　　有意差（上から順に）***、***、**

***p<0.001

図6-3-9　課題②の下位項目（7項目）と体制再構築のクロス集計結果（第3位まで）

　現状での体制再構築に関連する市町村の課題上位3項目は、協議会のある市町村における「人材やその活用のためのシステム」に関する項目であると考えられる。それぞれ、多様な人材が協働するためのまとめ役としてのコーディネーターの必要性、兼務体制の厳しい現状を受けて子ども家庭福祉の分野を理解、配慮した人材配置の必要性、多様な専門職の専門性や力量を活用するための協議会とする必要性といったものが、現状での体制再構築に強い影響を与えているといえる。

　現状での再構築のクロスと比べると、現状での再構築のクロスと比べても、おおむね類似した順位となった。将来的に市町村を中心の体制に再構築するためには、協議会のコーディネーターの力量の向上、専門職の効果的活用のための理解や認識を促すこと、専門分野を理解した人材配置、専門職等が理解しあい活用し合うために協議会を活用することが強い影響を与えているといえる。

```
┌「専門職が少なかったり、専門職でなくともでき ┐
│ る工夫をすること」(φ=0.28)                │
│「最善の方策を生み出す意識とそれができる環境 │   × 市町村を中心とした体制再構築可否(現状)
│ や体制を整えること」(φ=0.25)              ├    有意差(上から順に)***、***、**
│「専門の相談員と知識のある役場職員が役割分担 │
└ をすること」(φ=0.24)                     ┘

┌「専門職が少なかったり、専門職でなくともでき ┐
│ る工夫をすること」(φ=0.29)                │
│「専門の相談員と知識のある役場職員が役割分担 │   × 市町村を中心とした体制再構築可否(将来)
│ をすること」(φ=0.26)                     ├    有意差(上から順に)***、***、**
│「最善の方策を生み出す意識とそれができる環境 │
└ や体制を整えること」(φ=0.25)              ┘
```

***p<0.001

図6-3-10　課題③の下位項目(10項目)と体制再構築のクロス集計結果(第3位まで)

　現状での体制再構築に関連する市町村の課題は、協議会のある市町村における「協議会を有効に活用するための基盤づくり」と「専門職の力を有効に活用するための役割分担」に関する項目であると考えられる。前者については、部署や機関による縦割り構造ではなく立場や役割を超えて検討することができる協議会の組織づくりの必要性、さらに子どもにとって最善の方策を検討しようという共通認識のもと意見を交換しやすい体制づくりの必要性といえる。後者は、少ない専門的知識やノウハウを持っている人の力を有効活用するため、書類や手続き等の事務的な仕事と実際の具体的な援助とで役割分担をすることの必要性といえる。このような事項が、現状での体制再構築に強い影響を与えているといえる。

　将来の体制再構築のクロス集計結果は、現状での再構築のクロスと比べると第1位は変わらず、第2位と第3位が逆転した。将来的に市町村を中心の体制に再構築するためには、専門職が少なかったり専門職でなくともできる工夫をすること、専門の相談員と知識のある役場職員が役割分担をすること、最善の方策を生み出す意識とそれができる環境や体制を整えることが強い影響を与えているといえる。

「専門職と行政職の問題意識を行政の責任で形にすること」(ϕ=0.26)
「広域的対応を要する事項の整理と対応の仕方の整理をすること」(ϕ=0.24)
「人が代わっても引継ぎ共有できる記録と進行管理の仕組みを持つこと」(ϕ=0.22)
} × 市町村を中心とした体制再構築可否（現状）
有意差（上から順に）***、***、**

「組織的対応の流れを作ること」(ϕ=0.31)
「ケースの連続性のために事務局が機能すること」(ϕ=0.24)
「組織として情熱や熱意を継続すること」(ϕ=0.24)
} × 市町村を中心とした体制再構築可否（将来）
有意差（上から順に）***、***、**

***$p<0.001$

図6-3-11　課題④の下位項目（9項目）と体制再構築のクロス集計結果（第3位まで）

　この課題の上位項目と将来の再構築のクロス集計結果は、最もϕ係数が高かった。その内容を検討すると、以下の結果が得られた。

　現状での体制再構築とのクロス集計の結果、上位3項目は「市町村における責任の所在やその体制」に関する項目であると考えることができる。結果からみれば、協議会活動等によって明らかになった課題に対応することを担当者個人の責任とせず市町村としてどのように対応するかを検討する必要性、市町村の力で担えないケースを整理、その際の対応方法をあらかじめ検討しておく必要性、最後に連続性を持たせるための記録とその管理の必要性といえる。このような事項が、現状での体制再構築に強い影響を与えているといえる。

　将来の体制再構築のクロス集計結果は、現状での再構築のクロスと比べると全ての順位が変わったことになる。この結果をみると、将来的に市町村を中心の体制に再構築するためには、組織的な対応の流れや情熱の継続といった組織的に対応する必要性が必要であること、さらに、組織的にケースの連続性を支えるために協議会の事務局が機能する必要性があるということを示していると考えられる。

「転入、転出ケースのためのネットワーク同士のつなぎをすること」
（φ=0.20）

「市区町村内に校区等のネットワークを重層的に構築すること」
（φ=0.20）

「契約等、新しいサービス利用の仕組みを視野に入れ、広域ケースのネットワークへのつなぎを模索すること」（φ=0.17）

× 市町村を中心とした
体制再構築可否（現状）
有意差（上から順に）***、***、**

「転入、転出ケースのためのネットワーク同士のつなぎをすること」
（φ=0.20）

「市区町村に資源やノウハウが少ない事項は何かを検討すること」
（φ=0.20）

「広域で連携して扱えるケース、扱えないケースの選別をすること」
（φ=0.18）

× 市町村を中心とした
体制再構築可否（将来）
有意差（上から順に）***、***、**

***p<0.001

図6-3-12　課題⑤の下位項目（7項目）と体制再構築のクロス集計結果（第3位まで）

　現状での体制再構築とのクロス集計の結果、「広域的対応を要する事項に対する対応」と「身近な市町村内で支えあえる重層的な体制」を示していると考えられる。つまり、子どもの生活の場が他の市町村へ移った時の連絡、つなぎを市町村を超えて行うことの必要性、その事態に至る前に身近な市町村の中で支えるための体制作りの必要性といえる。このような事項が、現状での体制再構築に強い影響を与えているといえる。

　将来の体制再構築とのクロス集計結果の第1位のうち「転入、転出ケースのためのネットワーク同士のつなぎをすること」は現状での再構築のクロスと比べても順位が変わらないものの、もう一方の「市区町村に資源やノウハウが少ない事項は何かを検討すること」は、現状では最下位だったものである。さらに、「広域で連携して扱えるケース、扱えないケースの選別をすること」は、現状では3つ並んだ第4位のひとつであった。つまり、将来的に市町村を中心の体制に再構築するためには、組織的な対応の流れや情熱の継続といった組織的に対応する必要性があること、さらに、組織的にケースの連続性を支えるために協議会の事務局が機能する必要性があるということを示していると考えられる。

「現場や市民の現状をまとめ分析する力量と制度に活かす体制を整えること」(ϕ=0.26)	
「時代に即した制度の評価、点検の仕組みを整えること」(ϕ=0.25)	× 市町村を中心とした 体制再構築可否(現状) 有意差(上から順に)***、***、**
「協働により計画性のある支援をすること」(ϕ=0.24)	
「協働により計画性のある支援をすること」(ϕ=0.28)	
「家庭の力を育てること」(ϕ=0.25)	
「時代に即した制度の評価、点検の仕組みを整えること」(ϕ=0.24)	× 市町村を中心とした 体制再構築可否(将来) 有意差(上から順に)***、***、**
「現場や市民の現状をまとめ分析する力量と制度に生かす体制を整えること」(ϕ=0.24)	
「要保護ケースにサービスを届けるための力量をつけること」(ϕ=0.24)	

***$p<0.001$

図6-3-13　課題⑥の下位項目(7項目)と体制再構築のクロス集計結果(第3位まで)

　この課題の上位項目と再構築のクロス集計の分析結果は、最もϕ係数が高かった。その内容を検討すると以下の結果が得られた。

　現状での体制再構築とのクロス集計の結果、上位3項目は「現場や市民の現状を評価するための仕組み」と「制度の現状を評価するための仕組み」、「協議会型援助により多職種が関わって行う計画的な支援」を示していると考えられる。つまり、現場や市民の現状を評価できることによって何が必要とされているか、何に対応すべきかを知る必要性、制度が現状に即したものであるかどうかを評価する必要性、多くの担当者が関わることによって、一貫した支援をするための計画性の必要性といえる。このような事項が、現状での体制再構築に強い影響を与えているといえる。

　現状での再構築のクロスでは、現場や市民の現状の評価や制度の評価や点検の仕組みが第1、2位を占めた。現状での再構築では第3位であった「協働により計画性のある支援をすること」が将来では第1位となり逆転した。この結果は、現状では市町村で何が起きているのか、どのようなニーズがありサービスが必要とされているのかを把握し、現在の制度はそれに見合っているのかどうかを評価することの必要性が示唆されていると読み取れる。

　それに比べ、将来的に市町村を中心の体制に再構築するためには、「家庭の力を育てること」が第2位とϕ係数が高かった。効果的で実効性のある援助をするた

めには、それぞれの市町村におけるニーズは何か、必要なサービスは何か、それに対応してサービスを充実させる取り組みと併せて、家庭が持っている力そのものについても育て支える必要性があるということが読み取れる。加えて、要保護ケースにサービスを届けるための力量をつけることも重要なことであることが明らかになった。

　表6-3-32～37のように、市町村の課題下位項目と市町村を中心とする体制再構築(現状/将来)のクロス集計により、0.1%水準ないしは1%水準での有意差、φ係数についても相対的にみて高いものをそれぞれ第3位まで挙げることができた。

(3)広域的対応を要する市町村の課題と体制再構築の可否の関連をみるためのクロス集計

①モデルの構築

　次に、表6-2-3に示した理論仮説③の作業仮説aに関する分析モデルを提示したい。この仮説に基づく分析モデルは以下の通りである。

市区町村で支えるか広域で支えるかを判断し援助するための取り組みをすること	×	市町村を中心とした体制再構築可否 (現状/将来)
		このクロス集計は、他の課題5項目と比べてφ係数が低い

図6-3-14　広域的対応を要する課題(市町村の課題上位項目)と体制再構築のクロス集計モデル

　このモデルについて、先述のクロス集計の結果をもとに以下にまとめることとしたい。

②分析結果

　先のモデルにそって広域的対応を要する市町村の課題と市町村を中心とする体制再構築の可否のクロス集計結果をみると、以下の図にまとめることができる。

市町村の課題6項目(上位項目)	(現状/将来の有意差とφ係数)	
①児相との協働によるノウハウ伝達など自治体の対応力向上のための取り組みをすること	*** φ =0.15/*** φ =0.14	市町村を中心とした体制再構築可否(現状/将来)
②子ども家庭福祉関係の専門職をより効果的に活用するための取り組みをすること	*** φ =0.28/*** φ =0.23	(現状φ係数順位) 第1位⑥ 第2位② 第3位④
③援助活動を工夫し子どもと家庭に最善の方策を見出すための取り組みをすること	*** φ =0.25/*** φ =0.24	
④支援の連続性を考慮した援助活動が可能となるための取り組みをすること	*** φ =0.26/*** φ =0.28	(将来φ係数順位) 第1位④ 第2位⑥ 第3位③
⑤市区町村で支えるか広域で支えるかを判断し援助するための取り組みをすること	*** φ =0.17/*** φ =0.20	
⑥効果的で実効性のある援助をするための取り組みをすること	*** φ =0.30/*** φ =0.27	***p<0.001

図6-3-15 広域的対応を要する課題(市町村の課題上位項目)と体制再構築のクロス集計結果

　この結果から、市町村の課題6項目のうち広域的対応を要する事項に関する課題は、他の課題に比べても相対的にφ係数が低く、現状、将来のクロス集計結果はともに第5位であった。つまり、広域的対応を要する課題は、市町村が体制整備をするにあたって優先順位が低くなる項目といえる。その理由としては、その他に克服すべき課題が山積しており、そもそもこれまで都道府県が担ってきた役割や都道府県が担うことが効率的であると想定している役割があると考えられる。この点はインタビュー調査において補完が必要である。

　以上のクロス集計の分析結果と考察に基づいて、次にロジスティック回帰分析をすることとした。

1. ロジスティック回帰分析

　以上の単純集計、クロス集計の分析結果を受け、独立変数間の影響をコントロールして分析する必要のある事項を検証することとする。

(1) 作業仮説

　表6-2-4に示した理論仮説④の作業仮説について、ロジスティック回帰分析を試みた。なお、これまでの分析において、体制再構築の可否を現状と将来の展望

にわけて両方分析してきたが、市町村における課題とのクロス集計以外はほぼ傾向が変わらなかったため、ロジスティック回帰分析についても体制再構築を従属変数にする際、現状における体制再構築の可否のみを分析の対象とした。

(2) 回帰モデル

表6-2-4の作業仮説に基づいて、「現状での市町村を中心とした体制再構築をすることの可否」を従属変数とした回帰モデルを作成すると以下のようになる。

```
人口規模           ┈┈┈┈┈┐
ネットワーク経年年数 ┈┈┈┈┈┤   市町村を中心とした体制再構築可否
協議会経年年数      ┈┈┈┈┈┤   （現状）n=334
個別ケース会議開催頻度 ┈┈┈┤
課題克服数         ─────┘
                               実線:有意な関連あり  点線:有意な関連なし
```

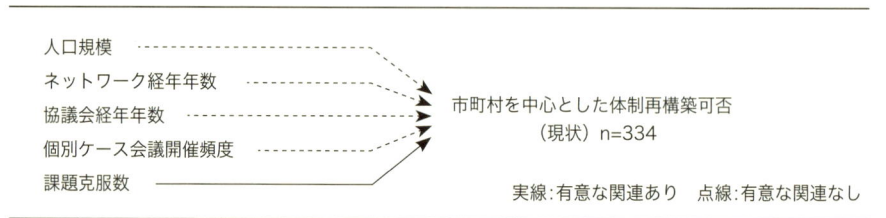

図6-3-16　ロジスティック回帰モデル

上記のモデルの独立変数については、ロジスティック回帰分析に用いるため全て2値化したものを用いている（2値化の経緯についてはクロス集計の際に述べたとおりである）。

(3) ロジスティック回帰分析の結果

ここでは、最も説明力の高いモデルとして、課題克服数について3つ以上3つ未満で2値化した変数を用いた回帰式の出力結果をもとに述べることとする。

①ロジスティック回帰モデルの検証

回帰モデルの出力結果は以下の表である。分析結果を示した図は図6-3-7である。

表6-3-29　現状の体制再構築に関する回帰モデル結果　方程式中の変数　　(n=334)

	B	標準誤差	Wald	自由度	有意確率	Exp(B)
人口規模	0.150	0.268	0.314	1	0.575	1.162
ネット経年年数	0.006	0.241	0.001	1	0.979	1.006
協議会経年年数	0.101	0.231	0.19	1	0.663	1.106
個別ケース会議頻度	0.408	0.255	2.545	1	0.111	1.503
課題克服数	1.312	0.332	15.609	1	0	3.714
定数	-2.724	0.774	12.38	1	0	0.066

a. ステップ 1: 投入された変数 人口規模, ネットワーク経年年数, 協議会経年年数, 個別ケース会議頻度, 課題克服数

　まず、モデルにあるロジスティック回帰式が予測に役立つかということについて、有意確率0.000（0.1%水準で有意）であるため、役立つと判断できる(n=334)。また、HosmerとLemeshowの適合度検定の結果、検定統計量$\chi^2=4.125$、有意確率0.846なので、このロジスティック回帰モデルは適合しているといえる。さらに、NagelkerkeR2乗決定係数は0.100であった。

　このロジスティック回帰式における「人口規模」、「ネットワークからの経年年数」、「協議会の経年年数」、「個別ケース検討会議の開催頻度」は有意な変数とならなかった。「課題克服数」のExp（B）が3.714（p<0.001)であり、「課題克服数」のみが「現状で市町村を中心とした体制再構築の可否」の予測に役立つことが明らかとなった。このことから、課題克服数3つ以上は3つ未満に比べ、「現状で市町村を中心とする体制再構築の可否」について肯定的に回答する確率が3.7倍となる。

人口規模　------------- Exp（B）1.162
ネットワーク経年年数　------ Exp（B）1.006
協議会経年年数　---------- Exp（B）1.106
個別ケース会議開催頻度　--- Exp（B）1.503
課題克服数　────────── Exp（B）3.714

市町村を中心とした体制再構築可否
（現状）n=334

H.L適合度　$\chi^2=4.125$、有意確率0.846
NagelkerkeR2乗決定係数0.100
実線:有意な関連あり　点線:有意な関連なし

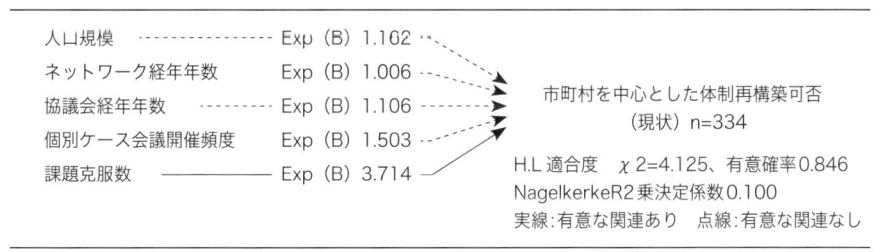

図6-3-17　ロジスティック回帰モデルの分析結果

　このロジスティック回帰分析の結果、人口規模や経年年数等の要因をコントロールしても課題克服数のみが現状で市町村を中心とする体制再構築の可否に影響を与えるという結果が示された。先に提示した因果モデルについては、作業仮

説の検証と併せて検討することとする。

第4節
考察
～質問紙調査結果からの検討～

1. 単純集計結果に関する考察

(1)市町村の課題である上位項目と下位項目の関係
　市町村における体制構築に際して対応すべき課題は、上位項目(表6-3-7)、下位項目(表6-3-10～15)ともに全体として「ややできる」が高い割合を示した。上位項目は質問の抽象度が高く、対応する下位項目の内容を代表する表現となっているが、上位項目で「できる」「ややできる」と回答されているのは、必ずしも意識が高く、体制整備に熱意のある自治体であるということはいえない。その理由は、45の下位項目で「できる」が30%を越えたのはわずか4項目であり、下位項目での対応状況を総合的に判断した結果としての回答と考えることが妥当と推察されるからである。つまり上位項目として提示している表6-3-7の課題に対応「できる」と回答される背景には、それを後押しする要因、すなわち条件としての下位項目があると考えられた。

(2)重要度が高いにも関わらず対応できていない課題は何か
　次に、重要度が高い課題であると認識されていても、対応「ややできない」「できない」と回答された割合が高い課題が散見され、「重要であるにも関わらず対応できない課題がある」状況に担当者はジレンマを感じていると推察できる。この変数間の数値のかい離は、市町村中心の体制整備における要因、条件を整理する上でも重要なポイントになると考えられる。本研究では、「兼務体制の限界を考慮し、専門分野を理解した人材配置をすること」、「専門職採用とその質の向上の

ための研修をセットで実施すること」、「専門職の効果的活用を視野に入れ、専門職に関する理解や認識を促すこと」、「他職種・専門職の柔軟な人事異動システムとすること」（課題2: 表6-3-12と13）、「人事異動があっても安定的な体制がとれる仕組みをつくること」（課題3: 表6-3-14と15）、「転入・転出ケースのためのネットワーク同士のつなぎをすること」、「市区町村間における温度差やバラつきに対応する啓発をすること」（課題5: 表6-3-18と19）、「各々が専門機能を発揮できる人事体制とすること」、「家庭の力を育てること」（課題6: 表6-3-20と21）の9点が挙げられる。また、先述の通り下位項目で対応「できる」のみの数値は非常に低い。つまり、「重要であってかつ対応できる」課題は少なく、翻せば「重要であっても対応できない」課題が散見されるということである。上述した9点の下位項目は、この点で特筆すべき課題である。

(3) 市町村中心の体制に再構築する必要性とそれができるか否か

市町村中心の体制に再構築することについては現状でできる、できないがおおむね半々に分かれたが、将来的にはできると回答する割合が高く、体制再構築はできると考えられている傾向があるといえる。ただし、将来的な体制再構築の必要性は約70％と支持されているが、現状で分権は「ややできない」、「できない」とする割合が45％を超えていることから、現状のままでは体制再構築は難しく、それを可能にするための要因（対応すべき課題）を明らかにし、課題に対応するための手立てを用意することが必要である。

2. 仮説検証

(1) 理論仮説①に基づく作業仮説の検証

まず、表6-2-1に示した作業仮説とそのクロス集計結果図6-3-2から、有意差が認められたのは、個別ケース会議開催頻度と課題克服数のみであった。すなわち、a. 人口規模と市町村を中心とした体制再構築の可否は関連がある、b. ネットワーク経年年数と市町村を中心とした体制再構築の可否は関連がある、c. 協議会経年年数と市町村を中心とした体制再構築の可否は関連がある、の作業仮説3点については否定された。残りのd. 個別ケース会議開催頻度と市町村を中心とした体制再構築の可否は関連があるについては5％水準で有意であり、e. 課題克服数と市

町村を中心とした体制再構築の可否は関連があるについては0.1％水準で有意であることが実証され、仮説①「市町村を中心とする体制再構築ができるか否かについて、影響を与える変数がある」は支持された。

(2)理論仮説②に基づく作業仮説の検証
①作業仮説a～eの検証

　まず、表6-2-2に示した作業仮説について、モデルにそったクロス集計結果表6-3-30から、有意差がありかつφ係数が読み取れたものは、dとeであった。すなわち、a.人口規模と市町村を中心とした体制再構築の可否の間のφ係数は、それ以外の独立変数を設定したものに比べ、相対的にみて高い、b.ネットワーク経年年数と市町村を中心とした体制再構築の可否の間のφ係数は、それ以外の独立変数を設定したものに比べ、相対的にみて高い、c.協議会経年年数と市町村を中心とした体制再構築の可否の間のφ係数は、それ以外の独立変数を設定したものに比べ、相対的にみて高いについては、φ係数が極めて低く、相対的にみて高くないため、a～cの作業仮説については否定された。

　d.個別ケース会議開催頻度と市町村を中心とした体制再構築の可否の間のφ係数は、それ以外の独立変数を設定したものに比べ、相対的にみて高い、については、有意差がありかつφ係数が読み取れるものの、相対的に高いとは言えずdの作業仮説も否定された。

　最後に、e.課題克服数と市町村を中心とした体制再構築の可否の間のφ係数は、それ以外の独立変数を設定したものに比べ、相対的にみて高いについては、aからeまでのモデル全体をみたとき最もφ係数が高いのはφ=0.28で課題克服数であった。

　作業仮説に示していたように相対的に高い変数がa～eの変数の中にあったため、仮説②「市町村を中心とする体制再構築ができるか否かに対して影響を与える変数には優先性がある」の作業仮説a～eは支持された。

②作業仮説fの検証

　次に、作業仮説fの検証である。表6-3-32～37のクロス集計の分析結果は、作業仮説の「f.課題克服数の下位項目と市町村を中心とした体制再構築の可否の間で、特にφ係数が相対的にみて高い項目がある」を検証するためのものであった。先の表のように、市町村の課題下位項目と市町村を中心とする体制再

構築(現状/将来)のクロス集計により、0.1%水準ないしは1%水準での有意差、φ係数についても相対的にみて高いものを第3位まで挙げることができた。

したがって、ここでの作業仮説「f. 課題克服数の下位項目と市町村を中心とした体制再構築の可否の間で、特にφ係数が相対的にみて高い項目がある」は支持されたといえる。

(3) 理論仮説③に基づく作業仮説の検証

まず、表6-2-3に示した理論仮説③の作業仮説aについてクロス集計の分析結果(表6-3-38)をみると、市町村の課題のうち広域的対応を要する課題は、市町村を中心とする体制再構築とのクロス集計の結果、6項目ある市町村の課題(上位項目)のうち現状、将来ともにφ係数の数値は第5位であり、市町村における他の課題に比べ相対的に順位が低かった。

したがって、この作業仮説「市町村における課題の項目のうち、広域的対応を要する変数と市町村を中心とした体制再構築の可否の間のφ係数は、それ以外の課題の項目に比べて相対的に低い」については支持されたといえる。ただし、φ係数が低く結果として順位が低まった背景、理由についてはここでは明らかになっていないため、次章のインタビュー調査の結果を用いて補完することとしたい。

(4) 理論仮説④に基づく作業仮説の検証

まず、表6-2-4に示した理論仮説④の作業仮説aについてロジスティック回帰分析結果(表6-3-39、図6-3-7)から、この回帰式における「人口規模」、「ネットワークからの経年年数」、「協議会の経年年数」、「個別ケース検討会議の開催頻度」は有意な変数とならなかった。「課題克服数」のExp (B)が3.714 (p<0.001)であり、「課題克服数」のみが「現状で市町村を中心とした体制再構築の可否」の予測に役立つことが明らかとなった。将来の体制再構築の可否に関するモデルの分析についても、同様の傾向が見られた。

つまり、他の要因をコントロールしても課題克服数のみが市町村を中心とする体制再構築の可否に影響を与えるという結果が示された。したがって、ここでの作業仮説は支持されたといえる。

さらに、回帰モデルとともに先行研究の知見やクロス集計の結果をふまえて因果関係の仮説モデルを提示していたが、ロジスティック回帰分析の結果により次

のことが明らかになった。

4. 分析から導かれた因果関係モデル

　本章では、因果関係仮説モデルも提示してきたが、これまでのクロス集計やロジスティック回帰分析の結果から、ひとつの因果関係モデルが導かれた。
　まず、先に検証した筆者の作業仮説のように、人口規模と市町村を中心とする体制再構築の可否は偽相関である。さらにクロス集計の結果から人口規模と課題克服数の間に相関関係が見られたことから、人口規模は課題克服数を増やす傾向はあるものの、体制再構築に対して人口規模は決定的な要因ではないといえる。したがって、市町村を中心とする体制再構築の可否との間に因果関係を構成しているのは、課題克服数であると結論づけることとする。

```
人口規模 ----偽相関----→ 市町村を中心とした体制再構築可否
  ↓                    ↗
課題克服数
                      実線：因果関係　点線：偽相関
```

図6-4-1　研究結果に基づく因果関係モデル

　以上のように理論仮説①から④に基づく作業仮説の検証を行うことができた。因果関係モデルについては、変数間の影響の順序性も明らかになった。しかし、統計的検定によってすべてが明らかになったわけではなく、本章における統計による分析結果について、その背景や理由については次章のインタビュー調査結果を用いて補完することとしたい。

■註
1) 筆者は、平成17年に児童虐待防止市町村ネットワークまたは要保護児童対策地域協議会を設置済みの207市区町村を対象とした質問紙調査を実施した。その調査において残された課題として、市町村の課題を示した項目等のワーディングの工夫が必要であったことを受け、子ども家庭福祉の体制再構築を検証するためにさらに発展させた調査票を作成することとした。
2) これは、第5章において述べたKJ法によって市町村の課題を構造化した。これを使用し、質問紙調査票のワーディング等を再検討し、改良した。
3) この項目は、本調査の結果と厚生労働省による調査結果が大幅にずれたりしていないかを検討するために設定したもの。項目の出典は、厚生労働省（2007）「市町村における要保護児童対策地域協議会（子どもを守る地域ネットワーク）の設置状況等の調査結果について（平成19年4月調査）」http://www.mhlw.go.jp/bunya/kodomo/dv18/dl/01b.pdf である。

■文献
厚生労働省（2008）「市町村の児童家庭相談業務の状況及び要保護児童対策地域協議会（子どもを守る地域ネットワーク）の設置状況等について（平成20年4月現在）」
http://www-bm.mhlw.go.jp/houdou/2008/11/dl/h1119-2a.pdf, 2009.3.20
山縣文治、岩間伸之、岡田忠克ほか（2005a）『子ども家庭福祉相談体制のあり方に関する研究（自治体調査）―地域における子どもと家庭に関する相談支援体制のあり方に関する研究―』大阪市立大学社会福祉学研究室．
山縣文治、岩間伸之、岡田忠克ほか（2005b）『子ども家庭福祉相談体制のあり方に関する研究（ヒアリング調査）―地域における子どもと家庭に関する相談支援体制のあり方に関する研究―』大阪市立大学社会福祉学研究室．
山縣文治、岩間伸之、岡田忠克ほか（2005c）『子ども家庭福祉相談体制のあり方に関する研究』平成16年度総括研究報告書, 大阪市立大学社会福祉学研究室．
柏女霊峰、佐藤まゆみ、澁谷昌史ほか（2006）「児童家庭福祉制度再構築のための児童福祉法改正要綱試案（最終版）」『日本子ども家庭総合研究所紀要』42, 日本子ども家庭総合研究所, 51-69.
佐藤まゆみ（2007a）「子ども家庭福祉行政の地方間分権における協議会型援助とその課題～インタヴュー調査のデータ分析からの考察～」『淑徳大学大学院総合福祉研究科研究紀要』16, 淑徳大学, 85-103.
佐藤まゆみ（2007b）「子ども家庭福祉行政実施体制のあり方に関する研究～質問紙調査の分析を通して、協議会型援助による市町村役割強化の可能性を探る～」『子ども家庭福祉学』7, 日本子ども家庭福祉学会, 51-63.
石村貞夫（2005）『SPSSによる多変量データ解析の手順 第3版』東京図書．

第7章

市町村中心の子ども家庭福祉の
体制再構築における
克服すべき課題とその背景

本章では、第6章における統計的分析結果から、インタビュー調査による詳細な聞き取りが必要な事項について調査し、前章での分析結果を補完することとしたい。通常は児童相談所としているが、調査項目や先行研究等で児相としている場合にはそのまま使用する。
　なお、再構築の理念に関わる理論仮説⑤について、本章で一部検証することとする。

― 第1節 ―
インタビュー調査の目的

　本節では、質問紙調査結果をうけ、インタビュー調査における目的等について述べることとしたい。まず、本研究におけるインタビュー調査は、下記の目的を達成するための調査であり、その位置づけとしては、主として第6章の質問紙調査の分析結果を補完するためのものである。なお、その位置づけにおいて検証しようとすることには、以下に述べるようにいくつかのポイントがある。

1. 単純集計結果から

　本研究の調査の単純集計結果として、以下の表のような特徴や傾向が見られた。

表7-1　単純集計結果の特徴

①専門職や人事体制といった、人に関わる示唆が特徴的であること
②行政体制や地域の力、家庭の子育て力といった、これまでにあまり示唆のなかったものがあること
③財源的裏づけが必要なものが示唆されている可能性があること

　①について、専門職の配置や人材の育成に関しては、財源的裏づけが背後にある可能性が考えられる。②については、第1章および第2章とも関係し、社会の中で子どもを育てることの必要性(市町村で実施体制を整備する必要性)を述べる際にも、本研究の調査結果が有益なエビデンスとなる。③については、特にどのような面において財源を必要とするのかについて明らかにする必要がある。さらに、市町村の課題の上位項目と下位項目との間で評価が分かれているものも散見されており、そのズレの背景を明らかにする必要がある。

2. クロス集計、ロジスティック回帰分析の結果から

表7-2　クロス集計結果の特徴

①人口規模×市町村を中心とする体制再構築の可否（現状／将来）・(n.s)
②ネットワーク経年年数×市町村を中心とする体制再構築の可否（現状／将来）・(n.s)
③協議会経年年数×市町村を中心とする体制再構築の可否（現状／将来）・(n.s)
④個別ケース検討会議開催頻度×市町村を中心とする体制再構築の可否（現状／将来）・(＊)
⑤課題克服数×市町村を中心とする体制再構築の可否（現状／将来）・(＊＊＊)
⑥課題の詳細（下位項目）対応可否×市町村を中心とする体制再構築の可否（現状／将来）・(＊＊＊)

＊＊＊ $p<0.001$　＊＊ $p<0.01$　＊ $p<0.05$

表7-2をみると、先行研究の知見や分権での議論で話題となる人口規模①については有意でなく、経年年数が長ければ熟達するだろうという一般的な推測である②、③も有意ではない。④の個別ケース検討会議の開催頻度については有意であった。

図7-1　ロジスティック回帰モデルの分析結果

（人口規模、ネットワーク経年年数、協議会経年年数、個別ケース会議開催頻度、課題克服数 → 市町村を中心とした体制再構築可否（現状）n=334　実線：有意な関連あり　点線：有意な関連なし）

しかし、図7-1のロジスティック回帰分析では有意な変数とならなかったため、人口規模や経年年数に吸収されていると考えられた。クロス集計結果の⑤と⑥はともに0.1％水準で有意であったが、それらの課題に対応する時にどのような条件が必要になるのか等の背景については明らかにはなっていない。そのため、特に重要な結果をもたらしている市町村の課題についてはその条件等の背景を明らかにする必要がある。

さらに、それらの結果を受けて構築した図7-2の因果関係モデルにおいて、人口規模は課題克服数を増加させる要因とはなるものの、市町村を中心とした体制再構築の可否に対しては直接の要因とはならなかった。つまり、人口規模が大きい自治体は小さい自治体に比べて財源や社会資源も豊かであり、体制再構築もし

やすいのではないかという一般的な見方とは異なった結果がみられたことになる。しかし、人口規模の大小に伴う配慮については質問紙調査では明らかになっていないため、この点について明らかにする必要がある。

```
人口規模 ----偽相関---→ 市町村を中心とした体制再構築可否
  ↓                           (現状、将来)
課題克服数 ─────────→
                    実線：因果関係　点線：偽相関
```

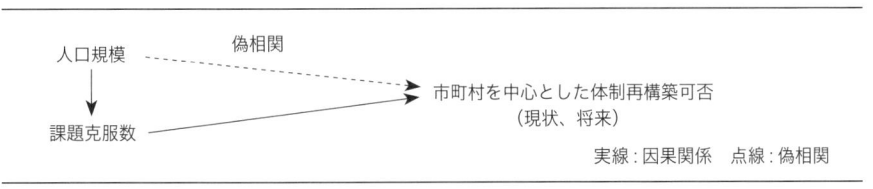

図6-3-8　研究結果に基づく因果関係モデル

　以上のことから、①市町村の課題(上位項目と下位項目との間に見られる矛盾：上位項目でできるとしているのに下位項目でできないと答えているもの)について確認すること(単純集計結果の補完)、②市町村を中心とする体制再構築の課題の優先度とその背景や条件等を確認すること(クロス集計結果の補完)、③市町村を中心とする体制再構築の必要性の背景や協議会型援助の有用性を確認すること(単純集計や文献研究の補完)、④家庭、地域の力を向上させることの必要性等について確認すること(単純集計結果や自由記述、文献研究の補完)、⑤人口規模に関する配慮を確認すること(ロジスティック回帰分析や因果関係モデルの補完)等を通じて、統計による質問紙調査の分析結果を補完することを主たる目的とし、インタビュー調査を実施した。

第2節
インタビュー調査の対象、調査方法と倫理的配慮

1. インタビュー調査の対象

(1)対象の選定方法
①人口規模と回答傾向を軸とした選定

　客観的な数値をもつ人口規模により、1万人〜5万人未満、5万人〜10万人未満、10万人〜30万人未満の市町村の中から、筆者の提示した「市町村を中心とする体制整備における課題6項目」のすべてに対応できている市町村であり、かつ、クロス集計で「市町村を中心とした体制再構築の可否」と「対応できる課題数」の有意水準(0.1%)の高さに着目して、「市町村を中心とした体制再構築」に「対応できる」か「対応できない」かによって4自治体を選定することとした。

　返送された調査票801の中から先述の人口別にその特性を持っている市町村を特定し、1万人〜5万人未満(全84)、5万人〜10万人未満(全43)、10万人〜30万人未満(全40)に乱数を割り当て、無作為抽出法により「対応できる」とした市町村の中から、質問紙においてあらかじめインタビュー調査に協力可能かどうかをたずねていたことから、協力可能自治体を3か所選出できるまでその手続きを繰り返した。

　さらに、「対応できない」とした市町村から上記と同様の手続きによって1か所を選定した。人口規模は小さすぎず大きすぎない5〜10万人未満(全6か所)からランダムサンプリングした。「対応できない」とする市町村の数が少ない理由は、質問紙調査において体制再構築が可能となるためにはどのような条件が必要かをテーマとしているところにあると考えられる。

②自由記述の特徴的回答を軸とした選定

　質問紙調査結果の考察や仮説の検証を深めていく際に示唆が得られるよう、質問紙調査の自由記述を参考に3か所の対象を選定することとした。調査票に回答する際、どのような思いや考えをもっていたのかを詳細に聞きとることにより、単なる筆者の主観的なデータの解釈ではなく、担当者の具体的示唆に基づく解釈、考察とすることをめざすためにこの方法をとった。

(2)調査の対象

以上の選定方法により、次の市町村を調査対象とした。
　①人口規模(1万〜5万、5万〜10万、10万〜30万)を考慮する
　②課題への対応がすべてできると回答している

③現状の評価としても将来展望としても市町村でできるあるいはできないと評価している
④質問紙調査の際に、インタビュー調査への協力も可能との回答が得られている

　これらにすべて該当する自治体のランダムサンプリングの結果抽出されたのは、表7-3のようにAからDの4市であった。

表7-3　人口規模と回答傾向を軸とした選定

人口規模	課題克服数	インタビュー	市町村を中心とする再構築	
			できる	できない
5万人未満	6	可	A市	
5～10万人未満	6	可	B市	C市
10万～30万人未満	6	可	D市	

　自由記述の特徴的回答を軸にした選定の結果、表7-4のEからGの3市を対象とした。

表7-4　自由記述の特徴的回答を軸とした選定

人口規模	課題克服数	インタビュー	対象	特徴的回答のポイント
5万人未満	1	可	E市	地域の力と役割分担の弊害
5～10万人未満	6	可	F市	庭力の向上、社会全体での取組が必要、地域の人によるサポートが困難
10万～30万人未満	5	可	G市	課題にすべて対応することは困難であり、優先順位を定めて対応

　以上の自治体を選定のうえ、インタビューの回答者については依頼時に、第6章で結果をまとめた「質問紙調査に主として回答してくださった方」と明記し、協力を得た。これにより、質問紙調査で回答を選択した背景や理由等を把握しやすくした。

2. 調査方法

　半構造化面接法によるインタビュー調査とした。調査対象には、事前に依頼状とインタビュー調査の質問項目、質問紙調査の単純集計結果を送付した。本調査

は、平成20年12月初旬から中旬にかけて実施した。

3. 調査項目

「市町村を中心とした体制再構築」に「対応できる(やや対応できる含む)」か「対応できない」かによって少しずつ項目を変えている。主要な項目は、単純集計やクロス集計、ロジスティック回帰分析の結果を補完するよう、市町村における体制再構築の必要性やその背景や条件、市町村における課題に対応するために必要な条件や優先順位、人口規模に対する配慮や個別ケース検討会議の成果等に関するものである。その項目の例として、表7-5のように構成している。さらに、自由記述が特徴的な自治体については、自由記述に対応する項目を加えたり、必要に応じて項目を替えつつ、回答に合わせた項目を盛り込んだ。

表7-5　インタビュー調査項目の例

問1	①市町村を中心とする子ども家庭福祉行政の体制へ整備を進めていくにあたって、何か特に対応すべき重要な課題がありますか。あるとすればそれは、6項目のうち、どの課題ですか(複数でも構いません)。 ②市町村の現状と照らし合わせて、なぜその課題に対応することが必要か(理由)、どのようにすれば対応できると考えるか(条件)など、お気づきのことを自由にお聞かせください。 ③この課題に対応できれば、市町村中心にやれるという特筆すべき課題がありましたらお聞かせください。
問2	問1に関係してお聞きします。先の6項目の課題を大項目とすると、その項目ひとつずつに対応する課題の詳細として、小項目を設けておりました(質問紙調査問17)。 ①特に対応すべき重要な課題として選んでいただいた課題に対応する小項目の中で、これがポイントになるのではないか、という項目があればお教えください。 ②市町村の現状と照らし合わせて、なぜその課題に対応することが必要か(理由)、どのようにすれば対応できると考えるか(条件)など、お気づきのことを自由にお聞かせください。

なお、各自治体に対する質問項目の一覧は資料として巻末に記載する。

4. 倫理的配慮

倫理的配慮として、とりわけデータの使途や扱いに関する記載を徹底し、次の

内容を依頼上に明記した。インタビュー調査の結果は質問紙調査の考察にあたって、実情にふれるためのエビデンスとして使用すること、質問紙調査の知見とともに、博士学位請求論文の一部とする旨を記載した。また、今後の子ども家庭福祉行政の議論において有益と考えられる結果については、学会発表や研究論文としてデータを使用する旨を記載した。さらに、データの使用、結果の公表にあたっては、調査対象自治体名はすべてアルファベットを使用し、自治体名や回答者が特定されることのないよう工夫することを約束した。これらの点は、調査当日に改めて口頭で説明し、了解を得ている。

第3節 インタビュー調査結果と考察

　インタビュー調査結果の一覧は本書の巻末に資料として記載するため参照されたい。ここでは結果のポイントを踏まえながら考察を試みることとする。

1. 市町村の課題における上位項目と下位項目のズレの背景にある困難点

　これまでの章において述べてきたように、市町村の課題には抽象度の高い上位項目とそれを構成している下位項目があり、統計的分析においてもそれらの変数を用いてきた。特に単純集計の結果では、例えば上位項目に挙げた課題に対しては「できる」と回答されているのに、それを構成している下位項目で挙げた課題に対しては「できない」と回答されるといったズレが見受けられた。

(1) 課題1項目めの上位項目と下位項目のズレ

　課題の1項目め「児相との協働によるノウハウ伝達など自治体の対応力向上のための取り組みをすること」と下位項目のズレには3点の要因がある。まず、①

「児相・都道府県と市町村の役割分担の不明確さ」である。次に、②「協議会で関わる関係者同士の関係づくりの大変さ」、最後に③「市町村の能力をつけるために児相との連携が必要であること」が明らかになった。

これらは、いずれも上位項目はできるとしながら下位項目でできないと回答する傾向に着目したものである。課題1項目めはあまりその差異がみられたわけではないが、それでも特に課題として示されたものである。

①の児相と市町村の役割分担は、先行研究やこれまでの筆者の調査においても不明確さが指摘されてきた部分である。しかしながら、本研究を通して、役割分担を明確化することだけで解決する課題ではないとも考えられる。役割分担は新たな狭間を作りだす可能性もはらんでいるからである。その役割分担をするための最低限の基盤整備として人材や専門職、財源の確保があったうえで、身近な市町村と距離のある児童相談所とがどういった内容の分担をするのかを検討することになるといえる。役割分担を指摘する声には、そういった基本的な条件整備が見え隠れしていることが指摘できよう。

②の協議会で関わる関係者同士の関係作りの大変さは、とりわけ援助の方向性を共有する以前の温度差の問題があるといえるが、それをどのように埋めていくかは検討する必要があるといえる。

③の連携については、児童相談所との連携は市町村のノウハウが少ないために一緒に取り組むということにとどまらず、市町村自身が対応力を身に付けるための連携と捉えられていることが重要であるといえる。ただしそれを可能にするためには、1点目で述べた最低限の基盤整備が必要であると考えられる。

(2) 課題2項目めの上位項目と下位項目のズレ

課題2項目め「子ども家庭福祉関係の専門職をより効果的に活用するための取り組みをすること」と下位項目のズレには、①「担当者には手の届かない人員配置や異動の問題があること」、②「相談には時間がかかるために兼務は厳しいこと」、③「児童福祉の専門職が少なく、市町村の専門性が低いためその枠組みが必要であること」、④「相談はストレスが多く同じ人が長期間できないこと」の4つの要因があり、課題に対応できると言いきれるほどの確証がもてないことが示唆されている。

これらのズレを引き起こしている要因は、少ない人員で多くの問題に対応せざ

るをえないこと、人材の確保や人事異動のように担当者の意見が反映されにくい問題があることを浮き彫りにしているといえる。この状況において、課題に対応できるといいきれる確証がもてないという実情は、まさに現実を反映しているものと考えられる。現状では、市町村がノウハウを蓄積することは困難であり、ごく限られた担当者の大きな負担のもとにギリギリのところでつないでいることが推察される。最低限、どのような専門職が必要か、どの程度の人材が必要か、それにはどの程度の財源が必要かを踏まえたうえで、スキルアップ等のためにどのような研修、バックアップ体制が必要か等について検討する必要があるといえる。

(3) 課題3項目めの上位項目と下位項目のズレ

　課題3項目め「援助活動を工夫し子どもと家庭に最善の方策を見出すための取り組みをすること」と下位項目のズレには、①「地域に細かな虐待に関係したネットワークをつくることは難しいこと」、②「地域の人材、ボランティアそのものが少ないため見出して活用することは難しいこと」、③「専門職が不足していること」、④「研修や専門職を確保するための予算、時間がとれないこと」という4つの要因があることが明らかになった。

　これらの要因は、専門職そのものの不足やそれに関する予算、研修を受けるための予算や時間の確保の困難といった実際の相談業務を進めるうえで必要とされる部分の不足を示していると考えられる。また、地域の中で要保護児童の問題を扱う際には、それなりの距離感をもって対応する必要性についても推察される。なお、行政や関係機関でできる援助には限界があるため、地域の人々にどのように関わってもらうかを検討する必要もあるが、守秘義務や基本的知識の問題もあり実際にはどのような人に役割を担ってもらえるかが検討を要する課題になっていると考えられた。

(4) 課題4項目めの上位項目と下位項目のズレ

　課題4項目め「支援の連続性を考慮した援助活動が可能となるための取り組みをすること」と下位項目のズレには、①「人を減らしている中、小さな人口規模の自治体では人材確保が困難なため組織的な引継ぎが困難であること」、②「ひとりで担当することはケース、事務量ともに多く困難であること」、③「要保護児童の定義があいまいであること」、④「役割期待の齟齬がありかつ役割分担を整理す

る基軸がないため、広域的対応を整理することは困難であること」、⑤「組織的に迅速に機能することが困難であること」、⑥「コーディネートがなく連絡調整は流れで実施しており生きたマニュアル作りが必要であること」の6点の要因があることが明らかになった。

　大きな枠組みでみると、これらの要因は支援の連続性に関連するものであるといえる。人口規模の小さな自治体では問題そのものがない、少ないとみなされ、財源の関係もあり人材が確保できず特定の担当者の努力によって支えられている実情が推察される。人口規模が大きくても1人の担当者に任せることは相当な負担であることが考えられる。また、そのようなやり方は責任の所在も支援のプロセスで何が行われたかについても全てが個人に集中してしまうため、組織的に検討し対応をすることが必要となる。そのことは担当者の負担を軽減するばかりでなく、子どもの支援が適切に行われたかどうかについても必要な体制であるといえる。また、経験や勘、援助の流れ（なりゆき）の中で連絡調整をするのではなく、必要なコーディネートができるよう、関係者で共有できる一定のプロセスを示したモデルをマニュアルにこだわることなく言語化しておく必要もあると考えられる。

　さらに、転出入のように市町村をまたぐ援助が必要となる場合には、それを整理する基軸が今のところないために苦慮している状況がかいまみられた。このような事例は、援助が途切れて子どもの利益を損ねる可能性が高いため、情報提供や共有、守秘義務を含めて円滑な連携が可能となることが必要である。

(5) 課題5項目めの上位項目と下位項目のズレ

　課題5点目「市区町村で支えるか広域で支えるかを判断し援助するための取り組みをすること」と下位項目のズレには、①「啓発は児相に担ってほしいという期待があること」、②「転出ケースの情報提供後の展開を知ることができない葛藤があること」、③「転出入ケースの情報共有と引き継ぎに関する連携の必要性があること」、④「現時点で市の対応力、人員、体制、権限等が整備できないなら都道府県と市町村間の役割分担を明確化すべきであること」、⑤「他市間、他県間の連携や温度差を埋める作業は都道府県が担う必要があること」、⑥「児童福祉に財源を割り当てる働きかけの必要性」、⑦「児相と市町村間でケースの担当を選別する際の認識に齟齬があること」の7点の要因があることが明らかとなった。

　これらは、市町村担当者の中に市町村を越えた対応を必要とする場合について

の葛藤があることが読み取れる。とりわけ他の市町村への転出や児童相談所に引き継いだ後の状況について、実情では支援された子どもや家庭がどのようになったのか、それを知ることは困難であるという葛藤は大きいと思われる。この場合にも、連携という言葉の背景にあるのは情報の提供であって、共有ではないことがわかる。

また、児童相談所とのケースの状況に対する捉え方の違いがあり、現状での役割分担や後方支援のあり方については課題があることがうかがえる。ただし、市町村が第一次的に対応する役割をもっているからと児童相談所が市町村で対応するように伝えてくる場合でも、実際に市町村で担えるかどうかは別の次元の問題になっており、これまでにも述べてきたように人材確保や財源をはじめ、そのための条件整備が必要である。

なお、転出入のケースの扱いについては児童相談所等都道府県の機関の方がノウハウを持っていると考えられるため、市町村間の連携が双方向に行われるよう理解を促すことも都道府県の役割として必要と考えられる。

(6) 課題6項目めの上位項目と下位項目のズレ

課題6点目「効果的で実効性のある援助をするための取り組みをすること」と下位項目のズレには、①「実効性に関する課題をこなせる力量をつける必要があること」、②「評価・点検の仕組みはスーパーバイザーが必要であること」、③「制度の評価や点検は第三者評価、全庁的な評価と認識していること」、④「人事異動や人材配置等の人事に介入できないこと」、⑤「人事で有効な人材が配置されれば、異動による全体の力量低下を最小限に抑えられること」、⑥「組織づくりと育成ができた頃に人事異動となること」、⑦「嘱託職員の雇用形態を見直す必要があること」、⑧「要保護ケースにサービスを届ける力量をつけるために、スーパーバイザーが関与しつつケースを重ねる必要があること」、⑨「身内や親戚等の助けが得られず、家庭の力を育てることは困難であること」の9点の要因があることが明らかになった。

支援が実効性を伴ったものになるかどうかに関連する要因がいくつか挙げられた。上記の要因はそれに大きく影響を与えるものであると考えられる。実効性をあげるためにはいくつかのポイントがあり、評価や点検のための仕組み、人事異動や人材配置等人材に関する工夫や仕組み、力量をつけるための仕組み、体制整

備とともに家庭の力を育てる取り組み、これらの必要性があるといえる。

　前三者において共通して求められているのは、スーパーバイザーの存在である。スーパーバイザーといえば具体的な援助場面におけるスーパービジョンのために必要であると考えられがちであるが、現場の担当者が現状の体制が支援に適したものとなっているかどうかを点検し意見をまとめていくためにも有益な存在であることがわかる。

　なお、人事体制において正規職員ばかりを雇用することは困難である一方、嘱託職員や臨時職員と呼ばれるいわゆる非常勤職員が更新制で再雇用ができなかったり、再度試験を受験しなければならなかったりということにより、力が定着しづらいという状況にも目をむける必要がある。例えば、市レベルでは家庭相談員の多くは非常勤職員であるが相談や家庭訪問等の非常に重要な職務を任されており、その人が抜けることのダメージは非常に大きいものと推察される。したがって、非常勤職員の待遇も含め、雇用のあり方が課題であると指摘できる。

　なお、行政の力をつけノウハウを蓄積することばかりでなく、実効性を高めるためにはサービスの受け手である家庭そのものの力を高めることも必要となっていることが重要な結果であった。専門的な支援や介入が必要となる時は生活の一部であり、それ以外の生活は自力で営んでいかなければならない。子どもや家庭の状況は日常の中で当然変化するものであり、いつでも専門的な支援を受け、誰かが見守っていてくれることばかりではない。つまり、専門的な支援が有効に働くためにも家庭の力を支えることが重要であると考えられる。そのためには、全てを代替する支援を提供するのではなく、あくまでも補完しながら自力で考え行動することを支えるための支援を提供する必要があるともいえよう。

2. 優先すべき課題とその際の配慮と課題

　クロス集計結果では、市町村の課題について上位項目、下位項目のいずれもϕ係数を用いて相対的な優先度を解釈してきた(第6章参照)。しかし、市町村の課題の項目間において、優先順位を確定するほどの決定的なϕ係数の差が見られたわけではなかったため、ここでは改めて市町村の課題の上位項目、下位項目の優先度の参考となる理由等についてインタビュー結果をまとめ、考察することとした。

(1) 課題①「児相との協働によるノウハウ伝達など自治体の対応力向上のための取り組みをすること」について

　現在の市町村の実態として、具体的な相談対応の仕方や子ども家庭福祉に関する専門的な法律的な知識がないまま援助をしていることが明らかになった。そのため専門的知識の獲得や援助に対する考えを共有するための児童相談所との共同研修の必要性があるが、人員が少ないうえに兼務により時間的余裕がないことから、参加希望をしてもほとんど参加がかなわないことが課題となっているといえる。また、児童相談所との関係において情報の提供はしても共有に至っていない実情も明らかとなり、情報提供後の援助の展開に児童相談所と市町村が共に関わることができる必要がある。

　研修会や講習会を通して児童相談所からノウハウが伝わって市町村の基盤ができたら、その次に子どもと親を援助でき、あらゆる機関と連携するために総合的にマネージメントできる力をもつ専門職の必要性が示唆された。このことは、専門性の異なる多くの職種が関わる協議会型援助において重要な要件のひとつであると考えられた。しかし、同時に人材の問題としてほとんどの自治体に専門職がいない実情もあり、市町村がどのように専門職を確保するか、その際の広域的な対応の必要性を含め都道府県の力も必要であることが推察された。

(2) 課題②「子ども家庭福祉関係の専門職をより効果的に活用するための取り組みをすること」について

　市町村の実態として、市町村における専門職と呼べる人材が少なく、非常勤の専門職、相談員、保健師がいても必ずしも虐待の専門ではないため、それぞれの分野で虐待対応をする担当者が理解し合うために協議会を活用する必要性が示唆された。虐待等の要保護児童に対する理解を深めるためには、協議会のように同じ目的を共有した者同士により行われることが有効であると考えられる。

　また、専門職を効率よく効果的に活用するために、コーディネーターの力量を向上させる必要性を指摘した。そのための人材確保や研修、経験の積み重ねとそれに係る時間や財源の確保が課題となるといえる。

(3) 課題③「援助活動を工夫し、子どもと家庭に最善の方策を見出すための

取り組みをすること」について

　一つずつ異なる家庭に対し、どのような協力体制で関わるか、要保護に限らず問題によってどの機関が中心に対応するかを検討する必要性が示唆された。その際、家庭の状況に応じたサービス提供は、サービスを把握している行政担当者と相談員等が協働する必要があると考えられる。なお、行政担当者が長く事例に関われると切り込める問題も多いとの指摘から、ノウハウが蓄積されるのは専門職のみならず行政担当者も同じと考えられるため、2、3年サイクルの人事異動のあり方を見直す必要があると考えられた。

　協議会において最善の方策を見出すためには、1人でなく複数で担当する必要性がある。また、協議会のメンバーになっていても機関によって温度差があるため、それを埋める取り組みと組織づくりが必要と考えられた。最善の方策を生みだそうとする意識等に必要な条件として、担当者自身が自由にフットワークよく動けることが指摘された。このことは、所属機関における問題に対する考え方の温度差があっても、子どものために最善の方法を求めて動くミッションとそれを支える協力体制が必要と考えられたほか、固有の理念の必要性を推察させた。なお、最善の方策を見出すためには行政、学校、保健等では限界があり、身近な地域で助けられる存在が必要であると指摘された。

(4) 課題④「支援の連続性を考慮した援助活動が可能となるための取り組みをすること」について

　組織的対応の流れをつくる必要性の背景には、担当者一人が動くのではなく課をあげて組織で動くことが挙げられた。相談は時間もかかりストレスも大きく、個人で援助をするには限界があるとのインタビュー結果から、一人に過重な負担をかけず、組織的に役割分担をしつつ組織で対応する必要性がある。なお、このことは、人事異動等に伴う支援の連続性の危機においても有益な体制であると考えられる。一方、地域に見守り等を依頼する際には、それで終わりでなく地域を支える体制についても組織的に検討する必要がある。

(5) 課題⑤「市区町村で支えるか広域で支えるかを判断し援助するための取り組みをすること」について

　この課題に関連して、都道府県と市町村との間の役割分担は明確でない実態が

指摘された。また、他の学校に通う子どもがいる等、他市との連携の必要性があっても役割分担が不明確であるために安心して引継ぎもできない状況と子どもが他市へ転出する際、必要な範囲で自治体同士が情報のやりとりができるかどうかが課題となっており、今後はその仕組みが必要であることが示唆された。このことは、市町村を越えて支援が必要とされる場合について、役割分担が不明確であることから情報提供や共有、引継ぎ等に課題があることを示している。さらには、個人情報の保護の問題や自分の市町村でどこまで援助をすればよいか迷う部分があることがネックになっているものと考えられる。この点については、先の課題③のように最善の方策を生みだすために担当者自身が自由にフットワークよく動ける体制が求められると考えられる。

(6)課題⑥「効果的で実効性のある援助をするための取り組みをすること」について

　課題③と同様に、一つずつ異なる家庭に対しどのような協力体制で関わるか、要保護に限らず問題によってどの機関が中心に対応するかを検討する必要性が示唆された。つまり、家庭の状況に応じたサービス提供はサービスを把握している行政担当者と相談員等が協働する必要があると考えられる。なお、ここでも行政担当者を含めた人事異動のあり方を見直す必要があると考えられた。さらにサービスについて援助者全員が最低限の知識として把握する必要性はあっても、サービスに対する意識にズレがあることが一つの課題となっている。この点は、先行研究にも見られるようにどこまで援助したらよいのかという思いを担当者の中に生む可能性があるため、そのサービスを使う時にはサービスを理解している担当者が関係者にも必要性を説明し、共有していく必要があるといえる。このことから、子ども家庭福祉のサービスを提供する関係者にとって、子ども家庭福祉の理念を共有できることが支援を進めていく際の指針や後ろ盾となり、協働して支援することができる要素となるものと考えられる。なお、様々な機関におけるサービスや制度を把握しておくことによって、足りない制度やニーズが見えてくる可能性があることは非常に重要な指摘であった。

　母親自身の生きていく力や子どもを育てる力が落ちている実態から、効果的な援助をするために家庭の力を育てる必要性があると考えられた。

3. 市町村を中心とする体制再構築の必要性とその背景

　第6章の質問紙調査において、市町村における体制再構築の可否とともに体制再構築の必要性について分析してきた。結果的に市町村を中心とする体制再構築は「必要である」と回答される傾向が見受けられた。しかし、その必要性の理由や背景については明らかでないため、インタビュー結果をまとめ考察した。

(1)体制再構築の必要性とその理由

　市町村中心の体制は、身近であるため問題解決に早く近づけるという感触が挙げられたが、時間の都合がつかず、また足りず会議を開催することも難しいことが示唆された。この点はこれまで述べてきたように人員の確保や時間の確保、財源の確保に関わる点といえる。市町村中心の体制再構築は、近すぎて隣近所の顔が見え、かえって敬遠するところもあるとされており、重篤で複雑な問題については児童相談所が対応したり、広域的に対応したりと工夫する必要性があることがうかがえた。

　市民の身近な窓口として小回りの利く支援ができそうであることも体制再構築が必要である理由の一つになっているが、専門性や経験、先述のことも踏まえると児童相談所との連携を如何に図っていくかが問われることになると考えられる。

　全体として、市町村における体制再構築の必要性の多くは、身近であるということをキーワードに、手続きやサービスを利用する際の利便性や細やかな援助ができること、自分が生活する地域である地域性を尊重するという理由が見られた。身近であるがゆえの課題も散見され、経験や専門性、人材が不足していることに伴う課題もまた山積している状況であることが明らかとなった。この課題については、協議会型援助の課題とも関連するため、第4章の先行研究レビューをあわせて参照してほしい。

(2)体制再構築が必要でないとする理由

　一方、体制再構築が必要でないとする自治体もある。その一つとして子育て支援の枠組みの中で担うべきという意見があり、厳しい状況にある児童相談に対して市町村がどれだけ力量をつけて担えるか、そのイメージが持てないという実情が指摘された。十分な援助が展開できない状況にあっては、再構築の必要はない

という指摘は、体制整備の条件や課題に対して目を向け必要な対応を図る必要性を示しているといえる。そういった体制整備のできていない現状では、子育て支援を中心に家庭の力を育てる、支えるというレベルでの援助にとどまらざるをえないということが推察される。

　また、児童相談所が担っている権限や援助方法を市町村が同じように担うべきか否かについても十分な検討を必要としていることが理解できる。なお、再構築の条件として、児童相談所との協働の経験を積み、専門職のあり方や動き、ノウハウを取り入れる必要性が示唆された。

　現在は、基盤整備の状況を丁寧にみていく必要があるといえる。それは、情報の共有ができている、進んでいるということを数値で見て話を聞いてみると、これまで児童相談所と連携ができて基盤整備が進んでいると捉えていたことが、市町村が連携しているとしているのは実は児童相談所に対する情報の提供であり、そのためのやり取りをしているという意味での連携であったりした。つまり、できていたのは情報提供にとどまっており、児童相談所が対応することになったケースについて支援の展開や子どもの状況を知るような情報共有にはなっていないというような、細かな実際であった。スーパーバイザーが必要とされるのは、ただ単に子どもに対する支援のためばかりでなく、そのような状況を含めてやり取りができるためのものと考えられた。

4. 協議会型援助と現状の相談体制のメリットと課題

　本研究の第4章において述べてきた協議会型援助については、課題克服数が全体的に多い傾向がみられることなどから、市町村の対応力が高まっていることが読み取れた。しかし、市町村における協議会型援助、相談体制に関する課題や評価の詳細については十分読み取ることができなかったため、インタビュー調査結果をまとめ、考察した。

(1) 協議会型援助のメリット

　行政担当者や関係機関が協議会の会議で具体的な対応の積み上げをしたことにより職員のスキルが上がったこと、各々の関係機関が担っている役割を理解し連携のイメージが持てていることが挙げられた。このことは、単一の機関や特定の

担当者のみが抱え込んで援助をする方法ではなく、子どもや親のニーズに合わせた対応が多角的にできることにもつながると考えられる。

さらに、協議会により顔の見える関係機関同士になったため連携が容易になり、対応力も向上したとの実感が語られた。顔の見える関係は連携を円滑に進めるために非常に重要であり、関係機関によって援助の方法や介入の方法も様々あることから、経験を積みやすくなると推測される。

また、毎月の実務者会議によって担当者の当事者意識が育ち、対応のノウハウが積み上がっていくなど骨格はできあがっていることにより、少しずつメンバーが入れ替わっていくなら人事異動があっても支援の連続性は保たれるだろうとの感触が語られた。これは人事異動のもつ課題を補う側面も持っているといえるが、人員不足や専門的対応を要するノウハウ不足に関する根本的な解決にならないことに注意が必要といえる。また、支援の連続性との関連では、地域の拠点と協議会がつながることも大切な事項のひとつであり、考え方を共有し同じ目標に向かって機能的に支援できることも指摘されている。協議会での検討は、社会福祉援助が想定する具体的な相談関係にはならないが普段の生活に近いところとの連携も必要であることがうかがえる。

なお、協議会型援助は子どもたちに関わる際の職員の心理的なサポートができる部分を持っていることも示唆されており、協議会で検討し対応できるという支えられ感があることは協議会型援助の非常に重要なメリットであるといえる。

(2) 協議会型援助をとりまく課題

まず、時間の確保と人材の確保が一番の問題と指摘があった。必要性は感じていても予算が取れないことや、子どもの問題に気づいても関わりを持たずに時間が経過してから問題に気付くことがあることから、普段から時間的余裕を持って関係機関と関わる必要性が示唆された。ただし、そのためには人材を確保することや財源が課題となっており、どのような人事をするかという工夫とともに、スーパーバイザーを配置するための取り組みの必要性があるといえる。

次に、情報の管理の面である。会議では具体的な話し合いまでいかず、個人情報保護の徹底も背景にあり、会議は報告と一般的な意見を聞いて終わってしまうことがほとんどという実態があった。例えば民生委員に情報提供を依頼しても情報は共有しないということがある。つまり、この時点では児童相談所に情報提供

をしても情報の共有ができない、という先の課題にも似た状況であることがわかる。つまり、情報の管理の面で連携しきれていない状況もあると考えられた。

次に協議会の経験年数が浅い場合、会議に参加していない担当者に理解されていない可能性があることが指摘されており、関係機関の中で大きな温度差が生じないためにも参加者以外もメンバーとしての自覚をもてる働きかけの必要性が推測される。なお、実務者会議と代表者会議は具体的な検討をするケース検討会議とは状況が異なっているという指摘もある。協議会の関係者が当事者意識を持つことと関連して、市内に保護の必要な子どもがいるという認識を持って情報共有をする必要があるといえる。このことは、子どもを取り巻く社会や家庭の変化といった子ども家庭福祉に関する基本的な理解を必要とし、心をあわせて同じ方向性を模索する協同の第一歩といえる。

協議会において支援を進めていく上での配慮として、地域は生活に密着しているため距離が近いほど介入が難しいため、分権で役割が移譲されれば連携の中での役割分担をする必要性があることが示唆された。この点は身近な市町村において子どもや親の生活に配慮することになると考えられるほか、適切に役割分担をすることは支援者である担当者の生活に配慮することにもつながると考えられる。ただし、この営みを身近な機関が集まる協議会のみで完結することが最善の方策とは言い切れず、他の市町村との連携等も含め広域的な対応が検討される必要性もあるといえる。

さらに、役割分担については明確にしすぎることによって狭間ができてしまうという指摘もあることから、協議会で検討した後にひと機関にお任せ状態にすることは好ましくなく、定期的に関係者で援助の状況について検討し、スーパービジョン等を交えて必要なサービスがニーズに寄り添ったものになっているかどうかを点検する必要があると考えられる。

5. 家庭の力と地域の力

この点は、例えば子どもにとって一番大切なものは何かを考えることについて、保護者の理解力の幅が広い（差が大きい）ことが指摘され、親が子どもと共に育っていくための仕組みを用意する必要があると考えられる。インタビューの結果にも見られたように、それを担う人材は地域の人材として行政でできないところを

補っていることが指摘された。つまり、家庭の力は専門職や行政の担当者と子どもや親の二者間で育てるものではなく、地域の中で様々な人と関わって育つものと考えられる。

　保育士の立場から親に対する細かな支援の必要性を示唆の中には、身近で支える保育士の力、専門性、質の向上の必要性が挙げられた。これは、保育士のみならず専門職の如何を問わず市町村における相談に関わる担当者と援助に関わる担当者に求められることといえる。子どもや親が社会とのつながりの中で育っていくためには、生活の場である地域の力が必要ということができる。このようなことは、「子どもは誰が育てるのか」という問いやジレンマに関係者自ら向き合う必要があるということであり、その際に必要であるのは筆者が必要と考えてきた子ども家庭福祉に固有の理念であるといえよう。

6. 人口規模に関わる配慮

　人口が多ければ多いほど要保護児童の対象家庭が増加し、相談員のケースや保育率が増加するとの指摘から、そのための相談員等の人数の必要性、規模に関わらないスーパーバイザーの必要性が示唆された。にも関わらず、現実には少ない職員で多くのケースを担当している。つまり、現状ではスーパーバイザーを含め、適正な人員配置がされていないということが考えられる。また、人員の数ばかりでなく、専門職や力量のある人材がある程度いて、全体を見てネットワークをうまく機能させることのできる人が常に居続けることができなければ体制づくりが困難であるとの指摘から、市町村の状況や協議会等のことがわかる人材を常勤で等しく市町村に配置する等の配慮が必要となるといえる。

　人口規模での配慮の必要性について、30万人以上の人口規模は大きすぎて小回りがきかないことや相談を行う規模としては10万人がよいのではないかとの指摘があった。ただし、人口規模の小さな市町村であっても問題がないということではないとの指摘もあった。つまり、相談の規模としては10万人程度とほどよい距離感が必要であるが、大きくなってしまうと細やかな対応ができないということが考えられる。ただし、規模が小さく身近であればあるほど相談関係等、関わり方に注意が必要であり（この点は柏女らによる先行研究においても指摘されている）、配慮すべき重要なポイントであると考えられる。

　さらに、児童相談所の力を活用しつつも市町村が独立性をもって独自の判断を

できる体制が欲しいという意見も見られ、人口規模の大小に伴う人員配置の格差や担当者の抱いている葛藤を解消する必要があるといえる。

第4節 子ども家庭福祉の実践を支える理念の必要性

1. 検証にあたって

　これまで述べてきたインタビュー調査の結果は、調査項目に理念に関わるものをあえていれてはいなかったが、示唆に富んだ回答がいくつも散見された。本節では、これまで検討してきたインタビュー調査の回答と考察をもとに、理論仮説⑤のeに関わる検証をすすめることとした。

表7-6　理論仮説⑤と固有の理念を構成するエッセンスの構造

理論仮説⑤
「市町村を中心とした体制再構築には、子ども家庭福祉における固有の理念をすえる必要がある」
固有の理念を構成するエッセンス
a. 子どもの特性に配慮する必要性
b. 子どもの権利の特性に対する配慮と子ども観を振り返る必要性
c. 子どもにとっての親の必要性
d. 子ども家庭福祉における固有の視点の必要性
e. 子ども家庭福祉の実践を支える理念の必要性

2. 理論仮説⑤のe「子ども家庭福祉の実践を支える理念の必要性」の検証

　インタビュー調査結果には、全体を通じて理念に関わるいくつかの回答が見られている。①子ども家庭福祉関係者の理解を深め、意識を高め、ズレや温度差をなくすために理念が必要であると考えられるもの、②それに付随して協議会のメ

ンバーが目的や目標を共有するために理念が必要であると考えられるもの、③そして子どもの親本人の理解や意識に働きかけるための理念、いずれも子ども家庭福祉の実践を支えるための理念として必要性が指摘されているものである。

　特に①や②は筆者が提案してきた協働性や協同性を実現するために必要な理念を求めていると考えられた。そこには、子どもや家庭に対する基本的な理解が必要であり、そこから生まれる基盤創造性や実効性の視点は、なぜ子どもに支援が必要であるのか、援助者として提供している支援やその方向性が間違っていないということを支持するためにも有効である。一方③のように、支援を受け子どもを育てる親に対しても、そのことを伝え本来期待される役割を果たせるよう働きかける必要があるといえる。協働性も協同性も、援助者間のみに必要な視点ではなく、支援者と親との間でも同等に求められる視点である。

　このようなことから、子どもの福祉という同じ目標を実現するために、子ども家庭福祉固有の理念があることは子どもの立場を考慮して、実効性のある実践をするために重要な役割を果たすと考えられた。したがって、理論仮説⑤のeについては、基本的に支持されていると結論づけることとする。

　以上、インタビュー調査の結果を踏まえつつ考察を加えてきたが、本研究のインタビューによって、市町村における体制再構築のために必要な人材と人材を活用する異動等の仕組み、財源、連携、力量、人口規模への配慮、スーパーバイザー等がなぜ必要であるのかその背景や実情についても具体的かつ現実的に明らかにすることができた。

　これらは質問紙調査においては明らかにならなかった点であり、例えばこれまでの研究で評価されてきた市町村は児童相談所と「連携ができている」あるいは「連携ができるようになってきている」ということは、実情としては市町村から児童相談所に対する一方的な情報提供ができるということであり、「連携」に想定されている内容は、決して子ども家庭福祉に関わる様々な活動について協働して対応できているということではないことが推察された。インタビュー調査を通して、何のために連携が必要か、何のために人材、財源、力量、スーパーバイザーが必要であるか、それらの背景に非常に重要な示唆を得ることができた。また、人口規模への配慮についても相談を進めるための規模や規模による適正な人員配置の必要性や身近すぎることへの配慮等、それぞれの課題があることが明らかになっ

た。それらは再構築における重要な配慮点であるといえる。

　もちろん、全てを明らかにしたとはいえない。しかし、実態においても研究においてもポイントとなるであろう事項の背景を補えたことは有益であったといってよいと考える。

　次章は最終章となるが、これまでの研究の成果をまとめ、考察を深めることとしたい。

第8章

市町村を中心とする
子ども家庭福祉行政実施体制
再構築に向けた総括的考察

本章では、これまでの研究から得られた知見、考察について総括し、また今後の展望等を含めて考察を深めることとしたい。

第1節
本研究の理論仮説の検証と明らかになったこと

　本節では、これまでの知見や考察を踏まえて、理論仮説の検証を行いながらどのような子ども家庭福祉行政実施体制再構築を目指すべきかについて考察を深めることとした。

　本研究において先行研究レビュー等により提示した理論仮説の一覧と検証方法は以下、表8-1のとおりである。

表8-1　理論仮説一覧

理論仮説	検証方法
理論仮説「都道府県中心の子ども家庭福祉行政実施体制は、市町村を中心とする実施体制に再構築することができる」 ↓この理論仮説より以下の仮説が派生	下記の検討を総合して検証
Ⅰ「再構築(仕組み)に関わる仮説」	
理論仮説①「市町村を中心とする体制再構築ができるか否かについて、影響を与える変数がある」	質問紙調査とインタビュー調査に基づく検証
理論仮説②「市町村を中心とする体制再構築ができるか否かに対して影響を与える変数には優先性がある」	
理論仮説③「市町村を中心とした体制再構築をしても、都道府県固有の役割や広域的対応の必要な役割が残る」	
理論仮説④「市町村を中心とした体制再構築は、市町村の子ども家庭福祉における対応力があがることによって可能となる」	
Ⅱ「再構築(理念)に関わる仮説」	
理論仮説⑤「市町村を中心とした体制再構築には、子ども家庭福祉における固有の理念をすえる必要がある」	先行研究による理論的研究とインタビュー調査に基づく検証

これらの理論仮説のうち、質問紙調査結果を用いた検証を主とするものについてはいくつかの作業仮説を設定し、それを検証した結果を合わせて理論仮説の検証をすることとした。考察を深めるため、表の一番上にあるすべての元となった理論仮説については、仮説①から⑤の検証を総合して検討することとする。

1. 理論仮説①「市町村を中心とする体制再構築ができるか否かについて、影響を与える変数がある」の検証

(1) 仮説設定の経緯

　これまで市町村担当者や先行研究によって、専門機関や専門職等をはじめとする社会資源の差等を背景に指摘されてきた「人口規模」、経年年数が長いほど熟練するだろうという一般的な仮説に基づく「協議会の経年年数」、子ども家庭福祉を実施するにあたり市町村担当者が様々な課題に多く対応できる必要があるのではないかという筆者がこれまでの研究に用いてきた「課題克服数」を中心に、市町村を中心とした子ども家庭福祉行政実施体制の再構築について影響を与える変数があることをこれまでも検証してきた。しかし、それはあくまでも再構築の可能性に対する影響であって、再構築できるか否かに対する影響を検証することはできなかった。したがって、再度その中心的な独立変数により、市町村を中心とする実施体制再構築ができるか否かについて、以下の仮説により検証した（表8-2）。

表8-2　理論仮説①と作業仮説の構造

理論仮説①
「市町村を中心とする体制再構築ができるか否かについて、影響を与える変数がある」
作業仮説
a. 人口規模と市町村を中心とした体制再構築の可否は関連がある
b. ネットワーク経年年数と市町村を中心とした体制再構築の可否は関連がある
c. 協議会経年年数と市町村を中心とした体制再構築の可否は関連がある
d. 個別ケース会議開催頻度と市町村を中心とした体制再構築の可否は関連がある
e. 課題克服数と市町村を中心とした体制再構築の可否は関連がある

(2) 作業仮説の検証結果と理論仮説の検証

　作業仮説はそれぞれ、先行研究レビューの結果や筆者による過去の調査結果に基づいて導き出したものである。市町村を中心とする体制再構築ができるか否かに影響を与える代表的な変数を独立変数に設定している。第6章においてその検

証をしてきた(分析結果の詳細は第6章参照)。

その結果、体制再構築との間に有意差が認められたのは、個別ケース会議開催頻度と課題克服数のみであった。すなわち、作業仮説aからcについては否定された。一方、作業仮説dについては5%水準で有意であり、作業仮説eについては0.1%水準で有意であることが実証された。統計的検定の結果、人口規模、ネットワーク経年年数、協議会経年年数は市町村を中心とした子ども家庭福祉の市町村を中心とする体制再構築(以下再構築)に影響がなく、個別ケース検討会議と課題克服数が再構築に影響のある変数であるといえる。

したがって、理論仮説①「市町村を中心とする体制再構築ができるか否かについて、影響を与える変数がある」は支持された。この仮説検証によって明らかになったことは以下のとおりである。

(3)理論仮説①の検証によって明らかになったこと

仮説検証から、まず個別ケース検討会議と課題克服数が再構築に影響のある変数であることが明らかになった。人口規模が大きい方が財源や人材、人員配置等の社会的資源に恵まれていると考えられるが、一方でインタビュー調査において児童相談を実施する規模としては10万人程度がよいという指摘がなされており、人口規模10万人弱の自治体からも小回りが利くという主旨が述べられるなど、必ずしも人口規模が大きければ児童相談ができるということではない実態が示された。様々な援助が相談から始まると考えれば、子ども家庭福祉の再構築も人口規模が大きければできるということではないと捉えられた。

次に、ネットワークと協議会の経年年数の2変数については、クロス集計における有意差が示されなかったことから、設置してから長く時間が経っているだけでは再構築はできないということが明らかになった。

さらに、分析結果から、再構築に影響のある変数は個別ケース会議の開催頻度と課題克服数であった。この2つの変数は、結果的に市町村の「実質的な対応力」を向上させる変数であると推察された。個別ケース検討会議の開催頻度は、インタビュー調査結果にもあるように具体的な事例検討を通して関係機関との意見交換ができ、また関係機関とつながりができることによってそれまでになかった支援の幅が生まれるといった効果をもたらすと考えられる。この点はネットワークそのものがもっている特徴が活かされているといえる。

そして、課題克服数とは、様々な状況、問題への対応を通してできることが増えたことにより、子ども家庭福祉の問題に対する「実質的な対応力」が高まったことを示すものであることが指摘できた。なお、分析において最も再構築に影響を与える変数でもあった。

2. 理論仮説②「市町村を中心とする体制再構築ができるか否かに対して影響を与える変数には優先性がある」の検証

(1) 仮説設定の経緯

先行研究や筆者の研究等により示されてきた市町村における課題、協議会の課題はそれぞれに重要な変数であると考えられるものの、その優先性については明らかにされてこなかった。市町村を中心とした体制再構築に必要な変数を明らかにすることにより、市町村の体制再構築の条件を整えることができる。ただし一挙に全てを行うことは緊縮財政の中では容易でない。したがって、優先順位をつけることにより体制整備の一助とすることができると考えられるため、この点を検証することとした。仮説の構造は以下のとおり(表8-3)。

表8-3　理論仮説②と作業仮説の構造

理論仮説②
「市町村を中心とする体制再構築ができるか否かに対して影響を与える変数には優先性がある」
作業仮説
a. 人口規模と市町村を中心とした体制再構築の可否の間のϕ係数は、それ以外の独立変数を設定したものに比べ、相対的にみて高い
b. ネットワーク経年年数と市町村を中心とした体制再構築の可否の間のϕ係数は、それ以外の独立変数を設定したものに比べ、相対的にみて高い
c. 協議会経年年数と市町村を中心とした体制再構築の可否の間のϕ係数は、それ以外の独立変数を設定したものに比べ、相対的にみて高い
d. 個別ケース会議開催頻度と市町村を中心とした体制再構築の可否の間のϕ係数は、それ以外の独立変数を設定したものに比べ、相対的にみて高い
e. 課題克服数と市町村を中心とした体制再構築の可否の間のϕ係数は、それ以外の独立変数を設定したものに比べ、相対的にみて高い
f. 課題克服数の下位項目と市町村を中心とした体制再構築の可否の間で、特にϕ係数が相対的にみて高い項目がある

(2) 作業仮説の検証と理論仮説の検証
①作業仮説a～eの検証

まず、クロス集計結果から、a～cの作業仮説については2変数の間に有意な関連がなくφ係数が極めて低いため、否定された。作業仮説dは、5％水準で有意差がありかつφ係数が読み取れるものの、相対的に高いとは言えずこの仮説もまた否定された。最後に、作業仮説eについては、モデル全体の分析結果をみると最も有意水準が高く、φ係数も高かったため支持された。すなわち、作業仮説a～eが示す独立変数（図2参照）において、分析結果を相対的に見たときに最も有意でφ係数の高い変数が市町村を中心とする体制再構築に優先性をもつ課題であると指摘できるものである。つまり、作業仮説a～eの検証の結果、「市町村を中心とする体制再構築に優先性をもつ変数は、課題克服数である」と結論づけた。

②作業仮説fの検証

次に、作業仮説fにおける市町村の課題については、上位項目と下位項目があり、それらの有意差やφ係数は第6章において表を提示し、検討してきた。その結果、上位項目6項目全てが再構築に対し0.1％水準ないしは1％水準で有意な関連のある変数であり、相対的に最もφ係数が高い上位項目は、「効果的で実効性のある援助をするための取り組みをすること」であった。すなわち、これが最も優先順位の高い上位項目ということになる。

作業仮説fが言及している下位項目において優先順位の高い課題としては、第1位に「現場や市民の現状をまとめ分析する力量と制度に活かす体制を整えること」（φ=0.26）、第2位に「時代に即した制度の評価、点検の仕組みを整えること」（φ=0.25）、第3位に「協働により計画性のある支援をすること」（φ=0.24）が挙げられた。つまり、市町村におけるニーズの把握や分析、それを制度に反映させることや既存の制度の活用につなげること、それらに関する評価の仕組みを構築したうえで、協働して計画性のある支援をすることが体制再構築に優先性のある課題であった。

③理論仮説の検証

先述の①、②の検証結果から、市町村における課題の中には、体制再構築に対してより強い影響を与える変数が見られ、再構築のための条件整備における課題の優先性を提示することに重要な示唆をもたらした。よって、理論仮説②「市町村を中心とする体制再構築ができるか否かに対して影響を与える変数には優先性がある」は支持された。この検証によって明らかになったことは以下

のとおりである。

(3) 理論仮説②の検証によって明らかになったこと

　上述の仮説検証から、再構築のための条件整備における課題の優先性があることが明らかになった。そして、統計的分析結果の補完のためのインタビュー調査においても、市町村における課題の優先性等について尋ねたところ、様々な課題が含まれていた。それらの分析結果を総括すると、市町村における体制再構築のために必要な人材と人員の確保、人材を活用する異動等の仕組み、財源の確保、児童相談所や地域との連携のあり方、協議会のコーディネーターを含めた力量の向上、組織的対応の必要性と柔軟性、人口規模への配慮、評価や効果的援助のためのスーパーバイザーの確保、児相との協働によるノウハウの獲得等の必要性が挙げられた。

　これらの課題の中でも人材や人員の確保に関する課題や財源の課題、人材を活用する異動等の仕組み等については、市町村の子ども家庭福祉の担当者には手の届かない課題であることが指摘され、葛藤を生んでいることが推察された。このインタビュー調査の結果は、優先性の高い「効果的で実効性のある援助をするための取り組みをすること」に含まれる「現場や市民の現状をまとめ分析する力量と制度に活かす体制を整えること」、「時代に即した制度の評価、点検の仕組みを整えること」、「協働により計画性のある支援をすること」に取り組むための基本的な条件と考えられたものの、現状では優先性の高い課題に対応することも困難な状況であることが推察される。

　しかし、それらの課題に対応できることは子ども家庭福祉の体制再構築に大きく寄与すると考えられるため、子どもの特性等の理念的側面や援助的側面、子ども家庭福祉の分権をとりまく状況等の制度的側面からの知見とあわせて、その必要性を指摘していく必要がある。

　このように、再構築における優先性の高い課題があることと、それに対応することを後押しする根拠を示す必要性が浮き彫りになった。

3. 理論仮説③「市町村を中心とした体制再構築をしても、都道府県固有の役割や広域的対応の必要な役割が残る」の検証

(1) 仮説設定の経緯

この仮説は、先行研究における都道府県と市町村間の役割分担の明確化等の議論、さらに市町村を中心とする体制ではなく児童相談所の機能を充実強化させるべきという議論がある中で、市町村ではできないあるいは市町村で担う必要性のない業務とは何かを検証する。つまり、市町村の役割以外のものの一端について検証するための仮説である。都道府県と市町村間の役割分担は、明確な基準もなくややもすると押し付け合いに陥ってしまうような事態を招く重要な検討課題であり、この点については必ずしも十分に言及されてきたとは言い切れないため、検証することとした。仮説の構造は以下のとおり（表8-4）。

表8-4　理論仮説③と作業仮説の構造

理論仮説③
「市町村を中心とした体制再構築をしても、都道府県固有の役割や広域的対応の必要な役割が残る」
作業仮説
a. 市町村における課題の項目のうち、広域的対応を要する変数と市町村を中心とした体制再構築の可否の間のφ係数は、それ以外の課題の項目に比べて相対的に低い

(2) 作業仮説の検証と理論仮説の検証

① 質問紙調査の分析から

　作業仮説 a について、第6章において検討してきたクロス集計のうち、広域的対応に関わる変数は、上位項目では「市区町村で支えるか広域で支えるかを判断し援助するための取り組みをすること」であり0.1%水準で有意であるが、φ係数を検討した順位としては5番目であった。なお、その下位項目として7項目が挙げられた。

　それら下位項目と市町村を中心とする体制再構築の分析結果として、0.1%水準で有意であり相対的にφ係数の高い順に、「転入、転出ケースのためのネットワーク同士のつなぎをすること」（φ=0.20）、「市区町村内に校区等のネットワークを重層的に構築すること」（φ=0.20）、「契約等、新しいサービス利用の仕組みを視野に入れ、広域ケースのネットワークへのつなぎを模索すること」（φ=0.17）が挙げられた。しかしながら、その他の課題の下位項目のφ係数と比べても上記の課題は第1位〜3位でありながら、低い数値であった。

　すなわち、市町村の課題のうち広域的対応に関する課題は、市町村を中心と

する体制再構築に対する優先順位としては第5位であり、市町村における他の課題に比べ、相対的に順位が低く、市町村の課題の位置づけの中では優先順位が低いといえる。したがって、作業仮説aは支持されたといえる。

②インタビュー調査の分析から

①により作業仮説aは支持されたが、理論仮説の検証までは至らない。そこで、φ係数が低く優先順位が低まった背景、その理由を第7章のインタビュー調査結果から検討した。

広域的対応を要する課題の優先性とその際の配慮と課題として、市町村を越えて支援が必要とされる場合について、役割分担が不明確であることから情報提供や共有、引継ぎ等に課題があることが示された。

さらに、広域的対応の必要な課題が市町村にとって優先順位が低い背景として、「啓発は児相に担ってほしいという期待があること」、「転出ケースの情報提供後の展開を知ることができない葛藤があること」、「転出入ケースの情報共有と引き継ぎに関する連携の必要性があること」、「現時点で市の対応力、人員、体制、権限等が整備できないなら都道府県と市町村間の役割分担を明確化すべきであること」、「他市間、他県間の連携や温度差を埋める作業は都道府県が担う必要があること」、「子ども家庭福祉に財源を割り当てる働きかけの必要性」、「児相と市町村間でケースの担当を選別する際の認識に齟齬があること」が挙げられた。

例えば、市町村担当者の中に市町村を越えた対応を必要とする場合についての葛藤があり、他の市町村への転出や児童相談所に引き継いだ後の状況について、実情では子どもや家庭の支援の経過を知ることは困難であり、連携という言葉の背景にあるのは情報の提供であっても、共有ではない実態があった。

つまり、広域的対応を要する課題については役割分担や連携等市町村の課題であると同時に、都道府県において実施することが効率的であり、困難な事例の相談援助等場合によっては都道府県が担うことが望ましいと考えられている事項が散見された。このような広域的な配慮が必要な課題は、その他に多くの克服すべき課題を抱えている市町村が取り組むには当然優先順位も低くなり、市町村中心の体制再構築が実現しても、都道府県による対応が必要な役割と考えられた。

③理論仮説の検証

①、②の結果から、体制再構築をしても市町村で担うより都道府県で広域的な配慮のもと支援が展開されることが望ましい事項があることが明らかになり、理論仮説③「市町村を中心とした体制再構築をしても、都道府県固有の役割や広域的対応の必要な役割が残る」は支持されたといえる。

(3) 理論仮説③の検証によって明らかになったこと

まず、仮説検証によって、体制再構築をしても市町村で担うより都道府県で広域的な配慮のもと支援が展開されることが望ましい事項があることが明らかになった。

本研究において、地方間分権を定義してきたが、本研究に至るまでにも筆者が研究してきた中で市町村が子ども家庭福祉の全てを担うことは難しく、市町村が主体的に役割を果たす必要性はあるものの、子ども家庭福祉をとりまく状況から段階的に移譲が進展していくことやその必要性を述べてきた。質問紙調査の分析結果とその補完をするインタビュー調査結果から、とりわけ都道府県が担う必要のある課題が浮かび上がってきた。翻せば、それ以外は市町村において主体的に役割を果たすことができる可能性の高いものであると考えられた。

4. 理論仮説④「市町村を中心とした体制再構築は、市町村の子ども家庭福祉における対応力があがることによって可能となる」

(1) 仮説設定の経緯と作業仮説

筆者のこれまでの研究において、体制再構築に影響のある変数として人口規模、さらに経験年数を示すものとしてネットワーク設置からの経年年数、市町村における課題克服数それぞれの要因をコントロールしたロジスティック回帰分析をしてきた。その結果、市町村の担当者は、課題克服数が多くなることによって、人口規模やネットワークの経年年数に関係なく体制再構築の可能性に肯定的に回答するという結果となった。

しかし、その調査はあくまで市町村を中心とする体制再構築の可能性を調査したものであったこと、市町村の課題として挙げたものについては詳細や構造まで明らかになっていなかったことなどが残された課題であった。

その課題をうけ、本研究においては市町村における課題については詳細をインタビュー調査により把握し、全体をKJ法により構造化してワーディングを工夫

したものを再度質問紙調査に使用することとした。さらに、市町村における体制再構築については可能性ではなく、実際に現状を踏まえてできるか否かを調査することとした。したがって、それらの調査結果についてロジスティック回帰分析によって再度変数間の影響をコントロールして最も有意な変数を見出し考察するため、表8-5の仮説を立てて検証した。

表8-5　理論仮説④と作業仮説の構造

理論仮説④
「市町村を中心とした体制再構築は、市町村の子ども家庭福祉における対応力があがることによって可能となる」
作業仮説
a. 人口規模やネットワーク・協議会の経年年数、個別ケース検討会議の開催頻度に関係なく、市町村の実力の一端を示す課題克服数が市町村を中心とする体制再構築に影響を与える

(2) 作業仮説の検証と理論仮説の検証

　この作業仮説を検証するための回帰モデルとして、第6章において人口規模、ネットワークからの経年年数、協議会の経年年数、個別ケース会議の開催頻度、課題克服数と再構築の可否に関するモデルを構築し、分析してきた。その結果、「人口規模」、「ネットワークからの経年年数」、「協議会の経年年数」、「個別ケース検討会議の開催頻度」は有意な変数とならず、「課題克服数」のみが「現状で市町村を中心とした体制再構築の可否」の予測に役立つことが明らかとなった。つまり、それぞれの要因をコントロールしても、課題克服数のみが市町村を中心とする体制再構築の可否に影響を与えるという結果であり、作業仮説ａは支持された。

　なお、課題克服数と個別ケース検討会議の開催頻度と体制再構築の可否のクロス集計ではいずれも有意差が認められたが、課題克服数の方が有意水準もφ係数も高かった。つまり、市町村の実質的な対応力を示した変数は、課題克服数であると考えられた。課題克服数が多い自治体はそうでない自治体に比べ、再構築ができると回答する割合が有意に高かった。

　したがって、子ども家庭福祉における対応力が高いほど体制再構築ができると回答するといえるため、仮説④「市町村を中心とした体制再構築は、市町村の子ども家庭福祉における対応力があがることによって可能となる」は支持されたといえる。

(3)理論仮説④の検証によって明らかになったこと

　本仮説を検証してきたことにより、子ども家庭福祉の体制再構築における因果関係モデルを示すことにつながった。人口規模と市町村を中心とする体制再構築の可否が偽相関であった。さらに、クロス集計において人口規模と課題克服数の間に相関関係が見られたことから、人口規模は課題克服数を増やす傾向はあるものの、体制再構築に対して人口規模は決定的な要因ではなかったため、市町村を中心とする体制再構築の可否との間に因果関係を構成しているのは課題克服数であると結論づけた。第6章のロジスティック回帰分析結果からも、市町村における実質的な対応力の向上が体制再構築において決定的な要因であることが明らかになったといえる。

　また、人口規模の大小が再構築に直接の関係がなかったため、人口規模が持っている社会資源の格差の問題より、市町村内で起こる問題にどのような手法で対応しているかが重要と考えられた。単独の機関、担当者で非組織的な対応をしている(ノウハウは連続性がなくそこのみにとどまる)か、協議会型援助で複数の機関、担当者で組織的な対応をしている(ノウハウは連続性がありみんなで共有できる)かによって実質的な対応力があがる、つまり、いろいろな問題に取り組むことができるようになることに影響があるものと考えられた。

　したがって、第4章で述べてきた協議会型援助が持っている特性が如何なく発揮されたことが、市町村の対応力の向上につながったといえる。すなわち、市町村の対応力の強化にあたっては、①市町村がそもそも抱えてきた課題(例えば人材、人員の確保や財源の問題等)と、②協議会型援助に関する課題(関係機関の温度差を埋めることやスーパーバイザーの必要性等)の両面に対応する必要があることが明らかになった。

5. 理論仮説⑤「市町村を中心とした体制再構築には、子ども家庭福祉における固有の理念をすえる必要がある」の検証

(1)仮説設定の経緯

　これは、市町村における体制再構築がなぜ必要なのかという理由を論証するために必要となる仮説である。その検討において、子ども家庭福祉における理念や地方分権の動向を整理し、さらに他の福祉分野における地方分権の理念等と

引き合わせつつ、社会福祉学の立場から子ども家庭福祉の地方間分権のあり方を考えることができる。なぜ市町村における体制再構築が良いのか、必要であるのかについては必ずしも十分に論証されてきたとはいえないため、この仮説をもとに検証することとした。

なお、この理論仮説を検証する方法は先行研究レビューが中心となるが、先行研究のデータや筆者の考え方として、子ども家庭福祉の実践を支えるためにも理念が必要であるとの着眼点から、貴重な示唆を得た第7章のインタビュー調査結果を用いて、この仮説の一部を検証してきた。この仮説にある固有の理念を構成するエッセンスとして、表8-6の内容が含まれていることから、この理論仮説は以下のエッセンスの検討を通して検証したい。

表8-6 理論仮説⑤と固有の理念を構成するエッセンスの構造

理論仮説⑤
「市町村を中心とした体制再構築には、子ども家庭福祉における固有の理念をすえる必要がある」
固有の理念を構成するエッセンス
a. 子どもの特性に配慮する必要性 b. 子どもの権利の特性に対する配慮と子ども観を振り返る必要性 c. 子どもにとっての親の必要性 d. 子ども家庭福祉における固有の視点の必要性 e. 子ども家庭福祉の実践を支える理念の必要性

(2) a～eのエッセンスの分析結果と理論仮説の検証

第1章における先行研究の検討から、子ども家庭福祉における固有の理念の構築の必要性について検討を重ねてきた。

① aの子どもの特性に配慮する必要性

　子ども期そのものの特性から、他者に依存せざるをえず、子どもの幸せは常に大人の掌の中にあると述べてきた。次に、子ども自身の生物学的、身体的、心理的、社会的特性から、子どもの福祉のために固有の配慮の必要性が明らかになり、子どもの発達的特性と相まって子どもの受動的・能動的権利への配慮が必要であることを指摘してきた。さらに、子どもの持っている力を支える存在として養育に関わる大人がいること、すなわち親の必要性が明らかになり、児童育成責任の観点からも重要な観点と指摘できた。このように子どもの特性に配慮する必要性が明らかになった。

②bの子どもの権利の特性に対する配慮と子ども観を振り返る必要性

　aで明らかになった子どもの権利への配慮の必要性の観点から、子どもの権利獲得の経緯や特性、受動的・能動的側面を併せ持つ権利の2面性を明らかにした。その結果、子どもが権利主体であるためには、大人や社会が子どもの権利に対する義務を認める必要性があることが指摘できたが、そこには子どもと大人、社会の間にある子ども観の問題があることが示された。子どもの権利保障にはそれらの義務を認め、制度等にするために広く合意が必要であり、そのために子どもの特性に基づく子ども家庭福祉に固有の理念と視点の必要性を指摘してきた。

③cの子どもにとっての親の必要性

　aで述べた親の必要性について、子どもにとって親との関係は人生の指針や自己の存在の基盤となるものであることも指摘してきた。親には実親、心理的親、社会的親が存在しており、筆者はそれらの親の特性を述べ整理してきた。実親が心理的親になれる可能性が高いといわれていても、家庭の変化や個人の生き方の変化等からそうなれない場合もあり、先述の基盤となる関係がもてない子どもがいることを指摘した。そのために多くの大人が社会的親として子どもに関わり、豊かな関わりのなかで子どもが成長できる環境が必要であり、その環境は子どもの生活に身近な市町村において形成されることが望ましいことを明らかにしてきた。

④dの子ども家庭福祉における固有の視点の必要性

　①から③までの検討をもとに、子どもの置かれる立場や子どもの特性にもとづく、子どもの目線からみた子ども家庭福祉固有の視点が求められると考えられた。第1章で図示してきたが、①から③を踏まえて子ども家庭福祉の理念であるパレンス・パトリエとパターナリズムが子どもの受動性や受動的権利保障の根底にあると指摘してきた。そして、子どもが生きることを支える基盤を用意するために、自己責任にゆだねることが適当ではない問題を扱う社会連帯という理念のもと取り組んでいく必要があることを明らかにしてきた。しかしながら、それは社会福祉そのものが一定の価値を実現するのと同じように、ひとつの価値であるため、広く社会の合意が必要とされる。そこで、全ての人間に共通する子どもが直面する事実や子どもの特性が合意を得る鍵になると考えられ、それに基づいた固有の視点として、基盤創造性、実効性、協働性、協同性

の必要性を論証してきた。

⑤eの子ども家庭福祉の実践を支える理念の必要性

　これについては第7章で検討してきたが、①子ども家庭福祉関係者の理解を深め、意識を高め、ズレや温度差をなくすために理念が必要であると考えられるもの、②それに付随して協議会のメンバーが目的や目標を共有するために理念が必要であると考えられるもの、③そして子どもの親本人の理解や意識に働きかけるための理念、いずれも子ども家庭福祉の実践を支えるための理念の必要性がみられた。

　特に①や②は筆者が提案してきた協働性や協同性を実現するために必要な理念を求めていると考えられた。そこには、子どもや家庭に対する基本的な理解が必要であり、そこから生まれる基盤創造性や実効性の視点は、なぜ子どもに支援が必要であるのか、援助者として提供している支援やその方向性が間違っていないということを支持するためにも有効である。一方③のように、支援を受け子どもを育てる親に対しても、そのことを伝え本来期待される役割を果たせるよう働きかける必要があるといえる。協働性も協同性も、援助者間のみに必要な視点ではなく、支援者と親との間でも同等に求められる視点である。

　このようなことから、子どもの福祉という同じ目標を実現するために、子ども家庭福祉固有の理念があることは子どもの立場を考慮して、実効性のある実践をするために重要な役割を果たすと考えられた。

⑥理論仮説の検証

　①〜⑤の検証から、市町村を中心とする体制再構築に向けては制度的な側面からの再構築の必要性のみならず、子どもを取り巻く根源的な事実や特性、親の必要性、権利保障の必要性を受け、それらにもとづく価値への合意形成の必要性が明らかになるとともに、そのための子ども家庭福祉に固有の視点を提示することの必要性を論証した。そして、子ども家庭福祉に固有の視点を提示することにとどまらず、社会福祉学において制度と援助をつなぐ固有の理念の構築が課題となっていることに鑑みて、子ども家庭福祉の体制再構築に臨む際には、これまで述べてきたことを踏まえた子ども家庭福祉に固有の理念をもって検討、実行することが求められるといえる。

　特に、理念の共有は、子ども家庭福祉分野を取り巻く他の専門職など関係者に関心を寄せてもらうための重要なポイントとなると考えられる。すなわち、連

携を生み出すための基本的な要件であるといえる。また、理念は価値を包含しているという点で、先行研究レビューにおいて述べてきた「価値は行為をガイドする」という嶋田啓一郎による「行動の触発基準」となりえる。つまり、筆者の示した視点である協同性と協働性を可能にすることにつながると考えられよう。

現在の市町村では、連携を阻害している要因の一つと考えられるものとして、実践的、経験的な観点から「温度差」と表現している。これをインタビュー調査によってひも解いていくと、関係者や責任のある立場の者から理解が得られないことや、認識に差があることが挙げられており、基本的な足並みをそろえることが大変に難しいという現状を映し出している。

つまり、理念を据えることにより、要保護児童対策地域協議会に参集する関係機関、関係者らの足並みをそろえることができない、と上述の温度差に悩んでいる調整機関の担当者を支えることになるほか、全体の意識を高めて同じ目標に向かっていく協同、協働を可能にすることとなると考える。また、意識の高い特定の担当者や機関にのみ負担が集中している市町村も決して少なくないと予想されるなか、孤軍奮闘している担当者がこれまで頑張って取り組んできたことが間違っていなかったと励ます指針ともなる。

近年、援助のプロセスにおいて重視されている関係機関や関係者による「連携」は、このような状況から生まれてくるといえよう。相互に温度差が埋まっていない状況では、関係者間で一方通行のやりとりしか生まれてこない。そのことは、すでに筆者の調査の中で指摘されてきたことである。

このように、子ども家庭福祉固有の理念を据えることは、現在大きな課題になっている「連携」を現実に実効性のあるものとするために必要であり、支援の対象となる子どもや家庭を支えるだけにとどまらず、直接・間接に関わる支援者を支えることにつながると考えられ、支柱として必要であると考えられる。逆にいえば、子ども家庭福祉理念を据えなければ、これらのことが実現できない、すなわち、現状で抱えている問題点は解決できないと考えられる。

したがって、理論仮説⑤「市町村を中心とした体制再構築には、子ども家庭福祉における固有の理念をすえる必要がある」は、支持されたといえる。

(3) 理論仮説⑤の検証によって明らかになったこと

①子どもの特性に配慮する必要性から

　本仮説の検証を通して、受動的な存在でありつつも能動的な存在である子どもの特性から、子どもに対する固有の配慮が必要であることが明らかになった。それら必要とされる配慮が、子どもに対する援助方法としてのエンパワメントやアドボカシー、アカウンタビリティとして体現される背景にあるものと考えられる。

　さらに、子どもの特性を検討したことにより「子どもの権利への配慮の必要性」、「親の必要性」、「育成責任を果たすための市町村における体制の必要性」を明らかにできた。それは、本研究が追及してきた子ども家庭福祉の体制再構築の理由に相当するものであった。

②子どもの権利の特性に対する配慮と子ども観を振り返る必要性から

　大人が子どもと接する際にほとんど無意識的にあるのが子ども観であり、そこには弱者と強者の上下関係が見え隠れすることが明らかになった。また、特に子どもの発達的特性を踏まえた関わりが必要であると同時に、子どもの権利を保障するためには義務を親や大人、社会が認めることの必要性を指摘できた。なお、子どもの発達的特性に鑑みて、子どもの能動的権利の保障は、受動的権利の十分な保障の上に成り立つものであることを指摘してきた。そのことは、子どもの育ちの連続性や一貫性を保障することにつながるものである。このことからも、子どもの生活に身近な市町村における体制整備の必要性が指摘でき、子ども家庭福祉の体制再構築の必要性を示していると考えられた。

③子どもにとっての親の必要性から

　子どもにとって親は、人生の指針や自己の存在の基盤であり、いわば生きていく自分を支えるための根っこをもたせてくれる関係であることが明らかになった。しかしながら、それが得られない子どもたちがいるため、子どもが育つ過程において関わる大人である社会的親との豊かな関わりの中からその根っこをもたせてくれる、あるいは栄養を与えてくれる大人、心理的親を獲得できる必要性を指摘でき、子どもが多くの人と関わって育つことのできる体制が必要であることが浮き彫りになった。その体制は、生活が営まれる身近な場所である市町村において実現する必要のあるものであり、それができるのは遠く離れた児童相談所ではなく地域の実情がわかっている市町村と考えられた。このことから、子ども家庭福祉においても市町村中心の体制再構築の必要性が明らかに

なった。

④子ども家庭福祉における固有の視点の必要性から

　子どもの特性や子どもにとって親が必要である理由、さらには社会の状況は、子ども自身の責任にゆだねることは当然できないものであり、この世に生まれて今生きている人間が必ず通過しなければならなかった点である。多くの人は身近な親や関係者に支えられその弱者である宿命と期間を生きることができるが、そうではない人もいる。それは、その人個人の自己責任にゆだねることはできないことであるため、社会連帯の理念の必要性が明らかになった。同時に、そのような子どもの受動性、受動的権利を保障するために、パレンス・パトリエとパターナリズムの理念も合わせて必要であることを指摘できた。

　さらに、筆者がそれらの理念検討と子どもの特性を踏まえ、先行研究の視点以外に、子どもの立場から提唱する必要のある子ども家庭福祉に固有の視点の必要性を明らかにした。それは、基盤創造性、実効性、協働性と協同性の4点であった。

　本研究において検討をしてきた結果、これらの視点を実現するためには子どもの生活に身近な場所における実践が欠かせないことも浮き彫りになった。すなわち、子ども家庭福祉の実施体制を子どもの生活が営まれる市町村において再構築することの必要性を指摘することにつながった。

⑤子ども家庭福祉の実践を支える理念の必要性から

　いわゆる目標や意識の共有と呼ばれているものは、事例の個別性やその配慮に対する関係者の共通認識にとどまらないことが明らかになったといえる。すなわち、援助者、機関者に温度差を生み出している　つの要因と考えられるものとして、基本的な子ども家庭福祉におけるあるいは子どもや家庭を取り巻く現状認識や理念に対する基本的理解に差があることが浮き彫りになった。

　つまり、①事例ごとに求められる共通理解や認識、目標とは別に、②子ども家庭福祉における支援に関わる共通理解や認識、目標が必要であるといえるのである。①については、協議会における個別ケース会議を十分に踏まえることによって一定程度可能になるといえるが、②についてはある程度の関係者を集め、専門的な研修等によって養っていく必要があるといえる。子ども家庭福祉に限ったことではないが、多くの応用的な制度や対応困難な事例が増えてきている現状に対応するために技術的な研修が多く見受けられる。しかし、いわゆ

る応用編ばかりに目を向けてきたことによって、基礎編の重要性に立ち返っているともいえる。その意味でも、筆者がこれまで検討してきた子どもの特性や親の必要性等に関わる理念や原理論に関する学びが実践を支え、結果的に子どもの福祉に結びつくものと考えられる。

なお、筆者の質問紙調査において、いわゆる啓発に関わることは広域で取り組むという主旨の項目もあったことから、これを進めていく際には市町村独自でやることももちろん、都道府県やいくつかの市町村が共同で取り組むことを考える必要もあるといえよう。

6. すべての元になった理論仮説「都道府県中心の子ども家庭福祉行政実施体制は、市町村を中心とする実施体制に再構築することができる」の検証

(1) 仮説設定の経緯

この仮説は、本論文を通じて述べてきたとおり、地方分権そのものにおける事務移譲の検討の重要性や、他の福祉分野の体制再構築が進展してきたこと、子ども家庭福祉における現行の体制の限界といった制度的な背景、また理念的検討における子どもの特性に必要な配慮と親の必要性から多くの人々との関わりの中で育つ体制の必要性を背景に、都道府県中心の子ども家庭福祉行政実施体制を市町村中心の体制に再構築することができるか否かを検証するための最も重要な仮説である。

筆者がこれまでに行ってきた研究においても、市町村を中心とする子ども家庭福祉行政実施体制再構築の可能性については肯定的に支持されてきた。先行研究においても、市町村を中心とした体制に再構築することの必要性を提示した研究、市町村担当者のインタビュー調査等から市町村を中心とする体制に再構築することの必要性は示されてきた。

しかしながら、そのような再構築が実現できるか否かについては、必ずしも明らかにされてはこなかった。したがって、本研究の仮説として設定し、質問紙調査等により検証を試みることとする。この理論仮説はそのまま統計的分析の作業仮説とする。なお、この理論仮説は、これまで検証してきた理論仮説①〜⑤を導き出してきた最もベースとなる仮説であり、本研究を貫く最も重要な仮説である。つまり、統計的分析においては作業仮説の側面をもち、さらに本研究全体を総括

しその先を展望するための理論仮説であるということを意味している。これまでの仮説検証をふまえ、本仮説を検証することとしたい。

(2)理論仮説の検証

まず、理論仮説①〜⑤によって明らかになったことを述べる前に、本仮説に必要なデータ分析結果を述べることとする。

①質問紙調査の分析結果から

まず、この「都道府県中心の子ども家庭福祉行政実施体制は、市町村を中心とする実施体制に再構築することができる」という作業仮説の検証にあたっては、次の検討をしたい。

第6章において検討してきた質問紙調査の単純集計結果から、現状での再構築の可否に対する意向はおよそ半々程度であり、若干できるとする肯定的な意向が高い。しかし、将来的な展望としては必要とする肯定的な意向の方が7割と高い割合を示している。同時に、将来的な分権の必要性は7割が必要とするのに対し、現状での「ややできない」「できない」が45％と、必要性は認めつつも現状のままでは市町村を中心にすることが難しい状況を示していると考えられた。

現行の体制は、要保護児童であるか否かによって対応する主体が児童相談所か市町村かにわかれるが、その体制は支援の連続性や一貫性が図りにくかったり、責任の所在が不明確になってしまうなどの問題点がある。したがって、「全て」の子ども家庭福祉における問題についてできる限り市町村が主体となって援助の方向性を決定することが必要であると考えられる。

しかしながら、実態としては「一部を再構築すること」の方が「全てを再構築すること」を10数ポイント上回っており、先に述べた現行体制における課題を克服する必要性があることを推察させる結果といえる。しかし、この点は、先述の市町村中心に体制再構築をしても都道府県固有の役割が残るという仮説の検証結果にもあるように、全てを市町村が担うのではなく、都道府県で担うことが適切なものについては都道府県が、と市町村の担当者が考えていることを踏まえれば、当然の結果とも考えられる。

つまり、市町村を中心とする体制再構築は必要であるが、子ども家庭福祉の全

てではなく、市町村を中心に扱うものと困難な事例などで広域的対応による配慮を要する事項等を明確化したうえでの必要性ということになる。そして、再構築にあたっては、現状の問題点、課題を克服する必要がある。その点はインタビュー調査から明らかになった。

②インタビュー調査の分析結果から

　市町村を中心とする体制再構築が「できる」と回答した市のインタビュー調査では、再構築の必要性は身近であるということをキーワードに、手続きやサービスを利用する際の利便性や細やかな援助ができること、自分が生活する地域である地域性を尊重するという理由が挙げられた。

　しかしながら、現状では協議会の会議自体の開催が人的、時間的制約から困難であることが指摘され、人員の確保や時間の確保、財源の確保に関わる課題が指摘された。さらに、市町村中心の体制再構築は、身近すぎて隣近所の顔が見え、かえって敬遠するところもあるとされており、重篤で複雑な問題については児童相談所が対応したり、広域的に対応したりと工夫する必要性があることがうかがえた。

　つまり、身近であることに伴うメリットとともに、身近であるがゆえの相談しにくさなどのデメリットや課題、現在の市町村を取り巻く人材、人員の確保、経験や専門性の不足、それらに必要な財源といった基本的な課題があり、市町村中心に体制を再構築できるとしていても、その背景にはそのような課題への対応を図るいわば条件整備が必要であることが指摘できる。

　その条件整備において優先的な主な課題としては、市町村における体制再構築のために必要な人材と人員の確保、人材を活用する異動等の仕組み、財源の確保、連携のあり方、力量の向上、人口規模への配慮、評価や効果的援助のためのスーパーバイザーの確保、児相との協働によるノウハウの獲得等の必要性が挙げられた。これらの課題の多くは、市町村の子ども家庭福祉の担当者には手の届かない課題も多々あることが指摘でき、国や都道府県との連携、協働によって克服する必要があるといえよう。課題克服にあたっては、子ども家庭福祉における子どもを中心にすえた理念から体制再構築の必要性を訴え、推進する必要があると考えられる。

(3) 理論仮説①から⑤までの検証により明らかになったこと

まず、理論仮説①の検証により、再構築に影響のある変数は個別ケース会議の開催頻度と課題克服数であり、結果的に市町村の「実質的な対応力」を向上させる変数であることが明らかになった。
　次に、理論仮説②の検証により再構築のための条件整備における課題の優先性が明らかになった。また、調査分析結果を総括すると、市町村の子ども家庭福祉の担当者には手の届かない種々の課題があることが指摘でき、それに対応することを後押しする根拠（理念的側面、制度的側面から）を示す必要性が明らかになった。
　理論仮説③の検証により、体制再構築をしても市町村で担うより都道府県で広域的な配慮のもと支援が展開されることが望ましい事項があることが明らかになり、それ以外は市町村において主体的に役割を果たすことができる可能性の高いものと推察された。
　理論仮説④の検証により、子ども家庭福祉の体制再構築における因果関係モデルを示し、体制再構築における決定的な要因は市町村の実質的な対応力であることが明らかになった。人口規模より、市町村内で起こる問題に協議会型援助で組織的対応をしていることが影響を与えていると考えられた。市町村の対応力の強化にあたって、①市町村がそもそも抱えてきた課題、②協議会型援助に関する課題の両面に対応する必要があることを示した。
　最後に理論仮説⑤の検証により、子どもの特性の検討を通して子どもに対する配慮の必要性や権利の特性、子ども家庭福祉における固有の理念や視点が明らかになり、それらを実現するためには子どもの生活に近い市町村における体制整備、再構築の必要性が明らかになった。さらに、これまで先行研究や実践の経験からよく指摘されてきた、事例ごとに求められる共通理解や認識、目標とは別に、子ども家庭福祉における支援に関わる共通理解や認識、目標が必要であることが明らかになった。特に後者は、虐待等、対応が困難な事例への支援が増加してきたことによって、いわば応用編を中心に取り組む中で直面したジレンマ等から、基礎編の重要性に立ち返っているとも考えられた。その意味でも、筆者がこれまで検討してきた子どもの特性や親の必要性等に関わる理念や原理論に関する学びが実践を支え、結果的に子どもの福祉に結びつくものと考えられた。

(4) 理論仮説の検証と仮説検証により明らかになったこと

　まず、(2)の①、②に述べたように、現状では市町村における体制再構築に対し

て条件つき賛成であるといえるが、市町村において克服する必要があるとされる条件整備が進められれば、「子ども家庭福祉を市町村中心に再構築することができる」という回答はより確固としたものになると考えられる。

　そのためには、仮説①から⑤で検証してきた結果を踏まえ、理念的、制度的、方法的観点から子ども家庭福祉の実施体制再構築を推進する必要性を指摘しなければならない。まず理念的観点から、子どもの存在や権利の特性、育成責任の観点から、生活に身近な市町村における体制整備、すなわち体制再構築が望まれる。制度的観点からもその必要性を浮き彫りにしてきた。その体制再構築にあたっては、方法的観点から、市町村の実質的な対応力を協議会型援助の構造により強化し、広域的対応や配慮を必要とする事例について都道府県と市町村との役割分担をしつつ対応にあたることである。しかしながら、対応力の向上に優先性をもっているにも関わらず、市町村担当者には手の届かない種々の課題が散見されるため、それらに対応する必要性を指摘しなければならない。そのような再構築を推進していく原動力や配慮として、子どもの特性から明らかになった子ども家庭福祉に固有の理念と視点を子どもに関わるもの全てが共有することが求められるといえる。

　そして、市町村を中心とする再構築の必要性やそのあり方の検討とともに、都道府県の役割のあり方の検討、国による財源の確保等の条件整備が求められることが浮き彫りになった。ただし、それは国から出発する考え方によるのではなく、子どもの立場から、可能な限り市町村がそれを代弁し、都道府県がそれを後押しして国を動かし、必要な財源を確保するという協働、協同の構造が必要であるといえる。子どもをとりまく事実にもとづいて提唱される社会連帯の理念は、公的、私的という立場を超える可能性をもっていると考えられる。

　これらのことから、本研究における最も基本的な理論仮説「都道府県中心の子ども家庭福祉行政実施体制は、市町村を中心とする実施体制に再構築することができる」については、条件付きではあるが市町村を中心とする実施体制に再構築できるといってよい結果であり、一定程度支持されたと考える。

　以上のように、本研究における仮説の検証結果を述べてきた。第2節では、本研究が明らかにしてきたことの要点についてまとめ、総括的考察をすることによって結論づけたい。

第2節

市町村を中心とする子ども家庭福祉行政実施体制再構築に向けた総括的考察

　第2節では、これまでの先行研究レビューや調査研究とその分析結果、仮説検証結果等を総合的に検討し、本研究における総括的考察と子ども家庭福祉の再構築に係る展望等について述べることとしたい。

1. 市町村を中心とする子ども家庭福祉行政実施体制再構築の必要性と可能性

(1) 制度的側面から検討した体制再構築の必要性

　この結果は、第1章に示した2点めの目的、すなわち、「地方分権化の流れの中で、なぜ子ども家庭福祉は分権化が進んでこなかったのかという背景を提示することである。さらに、そのような制度的側面からも市町村中心の体制再構築の必要性を述べたい」を達成したものである。

　子ども家庭福祉の体制再構築は、事務の移譲に必要な権限移譲、財源を伴うものである。地方分権のレビューにおいてひとつの大きな課題として残されていたとされたのは、この事務移譲、権限移譲であった。それは、子どもの問題によって実施主体が都道府県と市町村とに分断されている子ども家庭福祉の地方間分権においても大きな課題であると指摘できた。

　まず、高齢者福祉、障害者福祉分野における地方間分権のレビューから、社会連帯や利用者主体、地域福祉の推進等の理念にもとづく体制の再構築が実現されてきた他分野と子ども家庭福祉との不整合を指摘してきた。子ども家庭福祉において分権が進まなかった理由は、第3章において古川による5点の要因をレビューしてきたが、児童相談所の設置権限が主に都道府県にあることや措置権も委任されていること、児童相談所の数が都道府県によってばらつきがあること以外の例

えば子どもの発言権の弱さ等の要因については、子ども家庭福祉サービスにおいて特に問題となる制約事項ではないということが明らかになった。

つまり、子ども家庭福祉において分権化すなわち体制再構築が進展しなかった理由の中に根本的な阻害要因は実は見当たらず、あるとすれば、後述する理念的側面で明らかになった、子どもの特性や子どもの置かれる社会的な立場や発言権の弱さからくるものであると考えられた。

さらに、子ども家庭福祉においては、子ども虐待の増加による都道府県を中心とする体制の疲弊と限界、子どもの抱える問題により都道府県と市町村に実施体制が分断されているという不整合、子ども家庭福祉における支援を一貫性と連続性あるものとするための市町村を中心とする体制の必要性から、子ども家庭福祉における体制再構築の必要性を明らかにすることができた。

(2)理念的側面から検討した体制再構築の必要性と可能性

この結果は、第1章で示した1つ目の目的、すなわち、「まず、子ども家庭福祉における固有の理念とは何かを検討することを通して、なぜ市町村において子ども家庭福祉行政実施体制を整備する必要性があるのかについて論証することである。本研究は政策研究ではあるものの、制度と支援の橋渡し、ならびに支援と子ども(その家族を含めて)をつなぐ方策として、子ども家庭福祉における特有の理念の検討をする。そのことは、なぜ子どもや家族にとって身近な市町村で実施体制を築くことが必要であるかを述べることにもつながる。そして、十分に理念の検討をすれば、おのずと子どもに関わる支援の方法についても言及することとなる。このことは、なぜ子どもにはそのような援助方法が必要なのか、という理由を述べることにつながる。」を達成したものである。しかしながら、結論からいえば子ども家庭福祉固有の理念や視点を検討できたものの、子どもへの支援の方法に関する検討は今後の課題として残された。

①基盤創造性、実効性、協働性、協同性の視点の必要性

本研究においては、子どもの特性に配慮する必要性、子どもの権利保障には大人や社会が子どもの権利に負っている義務を認める必要性、親の重要性から多くの大人が社会的親として子どもに関わり、豊かな関わりのなかで子どもが成長できる環境の必要性、その環境は子どもの生活に身近な市町村において形

成されることが望ましいこと等を論証してきた。

　しかし、このように提示した再構築の必要性はひとつの価値であるため、広く社会の合意が必要とされる。そこで、全ての人間に共通する子どもが直面する事実や子どもの特性が合意を得る鍵になると考えられ、それに基づいた子ども家庭福祉固有の視点として、基盤創造性、実効性、協働性、協同性の必要性を論証してきた。

　子ども家庭福祉行政実施体制の再構築にあたっては、子どもが置かれている立場(子どもの生物学的、社会的な弱さと受動的権利を十分にまもることで能動的権利へとつながること、多くの人間と関わりながら社会的親、心理的親を得て生きること等)を考慮し、生活に最も身近である市町村においてその体制を整えることの必要性を述べた。

　そこで、基盤創造性の視点は、「子どもの特性をふまえ、もともとの生活の場と人間関係を基本として、専門的、非専門的な関わりを含む豊かなつながりのなかで成長し、自立への基盤を養うことができること」であり、再構築で最も重視しなければならない点であり、再構築の意味でもあると筆者は考えている。生活の場である市町村において、子どもが生きる基盤を養うこと、そのいわゆる当たり前の営みを実現することが重要なのである。再構築はこの視点抜きには考えられない。

　次に、実効性の視点は、「子どもの最善の利益を考慮して必要なサービスを届けた結果、子どもが自立への基盤を得ることができたかどうか」であり、子どもが生きる基盤を作っていく中で直面する困難に対し、必要な時に必要なサービスをしっかりと届けることが重要であると筆者は考えている。単なる数量的な成果で表すことのできない、きめの細かな福祉は、この実効性の視点が十分に考慮される必要があると考えている。

　そして、協働性の視点は、「子どもが自立への基盤をつくることができるよう、インフォーマル、フォーマル問わずつながりに配慮しつつ、子どものニーズに応えるために求められる力を関係者、機関により動員し駆使すること」であり、サービスの提供者すなわち援助者のみならず、子どもの親らも含めて子どもの生きる基盤、人間関係づくりを共に進める必要がある。子ども家庭福祉のサービスは、子どもの生活の中の一部分であり、援助者が適切な援助をしていることのみで全て完結するものではないと考えられる。子どもと生活する親らと共

に子どもを育てようとする視点である。協働は、代替ではない。単なる補完でもない。これまでのサービスは、代替であり、補完である性格が強かったように思える。しかし、本研究においても明らかになったように、様々なサービスが用意され利用されることが、子どもの最善の利益と直結するものではないことも散見されるようになってきた。子ども家庭福祉サービスの援助者と親らが協働することによって、子どもの最善の利益に近づくことができる可能性があると考える。

　最後に、協同性の視点は、「子どもの特性や権利等に求められる配慮や子どもの育つ力をもとに、様々な人々との関わりの中で子どもが基盤をつくることができるよう、その育ちに関わるすべての者が思いを同じくして子どもを大切に育んでいくこと」であり、子どもに関わる全ての者が子どもの健やかな育ちを願い、子どもが何を求めているか、自分に何ができるかを援助者、親や保護者、地域の人々、ひいては社会全体が関心を寄せることが重要であるといえる。以下に述べる社会連帯による体制を構築する際にも極めて重要な視点であるといえよう。

②社会連帯の必要性

　なお、視点のみならず子ども家庭福祉に固有の理念も同時に必要とされ、パレンス・パトリエやパターナリズムは子どもの受動性や受動的権利保障に重要な理念であり、さらにその人の自己責任にゆだねることができない問題に対応するための理念として、社会連帯は子ども家庭福祉に必須の理念といえる。この点について、なぜ社会連帯が必要か。国家責任は、抽象的な価値に基づいて人間が当たり前の生活を営むために必要とされる環境や基盤整備の枠組みを用意し、公的責任は国家責任の理念を受け継ぎつつ、地域の実情や実態という集合体に向けた枠組みや支援システム等の構築をそれぞれ担っている。

　しかしながら、国や公が個人の問題解決の主体となることも、また様々な困難を解決することもできるわけではなく、あくまで解決に取り組むのは問題を抱えた個人であり、両者ともその個人の個別具体的な実態や心情、立場性を直接くみ取ることは非常に難しいといえる。

　国家責任で福祉を進めていくならば、人間の生活は国の責任によって保障され、いわゆる抽象的な対象のイメージにそって、異なる個人に全て同じサービスを提供することとなり、一人ひとりの個別性を大切にすることは難しい。公

的責任で福祉を進めていくならば、住民の実態や地域の実情に応じたサービスを提供することとなるが、広域的な観点から枠組み作りをする役割を負っていることや、あくまで個人の生活とは遠いところでのサービス提供となり、個別性を大切にすることは難しい。国家責任と公的責任がもつ特性は、とりわけ公平性の観点からいえば当然のことであり、一方でパターナリズムを主とした仕組みとなることは限界であるといえる。

　もうひとつの社会連帯により福祉を進めていくならば、社会を構成している個々人が、個人的な責任に帰することが困難な問題について共に支えあうことを合意した上でのみ可能となるという意味で、個人からスタートすることが可能である。個々人がもつ人や環境とのつながりは、国家責任、公的責任より最も身近なものであると考えられ、社会連帯による福祉は、多くの人々が納得できるところから仕組み作りがスタートするため、個別性を重要視することに結びつきやすいといえる。

　国家責任や公的責任におけるパターナリズムは一方的な色彩が強いが、社会連帯におけるパターナリズムは、個人が納得や折り合いがつけられるよう工夫する仕組みを取り入れることにより個別性に配慮できると考えられる。さらに、個人を取り巻く様々な社会資源との結びつき、国や公、企業等とのパートナーシップにより、個人を中心とした、あるいはサービスの利用者を中心とした重層的な体制づくりが可能になるといえる。

　筆者は、社会連帯による営みを常に重層的に包摂し補強しているのが公、国の責任であると考えるため、地域で生活する一人ひとりを中心とする仕組みを生み出すのは、国家責任や公的責任の力のみによるのではなく、先述のとおり、社会連帯を中心とした力ではないかと考える。

　そして、一人の人間として子どもの能動性や能動的権利を保障するためには、子どもの発達的特性に基づく配慮が用意される必要があるといえる。そのためには、社会に広く合意を得られる可能性のある子どもの特性という事実と子ども家庭福祉における理念と基盤創造性等の視点に基づく体制づくりが必須と考える。

(3) 実証的研究と制度的側面、理念的側面から検討した体制再構築の必要性と可能性

この結果は、第1章に示した4点めの目的、すなわち「市町村を中心とする子ども家庭福祉行政実施体制に再構築できるのか、その必要はあるのかを質問紙調査やインタビュー調査によって検討し、それを可能にする変数の有無や実際の問題点や課題について分析することである。そして、その実証的分析結果と理念的・制度的側面から示した体制再構築の必要性等をあわせて、子ども家庭福祉行政実施体制再構築の今後の展望について提示していくこととしたい」の展望を述べる前までを達成したものであり、本研究の結論でもある。それは次のとおりである。

　まず、上述の制度的、理念的側面からの体制再構築の必要性のみならず、質問紙調査やインタビュー調査等実証的研究の分析結果においても、市町村を中心とする子ども家庭福祉行政実施体制再構築の必要性は肯定的に回答された。すなわち、本研究により、制度的側面、理念的側面のいずれにも共通することとして、また子ども家庭福祉の担当者の実感としても、市町村を中心とする子ども家庭福祉行政実施体制再構築の必要性があることが明らかになった。

　次に、本研究を通して、市町村を中心とする子ども家庭福祉の実施体制再構築を可能にするためには、人口規模に関わる配慮を必要としつつも、市町村の対応力を高めることが最も重要であることが明らかになった。ロジスティック回帰分析では、人口規模やネットワークや協議会の経年年数、個別ケース会議の開催頻度の影響によらず、課題克服数が多いことが体制再構築に影響を与えていた。

　それは、市町村の実質的な対応力を示す変数に注目する必要があることを明らかにしたといえる。また、現状では体制再構築の必要性はあっても再構築はできないとする割合が高かった。

　しかしながら、その必要性を体制再構築として実現するためには、後述する再構築を推進するための市町村の実質的な対応力の向上や課題克服のための取り組みが必要とされることが明らかになった。

2. 市町村を中心とする子ども家庭福祉行政実施体制再構築を実現するために

　この結果は、第1章において示した目的の3点め、すなわち、「市町村の担当者らが様々な課題に対応できるようになることによって、子ども家庭福祉行政を市町村で受け止められる」という、これまでの筆者の研究の知見をふまえ、市町村

を中心に子どもと家庭に対する援助を展開する仕組みを整えるためには、市町村は何を課題としており、その課題はどのような構造をしているのかを示し、市町村はどの課題に優先的に対応すべきかを示すことである。」を達成したものである。

(1) 体制再構築におけるネックになっている課題、優先順位の高い課題

本研究においては、質問紙調査の分析から、優先性の高い課題や市町村の子ども家庭福祉担当者には手の届かない問題(条件や課題ともいえる)への取り組みについて考慮することが、体制再構築を検討する際のひとつのポイントとなることが明らかになった。

まず、ネックになっている主な課題として、人材や人員の確保、人事異動等人材の活用の仕組み、そのための財源確保等が挙げられ、市町村の実質的な対応力の向上にとって重要な役割を果たすと考えられる。さらにそのことは、市町村の子ども家庭福祉の担当者にとっては条件整備として必要性が認識されているものの、手の届かない事項であるがゆえの葛藤を引き起こしていることが明らかになった。

次に、優先順位の高い課題(上位項目)としては、「効果的で実効性のある援助をするための取り組みをすること」であり、下位項目では、第1位に「現場や市民の現状をまとめ分析する力量と制度に活かす体制を整えること」($\phi =0.26$)、第2位に「時代に即した制度の評価、点検の仕組みを整えること」($\phi =0.25$)、第3位に「協働により計画性のある支援をすること」($\phi =0.24$)が挙げられた。つまり、市町村におけるニーズの把握や分析、それを制度に反映させることや既存の制度の活用につなげること、それらに関する評価の仕組みを構築したうえで、協働して計画性のある支援をすることが体制再構築に優先性のある課題であることが明らかになった。

このように、体制再構築を推進するため、また市町村の実質的な対応力を向上させるためには、先述の問題について国や都道府県と市町村が連携、協働して対応をとるべきと考えられる。翻せば、市町村担当者には手の届かない課題、問題に対して国や都道府県と連携しつつ対策を講じることによって、市町村中心の体制再構築はできるものと考えられた。

次に、市町村を中心とする子ども家庭福祉行政実施体制再構築における配慮すべき点について述べたい。

(2) 市町村を中心とする子ども家庭福祉行政実施体制再構築の配慮点

　本研究では、先述の理念的検討から子どもの特性に配慮し、親の必要性から子どもの成長において多くの人々との関わりが必要であることを明らかにし、市町村を中心とする子ども家庭福祉行政実施体制の再構築の必要性を示した。

　さらに分権を取り巻く現状や課題の検討から、事務移譲の問題は大きな課題であること、他の福祉分野との不整合や子ども家庭福祉の現行体制の限界等の理由からも再構築の必要性があることを示した。

　再構築の必要性を必要性に止めず、実行に移すための課題があることもこれまで述べてきた。それらの市町村の担当者には手の届かない再構築においてネックになっている課題が克服できれば、再構築は現実のものとなると考えられた。

　その中で、市町村を中心とする体制整備においては、市町村中心の体制が子どもや保護者、援助者に身近であることへの配慮の必要性があることが明らかになった。

　本研究でレビューしてきた先行研究において、市町村の相談窓口は敷居が高い、相談しにくいという現実が語られてきたが、まさに本研究のインタビュー調査においても同様の結果が得られた。

　親が相談しにくく相談をしない、できないということは、子どもの利益を損ねることにつながる。一方、援助者である子ども家庭福祉の関係者も地域に住んでおり、その身近さゆえの戸惑いを抱えていることは事実であり、先行研究や筆者の調査からも明らかになっている。

　つまり、この問題の背景には、誰の利益を優先させるのかという問題がある。子ども家庭福祉において最も優先されるべきことは、子どもの利益である。本研究において明らかにしてきた子どもの特性や児童育成責任を踏まえれば、子どもの利益を守る役割を担う子ども家庭福祉の関係者、関係機関である担当者は、毅然とその役割を果たす必要がある。

　しかし、1人の人間である自分と子ども家庭福祉の関係者である自分とは切り離せないことも事実である。子どもや親だけでなく、子ども家庭福祉の担当者らもまた、価値観の大きな衝突の後、同じ地域の中で生活を続けていかなければならない。さらに、子どもや親が転居してしまう自体が起こると、現状では十分な連携体制がとれていない以上、これも子どもの利益を損ねることになるといえる。

　すると、できる限り市町村を中心とする再構築を検討する際には、対立構造は

生活に距離のあるところで作られた方がよいと考えられる。すなわち、基本的な方針の決定は市町村が担っても、インタビュー調査に示された「実働部隊」(例えば強制介入を実行する担当者)は広域的に編成された方がよいということと考えられる。現在の児童相談所の介入はそのようになされているが、基本的な方針の決定も児童相談所が行っている。権限移譲のことを考えると、基本的方針の決定権と措置権を市町村が持ち、高度な専門性が要求される介入のノウハウを蓄積している児童相談所に対して、介入の委託をできる体制が必要とも考えられよう。その際、問題になるのは児童相談所の専門性である。インタビュー調査においても児童相談所の専門性を高めることが先だとの指摘がなされたが、児童相談所は必ずしも専門家集団ではなく、行政職の人も多数いる。職員の心理的サポートや必要な研修を受けられる体制が十分とはいえない中で、困難事例を中心に扱うようになれば、児童相談所の業務は誰もが敬遠するようになり、仕組みとして成り立たなくなる。また、その役割を児童相談所だけが担うのが適切であるかどうかも同時に検討しなければならない。

　このように、市町村を中心とする再構築を検討するということは、同時に都道府県の再構築を検討することでもあるといえよう。このようなことから、誰の利益を最も優先させるべきかということについては、子どもの利益をまず優先させる必要があり、一方でその利益を実際に守る人々に対する配慮と体制整備をすることによって、身近なところで体制を再構築することのデメリットを解消することができると考える。

(3) 実質的な対応力向上のための課題克服とそれを推進する視点と理念の必要性

　今後、市町村における体制再構築を実現することは、質問紙調査結果とインタビュー調査結果の検討等から、市町村の実質的な対応力が向上することによって可能になると結論付けてきた。

　そこで、市町村担当者には手の届かないとされる人材や人員配置さらには財源等、なおかつ都道府県が担うことが望ましい役割に関する課題、問題点は、市町村を中心とする体制再構築の可否を検討する中でネックになっている課題であるといえよう。もちろん、その課題や問題点については国や都道府県が考えればよいということではなく、本研究において明らかにしてきた市町村がどのような背

景から課題に取り組むべきと考えているかを共有したうえで、一方的なやりとりを含めて連携と呼ぶのではなく、まさに第2節2（2）に述べた配慮を検討し、各々の実情を考慮して、協働して克服に向けて取り組む必要があるといえる。

　その際、子ども家庭福祉における固有の視点として筆者が提示してきた子どもの特性にもとづく基盤創造性[1]、子どもの立場から求められる実効性[2]を子ども家庭福祉の関係者によって共有し、協働性[3]と協同性[4]という視点に基づく協働を実現することが重要であると考える。これらの視点は、先に述べたように、子ども家庭福祉特有の理念に基づく制度の実現に対し、社会的合意を得るためにも必要なものであると指摘してきた。体制再構築や課題克服への取組には、多くの財源も人も必要となる。それを実現するためには、社会が納得して合意できる考え方が必ず必要とされる。本研究では、そのための理念、視点についても子どもの立場、特性から検討を深めており、社会福祉学における課題となっていた制度と方法を結ぶ理念の構築に対しても有益な研究になったといえる。とりわけ筆者は、事実と価値を行き来することによって理念や視点を提示してきたことにより、子ども家庭福祉に固有の理念でありつつ、全ての人間に共通する子ども期の特性という普遍性を兼ね備えたものでもあると考えている。

3. 理念、制度、方法からみる子ども家庭福祉行政実施体制再構築の今後の展望

　以下の展望は、先述の第1章に示した4点めの目的を達成したものである。

(1) 子ども家庭福祉の理念的側面から

　これまでの仮説検証やそれにより明らかになったことを踏まえると、子ども家庭福祉の理念的側面から提案できることは以下の点である。

①子どもの特性、立場からの体制再構築の必要性に関する提言

　　まず、社会福祉学における課題である制度と方法をつなぐ理念の必要性を受けて、子ども家庭福祉における制度と方法をつなぐ固有の理念を模索してきた。子どもを取り巻く事実として、子ども期あるいは子ども自身の特性、子どもと社会や大人との関係（子ども観を含む）、子どもの生きる力を支える存在として親がいることについて先行研究をもとにレビューを検討してきた結果、子ども

の特性や権利等に配慮する必要性が明らかになった。さらに、子どもの特性と児童育成責任の観点から、子どもの成長において多くの大人と関わりながら自分自身の根っこを支えてくれる人と出会い、生きていくことができる体制を整備する必要性がある。すなわち、今後の子ども家庭福祉において必要なことは、子どもの生活に身近であり子どもが成長する場所である市町村を中心とする体制再構築である。子どもたちの生活を都道府県が把握するにはあまりにも遠く、非日常的である。なぜ再構築や分権が必要とされるのか、それはこのような検討の中から提言される必要があるだろう。

②子ども家庭福祉固有の理念と視点をもった再構築の実現に関する提言

次に、①に述べた体制再構築のために、子ども家庭福祉における固有の理念としてパレンス・パトリエ、パターナリズム、社会連帯の理念の必要性を明らかにしてきた。さらに、サービス供給主体を含め、社会や大人の観点からではなく子どもの特性を受けて子どもの立場から必要とされる子ども家庭福祉に固有の視点として、基盤創造性、実効性、協働性、協同性という4つの視点の必要性を指摘してきた。

これらの理念や視点は、子どもの立場から、子どもの利益を保障する責任を負っている親、保護者やその他の大人、社会がどのような姿勢で子どもの成長に関わることが必要であるかを示しているともいえるものである。すなわち、市町村を中心とする体制再構築は、子どもの立場や特性に配慮し、実効性のある体制を実現するための理念や視点がなければ成り立たないということである。そして、子どもの特性から検討して必要とされる理念や視点については、子ども家庭福祉の関係者をはじめ、親や保護者、その他の大人、社会に広く合意を求めるために、子どもへの関心を高めるよう何らかの形で訴えることが必要とされる。

また、合意のためにとどまらず、第1章においてレビューしてきたように、価値は行為をガイドするということを踏まえ、子どもの立場にたった体制再構築を目指す原動力とするためにもぜひ実現したいものである。それにより、社会全体で子どもの育ちを支えることができる、すなわち協働して子育てをする仕組みになり、多くの人々と豊かな関わりの中で子どもが成長できる機会を保障できるといえる。

(2) 子ども家庭福祉の制度的側面から
①市町村を中心とする体制再構築の意義に関する提言

　本研究において地方間分権に係る検討をしてきたが、現行の児童相談所を中心とする体制に限界があることや市町村における相談体制の整備が進められていること、子ども家庭福祉だけが分権の問題から遅れていること、一方で子ども家庭福祉の分権が進まない決定的な要因はないことなど、現実的側面、制度的側面から明らかにしてきた。しかし、単なる制度の疲労や他の福祉分野との不整合に対応するばかりの再構築では、子どもの最善の利益につながる真の実効性はもたらされない。

　先述のとおり、子どもの生活の場である市町村を中心とする体制再構築は、子どもが多くの人間と出会い、豊かに育まれ、生きる支えとなる人間関係や基盤をつくることができるための基礎をもたらすことが最も重要な目的であり、意義である。そのことは理念的、制度的側面や調査分析結果の検討からも明らかになり、再体制構築の必要性を後押しするものとして指摘しておきたい。

②体制再構築に向けた市町村の課題に関する提言

　これまで提言してきた子ども家庭福祉の体制再構築は、理念的にも、制度的にも、さらには子ども家庭福祉の担当者の実感としても意義があり必要であることが明らかになった。

　しかしながら、市町村の担当者には手の届かない種々の課題があり、体制再構築には市町村がそもそも抱えてきた課題と協議会のために抱えている課題の2側面に対応する必要性を指摘してきた。

　市町村は、単に子ども家庭福祉の経験がなく人材がいないために再構築ができないのではない。市町村における体制整備には、市町村の努力によって達成できる課題と市町村の力を超えた課題がある。したがって、市町村だけが体制再構築のために少ない財源や人材で尽力するには限界があり、それを続けていけば必ずどこかにひずみが出る。すでに、市町村の子ども家庭福祉担当者の中には、市町村の力でどうにもならない課題に対する葛藤が生まれている。再構築には、この点に対する配慮が必要である。

　市町村を中心とする体制再構築にあたっては、様々な課題に対応できる実質的な対応力が必要であり、それは人口規模の大小やそれに伴う社会資源のばらつきで決定づけられるものではなく、むしろ協議会型援助において多様な関係

機関、担当者が関わって、繰り返し繰り返し子どもの利益を検討する中でこそ、培われるものであることも明らかになった。しかし、様々な課題が山積している現状でそれのみに期待することには、当然ながら限界がある。先の市町村には手の届かない課題に対する配慮とともに、次の課題に対する対応が必要である。

すなわち、子ども家庭福祉に必要な人材と人員の確保、人材を活用する異動等の仕組み、児童相談所や地域との連携のあり方、力量の向上やそれに伴う研修体制の確立、組織的対応の必要性と柔軟性、人口規模への配慮、評価や効果的援助のためのスーパーバイザーの確保、児童相談所との協働によるノウハウの獲得、それに伴う財源の確保等に対応する必要がある。この中には、市町村の力を超える課題も多数あるため、市町村の現状をふまえ、都道府県と国との協働が必要とされる。

国と地方(主に都道府県)の役割分担については次のように考える。国は、子ども家庭福祉そのもののあり方や方向性を検討し、基本となる仕組みづくりをし、それらについて都道府県や市町村に対する周知や助言をしており、都道府県は市町村に対する種々の後方支援と介入的で専門的な援助体制を構築している。特に都道府県は、市町村の代弁者でもあり、地方行政の当事者であり多くのジレンマがあるといえる。特に児童相談所を取り巻く人材の量的・質的確保や市町村の後方支援等のジレンマは、各県共通した課題であることも多い。そのような板ばさみの中で都道府県には提案力が求められ、さらに予測的観点からのエビデンスに基づく政策形成力とそれに対する財源確保等に関する要求力がいかに発揮できるかが重要である。しかしながら、そのような力は格差があり困難であるといえよう。

なお、国と都道府県の協働のみならず、当然具体的な援助場面においても、同じように協働が必要と考える。これまで、分野や機関、専門職ごとに縦割り的役割分担をもとに支援を展開してきたことは否めない。しかし、今後は、協働的役割分担へ転換していく必要がある。その際、筆者の提示した4点の子ども家庭福祉に固有の視点を考慮することが不可欠である。協働については、これまで役割分担をいかにするか、連携をいかにするかが大きな課題として取り上げられてきたように思われるが、役割分担をすると、担当になった機関や担当者のみがその役割を負うこととなり、それ以外の機関や関係者は必ずしも同

等の意識をもって対応できるとは限らない。つまり、役割分担は特定の機関や担当者にお任せ状態を作り出してしまう側面も併せもっているといえる。したがって、筆者が提案してきた4つの視点を基盤としつつ、情報や熱意を共有しながら、キーパーソンを決めつつも、どの機関の担当者も常に援助に加わっている意識を継続すること、必要な時が来ればサポートするという状況が常に必要であるといえる。これは協働的役割分担であって、単なる役割分担ではないことに留意したい。今後は、市町村の体制再構築に向け、役割分担と協働の意味合いを説明する必要があると考える。

③身近な市町村における体制再構築における配慮に関する提言

　市町村を中心とする体制再構築においては、市町村で担うことが適切なものと、都道府県において広域的に扱う方が適切な課題があることを検討する必要性を明らかにした。つまり、これまで疑問が投げかけられてきた市町村と都道府県の適切な役割分担に対する一定の見解である。

　広域的対応を要する課題としては、啓発や財源確保等の課題、困難な事例の相談援助等、場合によっては都道府県が担うことが望ましいと考えられている事項が散見された。翻せばそれ以外は市町村が担うことができるとも考えられた。このような広域的対応が必要とされる背景には、以下のことに配慮する必要性がある。

　市町村は身近すぎて敷居が高い、その結果、親が相談しにくく相談をしない、できないということは、子どもの利益を損ねることにつながる。一方、援助者である子ども家庭福祉の関係者も地域に住んでおり、その身近さゆえの戸惑いを抱えていることは事実である。しかしながら、子ども家庭福祉において最も優先されるべきことは子どもの利益である。できる限り市町村を中心とする再構築を検討する際には、生活に近いことに対する配慮として、対立構造は生活に距離のあるところで作られた方がよいと考えられる。

　すなわち、基本的な方針の決定は市町村が担っても、強制介入等を実行する担当者は広域的に編成された方がよいといえる。今後の権限移譲のことを考えると、基本的方針の決定権と措置権を市町村が持ち、高度な専門性が要求される介入のノウハウを蓄積している児童相談所に対して、介入の委託をできる体制が必要と考えられる。この点は、柏女ら（柏女、佐藤、澁谷ほか2006）による児童福祉法改正要綱試案において、市町村を中心とする一元的実施体制に言及し

ており、あわせて規模の小さな市町村への配慮として立入調査権限や、職権保護等に関する事務等を児童相談所に当分の間委託することができるとしている。市町村の体制再構築にはこのような配慮が必要である。

その際、問題になるのは児童相談所の専門性である。調査から児童相談所の専門性を高める必要性が指摘されたが、児童相談所は必ずしも専門家集団ではなく、行政職の人も多数いる。職員の心理的サポートや必要な研修を受けられる体制が十分とはいえない中で、困難事例を中心に扱うようになれば、児童相談所の業務は誰もが敬遠するようになり、仕組みとして成り立たなくなる。また、その役割を児童相談所だけが担うのが適切であるかどうかも同時に検討しなければならない。

このように、市町村における体制再構築において子どもの利益をまず優先させるためには、その利益を実際に守る人々に対する配慮と体制整備が必要である。

④制度や体制の充実と家庭の力、地域の力の向上の必要性に関する提言

上述のような制度的充実のみならず、そもそも子どもを育てる役割を負っている親や保護者の家庭の力、子どもの育ちの過程に直接、間接に関わっている地域の力を支え向上することも必要とされている。市町村における体制再構築は、子どもが様々な人々と関わって豊かに育つことができる必要性を含んでいるため、制度的充実のみでは本研究において提示してきた実効性にはつながらない。

つまり、子ども家庭福祉における再構築においては、フォーマル、インフォーマル両面の充実が実現することによって、本研究が提示してきた子どもの立場に配慮した実効性につながるといえる。

市町村における体制は希薄化しているインフォーマルなつながりを創出し牽引する役割を負っているが、その目的は協働性や協同性の視点から、肩代わりではないことが重要である。市町村の役割は、親や保護者と共に子どもの立場や特性に配慮して子どもが必要とする基盤を育てていくことができるよう、サポートすることである。そのような視点から、家庭の力や地域の力を向上させるための関わりが必要といえる。

しかしながら、その関わりが示すものは、具体的にプログラムを組んで行うものばかりではなく、ほんの些細な場面で子どもにとっての親の必要性をそっと

伝えるということも含まれるといえる。この点は、本研究の調査分析結果にも示された子ども家庭福祉に関わる担当者の意識や力量の向上によって可能になる部分があるとともに、そのようなきっかけができるだけの細やかな体制、つながりづくりが必須といえる。

(3)子ども家庭福祉の方法的側面から
① 子どもの特性に配慮するための援助技術の必要性に関する提言

　本研究において述べてきたとおり、子どもは単に未熟で弱く受動的な存在であるだけでない。人間として育つ力と能動性、権利を有している。子どもは受動性や受動的権利を十分に受け止め満たされることによって、能動性や能動的権利を保障される。

　しかし、子どもは大人と比べて身体的、心理的、社会的な側面における脆弱性があるため、受動性や受動的権利を十分に保障するためには、子どもの力に寄り添い子どもの発達する力や考える力、生きる力等についてエンパワメントをすることが必要となる。また、それは子ども本人の力を強めることが目的であるだけでなく、利用者参加の原則にもとづいて様々な福祉法制度の整備や作成、改善過程等や計画の立案過程等に参加できるようにするための情報へのアクセスや意見表明の機会を保障するシステム整備、支援方法の確立等が不可欠であるとされている（久田2001:275）。

　それと同時に、非主張者である子どもは言葉による表現が未熟であるという点や、後に述べるように「子どもの幸せは常に大人の掌の中にある」という点、子どもの能動的権利としての意見表明権の保障という点からも、子どもの特性と権利を十分に考慮したエンパワメントとアドボカシーが欠かせない。

　さらに、子ども家庭福祉においては、子どもに関する様々な決定について子ども本人が直接関われない場面が少なからず起こる。そのために、子どもの意向を十分に傾聴することとともに、なぜそのような決定に至ったのかについて、子どもの成長発達の状況や理解力、周囲のサポートの状況に応じて、アカウンタビリティを果たす必要がある。これは、専門職のみならず、子どもに関わる大人の基本的態度といってもよい。

　その他、要保護性の高い子どもに対しては、親との関係やニーズに配慮した方法による援助とすることが求められる。本研究においては必ずしも十分な検

討はできなかったが、子どもの特性から、たとえば上記のような援助技術が求められるといえる。

②子どもの育ちを支えるためのつながりに関する提言

　本研究では、市町村が協議会型援助というフォーマルなネットワークをもって対応力を高めていくことにより、体制再構築を実現できるか否かを検討してきた。

　子どもは多くの人々と関わって成長することが必要であり、その中から自分を支えてくれる基盤となる関係を作り出していくために、身近な市町村における体制再構築に必要である。

　身近な市町村では、「一緒に」という協働性や協同性の視点に基づく方法が取れる可能性がある。人間関係が小さく狭く希薄化した分、孤立化しやすく孤独に陥りやすくなった。制度やサービスを媒介としたフォーマルなつながりから、人と人とが結びつくインフォーマルなつながりをつむいでいく必要がある。そのために、子ども家庭福祉においては協議会型援助というフォーマルなつながりの整備を必要としている。そのための課題に対応するためには、市町村だけではできないこともあり、国や都道府県との協働も必要である。

　このように、子ども家庭福祉の体制再構築は、子どもを中心に、制度、サービスの整備と家庭や地域の力がセットになっている。そして、子ども家庭福祉の理念はそれらすべてを照らす光の役割を負っている。子どもの成長という道のりの途中で、時々立ち止まって、時々振り返る子どもを励ましたり、思いを聞いたり、それを子どもに代わって他の人々に伝えたりすることは、子ども家庭福祉に必要とされる子どもの特性に配慮した援助方法の必要性を示している。そして、その道のりを安心して歩いて、見守って、という当たり前の営みができるようにすることが、子どもと家庭に身近な市町村を中心とする子ども家庭福祉の再構築の意義である。

　そして、子ども家庭福祉の体制再構築と同時に、家庭の力や地域の力にも目を向ける必要がある。制度やサービス、体制が整っても、それが全てを肩代わりできるわけではない。制度やサービスは人間ではない。本研究において述べてきたように、子どもには親が必要である。それは生身の人間であるから意味がある。子どものために制度やサービスを有効に使ってほしいと願うが、それを使うのは人

間である。何のためにサービスを求めるのか、支援を必要とするのかについて考える必要がある。しかし、それは放っておいて自然に考えられるようなことではない。関係機関や担当者につながった時に、子どもやその親、保護者と一緒に考えることも必要といえる。

これまで述べてきたことが、本研究を通して筆者が展望する市町村を中心とする子ども家庭福祉行政実施体制再構築に必要と考えられる事項である。本研究の目的は概ね達成できたといってよい。

―― 第3節 ――
本研究の限界と残された課題

本研究における限界と残された課題は4点ある。

1. 子ども期に必要とされる援助技術の整理と方法の検討

本研究においては、社会福祉学そのものにおいて課題とされている制度と援助方法をつなぐ理念を見出すということ、ならびに社会福祉の円環的前進をめざす理念、制度、方法に着目して、制度的側面に偏らないよう、それぞれに留意して研究を進めてきた。

しかしながら、理念的検討において子どもの特性やリジリエンスという力から、エンパワメントやアドボカシー、アカウンタビリティの必要性について検討するにとどまり、子ども期に必要とされる援助技術を整理するには至らなかった。このことは、柏女の円環的前進が示すうちの「方法」の部分に関する検討が十分にできていないという意味でも、今後の課題としたい。

2. 協議会型援助における支援の展開過程の整理

　次に、協議会型援助については、ネットワークそのものがもつ特性や力についてレビューし協議会型援助の有用性を検討するにとどまり、協議会型援助そのものがどのような道筋と技術を伴って支援を展開するのかといったフローを提示することはできなかった。

3. 市町村における実質的な対応力に関する他の要因の検討

　さらに、本研究における質問紙調査とインタビュー調査により市町村を中心とする体制再構築の必要性とそれを実現させるための要因や課題を検討してきたが、実質的な対応力の向上が再構築を実現させるために必要であることを述べてきた。本研究では、課題克服数の多さを実質的な対応力の向上とし、その他に個別ケース検討会議の開催頻度が考えられるとしたが、市町村の実質的な対応力の向上に寄与する要因が他にあるかどうかについての検討をする必要があるといえる。

4. 行政学における分権の検討

　本研究は、社会福祉学の研究として、社会福祉学の課題や子ども家庭福祉における理念、制度、方法の検討を踏まえて子ども家庭福祉の体制再構築について述べてきた。そのため、行政学において大きなテーマになっている市町村合併や財源論については、十分に触れて検討することは困難であった。しかし、行政学の代表的研究者らによる研究等から、地方分権の目的や課題、市町村合併を必要とした背景や事務移譲の検討が進まなかった理由等についてレビューをしたことから、一定程度の現状把握はできた。今後も子ども家庭福祉における体制再構築の研究を進めていくにあたって、行政学においてどのような検討がなされているかを把握し、社会福祉学における理念や視点からそれらを検討し直すことが必要であるといえる。

　このほか、原典にあたった原理論の検討や諸外国の実施体制への言及が不十分であることも課題と認識するが、それらのみに関する研究でなく総合的に言及す

るという研究の設計上、やむをえない部分もあったと考える。上述の4点とそのほかの課題は、本研究における限界と今後の課題であり、また今後の研究を進めるうえで留意すべき点として、本研究をさらに発展させるためにも取り組むべき課題である。筆者がこだわる「実効性」のある体制再構築に向けて、研究を続けていきたい。

■註
1)「基盤創造性」とは、「子どもの特性をふまえ、もともとの生活の場と人間関係を基本として、専門的、非専門的な関わりを含む豊かなつながりのなかで成長し、自立への基盤を養うことができること。」を意味する視点である。
2)「実効性」とは、「子どもの最善の利益を考慮して必要なサービスを届けた結果、子どもが自立への基盤を得ることができたかどうか」を意味する視点である。
3)「協働性」とは、「子どもが自立への基盤をつくることができるよう、インフォーマル、フォーマル問わずつながりに配慮しつつ、子どものニーズに応えるために求められる力を関係者、機関により動員し駆使すること」を意味する視点である。
4)「協同性」とは、「子どもの特性や権利等に求められる配慮や子どもの育つ力をもとに、様々な人々との関わりの中で子どもが基盤をつくることができるよう、その育ちに関わるすべての者が思いを同じくして子どもを大切に育んでいくこと」を意味する視点である。

■文献
柏女霊峰、佐藤まゆみ、澁谷昌史(2006)「児童家庭福祉制度体系の再構築に関する研究(3)児童家庭福祉制度再構築のための児童福祉法改正要綱試案(最終版)」『日本子ども家庭総合研究所紀要』42, 日本子ども家庭総合研究所, 51-69.
久田則夫「第8章 社会福祉援助活動をめぐる動向 第4節社会福祉援助活動とエンパワメント」『新版・社会福祉学習双書』編集員会編(2001)『社会福祉援助技術論』全国社会福祉協議会, 275-278.
小田兼三、杉本敏夫、久田則夫編(1999)『エンパワメント 実践の理論と技法』中央法規.

資料1 第5章　インタビュー調査項目

平成18年「子ども家庭福祉における協議会型援助と子ども家庭福祉行政実施体制の地方間分権のあり方に関する研究～要保護児童対策地域協議会の活用のために～」インタビュー調査

質問項目に出てくる児童虐待防止市町村ネットワークは「ネットワーク」、要保護児童対策地域協議会は「協議会」と記述しています。事前に質問項目にお目通しいただき、1時間程度を目安にお話いただけますと幸いです。

= インタビュー質問項目 =

1. ネットワーク・協議会を活用するようになって、どのような課題に対応できるようになりましたか。また、ネットワーク・協議会の活用により先の課題に対応できるようになって、どのようなことを実感されましたか。

2. ネットワーク・協議会で課題に対応できるようになるまでに、どのような工夫をされ、どのような事柄に必要性を感じていらっしゃいましたか。特に、この課題には苦労した、今でも苦労しているということがありましたらお聞かせください。

3. ネットワーク・協議会がもたらした効果についてお聞きします。
    ①ネットワーク・協議会のメリット、デメリットをお聞かせください。
    ②ネットワーク・協議会のもつ力について実感したことをお聞かせください。
    ③ネットワーク・協議会だけでできないこと（困っていること）、扱いにくい児童や家庭の問題についてお聞かせください。

4. どのような条件が整うことで、よりネットワーク・協議会が活用される、機能するようになるとお考えになりますか。また、何を必要としているかについてもあわせてお聞かせください。

5. 今のネットワーク・協議会では、虐待をはじめとしてどのような種別の相談に対応することができるかお聞かせください。また、「要保護児童」という時、虐待、非行、障害児、社会的養護、不登校児童などが含まれてきますが、今後どのような種別への対応が課題となりそうですか。その理由や必要な体制についてもあわせてお聞かせください。

6. 次に挙げる6つの事柄について、それらひとつひとつを為すために何が必要とお考えになりますか。
    ①児童相談所等による子ども家庭福祉行政の実施に関するノウハウの指導を受ける機会を確保できること
    ②子ども家庭福祉関係の専門職をより効果的に活用できること
    ③専門職が少なくても援助活動を工夫でき、子どもと家庭に最善の方策を見出せること
    ④行政の子ども家庭福祉関係者の人事異動があっても、他の関係者がケースの情報を共有できること
    ⑤子ども家庭福祉行政のサービスを効率的に実施するため、近隣の自治体と協力する等、広域的対応ができること
    ⑥市区町村における子ども家庭福祉行政を効果的に行い、最も適切なサービスを届けられる等、実効性をもたせることができること

7. 平成16年の改正児童福祉法によって、市町村を中心に子ども家庭福祉を担う方向性が示されていますが、このことについてどのようにお考えになりますか。

8. 今後の都道府県と市区町村との役割分担についてのお考えをお聞かせください。

質問項目は以上です。お手数をおかけいたしますが、どうぞよろしくお願いいたします。

資料2 第6章　質問紙調査票

市区町村を中心とする子ども家庭福祉行政実施体制の再構築とその課題に関する調査

ご記入にあたってのお願い

1. 本調査でいう「子ども家庭福祉行政」は、虐待や非行、障害児、健全育成、保育、子育て支援等、幅広く捉えております。要保護児童の福祉には限定していないことを申し添えさせていただきます。
2. <u>本調査は、子ども家庭福祉行政実施体制に詳しい方にご回答いただきたく存じます。ご高配賜れますと幸いです。</u>
3. <u>言葉の説明をしているところがございますので、</u>よくご確認いただき、ご回答くださいますようお願いいたします。
4. 「その他」などご意見をうかがう設問につきましては、お手数ですができるだけ具体的にご記入ください。
5. お忙しいところ誠に恐縮ですが、ご返送は同封の封筒（切手を貼ってあります）をお使いいただき、○月○日（○）までに、お願いいたします。恐れ入りますが、封筒に入れていただく際には三つ折りにしてくださいますよう、重ねてお願いいたします。
6. 調査票の1枚めには、集計の都合上、番号を記してあります。その番号は消さずにご返送くださいますよう、ご協力よろしくお願いいたします。
7. 本調査に関するお問い合わせ、ご質問はお手数ですが下記のメールアドレスまでお願いいたします。
　　〒○○○-○○○○　○○○○○○○
　　○○○○　○○○○　○○○○○○○
　　メールアドレス ○○○○＠○○○○○○○

Ⅰ．貴自治体の概要についておうかがいします。

問1　都道府県名を回答欄にご記入ください。
〔　　　　　　　　　　　〕

問2　市区町村名を回答欄にご記入ください。
〔　　　　　　　　　　　〕

問3　人口（平成20年4月1日現在）について、あてはまるものを<u>1つだけ</u>選び、番号に○をつけてください。

1. 1万人未満
2. 1万人以上5万人未満
3. 5万人以上10万人未満
4. 10万人以上30万人未満
5. 30万人以上

問4　児童人口（18歳未満人口、平成20年4月1日現在）について、あてはまるものを<u>1つだけ</u>選び、番号に○をつけてください。

1. 10%未満
2. 10%以上15%未満
3. 15%以上20%未満
4. 20%以上25%未満
5. 25%以上

Ⅱ．貴市区町村において設置されている要保護児童対策地域協議会（以下協議会）についておうかがいします。

問5　貴市区町村の協議会の設置形態について、あてはまるものを<u>1つだけ</u>選び、番号に○をおつけください。その他の場合は空欄に状況をお書きください。

1. 市区町村での単独設置
2. 他の市区町村と広域での設置
3. その他

問6　貴市区町村の協議会の正式名称をお聞かせください。
〔　　　　　　　　　　　　　　　　　　　　　　　　　　　　　〕

問7　貴市区町村の協議会の設置年月をご記入ください。

　　　【設置年月】　平成　　　年　　　月

問8　協議会設置の前に、児童虐待防止市町村ネットワークはありましたか。あてはまる番号に○をおつけください。

1. あり　　2. なし

問9　問8で「1.あり」と答えた方へおうかがいします。児童虐待防止市町村ネットワークの設置年月をご記入ください。

　　　【設置年月】平成　　　年　　　月

問10　貴市区町村の協議会の調整機関を担っているのはどこですか。あてはまるものを1つだけ選び、番号に○をつけてください。

1. 子ども家庭福祉主管課
2. 母子保健主管課
3. 統合課（児童福祉が主担当）
4. 統合課（母子保健が主担当）
5. 統合課（児童福祉・母子保健両方が担当）
6. 障害福祉主管課
7. 児童相談所
8. 教育委員会
9. 福祉事務所
10. 家庭児童相談室
11. 保健センター
12. 保健所
13. 法務局
14. 警察署
15. その他〔　　　　　　　　　　〕
16. 特定していない

問11　貴市区町村の協議会の会議の開催頻度についておうかがいします。その際、前年度の実績でお答えください。(1)から(3)のうち開催している会議について、1～7までの選択肢のうち最もあてはまるものを<u>1つだけ</u>選び、番号に○をつけてください。

	開催していない	おおむね年1回	おおむね年3回	おおむね隔月1回	おおむね月1回	おおむね週1回	おおむね週2回以上
(1) 代表者会議	1	2	3	4	5	6	7
(2) 実務者会議	1	2	3	4	5	6	7
(3) 個別ケース検討会議	1	2	3	4	5	6	7

問12 協議会の設置によるメリット、効果等についておうかがいします。協議会を設置したことよって、得られたメリットや効果、以前に比べ改善された点について、あてはまるものをすべて選び、番号に○をつけてください。

1. 関係機関間の情報提供・収集共有がしやすくなった
2. 関係機関相互の信頼感が高まった
3. 役割分担により一機関の業務負担が軽減された
4. 対応の迅速化が図られた
5. 児童虐待に関する理解・認識・関心が高まった
6. 地域の子育てサービス資源の必要性の検討につながった
7. 担当者の精神的負担感やストレスが軽減された
8. 役割分担が明確になった
9. 業務の押し付け合いが減った
10. その他
    [   ]

問13 協議会における責任の明確化についておうかがいします。協議会の調整機関とは別に、それぞれの援助事例に応じて責任の所在が明確になるよう工夫されていますか。最もあてはまるものを1つだけ選んで、番号に○をつけてください。

1. すべての事例について、責任をもつ機関や部署を決めている
2. 一部の事例(例えば困難事例等)について、責任をもつ機関や部署を決めている
3. 特に決めていない

Ⅲ．今後の子ども家庭福祉行政の実施体制および市区町村における課題についておうかがいします。

問14 次の各分野の福祉サービスを市区町村が主体※となって実施することについて、どのようにお考えですか。(1)から(5)までの項目について、それぞれ1～4の中からあてはまるものを1つだけ選んで、番号に○をおつけください。

※本調査で「市区町村が主体」というのは、相談から見守り、措置権や介入に至る全てを市区町村で担当するということを意図したものではなく、以下のそれぞれの分野について、「市区町村と都道府県とが適切に役割分担をしながら、まず一次的に身近な市区町村で相談や支援に対応できる体制を整えること」と考えます。

項目	適当である	どちらかといえば適当	どちらかといえば適当ではない	適当ではない
(1)障害児童福祉行政について市区町村で実施	1	2	3	4
(2)ひとり親家庭福祉行政について市区町村で実施	1	2	3	4
(3)要養護・非行・情緒障害児童福祉行政について市区町村で実施	1	2	3	4
(4)在宅福祉サービスについて市区町村で実施	1	2	3	4
(5)すべての子ども家庭福祉行政について市区町村で実施	1	2	3	4

注
(4)の「在宅福祉サービス」については、障害児の在宅福祉サービスだけに限らず、例えば、今要保護児童が施設から戻ってきた後のフォローなど、在宅で生活する子どもやその家族への支援と広く捉えております。
(5)の「子ども家庭福祉行政」については、子育て支援や保育、子ども虐待、非行、障害児、ひとり親家庭、健全育成等、幅広く捉えております。

問15 以下の(1)から(6)までの項目は、「市区町村において第一次的に子ども家庭福祉に対応できる体制を整えるため、対応することが必要と考えられる課題」です。あなたの自治体において、以下の課題に対応できますか。選択肢のうち最もあてはまるものを1つだけ選び、番号に○をつけてください。

項目	できる	ややできる	ややできない	できない
(1)児相との協働によるノウハウ伝達など自治体の対応力向上のための取り組みをすること	1	2	3	4
(2)子ども家庭福祉関係の専門職をより効果的に活用するための取り組みをすること	1	2	3	4
(3)援助活動を工夫し子どもと家庭に最善の方策を見出すための取り組みをすること	1	2	3	4
(4)支援の連続性を考慮した援助活動が可能となるための取り組みをすること	1	2	3	4
(5)市区町村で支えるか広域で支えるかを判断し援助するための取り組みをすること	1	2	3	4
(6)効果的で実効性のある援助をするための取り組みをすること	1	2	3	4
(7)その他〔　　　　　　　　　　　　　〕	1	2	3	4

注
(6)の「実効性」については、「子どもの最善の利益のために、子ども本人やその家族、関係機関に働きかけることができること、さらに、本当に支援を必要としている子どもや家族に、必要な支援を届けること」を意味しています。

問16 以下の(1)から(6)までの項目は、「市区町村において第一次的に子ども家庭福祉に対応できる体制を整えるため、対応することが必要と考えられる課題」です。あなたの自治体において、以下の課題それぞれの重要度について、選択肢のうち最もあてはまるものを1つだけ選び、番号に○をつけてください。

※「市区町村で第一次的に」というのは、相談から見守り、措置権や介入に至る全てを市区町村で担当するということを意図したものではないことを申し添えさせていただきます。

項目	重要である	やや重要である	やや重要でない	重要でない
(1)児相との協働によるノウハウ伝達など自治体の対応力向上のための取り組みをすること	1	2	3	4
(2)子ども家庭福祉関係の専門職をより効果的に活用するための取り組みをすること	1	2	3	4
(3)援助活動を工夫し子どもと家庭に最善の方策を見出すための取り組みをすること	1	2	3	4
(4)支援の連続性を考慮した援助活動が可能となるための取り組みをすること	1	2	3	4
(5)市区町村で支えるか広域で支えるかを判断し援助するための取り組みをすること	1	2	3	4
(6)効果的で実効性のある援助をするための取り組みをすること	1	2	3	4
(7)その他〔　　　　　　　　　　　　　〕	1	2	3	4

注
(6)の「実効性」については、「子どもの最善の利益のために、子ども本人やその家族、関係機関に働きかけることができること、さらに、本当に支援を必要としている子どもや家族に、必要な支援を届けること」を意味しています。

問17 問17-1～6までの項目は、「市区町村において第一次的に子ども家庭福祉に対応できる体制を整えるため、対応することが必要と考えられる課題」として、市町村のご担当者に対するインタビューによって明らかになったものです。問17-1～6は、問16-1～6にそれぞれ対応しております。あなたの自治体において、以下のそれぞれの課題に対応できますか。選択肢のうち最もあてはまるものを1つだけ選び、番号に○をつけてください。

問17-1 以下のそれぞれの課題について、1～4の選択肢の中から最もあてはまるものを1つだけ選び、番号に○をつけてください。

項目	できる	ややできる	ややできない	できない
(1)風通しの良い仕組みとして協議会の会議を活用すること	1	2	3	4
(2)児童相談所からのノウハウ伝達の方法(講習会や研修会、モデル事業等)をもつこと	1	2	3	4
(3)児童相談所との協働によってノウハウの伝達を受けること	1	2	3	4
(4)自治体の対応力の向上に対する積極的な意識をもつこと	1	2	3	4
(5)自治体の対応力の向上に関する取り組みをすること(顔が見える関係を作ること等)	1	2	3	4

問17-2 以下のそれぞれの課題について、1～4の選択肢の中から最もあてはまるものを1つだけ選び、番号に○をつけてください。

項目	できる	ややできる	ややできない	できない
(1)兼務体制の限界を考慮し、専門分野を理解した人材配置をすること	1	2	3	4
(2)専門職採用とその質の向上のための研修をセットで実施すること	1	2	3	4
(3)他職種、専門職の柔軟な人事異動システムとすること	1	2	3	4
(4)行政職のキャリアがある人の手腕を活用すること	1	2	3	4
(5)協議会のコーディネーターの力量を向上させること	1	2	3	4
(6)専門職の効果的活用を視野に入れ、専門職に関する理解や認識を促すこと	1	2	3	4
(7)専門職等が理解し合い、活用し合う方策として協議会を活用すること	1	2	3	4

問17-3 以下のそれぞれの課題について、1～4の選択肢の中から最もあてはまるものを1つだけ選び、番号に○をつけてください。

項目	できる	ややできる	ややできない	できない
(1)協議会を最善の方策やより良い方策を検討できる横断的組織とすること	1	2	3	4
(2)最善の方策を生み出す意識とそれができる環境や体制を整えること	1	2	3	4
(3)ケース管理等に付随する必要な政策を提案すること	1	2	3	4
(4)校区ごとのネットワーク等、地域の中に小さなネットワークを作ること	1	2	3	4
(5)意識共有の場、機会を活かすことやマニュアル等をもつこと	1	2	3	4
(6)人事異動があっても安定的な体制が とれる仕組みをつくること	1	2	3	4
(7)専門の相談員と知識のある役場職員が役割分担をすること	1	2	3	4
(8)専門職が少なかったり、専門職でなくともできる工夫をすること	1	2	3	4
(9)専門職がいることによる良さが実感できること	1	2	3	4
(10)地域に人材を見出し育てること	1	2	3	4

問17-4 以下のそれぞれの課題について、1～4の選択肢の中から最もあてはまるものを1つだけ選び、番号に○をつけてください。

項目	できる	ややできる	ややできない	できない
(1)係内に複数の担当者を配置すること	1	2	3	4
(2)ケースの連続性のために事務局が機能すること	1	2	3	4
(3)人が代わっても引継ぎ共有できる記録と進行管理の仕組みをもつこと	1	2	3	4
(4)組織として情熱や熱意を継続すること	1	2	3	4
(5)専門職と行政職の問題意識を行政の責任で形にすること	1	2	3	4
(6)円滑な支援体制のための啓発や定期的な連絡会等をもつこと	1	2	3	4
(7)組織的対応の流れをつくること	1	2	3	4
(8)自治体の特性による独自の効率性を模索すること	1	2	3	4
(9)広域的対応を要する事項の整理と対応の仕方の整理をすること	1	2	3	4

問17-5　以下のそれぞれの課題について、1～4の選択肢の中から最もあてはまるものを1つだけ選び、番号に○をつけてください。

項目	できる	ややできる	ややできない	できない
(1)転入、転出ケースのためのネットワーク同士のつなぎをすること	1	2	3	4
(2)市区町村間における温度差やばらつきに対応する啓発をすること	1	2	3	4
(3)広域で連携して扱えるケース、扱えないケースの選別をすること	1	2	3	4
(4)契約等、新しいサービス利用の仕組みを視野に入れ、広域ケースのネットワークへのつなぎを模索すること	1	2	3	4
(5)区町村に資源やノウハウが少ない事項は何かを検討すること	1	2	3	4
(6)広域でうまくいく、メリットのある事項は何かを検討すること	1	2	3	4
(7)市区町村内に校区等のネットワークを重層的に構築すること	1	2	3	4

問17-6　以下のそれぞれの課題について、1～4の選択肢の中から最もあてはまるものを1つだけ選び、番号に○をつけてください。

項目	できる	ややできる	ややできない	できない
(1)時代に即した制度の評価、点検の仕組みを整えること	1	2	3	4
(2)現場や市民の現状をまとめ分析する力量と制度に活かす体制を整えること	1	2	3	4
(3)各々が専門機能を発揮できる人事体制とすること	1	2	3	4
(4)協働により計画性のある支援をすること	1	2	3	4
(5)要保護ケースにサービスを届けるための力量をつけること	1	2	3	4
(6)支援に活かすためのサービスや制度を把握すること	1	2	3	4
(7)家庭の力を育てること	1	2	3	4

問18　市区町村における以下の課題の重要性についておうかがいします。以下の問18-1～6の課題について、それぞれお答えください。

問18-1　以下の1～5の選択肢の中から**重要**とお考えになる課題を3つ選び、番号に○をつけてください。

1. 風通しの良い仕組みとして協議会の会議を活用すること
2. 児童相談所からのノウハウ伝達の方法(講習会や研修会、モデル事業等)をもつこと
3. 児童相談所との協働によってノウハウの伝達を受けること
4. 自治体の対応力の向上に対する積極的な意識をもつこと
5. 自治体の対応力の向上に関する取り組みをすること(顔が見える関係を作ること等)

問18-2　以下の1～7の選択肢の中から**重要**とお考えになる課題を3つ選び、番号に○をつけてください。

1. 兼務体制の限界を考慮し、専門分野を理解した人材配置をすること
2. 専門職採用とその質の向上のための研修をセットで実施すること
3. 他職種、専門職の柔軟な人事異動システムとすること
4. 行政職のキャリアがある人の手腕を活用すること
5. 協議会のコーディネーターの力量を向上させること
6. 専門職の効果的活用を視野に入れ、専門職に関する理解や認識を促すこと
7. 専門職等が理解し合い、活用し合う方策として協議会を活用すること

問18-3　以下の1～10の選択肢の中から**重要**とお考えになる課題を3つ選び、番号に○をつけてください。

1. 協議会を最善の方策やより良い方策を検討できる横断的組織とすること
2. 最善の方法を生み出す意識とそれができる環境や体制を整えること
3. ケース管理等に付随する必要な政策を提案すること
4. 校区ごとのネットワーク等、地域の中に小さなネットワークを作ること
5. 意識共有の場、機会を活かすことやマニュアル等をもつこと
6. 人事異動があっても安定的な体制がとれる仕組みをつくること
7. 専門の相談員と知識のある役場職員が役割分担をすること
8. 専門職が少なかったり、専門職でなくともできる工夫をすること
9. 専門職がいることによる良さが実感できること
10. 地域に人材を見出し育てること

問18-4　以下の1～9の選択肢の中から**重要**とお考えになる課題を3つ選び、番号に○をつけてください。

1. 係内に複数の担当者を配置すること
2. ケースの連続性のために事務局が機能すること
3. 人が代わっても引継ぎ共有できる記録と進行管理の仕組みをもつこと
4. 組織として情熱や熱意を継続すること
5. 専門職と行政職の問題意識を行政の責任で形にすること
6. 円滑な支援体制のための啓発や定期的な連絡会等をもつこと
7. 組織的対応の流れをつくること
8. 自治体の特性による独自の効率性を模索すること
9. 広域的対応を要する事項の整理と対応の仕方の整理をすること

問18-5　以下の1～7の選択肢の中から重要とお考えになる課題を3つ選び、番号に○をつけてください。

1. 転入、転出ケースのためのネットワーク同士のつなぎをすること
2. 市区町村間における温度差やばらつきに対応する啓発をすること
3. 広域で連携して扱えるケース、扱えないケースの選別をすること
4. 契約等、新しいサービス利用の仕組みを視野に入れ、広域ケースのネットワークへのつなぎ方を模索すること
5. 市区町村に資源やノウハウが少ない事項は何かを検討すること
6. 広域でうまくいく、メリットのある事項は何かを検討すること
7. 市区町村内に校区等のネットワークを重層的に構築すること

問18-6　以下の1～7の選択肢の中から重要とお考えになる課題を3つ選び、番号に○をつけてください。

1. 時代に即した制度の評価、点検の仕組みを整えること
2. 現場や市民の現状をまとめ分析する力量と制度に活かす体制を整えること
3. 各々が専門機能を発揮できる人事体制とすること
4. 協働により計画性のある支援をすること
5. 要保護ケースにサービスを届けるための力量をつけること
6. 支援に活かすためのサービスや制度を把握すること
7. 家庭の力を育てること

Ⅳ．最後に、子ども家庭福祉行政実施体制の再構築に対するお考えをおうかがいします。

「子ども家庭福祉行政実施体制」という言葉について

「子ども家庭福祉行政」は、虐待や非行、障害児、健全育成、保育、子育て支援等、幅広く捉えており、要保護児童の福祉には限定しておりません。
上記の行政を担当し、具体的な制度や仕組みによって実際に子どもやその家族に対して支援をする体制を「子ども家庭福祉行政実施体制」と考えております。

「再構築」という言葉について

ここで「再構築」という言葉を用いていますが、市区町村が児童相談所と同じ業務をする体制を作ることを意図したものではなく、「市区町村と都道府県とが適切に役割分担をしながら、まず一次的に身近な市区町村で相談や支援に対応できる体制を整えること」として、使用しております。以下の設問における再構築という言葉につきましても、そのような意味で用いております。

問19　まず、子ども家庭福祉行政実施体制を市区町村を中心に再構築することについてお答えください。(1)と(2)について、1～4の選択肢のうち最もあてはまるものを1つだけ選び、番号に○をつけてください。

項目	対応できる	やや対応できる	やや対応できない	対応できない
(1)現状で、市区町村を中心とする子ども家庭福祉行政の体制に再構築すること	1	2	3	4
(2)将来的に、市区町村を中心とする子ども家庭福祉行政の体制に再構築すること	1	2	3	4

問20 次に、子ども家庭福祉行政を市区町村を中心に再構築することの必要性についてお答えください。(1)と(2)について、1～4の選択肢のうち最もあてはまるものを<u>1つだけ</u>選び、番号に○をおつけください。

項目	必要である	やや必要である	やや必要でない	必要でない
(1)将来的にすべての子ども家庭福祉行政を市区町村を中心に再構築すること	1	2	3	4
(2)将来的に一部の子ども家庭福祉行政を市区町村を中心に再構築すること	1	2	3	4

最後に、子ども家庭福祉行政を関するご意見をご自由にお書きいただけますと幸いです。

本日この調査にご回答いただきました担当者の方の所属課と職名をお聞かせください。
　　　課名【　　　　　　　　　　】　職名【　　　　　　　　　　　　】

　今後、私はこの質問紙調査の結果と分析をふまえて、より詳細なご意見をうかがうためのインタビュー調査の実施を検討しております。本調査にご協力いただいた方に、改めてお声をかけさせていただく場合がございます。その際に、ご協力いただけますでしょうか。番号に○をおつけください。

　　　1. はい
　　　2. いいえ

質問項目は以上です。
お忙しい中調査にご協力いただき、どうもありがとうございました。
心より感謝申し上げます。

資料3 第7章　インタビュー調査項目の例1

インタビュー調査にて「A市」におうかがいする事柄

問1. 質問紙調査では市町村が対応する必要のある課題として、全6項目を挙げさせていただき、A市では6つすべての課題に「対応できる」「やや対応できる」とご回答くださいました（問15）。さらに、「現状で市町村を中心とする子ども家庭福祉行政の体制に再構築すること」については、将来展望も含めて「対応できる」「やや対応できる」とのご回答でした（問19）。
   (1) 市町村を中心とする子ども家庭福祉行政の体制へ整備を進めていくにあたって、何か特に対応すべき重要な課題がありますか。あるとすればそれは、6項目のうち、どの課題ですか（複数でも構いません）。
   (2) 市町村の現状と照らし合わせて、なぜその課題に対応することが必要か（理由）、どのようにすれば対応できると考えるか（条件）など、お気づきのことを自由にお聞かせください。
   (3) この課題に対応できれば、市町村中心にやれるという特筆すべき課題がありましたらお聞かせください。

問2. 問1に関係してお聞きします。
   先の6項目の課題（問15）を大項目とすると、その項目ひとつずつに対応する課題の詳細として、小項目を設けておりました（問17）。
   (1) 特に対応すべき重要な課題として選んでいただいた課題に対応する小項目の中で、これがポイントになるのではないか、という項目があればお教えください。
   (2) 市町村の現状と照らし合わせて、なぜその課題に対応することが必要か（理由）、どのようにすれば対応できると考えるか（条件）など、お気づきのことを自由にお聞かせください。

問3. 別添資料をご覧いただきますと、市町村が対応する必要のある課題の大項目、小項目には、次のような特徴がみてとれます。
   大項目で「できる」「ややできる」と回答されている数値の合計と、小項目で「できる」「できない」と回答される数値の合計の差が激しいものがあります（例えば大項目では7割ができる、ややできると答えているのに小項目では5割にとどまっているなど）。
   (1) この数値の差の意味について、どのようにお考えになりますか（特に小項目で肯定的回答の数値が低いもの）。また、貴殿がこの質問紙調査の回答をしてくださった時に、どのようなお考えでご記入いただきましたか。

問4. 市町村を中心とする子ども家庭福祉行政実施体制に再構築する必要性について、「必要である」というご回答をいただきましたが、その理由などをお聞かせください。

問5. 市町村を中心とする子ども家庭福祉行政実施体制に再構築するということは、人口規模に関係あるとお考えになりますか。また、人口規模によって、何か配慮を必要とすることはありますか。

問6. 要保護児童対策地域協議会でケース検討が行われておりますが、その活動を通して子ども家庭福祉の問題への対応力が向上したとお考えになりますか。

質問項目は以上です。どうぞよろしくお願いいたします。

第7章　インタビュー調査項目の例2

インタビュー調査にて「F市」におうかがいする事柄

はじめに

　　質問紙調査では市町村が対応する必要のある課題として、全6項目を挙げさせていただき、F市では5つの課題に対応「ややできない」または「できない」とご回答くださいました（問15）。さらに、「現状で市町村を中心とする子ども家庭福祉行政の体制に再構築すること」については「やや対応できない」、将来展望は「やや対応できる」とのご回答でした（問19）。

　　また、自由記述の主な内容として、「家庭力のUPをはかるように社会全体としての支援が大切」、「要保護児童対策に対する地域によるサポートの難しさ、連携のとりにくさ」についてご回答くださり、後者については、地域の力の向上の必要性も含まれた重要なご指摘と捉えております。以上のご回答を踏まえて、以下のことをおうかがいしたいと思います。必要に応じて資料もご覧いただきながらお答えいただけますと幸甚です。

問1.　市町村が対応する必要と考えられる課題6項目についてお聞きします。
　　(1) 市町村を中心とする子ども家庭福祉行政の体制へ整備を進めていくにあたって、何か特に重要な課題がありますか。あるとすれば、それは6項目のうちどの課題ですか（複数でも構いません）。
　　(2) 市町村の現状と照らし合わせて、なぜその課題に対応することが必要か（理由）、どのようにすれば対応できると考えるか（条件）など、お気づきのことを自由にお聞かせください。

問2.　問1に関係してお聞きします。
　　先の6項目の課題を大項目とすると、その項目ひとつずつに対応する課題の詳細として、小項目を設けておりました（問17）。
　　(1) この課題に対応できれば、市町村を中心にやれるのではないかという特筆すべき課題がありましたらお聞かせください。

問3.　自由記述に関係してお聞きします。
　　「家庭力のUPをはかるように社会全体としての支援が大切」とお答えくださいました。
　　(1) なぜ家庭力のUPをはかることが必要だとお考えになりますか。
　　(2) 「社会全体としての支援」をするために、どのような手立てや条件整備が必要になるとお考えになりますか。
　　(3) 例えば私は、保護者の代替をしてしまうのではなく、援助者と親等子どもに関わる者が共通の目標に向かって心を合わせて取り組むことを意味する「協同」という視点について検討しておりますが、今後家庭力のUPをはかる際にどのような視点が必要だとお考えになりますか。他に必要な視点がありましたらお聞かせください。

問4.　自由記述に関係してお聞きします。
　　次に、「要保護児童対策に対する地域によるサポートの難しさ、連携のとりにくさ」という趣旨のご指摘に注目いたしましたが、地域によるサポート体制を構築したり、地域と連携をとり易くするためには、どのような手立てや条件整備が必要になるとお考えになりますか。

問5.　子どもと大人、地域等、つながりの再構築にあたって、制度的なネットワークである要保護児童対策地域協議会の活動が何か可能性を秘めていると思われますか。

質問項目は以上です。どうぞよろしくお願いいたします。

資料4 第7章 インタビュー調査結果 一覧表

1. 市町村の課題に関する詳細（集計結果は無回答を除く）
(1) 上位項目と下位項目のずれの関係（単純集計結果の補完）
①課題1とその下位項目に関するインタビュー結果

表1-1 市町村の課題1（上位項目）

児相との協働によるノウハウ伝達など自治体の対応力向上のための取り組みをすること	
できる	226(28.5)
ややできる	433(54.5)
ややできない	109(13.7)
できない	26(3.3)
計(%)	794(100.0)

表1-2 課題1に対応する下位項目

	風通しの良い仕組みとして協議会の会議を活用すること	児童相談所からのノウハウ伝達方法（講習会や研修会、モデル事業等）をもつこと	児童相談所との協働によってノウハウの伝達を受けること	自治体の対応力の向上に対する積極的な意識をもつこと	自治体の対応力の向上に関する取り組みをすること（顔が見える関係を作ること等）
できる	258(32.6)	218(27.5)	251(31.7)	238(30.2)	246(31.2)
ややできる	439(55.5)	429(54.1)	436(55.0)	459(58.2)	467(59.2)
ややできない	83(10.5)	128(16.1)	91(11.5)	88(11.2)	71(9.0)
できない	11(1.4)	18(2.3)	15(1.9)	4(0.5)	5(0.6)
計(%)	791(100.0)	793(100.0)	793(100.0)	789(100.0)	789(100.0)

表1-2 課題1に対応する下位項目

> **下位項目4番の「自治体の対応力の向上に対する…」について**
> ・児相関係の役割と市町村の役割の分担がまだ線引きされておらず、後方支援も明確化されてないため混乱の要因の一つになっている。関係者が役割に関する意識を持つことで顔が見える関係も作り易くなる（E市）。
> **下位項目5番の「自治体の対応力の向上に関する取り組みをすること…」について**
> ・問題が起きても本当に本音で話せるまで時間が掛かるため、顔が見える環境を作る大変さがある（A市）。
> **課題1の全体について**
> ・市町村の能力をつける必要がありそのために児童相談所と連携する必要性がある。なお、対応力をつけるためには関係者が役割を自覚し意識をもつ必要性があり、その次に、その目指す方向に向かうための方策を検討することが必要になる（G市）。

②課題2とその下位項目に関するインタビュー結果

表1-4 市町村の課題2(上位項目)

子ども家庭福祉関係の専門職をより効果的に活用するための取り組みをすること	
できる	75 (9.5)
ややできる	327 (41.5)
ややできない	275 (34.9)
できない	111 (14.1)
計(%)	788 (100.0)

表1-5 課題2に対応する下位項目

	兼務体制の限界を考慮し、専門分野を理解した人材配置をすること	専門職採用とその質の向上のための研修をセットで実施すること	他職種、専門職の柔軟な人事異動システムとすること	行政職のキャリアがある人の手腕を活用すること
できる	32 (4.1)	25 (3.2)	25 (3.2)	42 (5.4)
ややできる	174 (22.2)	115 (14.6)	137 (17.5)	319 (40.6)
ややできない	379 (48.3)	370 (47.1)	399 (51.0)	310 (39.5)
できない	200 (25.5)	276 (35.1)	221 (28.3)	114 (14.5)
計(%)	785 (100.0)	786 (100.0)	782 (100.0)	785 (100.0)
	協議会のコーディネーターの力量を向上させること	専門職の効果的活用を視野に入れ、専門職に関する理解や認識を促すこと	専門職等が理解しあい、活用しあう方策として協議会を活用すること	
できる	45 (5.7)	53 (6.7)	92 (11.7)	
ややできる	387 (49.1)	373 (47.4)	398 (50.5)	
ややできない	287 (36.4)	273 (34.7)	209 (26.5)	
できない	69 (8.8)	88 (11.2)	89 (11.3)	
計(%)	788 (100.0)	787 (100.0)	788 (100.0)	

表1-6 課題2について克服すべき課題とその理由、条件

●上位項目との回答傾向にズレのある項目
・「専門職採用とその質…」(17.8%)
・「他職種、専門職の柔軟な…」(20.7%)
・「兼務体制の限界を考慮し…」(26.3%)

●ズレの背景や取り組みの条件
下位項目1番「兼務体制の限界を考慮し…」、2番「専門職採用とその質の…」、3番「他職種、専門職の柔軟な…」、4番「行政職のキャリアのある人…」について
・これらができない理由…これらには全く手が届かないことや係と協力して取り組む必要のある部分であり、必要性を感じていてもややできないと回答したことが多かった。なお、これらの件について意見を述べる機会はない実態(A市)。

1番「兼務体制の限界を考慮し…」について
・役所全体の人事管理の話であるため所管ではできず、その理由は人を減らす全体のロジックにより人は削られており、一人の職員のやるべき仕事は増えているため、兼務体制の限界を考慮することとなると次元が変わってくるのでできない(C市)。
・相談に時間がかかるため色々と仕事を持っているとかなり忙しく厳しい(D市)。

2番「専門職採用とその質の…」ができない理由
・専門職は知識があっても必ずしも使えないこともあるとし、関係者と連携していくためには協調性に欠けると仕事にならないという実態(B市)。

2番「専門職採用とその質の…」、3番「他職種、専門職の柔軟な…」ができない理由
・児童福祉の専門職は存在していないと考えているため採用する人がいない。さらに、質の向上のための研修をセットで実施をする主体の市町村に専門性がないため研修はできない。国や県が一定の専門職を想定してその専門職を採用すればできるという枠組みが無ければ成立しない(C市)。

3番「他職種、専門職の柔軟な…」がややできないと回答した理由
・市の人事に介入できない(B市)。
・相談は時間がかかるうえ聞いてばかりでストレスがたまるため、人事異動のあり方は大切だが、現状ではあまり長くすると相談員の精神衛生上よくないこと、ローテーションして同じ人が長くやる仕事ではないのではないか(D市)。
・できると言いきれるほどの確証はもてないためややできると回答した(C市)。

(3)課題3とその下位項目に関するインタビュー結果

表1-7 市町村の課題3(上位項目)

援助活動を工夫し子どもと家庭に最善の方策を見出すための取り組みをすること	
できる	114(14.4)
ややできる	499(63.2)
ややできない	159(20.1)
できない	18(2.3)
計(%)	790(100.0)

表1-8 課題3に対応する下位項目

	兼務体制の限界を考慮し、専門分野を理解した人材配置をすること	専門職採用とその質の向上のための研修をセットで実施すること	他職種、専門職の柔軟な人事異動システムとすること	行政職のキャリアがある人の手腕を活用すること	協議会のコーディネーターの力量を向上させること
できる	32(4.1)	25(3.2)	25(3.2)	42(5.4)	45(5.7)
ややできる	174(22.2)	115(14.6)	137(17.5)	319(40.6)	387(49.1)
ややできない	379(48.3)	370(47.1)	399(51.0)	310(39.5)	287(36.4)
できない	200(25.5)	276(35.1)	221(28.3)	114(14.5)	69(8.8)
計(%)	785(100.0)	786(100.0)	782(100.0)	785(100.0)	788(100.0)
	専門職の効果的活用を視野に入れ、専門職に関する理解や認識を促すこと	専門職等が理解しあい、活用しあう方策として協議会を活用すること	専門職が少なかったり、専門職でなくともできる工夫をすること	専門職がいることによる良さが実感できること	地域に人材を見出し育てること
できる	53(6.7)	92(11.7)	62(7.9)	124(15.9)	13(1.7)
ややできる	373(47.4)	398(50.5)	473(60.4)	312(39.9)	235(30.0)
ややできない	273(34.7)	209(26.5)	211(26.9)	217(27.7)	427(54.5)
できない	88(11.2)	89(11.3)	37(4.7)	129(16.5)	108(13.8)
計(%)	787(100.0)	788(100.0)	783(100.0)	782(100.0)	783(100.0)

表1-9 課題3について克服すべき課題とその理由、条件

●ズレの背景や取り組みの条件
4番「校区ごとのネットワーク…」について
・支えられる方も支えて欲しいというネットワークならば地域のコミュニティだから作れるが、困っている人と困らせている人の関係性がつながらない虐待のネットワークは、力量的にも無理でありニーズもそこまでないため難しい（C市）。

6番「人事異動があっても…」をできないと回答した理由
・この仕組みは役所の経営になるため所管課ではなく市の担当者になること（C市）。

10番「地域に人材を見出し…」をできないとした背景
・児童福祉の所管課が見出して何かを作っていく枠組みが今のところないため人材を見出しようがなく、育てているかといえば非常に語弊がある（C市）。
・ボランティアが少なく民生委員くらいしかいないため、行政職員が中心になって場所や人材を確保しないと実践まではいかないという実態（A市）。
・市としての情報不足、すなわち人材を見出すことに対する情報不足があるため難しい（B市）。

7番「専門の相談員と役所…」の背景
・専門職が少なく専門職でなくても行動している実情があり、専門職がいればもっとスムーズにいく（C市）。

課題2の全体について
・計画の立案は行政の仕事になっており、相談員が意見を聞かれることはあまりない。
・ケース会議も行政職の意向が第一であり、専門職や児童福祉司がいれば、色々な意見が言える可能性はあっても予算がない実情。
・職員も教員経験があるくらいの中で担っているため専門的な知識とは言えないが、研修に参加して自分の力をつけようと思っても、兼務で時間もなく予算が取れないことが大きな問題。

④課題４とその下位項目に関するインタビュー結果

表1-10　市町村の課題4（上位項目）

支援の連続性を考慮した援助活動が可能となるための取り組みをすること	
できる	114(14.4)
ややできる	484(61.3)
ややできない	172(21.8)
できない	19(2.4)
計(%)	789(100.0)

表1-11　課題4に対応する下位項目

	係内に複数の担当者を配置すること	ケースの連続性のために事務局が機能すること	人が代わっても引継ぎ共有できる記録と進行管理の仕組みを持つこと	組織として情熱や熱意を継続すること	専門職と行政職の問題意識を行政の責任で形にすること
できる	111(14.1)	187(23.7)	227(28.7)	163(20.8)	69(8.8)
ややできる	239(30.3)	450(57.0)	466(59.0)	459(58.7)	397(50.9)
ややできない	249(31.6)	130(16.5)	84(10.6)	143(18.3)	243(31.2)
できない	190(24.1)	23(2.9)	13(1.6)	17(2.2)	71(9.1)
計(%)	789(100.0)	790(100.0)	790(100.0)	782(100.0)	780(100.0)

	円滑な体制のための啓発や定期的な連絡会等をもつこと	組織的対応の流れを作ること	自治体の特性による独自の効率性を模索すること	広域的対応を要する事項の整理と対応の仕方の整理をすること
できる	194(24.6)	179(22.7)	91(11.6)	73(9.3)
ややできる	449(57.0)	461(58.6)	395(50.2)	365(46.6)
ややできない	123(15.6)	132(16.8)	255(32.4)	292(37.3)
できない	22(2.8)	15(1.9)	46(5.8)	53(6.8)
計(%)	788(100.0)	787(100.0)	787(100.0)	783(100.0)

表1-12　課題4について克服すべき課題とその理由、条件

●ズレの背景や取り組みの条件
下位項目1番「係内に複数の…」について
・複数の担当者がいる方が良いが、ぎりぎりのところで対応している実情から人材の確保はできないという実態（A市）
・この課題に対応できない理由として、人を減らしていることを挙げ、特に小さい規模の自治体はできないというスケールデメリットの最たるもの（C市）。
・現状では人事課次第であるが、実際の担当者の働きかけと人事課の考えがある。人員については1人で担当することはケース、相談記録等の事務量が多く困難である。なお、記録は相談を受けた人が書かないと的の外れた記録になってしまい四苦八苦している（D市）。
9番「広域的対応を要する…」ができない理由
・要保護児童とは何かということ自体が非常に曖昧である。また、広域的対応を要する事項の整理と対応の仕方を整理すること自体、お互いに役割の期待の齟齬があり、さらに何を持って整理をするかの基軸がないため、整理をしようと児相とやり取りをしても現実は難しい（C市）。

●上位項目との大きなズレではなく、実情や困難点等の回答
2番「ケースの連続性…」の背景
・記録について自分が担当したものと資料を読んだだけでは全然違ってしまうため文字で書くよりも言葉で話をするために時間が必要である。さらに、緊急時の会議は大事だが現実に開催することが難しい実情（A市）。
3番の「人が代わっても引継ぎ…」がややできないとされた背景
・組織としてどれだけ多くの職員が認識をして役割を担うかということであり、スケールデメリットのひとつである（C市）。
7番「組織的対応の流れ…」について
・ネットワークがあっても迅速に機能するまでは至っていない実情（A市）。
・これについてもスケールデメリットである（C市）。
・マニュアルは古くなってしまうこと、さらに毎月1回の進行管理会議における役割分担だけでは限界があるがコーディネートがないために、その連絡調整は流れでやっている現状。生きたマニュアル作りも今後の課題（E市）。
8番「自治体の特性による…」をやや出来ないとした背景
・有効な支援とか効果的な支援を模索することであればできるかもしれないが、独自の効率性というのは何が独自なのかよく分からない（C市）。

⑤課題5とその下位項目に関するインタビュー結果

表1-13　市町村の課題5（上位項目）

市区町村で支えるか広域で支えるかを判断し援助するための取り組みをすること	
できる	119(15.2)
ややできる	402(51.2)
ややできない	219(27.9)
できない	45(5.7)
計(%)	785(100.0)

表 1-14　課題 5 に対応する下位項目

	転入、転出ケースのためのネットワーク同士のつなぎをすること	市区町村間における温度差やばらつきに対応する啓発をすること	広域で連携して扱えるケース、扱えないケースの選別をすること	契約等、新しいサービス利用の仕組みを視野に入れ、広域ケースのネットワークへのつなぎを模索すること
できる	198(25.2)	24(3.1)	87(11.2)	27(3.5)
ややできる	367(46.7)	209(26.8)	337(43.2)	232(29.9)
ややできない	173(22.0)	393(50.3)	275(35.3)	372(48.0)
できない	48(6.1)	155(19.8)	81(10.4)	144(18.6)
計(%)	786(100.0)	781(100.0)	780(100.0)	775(100.0)

	市区町村に資源やノウハウが少ない事項は何かを検討すること	広域でうまくいく、メリットのある事項は何かを検討すること	市区町村内に校区等のネットワークを重層的に構築すること
できる	77(9.8)	47(6.0)	42(5.4)
ややできる	443(56.6)	336(43.0)	227(29.0)
ややできない	218(27.8)	314(40.2)	388(49.5)
できない	45(5.7)	85(10.9)	127(16.2)
計(%)	783(100.0)	782(100.0)	784(100.0)

表 1-15　課題 5 について克服すべき課題とその理由、条件

●ズレの背景や取り組みの条件
2番「市町村間における…」がややできないとした理由
- 目を向ける余裕が無い、他の市町村に対してまで目を向けていられない、自分の事で精一杯。啓発は児相に担ってほしい（B市）。
- この課題への対応は市町村がすることではなく、広域、県がすることであり、市で評価できないためできない（C市）。

1番「転入、転出ケース…」ができないとした理由
- 転出の際には情報を送るがそれ以上追求することはできない。子どものことが気になり他の市に通って様子を見に、相談を聞きに行ったこともあるが、他の市に行ってしまうと打ち切りになってしまう実情（A市）。
- 転出入等については全ての情報を出せなくてもできる限り引き継ぎ、情報を渡し、情報をもらう必要があるため連携の必要性。子どもが転出して終結ではなく、その子どものことを考える転入先の市町村に引き継ぐ必要性。市において対応能力も人も体制もとれていてかつ権限があり守られる仕組みがしっかりしていれば、市町村で担うことがいいという感触。しかし、現時点でその体制等が整備できないのなら、都道府県と市町村間の役割をはっきりする必要がある。なお、他市間、他県間の連携、温度差を埋める作業については、県が応える必要性もあり、それで足並みが揃うことも推察される。温度差を埋めるために必要なこととして、市として動き易くなるのは補助金関係であり、市はお金がないのでできないのではいけないため、市の上層部に説明して必要性を訴えてもらうことから、十分な財源がもちろん必要としても、それを割り当てていくためのインセンティブが働くような働きかけが現実には必要である（G市）。

3番「広域で扱うケース…」がややできるとした背景
- 児相との関係の中で齟齬がある。専門性が高いと思うケースは児童相談所に頼むが、虐待の程度は低くても長期的にみて子どもに大きな影響があると判断して児相に送致したいと思っても、児相は送致をする対象ではないと判断するという状況にあり、専門性がないということも基軸がない中では難しい。選別をする主体として市の側からこれは専門性を要するため児童相談所に依頼するという取り組みをしているのでややできるとした（C市）。

⑥課題6とその下位項目に関するインタビュー結果

表1-16 市町村の課題6(上位項目)

効果的で実効性のある援助をするための取り組みをすること	
できる	93(11.8)
ややできる	469(59.4)
ややできない	199(25.2)
できない	29(3.7)
計(%)	790(100.0)

表1-17 課題6に対応する下位項目

	時代に即した制度の評価、点検の仕組みを整えること	現場や市民の現状をまとめ分析する力量と制度に生かす体制を整えること	各々が専門機能を発揮できる人事体制とすること	協働により計画性のある支援をすること
できる	42(5.4)	26(3.3)	15(1.9)	75(9.6)
ややできる	341(43.7)	285(36.5)	180(23.0)	498(63.4)
ややできない	327(41.9)	385(49.3)	411(52.6)	182(23.2)
できない	71(9.1)	85(10.9)	175(22.4)	30(3.8)
計(%)	781(100.0)	781(100.0)	781(100.0)	785(100.0)

	要保護ケースにサービスを届けるための力量をつけること	支援に活かすためのサービスや制度を把握すること	家庭の力を育てること
できる	62(7.9)	160(20.4)	17(2.2)
ややできる	487(62.2)	518(66.0)	343(43.9)
ややできない	207(26.4)	93(11.8)	363(46.4)
できない	27(3.4)	14(1.8)	59(7.5)
計(%)	783(100.0)	785(100.0)	782(100.0)

表1-18　課題6について克服すべき課題とその理由、条件

●回答のズレの背景や取り組みの条件
1番「時代に即した制度…」について
・実効性に関する課題はどれも重要であり、それをこなせるだけの力量をつけた上で何ができるかを考えなければワーカーが手一杯で対応できない。なお、スーパーバイザーが確保できるとある程度の評価、点検の仕組みはできる。ワーカー2人でスーパービジョンをすることにより振り返りもでき、児相経験者から過去のケースを学ぶことができる（G市）。

この課題をできないとした理由
・制度の評価や点検の仕組みを児童福祉の所管がやることではなく、第三者評価に近い、あるいは全庁的な評価に関することと認識している（C市）。

3番「各々が専門機能を…」をややできないとした理由
・市の人事に介入出来ない（B市）。
・所管課がすることではなく職員課がすることなので「できない」（C市）。
・人事異動の問題について、部内の有効な資格者の人の配置は検討され、それなりの準備をした人がくることになれば、ベテランがいなくなり全体の力量が下がることを最小限に抑えられる（G市）。

5番「要保護ケースにサービス…」について
・スーパーバイザーが関与しつつケースを重ねる必要性。その際、ワーカーや相談員の意識がなければ伝わらないが、ワーカーが忙しくゆっくり学ぶ時間をもつことができない。また、重篤なケースが増えているがソフト面の次はハード面、サービスの不足分を整える必要性がある。組織づくりから職員が一人前になるまで5年程度かかり、一人前になった頃に異動になってしまう実情。なお、それに加え嘱託職員の期限付きの雇用形態を見直す必要性がある（G市）。

7番の「家庭の力を育てること」について
・全体的なレベルを上げる意味ではこの分野ではないという感触があるが、個人の尊重で情報を外に出さないとなると他に広める事は出来ず、力を借りたくても具体的にできずにいるという実態。子育て支援や要保護児童に関わる人材を増やして欲しい（A市）。

この課題に対応できない背景
・身内や親戚の助けが得られる関係もなく力を育てることが難しいため、育てば大成功という現状（D市）。

(2) 市町村の課題の優先度(クロス集計結果の補完)

表 1-19　課題 6 項目(上位項目)の優先度に関する意見

●課題1を挙げた理由
- 具体的な相談対応の仕方や児童福祉の専門的な法律的な知識がないまま相談員をしているため専門的な知識を身に付ける必要があり、専門的な研修は県の計画に従って実施しているが児相と共同の研修会を開催できると良い。その実態として、児相の研修会に参加希望をしても時間が合わず一回行ければいいという状況。さらに、情報の共有については市から情報提供をしても児相から情報がもらえない状況があり、情報提供の後の援助の展開は共有できないため、研修を通して情報交換も出来たら良い（A市）。
- 今市町村に移行するという意味で最も重要、今するべき課題。この1番ができることによりノウハウが伝わって基盤ができたら、その次に必要な課題として、子どもと親をみることができ、あらゆる機関と連携するためにも総合的にマネージメントできる力のある専門職の必要性がある。なお、市町村を中心とする体制再構築の条件として、児相との協働の経験を積み、専門職のあり方や動き、ノウハウを取り入れる必要性がある。その時、特筆すべき課題としてスーパーバイザーの必要性。その理由として町村合併で市になり間もないため、市としての経験不足がある。その中で長年家庭相談員の経験のある人が行政職員と結託して体制を作ってきた実態がある。新市になった時4年間に限って県からの技術的支援としての人事があったが、新市の職員がスーパーバイザーを活用したのは偶々自分が県での経験とつながりがあったからであり、その先に活用できるかどうかが不安である（B市）。
- 1番に取り組む際、子どもの福祉をある程度担保して、サービスを創出し、増やすというバックボーンがなければ対応力は上がらない。対応力を向上するということは色々な要素を含んでいることを指摘し、人材の問題として市町村における一般的な専門職はPSW、保育園の保育士と保健師くらいであり、おそらく専門職はほとんどの自治体にいない（C市）。

●課題3と6を挙げた理由
- 子どもの家庭はそれぞれ一家庭ずつ違うため、どのような協力体制で家庭に関わったらよいかを考えながらやっていけるとよいということ、要保護に限らず全般に対応するとなるとその問題によってどこが中心になるかを考えながらやっていけたらよい。さらに、家庭の状況に応じたサービス提供は、行政の担当者が一番把握しているため相談員独自では動けないところがあるという実情。そのため行政の担当者が長く事例に関われるとその事例の歴史も分かって切り込める問題も多いので、人事異動により2、3年で変わってしまうと連続して関わることは困難である（A市）。

●課題5番を挙げた理由
- 広域的対応に関連して、都道府県と市町村との間の役割分担は明確でない実態。他市の学校に通う子どもがいるため連携の必要性はあるが、役割分担が不明確であると安心して引継ぎもできない状況にあり、現在はできる範囲でやっているが、今後その仕組みが必要になってくる。特に、子どもが他市へ転出する際、必要な範囲で自治体同士が情報のやりとりができるかどうかは課題（G市）。

●その他…地域の力
- 対応すべき課題として地域で子どもを見守る体制の構築の必要性。その理由として、ひとり親や精神的不安定、失業等の問題を抱えて厳しい家庭が多いため、生活の安定や保護者の心の安定が必要だが、行政や教育関係者等でできることには限界があるため、地域で子どもを育てるためにその地域の中でサポートが必要な人に直ぐ手が出るような地域の力が重要になる。そのためには、協議会にいる関係者だけでなく一般市民も気付く必要があり、地域で支えるための起爆剤的な仕掛けの必要がある（E市）。
- 市役所の相談室に来たことが周囲にわかってしまい評判になったりすることや、相談室にいても家庭はみえないことから、普段その子どもや家庭にそばで接し、見ている人による見守りの必要性がある。効果的に援助するならば、保護できない子どもに近隣の人が声をかけ合えるコミュニティ、地域が大切（D市）。

●その他…相談体制の問題点
・現在の虐待の相談をする大半は関係機関か近隣の人であり、子どもは困っているであろうというロジックで相談活動が展開されており、相談する主体そのものはその人が困っていると感じて心は傷んでいるが生活が困っているわけではなく、要保護児童の相談は、困っているであろう子どもの親との直接的な相談関係になりづらく、ほとんどの場合ならないという実態。その意味で、児童相談は一般的な福祉相談のイメージと大きく異なり相談関係は作れないため、親に対してみんながアクセスをしようと試みる、つまり協議会では児相がやっていることを市町村の中で社会資源活用しながら守秘義務を課してやっていこうとする高次のレベルの話であると捉えている（C市）。
・既存の事業を継続しどれだけ相談事業を増やしていけるかが課題。ただし、市町村に相談のノウハウがまだなく、職員のレベル、スキルアップをしながら相談対応をする必要性があり、そのための方策はさらなる課題である。さらに、個人に負担がかからないよう相談を担うための組織力をつけ、組織で対応する必要性がある。なお、その核となるものはスーパーバイザーも含めスタッフを支えられる人、ケースを見極められる人の配置の必要性がある。組織づくりのために責任のある人（例えばセンター長等）の意向が反映されるよう、しっかりとした管理職をおく必要性もある（G市）。
・児相は相談のロジックで語れない部分を担い、市町村は従来の相談のロジックで生活保護や障害、子育て等を担ってきたという意味では要保護児童の相談は別物と捉えており、一番取り組む必要があることは児童相談所の専門性を高めること。さらに、専門職、専門性のある人を育てることや児童相談所の専門性、レベルを揃えることの必要性がある（C市）。

●その他…家庭の力
・家庭が崩壊することもあるため保護者の病気（精神疾患等）へのケアの必要性、専門的知識のある関係者がつながって支援する必要性（D市）。
・長時間、休日保育が整備できても、本当に保育が必要でない場合にも親の都合で預けている実態があり、親の力の差が激しい現状である（F市）。

表1-20 課題の下位項目の優先度に関する意見

●課題1（上位項目）における課題（下位項目）
・2番「ノウハウ伝達の方法」を挙げ、講習会や研修会など、ある程度同じ考え方で進む必要性（A市）。
・3番「児童相談所との協働によるノウハウの伝達を受けること」と関連して2番「伝達の方法、講習や研修会、モデル、事業等をもつこと」も挙げ、研修会等を開催してもらえるなら、できるだけそういった機会を活用する必要性（B市）。

●課題2（上位項目）における課題（下位項目）
・7番「専門職等が理解しあい…」を挙げ、その背景として、専門職といえるのは相談員くらいで、他に非常勤の専門職、相談員、保健センターの保健師がいるが虐待の専門ではないため、それぞれの分野の中で虐待対応する担当者が理解し合うために協議会を上手く利用して欲しい（E市）。
・専門職を効率よく、効果的に活用するためにはどうすれば良いかという問題意識から、5番の「協議会のコーディネーター…」を挙げ、コーディネーターの力量の必要性（G市）。
・要保護の家庭はネットワークから抜けてしまいがちであるため、昔ほどでなくとも友達のコミュニティの必要性。とじこもらないよう居場所を紹介するが、実際にはなかなかつながらないという実情（D市）。

●課題3（上位項目）における課題（下位項目）
・1番の「協議会を最善の方策…」を挙げ、その背景として3人相談員がいて1人が相談を受けると助言ひとつとってもその人によって変わるため、1人でなく複数で担当することの必要性がある。紹介する機関も1人では思いつかないこともあるが、複数いれば教えてもらえること、ケースのほとんどは抜本的に解決することはなくずっと続くため担当者同士の助言の必要性がある（D市）。
・関係機関の中でどのように対応するのがよいかを考慮のうえ1番「協議会を最善の方策…」を挙げた。その背景として、協議会のメンバーになっていても機関によって温度差があるため、それを埋めないと皆で同じ方向を向いた支援はできず、組織づくりもそれに関わっている（G市）。
・2番の「最善の方策を生み…」が大切とし、条件として担当者自身が自由にフットワークよく動けることを挙げた。その背景には、平成17年の法改正で相談は経験がないため児相に任せればいい、なぜ市の職員が一々動くんだという意識があったが、それを無視して駆けずり回った経験から、その意識をもって最善の方法を求めて動くことができる環境の必要性がある。嘱託職員の自分が不在の際の通告対応についても通告書の記入等を最初に周知して協力を仰いできたが、それは経験があったからこそできたこと（B市）。
・10番「地域に人材を見出し…」を挙げ、その理由として最善の方策を見出すためにも行政、学校、保健等では限界があるため、地域の住民が声をかけたり連絡を入れたりするなど、地域で助けられる存在の必要性がある（E市）。

●課題4（上位項目）における課題（下位項目）
・7番「組織的対応の流れ…」を挙げた理由として、担当者一人が動くのではなく課をあげて組織で動くことの必要性がある。会議の内容を関係者が聞いて、自分の担当分野の必要な情報をぱっと出しあえることが組織的な動きだというイメージ（B市）。
・7番を挙げた背景として、個人で支援をするには限界があり、組織的に役割分担した上で取り組むこと、地域にお願いする際はそれを支える体制についても話ができる必要性がある（E市）。
・「支援の連続性」のために7番を挙げた理由として、一人にケースを任せると負担も大きく、その人が抜けた時の連続性を保てない。特に家庭訪問をする場合等、重篤なものは複数対応、点在する機関同士でチーム対応をする必要性がある。県との人事交流が一方的なため、双方に人がいくようにする必要性もある。その理由として、それぞれの機関の特性があり介入の仕方が違うため、それを活かした連携と多方面から自然に介入できる必要性がある。また、自然な支援の移行にあたって協議会はメリットがあるが、地域は生活に密着しており距離が近ければ近いほど介入が難しいため、分権で役割が移譲されれば、連携の中での役割分担をする必要性がある（G市）。

●課題5（上位項目）における課題（下位項目）
・下位項目がそれぞれに必要であり選ぶことは難しい（D市）。
・3番「広域で連携して扱える…」、6番「広域でうまくいく…」と7番「市区町村内に校区…」を挙げた。その理由として、転出の際には必ず転出先へ連絡して情報提供し、その後のことも県をまたいでかなりやり取りしている実情がある。また、仮に軽い虐待ケースは市町村でやるよう児相から指示があっても、通報時は軽くても重くなる可能性があるため通告して第一報の時から直ぐ伝えている実態がある（B市）。
・5番の「市区町村に資源…」を考えることと、6番「広域でうまくいく…」（E市）。

●課題6（上位項目）における課題（下位項目）
・4番「協働により計画性…」を挙げた。B市では21年度から2人体制になることで可能になるかもしれない（B市）。
・6番「支援に活かすため…」を挙げ、援助者全員が最低限知っている必要があるという意識はあっても、組織によってサービスに関する意識が多少ズレているという実情がある。他分野につなぐ際に様々な機関でサービスや制度を把握しておくことによって、足りない制度やニーズが見えてくる可能性がある（E市）。
・効果的な援助をするために7番「家庭の力を育てること」を挙げ、背景に母親自身の生きていく力、子どもを育てる力が落ちている実態がある。その背景には、ハイリスクの親に友達ができず市役所が友達になっている実情もあり、母親になろうとする意識や姿勢をもって同世代の親と話せる力の必要性と仕掛けが必要（E市）。

2. 市町村における体制再構築に関する詳細
（1）市町村を中心とする体制再構築の必要性（単純集計や文献研究の補完）

表2-1　体制再構築が必要である背景

・市町村中心の体制は問題が起こった時に以前に関わったことがある等、身近なため問題解決に早く近づけるという感触。しかし、協議会があっても夜のケースには対応できないこと、課内会議を開くことも難しいことのほか、ひとつの問題についてケース会議に出る前に課内で意見交換により共通理解を持ってから会議ができれば良いが、時間の関係もあり難しい。ただし、近すぎて隣近所の顔が見え、かえって敬遠するところもあり、直接児相が対応する方がよい場面もないわけではないという実情がある（A市）。
・市民の身近な窓口として小回りの利く支援ができそうなことが市町村を中心とする必要性の背景として挙げた。ただし、児相も専門職としては絶対に必要であるため、児相をなくすわけではない（B市）。
・障害の手続きや保育の充実についても遠くてはできないこと、自分の地域であること、地域性の必要性等、身近さを挙げた。例えば車社会であれば、車がないと手続き一つできず、少し行けば役所で手続きできるという身近さの必要性。援助を受ける人が地域の中で生活できるようにする必要性（D市）。

表 2-2　体制再構築が必要でない背景

・子育て支援の枠組みの中でやっていくべきだと思っており、児童相談のなかで市町村がどれだけ力量をつけて担えるかというイメージが持てない。再構築をしても、今児相が担っていることを基本的には市町村はやるべきではない。子育て支援を中心に親の様子を見ながらなるべくその家庭の力を育てるという意味で再構築をするのならばその方がよいが、実態としてその対象が要保護児童中心になった場合、現実には援助が展開できないので必要ない（C市）。

(2)市町村における協議会型援助や相談体制の課題等（単純集計や文献研究の補完）

表 2-3　協議会型援助をとりまく課題

・会議では具体的な話し合いまではなかなかいかず、個人情報保護は会議の中では徹底しているが、例えば民生委員については徹底できず個別に依頼することも多いということが背景にあり、会議は報告と一般的な意見を聞いて終わってしまうことがほとんどという実態。なお、時間の確保と人材の確保が一番の問題。その背景には、必要性は感じていても予算が取れないことや、子どもの問題に気づいても関わりを持たずに時間が経過し後から問題に気付くことがあることから、普段から時間的余裕を持って関係機関と関われていれば問題が小さなうちに解決出来るものもある可能性がある（A市）。
・協議会により顔の見える関係機関同士になったため連携が容易になり、対応力も向上した。顔の見える関係があることは、その後の連携を円滑に進めるために非常に重要である。人事異動があっても、毎月の実務者会議を開催することで骨格は出来上がっているため、少しずつメンバーが入れ替わっていくということであれば、大きく変化することはなく支援の連続性は保たれるだろう。その感触をもつに至った背景として、当事者意識を持つための実務者会議を月1回開催し、会議の司会進行は、参加者に順番で担い、当事者意識を培っていくよう工夫をしてきたことがある。それに併せて人材については財源も関係するため、どのような人事にするかが課題だが、設置義務を課して拡がった取り組みがあるようにスーパーバイザーもおかなければならない（B市）。
・協議会の経験年数が浅いため、会議に参加している担当者は理解していても末端までどのように伝わっているかわからず、理解されていない可能性がある。今後は各団体に事務局担当者が出向いてピーアールしていかざるを得ないこと、関係機関がメンバーとしての自覚をもてるよう促す必要性（E市）。
・地域の拠点と協議会がつながることで支援の連続性が生まれること、考え方が同じ方向を向いて機能的に回りだしたように思う。ケースを重ねることや信頼関係をつくれるよう、例えば実習や飲み会等が必要（G市）。
・協議会の年数がまだ浅く、協議会があることがもう少し一般的に広まらないと実感まではいかないという実態。そのため、大きな団体の隅々まで行き渡るにはその代表者として代わる代わる色々な人が会議に参加する必要性。ケース検討会議は具体的な話なので色々な意見が聞けるが、実務者会議と代表者会議はまだそこまで至っていないため、市内に保護の必要な子どもがいるということの認識を持って情報共有ができれば、1人の子どものことについてそれぞれに働きかけてよい方向へいけるのではないか（D市）。

表 2-4 協議会型援助のメリット

- 市の対応力は向上したという実感があるし、結果的に向上しなければいけない。まず、行政担当者や関係機関がネットワーク会議で様々なことを検討して、具体的な対応の積み上げをしたことにより職員のスキルが上がったこと。次に、ネットワークによって各々の関係機関が担っている役割を理解し依頼すると対応をお願いできるというイメージが持てていることと、ネットワーク会議の開催を要請すれば関係機関が集まり連携できることがイメージできていること（C市）。
- 子どもたちに関わる際の心理的なサポートができる部分を協議会が持っていることも指摘した。その理由として、これまで抱えていなければいけなかったものを外部化できるようになり、まず自分の組織の中で外部化して内部で検討してほしいということを伝えていることと、内部で検討した結果何かあればネットワークがあるという「支えられ感」がある（C市）。

表 2-5 市町村における相談体制をとりまく課題

- 市町村を一義的な相談窓口として相談窓口になることと、要保護児童の協議会を作ること、その協議会を担うことと、調整機関になるということがセットになっていることの困難さがある。その理由として、一番大変であり苦しく悩むのは、要保護児童の協議会の調整機関であることであり、児童相談の窓口であること。児童相談の窓口で一番の困難点として、困っているはずであろう子どものために動いているが、困っているであろうはずの親とはほとんど会っていない。すなわち、相談といいながら顔が見えないまま、いろいろな関係機関からの情報で親像を見立てて問題を特定して対応策を考えているが、実際には相談関係にならない葛藤がある（C市）。
- 保護者が困ったと申し出てこないと援助できないことにもどかしさを感じる。平成17年度以降、専門的な面談の仕方や子どもに対する対応の仕方等を教えてもらいたいことはあっても、現実の問題解決や情報交換、調査のみにとどまっている現状がある（A市）。
- 中学校卒業から20歳まで、20歳になっても家庭がしっかりしていない場合は色々問題を含んでいるため、支援する機関等が必要。また、家庭の力がないことで困っている子ども達が多い（A市）。
- もう少し上手く関係者が関わることにより、地域の対応能力をつけられるようになると状況が変わるのではないか（E市）。

3. 家庭の力や地域で支える力等に関する詳細(単純集計結果や自由記述、文献研究の補完)

表 3-1　家庭の力、地域で支える力の必要性(F市)

●家庭力アップの必要性の背景
- 現在、長時間保育、休日保育等の導入により、本当に保育が必要でない子どもが親の都合で預けられてしまい、中には1週間毎日保育を受けている子どもがおり、本当に家庭の温かさを知らずに育っている子どもたちがいるという実態。そうした実態から、同時に子どもが将来どうなるのか心配である。
- 子どもの最善の利益についても、子どもにとって一番大切なものは何かということを考えたものでなければ色々な社会現象になってくる。一方、それに対する保護者の理解力の幅が広いため、親子が一緒にいて楽しめる場を提供し、子育ての楽しさをアピールする取り組みを考案するといった工夫をしている。その一例として、第一線を退き家庭にいる人に保育所に来てもらい、子どもが知らない人と関わることを通じて、母親たちに子どもへの関わり方を伝える機会になっているとともに、地域の人材として行政でできないところを補っている。

●家庭の力のアップを支えるもの
- 現場での小さな取り組みを重ねていくしかない。子育ては楽しいというアピールを現場でしていくことが多い。そのため、見るだけ、聞くだけではなく、「親子で参加する」行事を入れて親が実感できるように取り組んでいる。
- 地域の中の資源は児童クラブや同好会、婦人会等の団体がほとんどなくなり、今ではその力も大きかったと感じる。親の意識が人のことより自分に向いてしまっている印象。

●家庭の力をアップさせるために必要な視点
- 保育所保育指針にもあるように、受容のみならず子どもの気持ちを代弁し、成長のポイントを親にも理解できるよう伝えて、その中で母親がどのようにしたらよいのか考えてもらうよう促し関わっていく必要がある。子どもにとっては母親と一緒の方がいいことを親にわかる言葉で、子どもの気持ちを代弁する必要性。そのために、身近で支える保育士の力、専門性、質の向上の必要性がある。さらに、保健師と連携しつつ専門機関につなぐ取り組みも積極的に行っており、子どもや親の両方にメリットとなることを保護者に伝え、必要な選択を促す関わりをしている。

表 3-2　関係機関同士の役割分担の注意点(E市)

- 子どもの問題に対応するための機関があるとその機関に所属する職員がある程度のところまで援助をし、協力しあえる事例の方が多いが、対応する問題はひとつでなく多岐にわたっているため、それぞれの機関、担当者の間でそこまでは自分たちの対応することではないだろうと手を引いてしまい、そこに狭間ができてしまう。
- 実際にどの機関も言葉としての指導にとどまってしまい、担当者が一緒にやる、手をとって教えるということが出来ない状況にあるが、子どもや親に力がなく一緒にやらざるを得ないところまで来ているため、実働部隊がなければいけない。
- しかし、実働を誰が担うかについて、それは○○の仕事ではないといわれてしまえば動けないのが実情。他につなげることはしても直接関わるのは誰なのかが、今のところ不明確であり狭間を作ってしまう。そこを上手くコーディネートする力があれば違うかもしれないが、現状はそうでないという実態。

4. 人口規模に関する配慮の必要性（ロジスティック回帰分析や因果関係モデルの補完）

表 4-1　人口規模の大小が抱える実情と必要とされる配慮

●人口規模の大小に関する結果
- 人口が多ければ多いほど問題も多くなること、要保護児童の対象家庭は人口規模に比例するという実態（A市、D市）。
- 人口規模が多くなれば相談員のケースの増加や保育士1人あたりの負担も高まる。それに対応するための相談員等職員の人数も必要であること、規模の小さい自治体でもスーパーバイザーを必要としているため、当然人口規模の大きい自治体では必要である（A市、B市、D市）。
- 職員が少ないうえにケースが増加し、さらに予算がないために相談員を少なくしてしまうと対応が困難であり、人口規模に応じて必要な人数の相談員の配置を示す児童相談所の配置基準のようなものが必要（D市）。

●人口規模による配慮の必要性
- 30万人以上の人口規模は大きすぎて小回りがきかないことや相談を行う規模としては10万人がよいのではないか（G市）。
- 人口規模の小さな市町村（回答では田舎）は人数が少ない中で色々な関係があり、人口が少ないから問題はないということにはならない。その際の配慮については、近ければ近いほど関わり方に注意が必要である。その理由として、市役所に顔見知りが多く相談しづらいこと、子ども虐待に関しても自分の通告が発端になりたくないという気持ちがある。なお、そのような点については、子どもを守る意識を高める必要性がある（A市）。
- 児童相談所の力も活用するが、市町村が独立性をもって独自の判断をできる体制が欲しい（B市）。
- 相談を受けて対応する際、一定のレベルが求められるとすればそのための体制を組まなければならないが、要保護児童のネットワークのように動かそうとするなら人口規模によるデメリットの方が大きい（C市）。
- 専門職や力量のある人材がある程度いて、全体を見てネットワークをうまく機能させることのできる人が常に居続けることができなければその体制づくりは困難である。しかし、その点に関する配慮として常勤の相談員を必ず1名は各市町村に配置するということができれば解決する可能性もある（C市）。

おわりに

　本研究においては、子どもを取り巻く現状から子ども家庭福祉の体制再構築に至るまでのレビューや調査を通して、子どもと親、保護者のみならず、社会全体が大きな渦の中にあるように思えて仕方なかった。自由で多様な生き方を容認する世の中は、とても混沌としている。それは筆者たちの生活全体にも、子どもと子育てを取り巻く環境にも大きな影響を与えているといえる。

　筆者自身、子どもという立場を生きてきたひとりとして、本書の冒頭で述べたように、子どもの最善の利益を考慮すれば、身近なところで生きる支えが得られるような仕組みが必要であると強く思ってきた。

　人と人との関係が希薄化している昨今では、人に頼れないために子ども家庭福祉のサービスに依存的になることもある。また、子どもではなく親の利益のためにサービスを受けるなど、本来の意味を取り違えてしまう人もいるという実情がある。本来、子どもの福祉のためのサービスであるにも関わらず、誰のためのサービスであるのかがわからなくなり、子ども家庭福祉関係者自身も実践の中で大きな戸惑いと葛藤を抱えている。

　したがって、子どもの最善の利益のための福祉であることに立ち返る必要がある。そして、子どもが生きていく上で親はもちろん親以外の多くの人と関わりながら育つことができるよう、仕組みを考える必要がある。

　身近なところで子どもが多くの人と出会い、生きていく中でこそ、子ども自身を支えてくれる根っこ作りができる。存在の根本的な根っこは生物学的な親による支えが必要であるが、その根を張り巡らせ栄養を与えてくれるのは、生物学的な親にとどまらず、社会的親、心理的親であると検討してきた。

　子どもは信頼を傾けることのできる人々と、豊かな関係を体験する中で生きる基盤を作り上げていく。生きる基盤を作り上げていく過程で、受動的権利や能動的権利が実現する。それは、子どもが生活する場において体験されるものであり、子どもの声に耳を傾け、思いをくみとるには傍でつながっている必要がある。そ

のような体制が必要だとどこからも声があがらないのは、子どもの特性や脆弱性によるところが大きく、問題がないからなのではない。家族のつながりも夫婦関係を中心としたものとなり、夫婦関係の破綻で家族はばらばらになるというように、ここにも大人中心の論理がある。子どもの最善の利益を護るための子ども家庭福祉は、大人中心の論理ではなく、子どもの立場を十分にふまえ尊重した論理構造が必要である。それを研究し、必要性を提言できるのは、子ども家庭福祉の研究者であり、責任である。また筆者がそう考える背景には、「気付いた者の責任」という柏女先生の言葉が深く心に生きているということがある。

本研究はその思いをもち、社会福祉の円環的前進の理論に基づき、社会福祉の構成要素である理念、制度、方法を整合化させるという姿勢で、都道府県と市町村に分断されている子ども家庭福祉行政実施体制を市町村中心に再構築する必要性について述べてきた。子どもの利益を守るのは、子ども自身の責任ではない。子どもを迎える立場の親や社会の責任である。それに自覚的になるには、理念的な意識の共有が欠かせない。そのために、本研究では子どもの特性や権利の特徴等を述べてきた。

子どもの立場を中心に据えた検討をした結果、子どもの最善の利益を保障するためには生活に身近な市町村を中心とする体制再構築が有益と考えられた。その再構築が必要とされる理由やその際の課題については、本研究の調査分析結果や考察等において提示してきた。市町村における体制再構築にあたって、市町村自身が克服すべき課題には、そもそも市町村が抱えてきた課題と協議会型援助構造を持ったことに伴う課題との両面があることが明らかになったとともに、国や都道府県の力がなければ克服することができない課題もあることが明らかになった。

ただし、本研究においてはその一端を明らかにしてきたにすぎないこともまた事実であり、いくつかの課題が残された。しかしながら、子どもの視点や立場から市町村における実施体制再構築の実現可能性を指摘できたことは筆者にとって

も非常に望むところであった。そして、体制再構築を推進するための課題も明らかにできたことは、今後の子ども家庭福祉行政実施体制の再構築を検討するにあたって有益な資料になったと考えられる。

　本書は、筆者の2009年度淑徳大学大学院課程博士学位請求論文である、「市町村を中心とする子ども家庭福祉行政実施体制再構築のあり方に関する研究―子どもの立場を中心に据えた再構築のための理念、制度、方法―」に大幅な加筆・修正を加えたものである。

　学位論文の執筆中は、指導教授である淑徳大学の柏女霊峰教授、足立叡教授より多くのご指導と励ましをいただいた。教育・研究に関わる貴重な機会や出会いにも恵まれ、現在の筆者がある。まだ足取りのおぼつかない筆者を応援してくださるお二人に、心より感謝申し上げたい。特に筆者にとって、柏女先生のもとで、先生の研究と教育への姿勢を拝見しながら学部生時代、院生時代を過ごしてきたことは、大切な財産となっている。研究者としても、教育者としても、心から尊敬できる恩師の元で学位論文をまとめることができたことを幸せに思う。また、柏女ゼミを通じて出会った小木曽宏先生(現・房総双葉学園施設長)には、子ども家庭福祉の最前線で活躍する現場の方々と数多く引き合わせていただき、現場の厳しさと自分の研究の役割を考えさせていただいた。

　筆者は、先生方から研究、教育の楽しさだけでなく、人とのつながりを大切に生きることをも教えていただいたので、今の自分があると思っている。それは今後も大切にし続けていきたい。それとともに、言い尽くすことのできない感謝を改めて記しておきたい。

　さらに、筆者は日本子ども家庭総合研究所の共同研究(主任研究者：柏女霊峰先生)に参加させていただいたり、論文執筆にあたって大学内外の先生方から研究方法や分析のプロセスについてご助言をいただいたり、励ましをいただいてきた。そして、第一線の現場で活躍される子ども家庭福祉の担当者の方々には、本研究

の調査にご協力いただき、本当に貴重な示唆や励まし、厳しいご指摘をいただいた。筆者の家族や夫のほか、ここでは書き表すことができないほど、多くの方々にお世話になった。すべての方に、御礼をお伝えしたい。

　最後に、本研究の意義に多大なご理解を寄せていただき、また書籍として世に公刊する機会を与えてくださった生活書院の社長である髙橋淳氏に、心より御礼申し上げたい。

　本研究をまとめたことによって、これまで子ども家庭福祉の分野で繰り返してきたつぎはぎだらけの制度改革ではなく、子どもの思いを汲み、生きる基盤を作ることができるよう、身近な市町村を実施体制の基本とする仕組みづくりこそが、今後の子ども家庭福祉に求められる重要な検討課題であるといえる。身近な市町村での体制再構築には、子どもの生きる基盤を作るという、単なる数字上の効率性や合理性で済まされない意義がある。

　2012年度より、日本子ども家庭総合研究所のチーム研究において、「子ども家庭福祉行政実施体制の再構築に関する研究」(主任研究者：柏女霊峰先生)を3か年継続研究としてスタートさせた。筆者は研究担当者として、柏女先生をはじめメンバーの先生方から多くを学ばせていただいており、このテーマの重要性を改めて痛感しつつ、自分が果たすべき役割を考えながら参加している。貴重な研究が実りあるものとなるよう、力を尽くすつもりである。

　筆者は、子ども中心の、子どもの立場に配慮した子ども家庭福祉行政実施体制再構築のあり方やその方法等について、これからも研究を深めていきたい。

2012年9月24日
佐藤　まゆみ

文献リスト（あいうえお順）

網野武博（2002）『児童福祉学』中央法規
網野武博（2003）「養護とは何か」網野武博、栃尾勲編『新版・養護原理』チャイルド本社
A. ポルトマン、高木正孝訳（1961）『人間はどこまで動物か―新しい人間像のために―』岩波新書
秋山智久（2004）『人間福祉の哲学』ミネルヴァ書房
秋山智久（2005）『社会福祉実践論〔方法原理・専門職・価値観〕改訂版』ミネルヴァ書房
A.H. マズロー著、小口忠彦訳（1987）『人間性の心理学―モチベーションとパーソナリティ―改訂新版』産業能率大学出版部
阿部志郎、河幹夫（2008）『人と社会 福祉の心と哲学の丘』中央法規
阿部志郎（2008）『福祉の役わり 福祉のこころ』聖学院大学出版会
阿部志郎（2008）『福祉の哲学 改訂版』誠信書房
阿部實（1993）『福祉改革研究』第一法規出版
井川博（2000）『新地方自治法と自治体の自立』公人の友社
石村貞夫（2005）『SPSSによる多変量データ解析の手順 第3版』東京図書
伊藤嘉余子、柏女霊峰編（2009）『児童福祉』樹村房
今井賢一、金子郁容（1988）『ネットワーク組織論』岩波書店
岩上真珠（2007）『ライフコースとジェンダーで読む 家族[改訂版]』有斐閣コンパクト
梅澤昇平（1998）『現代福祉政策の形成過程』中央法規出版
宇山勝儀（2004）『新しい社会福祉の法と行政 第3版』光生館
瓜生武（2004）『家族関係学入門』日本評論社
E.H. エリクソン、仁科弥生訳（1977）『幼児期と社会1』みすず書房
E.H. エリクソン、仁科弥生訳（1980）『幼児期と社会2』みすず書房
大阪ボランティア協会編（2008）『福祉小六法2009』中央法規
尾木まり、網野武博、安齋智子ほか（2008）『一時預かり事業のあり方に関する調査研究』厚生労働科学研究費補助金政策科学総合研究事業（政策科学推進研究事業）報告書
小田兼三、杉本敏夫、久田則夫編（1999）『エンパワメント 実践の理論と技法』中央法規
落合恵美子（2004）『21世紀家族へ 第3版』ゆうひかく選書
外務省ホームページ「児童の権利に関する条約 全文」
http://www.mofa.go.jp/mofaj/gaiko/jido/zenbun.html
角田巖、綾牧子（2005）「子どもの存在における二重性」『人間科学研究』第27号 文教大学人間科学部
柏女霊峰（1997）『児童福祉改革と実施体制』ミネルヴァ書房
柏女霊峰、網野武博、山本真実ほか（1997）『児童福祉法の改正をめぐって―次なる改正に向けての試案―』日本子ども家庭総合研究所
柏女霊峰、山本真実、尾木まりほか（1998a）「区市町村における児童家庭福祉行政と実施体制―児童育成計画及び児童家庭福祉行政事務移譲に関する意向調査を通して―」『平成9年度 日本子ども家庭総合研究所紀要』第34集 日本子ども家庭総合研究所
柏女霊峰、山本真実、尾木まりほか（1998b）「家庭児童相談室の運営分析―家庭児童相談室の運営に関する実態調査結果報告―」『平成9年度 日本子ども家庭総合研究所紀要』第34集 日本子ども家庭総合研究所
柏女霊峰（2001）『養護と保育の視点から考える 子ども家庭福祉のゆくえ』中央法規
柏女霊峰、山本真実、尾木まり（2002）『平成13年度 子育て支援ネットワークに関する調査研究事業調査報告書』子ども未来財団

柏女霊峰（2004）『現代児童福祉論　第6版』誠信書房
柏女霊峰編（2005）『市町村発子ども家庭福祉　その制度と実践』ミネルヴァ書房
柏女霊峰（2006）「子ども家庭福祉サービス供給体制の過去・現在・未来」『子ども家庭福祉学』第6号　日本子ども家庭福祉学会
柏女霊峰、佐藤まゆみ、澁谷昌史ほか（2006a）「子ども家庭福祉サービス供給体制のあり方に関する総合的研究 報告書」
柏女霊峰、佐藤まゆみ、澁谷昌史ほか（2006b）「児童家庭福祉制度再構築のための児童福祉法改正要綱試案（最終版）」『日本子ども家庭総合研究所紀要』第42集　日本子ども家庭総合研究所
柏女霊峰（2007）『現代児童福祉論第8版』誠信書房
柏女霊峰、佐藤まゆみ、有村大士ほか（2008）「子ども家庭福祉行政機関の機構改革と運営に関する研究（2）―保育・子育て支援、児童健全育成分野を中心に―」『日本子ども家庭総合研究所紀要』第44集　日本子ども家庭総合研究所
柏女霊峰（2008）『子ども家庭福祉サービス供給体制』中央法規
柏女霊峰（2009）『子ども家庭福祉論』誠信書房
加藤曜子、安部計彦、才村純ほか（2002）『市町村児童虐待防止ネットワーク調査研究報告書―子育て支援を目的とする地域ネットワーク実態調査―』平成13年度児童環境づくり等調査研究事業
加藤曜子、安部計彦、才村純ほか（2003）『市町村における児童虐待防止ネットワークづくりの基本と方法』平成14年度児童環境づくり等総合調査研究事業報告書
加藤曜子編（2004）『市町村児童虐待防止ネットワーク―要保護児童対策地域協議会へ―』日本加除出版
加藤曜子、安部計彦編（2008）『子どもを守る地域ネットワーク活動実践ハンドブック　要保護児童対策地域協議会の活動方法・運営　Q&A』中央法規
門永朋子、岩間伸之、山縣文治（2008）「子ども家庭福祉実践における『リジリエンス』の可能性―マーク・フレイザー（Mark W. fraser）らによる概念整理を通して―」日本子ども家庭福祉学会第9回全国大会当日配布資料
金子郁容（1992）『ボランティア　もうひとつの情報社会』岩波書店
河合隼雄（1995）『臨床教育学入門』岩波書店
厚生労働省ホームページ「社会連帯による次世代育成支援に向けて報告書」
http://www-bm.mhlw.go.jp/topics/bukyoku/seisaku/syousika/030807-1a.html
厚生労働省ホームページ（2004）「児童虐待防止を目的とする市町村域でのネットワークの設置状況調査の結果について（平成16年6月調査）」
http://www.mhlw.go.jp/houdou/2004/10/h1018-2.html
厚生労働省ホームページ（2005）「市町村域での要保護児童対策地域協議会及び児童虐待防止を目的とするネットワークの設置状況調査の結果について（平成17年6月調査）」
http://www.mhlw.go.jp/houdou/2005/11/h1118-3a.html
厚生労働省ホームページ（2005）「市町村児童家庭相談援助指針」
http://www.mhlw.go.jp/bunya/kodomo/dv-soudanjo-sisin-honbun.html
厚生労働省ホームページ（2005）「要保護児童対策地域協議会設置・運営指針」
http://www.mhlw.go.jp/bunya/kodomo/dv03/01.html
厚生労働省ホームページ（2006）「市町村域での要保護児童対策地域協議会及び児童虐待防止を目的とするネットワークの設置状況調査の結果について（平成18年4月調査）」
http://www.mhlw.go.jp/houdou/2006/10/h1031-5.html
厚生労働省ホームページ（2007）「要保護児童対策地域協議会（子どもを守る地域ネットワーク）スタートアップマニュアルの公表について」
http://www.mhlw.go.jp/bunya/kodomo/dv14/index.html

厚生労働省ホームページ（2008）「市町村の児童家庭相談業務の状況及び要保護児童対策地域協議会（子どもを守る地域ネットワーク）の設置状況等について（平成20年4月現在）」http://www-bm.mhlw.go.jp/houdou/2008/11/dl/h1119-2a.pdf

古谷野亘、長田久雄（1992）『実証研究の手引き 調査と実験の進め方・まとめ方』ワールドプランニング

佐藤まゆみ（2005）「児童福祉行政実施体制の在り方に関する研究―地方間分権に関わる潮流の概観、考察を通して―」『淑徳社会福祉研究』第12号 淑徳大学社会福祉学会

佐藤まゆみ（2006）「子ども家庭福祉行政実施体制のあり方に関する研究～協議会型援助による市町村役割強化の可能性～」淑徳大学大学院社会学研究科社会福祉学専攻博士前期課程修士論文

佐藤まゆみ（2007a）「子ども家庭福祉行政の地方間分権における協議会型援助とその課題～インタヴュー調査のデータ分析からの考察～」『淑徳大学大学院総合福祉研究科研究紀要』第16号 淑徳大学大学院総合福祉研究科

佐藤まゆみ（2007b）「子ども家庭福祉行政実施体制のあり方に関する研究～質問紙調査の分析を通して、協議会型援助による市町村役割強化の可能性を探る～」『子ども家庭福祉学』第7号 日本子ども家庭福祉学会

佐藤まゆみ、柏女霊峰、尾木まりほか（2008）「子ども家庭福祉の理念、実施体制、方向性に関する考察―保育・子育て支援・健全育成に関するインタヴュー調査結果の検討から―」日本子ども家庭福祉学会第9回全国大会

次世代育成支援システム研究会（2003）『社会連帯による次世代育成支援に向けて―次世代育成支援施策の在り方に関する研究会報告書―』ぎょうせい

志田民吉（2004）「日本の社会福祉サービスと法の歴史」志田民吉、伊藤秀一編『社会福祉サービスと法』建帛社

児童福祉法規研究委員会監修（2009）『児童福祉六法平成21年版』中央法規

シモーヌ・ヴェーユ著、橋本一明、渡辺一民編、山崎庸一郎訳（1967）『シモーヌ・ヴェーユ著作集5 根をもつこと』春秋社

社会保障審議会児童部会（2003a）『児童相談所等のあり方に関する都道府県アンケートの結果について 全国知事会』2003.7.23開催社会保障審議会児童部会配布資料、参考資料

社会保障審議会児童部会（2003b）「児童相談等に関する市町村の役割強化について 全国市長会」2003.7.23開催第10回社会保障審議会児童部会配布資料、参考資料

社団法人家庭養護促進協会編（2007）『真実告知ハンドブック』エピック

鈴木祥蔵（1996）「子どもの自由と大人の自由―パターナリズムの克服―」『子どもの虹情報研修センター紀要』第13号 子どもの虹情報研修センター

芹沢俊介（1997）『現代〈子ども〉暴力論〈増補版〉』春秋社

全国児童相談所長会（1988）『全児相（別冊）「今後の児童相談所のあり方に関する調査」結果報告書』全国児童相談所長会

全国児童相談所長会（1994）「参考資料1『今後の児童相談所のあり方に関する調査―結果報告（概要）―』」『平成6年度 全国児童相談所長会資料（平成6年6月22日～23日）』全国児童相談所長会事務局

全国児童相談所長会（2001）『これからの児童相談所のあり方について 調査結果』全国児童相談所長会

全国社会福祉協議会（1990）『福祉改革II・福祉関係八法改正特集』「福祉関係八法の改正について―厚生省三課長に聞く―」月間福祉増刊号 第73巻13号 全国社会福祉協議会

全国社会福祉協議会ほか（2008）『この子を受け止めて、育むために 育てる・育ちあういとなみ 児童養護における養育のあり方に関する特別委員会報告書』全国社会福祉協議会、全国児童養護施設協議会

総務省ホームページ「市町村数の推移（詳細版）」http://www.soumu.go.jp/gapei/

高橋惠子（1995）『自立への旅だちゼロ歳～二歳児を育てる[新版]』岩波書店

高橋重宏（1983）「児童福祉とは」高橋重宏、江幡玲子編『児童福祉を考える』川島書店

高橋重宏、イト・ペング（1992）「児童と家族に関するサービス・システムの国際比較―日本、オンタリオ州（カナダ）と英国を中心に―」『日本総合愛育研究所紀要』第 28 集 日本総合愛育研究所
高橋重宏（1994）『ウェルフェアからウェルビーイングへ』川島書店
高橋重宏、才村純、澁谷昌史ほか（2005）『児童虐待防止に効果的な地域セーフティーネットのあり方に関する研究』平成 16 年度子ども家庭総合研究事業研究報告書
たばこ総合研究センター編（2009）『談　特集パターナリズムと公共性』たばこ総合研究センター
谷口明広（2007）「障害のある人たちの自己決定能力を高める要素―自己決定能力は育てられるもの―」日本社会福祉学会大会企画シンポジウム
太郎丸博（2005）『人文・社会科学のためのカテゴリカル・データ解析入門』ナカニシヤ出版
地方六団体地方分権改革推進本部ホームページ「第二期地方分権改革の動向」
http://www.bunken.nga.gr.jp/trend/index.html
中河伸俊、永井良和編（1993）『子どもというレトリック』青弓社
中村泰次（1992）「青少年条例の歴史―出版規制を中心に―」『青少年条例』三省堂
西尾勝（2001）『分権型社会を創る　その歴史と理念と制度』ぎょうせい
西尾勝（2007）『地方分権改革』東京大学出版会
西尾勝、新藤宗幸（2007）『いま、なぜ地方分権なのか』実務教育出版
花岡明正（1997）「パターナリズムとは何か」澤登俊雄編『現代社会とパターナリズム』ゆみる出版
久田則夫「第 8 章　社会福祉援助活動をめぐる動向　第 4 節社会福祉援助活動とエンパワメント」『新版・社会福祉学習双書』編集委員会編（2001）『社会福祉援助技術論』全国社会福祉協議会
平塚良子「第 2 部　人間福祉における価値」秋山智久（2004）『人間福祉の哲学』ミネルヴァ書房
古川孝順（1991）『児童福祉改革―その方向と課題―』誠信書房
古川孝順（1992）『社会福祉供給システムのパラダイム転換』誠信書房
古川孝順（1993）「社会福祉 21 世紀への課題」『社会福祉論』有斐閣
古川孝順編（1998）『社会福祉 21 世紀のパラダイムⅠ　理論と政策』誠信書房
古川孝順（1995）『社会福祉改革　そのスタンスと理論』誠信書房
古川孝順（2001）『社会福祉の運営』有斐閣
古川孝順（2003）「社会福祉事業範疇の再構成」古川孝順、秋元美世、副田あけみ編『現代社会福祉の争点　上　社会福祉の政策と運営』中央法規
古川孝順（2004）『社会福祉学の方法　アイデンティティの探究』有斐閣
古川孝順（2008）『社会福祉研究の新地平』有斐閣
古川孝順、田澤あけみ編（2008）『現代の児童福祉』有斐閣ブックス
松田博雄、山本真実、熊井利廣（2003）『三鷹市の子ども家庭支援ネットワーク』ミネルヴァ書房
森岡清美、望月嵩（1997）『新しい家族社会学　四訂版』培風館
安田雪（1997）『ネットワーク分析　何が行為を決定するか』新曜社
山縣文治、岩間伸之、岡田忠克ほか（2005a）『子ども家庭福祉相談体制のあり方に関する研究（自治体調査）―地域における子どもと家庭に関する相談支援体制のあり方に関する研究―』大阪市立大学社会福祉学研究室
山縣文治、岩間伸之、岡田忠克ほか（2005b）『子ども家庭福祉相談体制のあり方に関する研究（ヒアリング調査）―地域における子どもと家庭に関する相談支援体制のあり方に関する研究―』大阪市立大学社会福祉学研究室
山縣文治、岩間伸之、岡田忠克ほか（2005c）『子ども家庭福祉相談体制のあり方に関する研究』平成 16 年度総括研究報告書　大阪市立大学社会福祉学研究室

本書のテキストデータを提供いたします

　本書をご購入いただいた方のうち、視覚障害、肢体不自由などの理由で書字へのアクセスが困難な方に本書のテキストデータを提供いたします。希望される方は、以下の方法にしたがってお申し込みください。

◎データの提供形式 :CD-R、フロッピーディスク、E メールによるファイル添付（E メールアドレスをお知らせください）

◎データの提供形式・お名前・ご住所を明記した用紙、返信用封筒、下の引換券（コピー不可）および 200 円切手（E メールによるファイル添付をご希望の場合不要）を同封のうえ弊社までお送りください。

●本書内容の複製は点訳・音訳データなど視覚障害の方のための利用に限り認めます。内容の改変や流用、転載、その他営利を目的とした利用はお断りします。

◎あて先
〒 160-0008
東京都新宿区三栄町 17-2 木原ビル 303
生活書院編集部　テキストデータ係

【引換券】
市町村中心の
子ども家庭福祉

【著者紹介】

佐藤 まゆみ（さとう まゆみ）

1981年生まれ　淑徳大学大学院総合福祉研究科社会福祉学専攻博士後期課程修了、現在、和洋女子大学家政学群助教、博士（社会福祉学）、社会福祉士、保育士
日本子ども家庭総合研究所嘱託研究員、筑波大学、埼玉大学非常勤講師などを経て現職

主な著書
柏女霊峰編『市町村発子ども家庭福祉』ミネルヴァ書房2005年
新保育士養成講座編纂委員会編『児童家庭福祉』全国社会福祉協議会2011年
小木曽宏ほか編『よくわかる社会的養護内容』ミネルヴァ書房2012年
ほか

市町村中心の子ども家庭福祉
―― その可能性と課題

発　行	2012年10月20日　初版第一刷発行
著　者	佐藤まゆみ
発行者	髙橋　淳
発行所	株式会社 生活書院
	〒160-0008　東京都新宿区三栄町17-2　木原ビル303
	TEL　03-3226-1203
	FAX　03-3226-1204
	振替　00170-0-649766
	www.seikatsushoin.com
印刷・製本	株式会社シナノ
装丁	糟谷一穂

Printed in Japan
2012©Sato Mayumi
ISBN 978-4-903690-99-5

定価はカバーに表示してあります。
乱丁・落丁本はお取替えいたします。

生活書院　出版案内

子どもがひとりで遊べない国、アメリカ
―― 安全・安心パニック時代のアメリカ子育て事情
谷口輝世子【著】　四六判並製　232頁　1575円（税込）

親の監視下でしか遊ぶことも行動することも許されない、アメリカの子どもたち。安全を求め親子へ家族へと閉じていくことで失われたものとは？　海を渡り2人の男の子の子育てをする中から描かれた、現代アメリカの子どもとの暮らしをめぐる閉塞感。

離れていても子どもに会いたい
―― 引き離された子どもとの面会交流をかなえるために
小嶋勇【著】　A5判並製　152頁　1470円（税込）

子どもと一緒に生活している親とそうでない親とが十分に話し合い、お互いの立場を理解し合い、お互いの納得の上で実施されるべき面会交流。その実現のために具体的な事例をあげて、面会交流に関わる問題をわかりやすく解説。

教員のための子ども虐待理解と対応
―― 学校は日々のケアと予防の力を持っている
岡本正子・二井仁美・森実【編】　A5判並製　240頁　2625円（税込）

幼稚園、小学校、中学校から高等学校にいたる管理職を含む教職員が、子ども虐待について基本的な理解を深め、学校で遭遇する可能性のある虐待事例に対応できる手助けになることをめざした必備の図書。

餓鬼者　がきもん ―― 共に学び、共に生きる子どもたち
松森俊尚【著】　四六判並製　258頁　2100円（税込）

子どもは子どもたちの中で育ち合うものであり、教育という営みは関わり合いの中で行われるものだという確信のもと、「教育とはいったい何か」「私たちが求める学力とは」という愚直なまでのテーマをかざして書き継がれた、著者渾身の現場からの教育論！

司法福祉
日本司法福祉学会【編】　A5判並製　240頁　2100円（税込）

司法と福祉の関係のあり方を考察する「司法福祉」。その全体像を学ぶために、日本司法福祉学会編により企画・執筆された最新、最良のテキストブック。

生活書院　出版案内

小児がんで子どもを亡くした親の悲嘆とケア
――絆の再構築プロセスとソーシャルワーク

三輪久美子【著】　A5判上製　240頁　3150円(税込)

親たちは、子どものがん闘病と死をどのように受けとめ、対処し、その中でどのような内面的変化を経験してきたのか。そのリアルな経験に近づき、悲しみを親自身の視点から読み解く。

障害のある乳幼児と母親たち――その変容プロセス

一瀬早百合【著】　A5判上製　216頁　3150円(税込)

乳幼児期に子どもが障害をもっていると告げられた母親たちの揺らぎと変容。「障害受容論」にも「ケアの社会的分有」にも包摂しえないその主観的経験を、ソーシャルワークの最前線から描き、「早期発見・早期療育」は望ましいものという前提自体をも問い直す。

発達障害チェックシートできました
――がっこうのまいにちをゆらす・ずらす・つくる

すぎむら なおみ＋「しーとん」【著】　B5判上製　184頁　2100円(税込)

苦手なこと、困っていることを知って、適切な支援を受けるために、そして得意なことを発見して自分自身を認め、好きになるために……初めての、子どもたち自身が自分で記入する「発達障害チェックシート」。

発達障害のある子どものきょうだいたち――大人へのステップと支援

吉川かおり【著】　四六判並製　160頁　1365円(税込)

障害児者のいる家族で育った健常な「きょうだい」たちが、「障害児者のいる暮らし」と「自分」との関係を整理し、困難が生じた時の対処方法、自分ひとりで抱え込まない方法を知り、自分自身を向上させ、家族の中ではぐくまれ家族から巣立っていくために。

自己肯定・自尊の感情をはぐくむ援助技法【青年期・成人編】
――よりよい自分に出会うために

デボラ・プラマー【著】　岡本正子、上田裕美【監訳】　B5判並製　264頁　2415円(税込)

自分自身の価値を認め、尊重し、感謝する自尊感情(セルフ・エスティーム)を高めるために！　誰もが手にしたその日から使えるワークブック。

生活書院　出版案内

子ども家庭福祉・保育のあたらしい世界
──理念・仕組み・援助への理解
柏女霊峰【著】　四六判並製　256頁　2100円（税込）
児童福祉法改正や三位一体改革以降の動向や、地域福祉のあたらしいあり方、子ども虐待防止、里親制度など、子ども福祉に関するさまざまなテーマを、同分野の第一人者である著者がわかりやすく解説。

これからの児童養護──里親ファミリーホームの実践
柏女霊峰【監修】里親ファミリーホーム全国連絡会【編】A5判並製　232頁　2100円（税込）
虐待や育児放棄などさまざまな理由により家庭生活を奪われた子どもたちが家庭のなかで成長していくために。里親ファミリーホームの制度化に関するQ＆Aからホームの悩み・楽しさを伝える運営者の声まで、これからの児童養護を考えるため1冊。

現場に生きる子ども支援・家族支援──ケース・アプローチの実際と活用
小木曽宏【著】　四六判並製　240頁　2100円（税込）
児童福祉法改正や三位一体改革以降の動向や、地域福祉のあたらしいあり方、子ども虐待防止、里親制度など、子ども福祉に関するさまざまなテーマを、同分野の第一人者である著者がわかりやすく解説。

医療現場の保育士と障がい児者の生活支援
──独立行政法人国立病院機構全国保育士協議会倫理綱領ガイドブック
柏女霊峰【監】　独立行政法人国立病院機構全国保育士協議会倫理綱領ガイドブック作成委員会【編】　A5判並製　80頁　1050円（税込）
保育士の専門性とは何かの根幹を伝えて保育士養成校で広く活用できるばかりでなく、広く障害児者の生活を支援する人に普遍的な内容を多く含んだ、必備のガイドブック。

児童自立支援施設これまでとこれから
──厳罰化に抗する新たな役割を担うために
小林英義、小木曽宏【編】梅山佐和、鈴木崇之、藤原正範【著】　四六判並製　272頁　2100円（税込）
触法少年厳罰化の流れの中にある児童自立支援施設の役割とは？　児童自立支援施設のこれまでを振り返り、向かうべき新たな方向性を明らかにする。